普通高等学校应用型教材·会计与财务

Excel在财务管理中的应用

孙玥璠　张真昊◎编著

USING EXCEL IN FINANCIAL MANAGEMENT

中国人民大学出版社
·北京·

前　言

我们正在步入“数智时代”，即全面“数字化”和“智能化”的时代。这是一个伴随着数字分析技术全面提升，商业开启实体和虚拟的全空间无界运营的时代，是第四代工业革命——技术嵌入社会甚至人体的时代。技术变革和创新正在以前所未有的速度、力度和广度进行着，并将从根本上改变我们的生活、工作和交流方式。无论是从财务会计向管理会计的转型要求，还是像共享服务中心这样的财务工作组织模式的转变，对财务人员而言都是新的挑战。而随着机器人流程自动化（robotic process automation，RPA）技术的日趋成熟，“财务机器人”成为7×24小时不间断、不疲惫、无差错工作的数字化劳动力（digital labour），对现有财务流程中大量简单重复工作堪称完美的执行能力使其必将替代人力。

那么，数智时代，财务人员还需要学习 Excel 吗？我们的回答是肯定的。理由很简单：深入学习 Excel，是没有编程基础的财务人员理解系统和提高与系统交互技能的一条极佳途径。财务人员技能提升包括专业技能提升和信息化技能提升，对于多数财务人而言后者是短板。一方面，无论是企业实施 ERP（企业资源计划）系统、采纳财务共享服务模式，还是财务机器人上岗，都需要既掌握专业知识又理解系统的人才。在 IT（互联网技术）人员努力了解企业业务的今天，财务人员弥补信息化技能的短板值得大力提倡。很多财务人员在面对复杂系统带来的挑战时，之所以不会“跑”，是因为不会“走”。另一方面，对于还没有实施全套管理信息系统的企业，特别是一些中小企业，市场上功能越来越强大的自助式软件工具成为多快好省的优选方案。以机器人为例，很多第三方 RPA 工具产品价格低、应用简单，很少需要甚至基本不用编写代码。实际上，即使企业部署了专业软件，财务人员也总会有一些个性化需求。未来趋势是人人都拥有自己的机器人。然而，即使不需要写代码，与系统交互的基本操作逻辑，包括对函数关系等的理解也会成为财务人员应用这些自助式工具的障碍。但是，如果你熟悉传统 Excel 函数，那么学习 Power Pivot 和 Dax 函数的成本就会比较低，应用 Power BI 就会相对容易。同理，未来开发自己的机器人时，写代码就会得心应手。综上，财务人员的固有思维逻辑与信息系统的操作逻辑的差距是其需要逾越的鸿沟。

本书的定位是给财务人员讲解 Excel 的基本操作知识以及 Excel 在财务管理中的常见应用。全书分为两大部分。第1章至第3章为基础部分，主要讲解 Excel 的基本操作、技巧和必备知识。其中，第1章讲解 Excel 的基本操作和 Excel 操作的基本元素；第2章讲解 Excel 的数据和图表操作，包括数据的输入、排序和筛选，图表操作以及数据透视表与数据透视图的基本操作；第 3 章讲解 Excel 的常用函数，包括函数的基础知识、日期和时间函数、数学和三角函数、统计函数、逻辑函数以及查找与引用函数。各章节讲解的内容都立足于 Excel 基本操作和学习 Excel 的必备知识，如果读者的 Excel 基础较好，可以直接略过这个部分。

第 4 章至第 10 章为第二部分，主要讲解 Excel 在财务管理工作中的应用。第 4 章讲解 Excel 在应收账款管理中的应用，包括应收账款统计表及账龄分析表、应收账款对账单和赊销策略决策分析表的创建与操作；第 5 章讲解 Excel 在库存管理中的应用，包括商品库存管理表和经济订货批量模型的构建与操作；第 6 章讲解 Excel 在销售管理中的应用，包括销售流向分类汇总、销售流向分析和销售预测；第 7 章讲解 Excel 在成本费用与利润管理中的应用，包括成本性态分析、成本预测、成本费用管理、盈亏平衡分析和目标利润分析；第 8 章讲解 Excel 在薪酬管理中的应用，包括构建员工基础信息表、工资计算表、考勤统计表，制作信息查询框和薪酬相关数据分析；第 9 章讲解 Excel 在财务报表分析中的应用，包括财务报表分析概述、财务报表结构分析法、财务报表趋势分析法和财务报表比率分析法等；第 10 章讲解 Excel 在投资决策分析中的应用，包括投资决策分析概述、指标的计算和基于蒙特卡罗模拟的净现值法分析等。

这一部分站在财务人员的角度，结合财务管理工作中的实例，将 Excel 各项常用功能（包括基本操作、Excel 函数、数据分析和图表分析等）在财务管理中的应用展示给读者，使读者在掌握 Excel 的常用功能、提升 Excel 的操作技巧的基础上，能够举一反三，应用在实际财务工作中。同时，还希望帮助读者建立数据化建模思维，更加深刻地理解人机交互关系，更好地开展财务管理工作。基本操作知识和应用掌握得比较好的财务人员，敬请期待后续的进阶书籍。

为了方便读者更好地学习 Excel 的各项操作技能，本书的全部例题均配备了动图演示，读者扫描例题旁边的二维码，即可观看整个操作过程。另外每章后面配备了相应的练习题，读者可以通过练习做到举一反三。欢迎大家关注左侧的公众号“智能财会天天向上”，本书作者团队定期在公众号上发布财务人员学习 Excel 的相关知识、技巧、案例等，希望与大家在财务人员数字化技能提升的路上共同进步！

感谢中国人民大学出版社的陈永凤编辑对我们工作的支持、理解。同时还要感谢多名硕士生在本书的制图、统稿和校对等工作中付出的努力，包括李兴、蒋帆、梁田、辛雪雯、兰梦灵、徐可欣、韩雅楠、张琦、刘雪娜、刘名好、王福岭、周成伟、马爽等，特别是李兴和蒋帆两位同学做了大量工作。

由于学识和精力所限，本书难免存在问题和纰漏。对于本书中出现的错误和不足之处，欢迎各位读者批评指正。

编者

于北京海淀

目　录

第 1 章

Excel 简介

本章主要介绍 Excel 软件、Excel 的基本操作和 Excel 操作的基本元素。本章的重点包括：（1）掌握工作簿的加密方法；（2）掌握工作表的基本操作；（3）掌握单元格的基本操作；（4）区分 Excel 的基本元素；（5）区分数值型数字和文本型数字；（6）理解单元格的相对地址与绝对地址的差异。

通过本章的学习，使用者能够掌握 Excel 的基本原理和基本操作方法，为后续使用 Excel 进行财务数据处理打下基础。

1.1 Excel 的基本介绍

1985 年，著名软件公司微软开发了办公软件 Microsoft Office，其中，Excel 作为重要组件之一，可以对数据进行处理、统计、分析并辅助决策，广泛地应用于管理、统计、财经、金融等众多领域。Excel 中有大量的公式和函数，可以计算、分析并管理电子表格中的数据信息，制作数据资料图表等。

财务人员进行财务管理和分析预测时，需要处理大量的数据，而 Excel 拥有强大的数据处理功能。它独具特色的数据分析系统和图表分析系统，为企业的财务管理提供了直观且便捷的服务。充分利用 Excel 的功能可以大大减少财务人员的工作量，降低工作强度，提升工作成果的准确性。

随着用户的需求不断更新，Excel 不断地升级和改进。Excel 2019 与以往版本的差异在于：新增函数、新增图表、增强视觉对象、改进墨迹功能、优先辅助功能、更易于共享、增强数据透视表功能、更新 Power Pivot、可发布文件到 Power BI、改进获取和转换（Power Query）。

本书主要介绍 Excel 2019 版本的相关知识及其在财务管理中的应用。后文所有操作介绍和讲解使用的都是 Excel 2019 版本。

1.2 Excel 的基本操作

1.2.1 工作簿的基本操作

1. 加密工作簿

对于财务人员而言，数据的保密性非常重要。Excel 能够为数据提供加密功能，通过以下方法可以实现：

第一步，单击“文件”选项，单击“保存”或“另存为”选项，单击“工具”选项，单击“常规选项”，如图 1－1 所示。

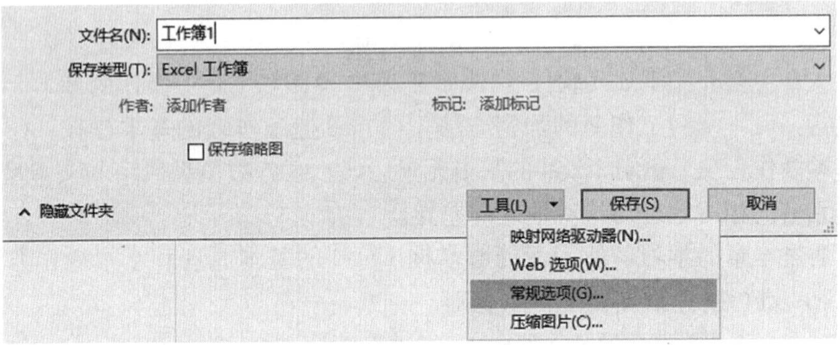

图 1－1

第二步，在“常规选项”窗口对打开权限和修改权限进行密码设定。输入并分别确认打开权限密码和修改权限密码，即可完成对工作簿加密，如图 1－2 所示。

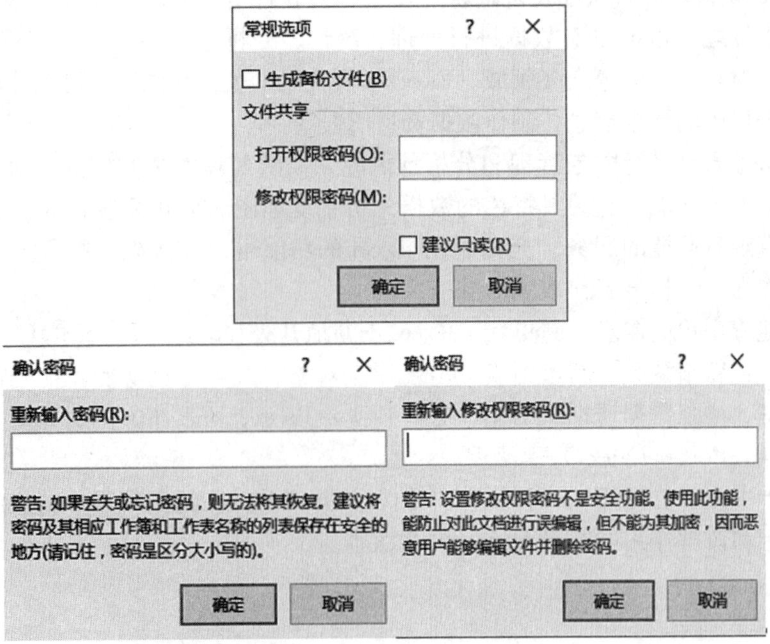

图 1－2

注意，若工作簿文档设置了修改权限密码，打开文档时，如果仅输入打开权限密码而不输入修改权限密码并点击“只读”，想要修改该文档，只能另存副本。

2. 修改和删除密码

重复上文所述设置密码的操作，并输入新密码或删除密码即可。

1.2.2　工作表的基本操作

1. 选定工作表

双击打开 Excel 工作簿，每个工作簿由一个或多个工作表组成。理论上，工作表个数仅受内存限制。Excel 2019 中，每个工作表有 1 048 576 行、16 384 列。

工作表标签位于工作簿底端，通过单击工作表标签选中相应的工作表。如图 1－3 所示，工作簿包含三个工作表，分别为 Sheet1、Sheet2 和 Sheet3。

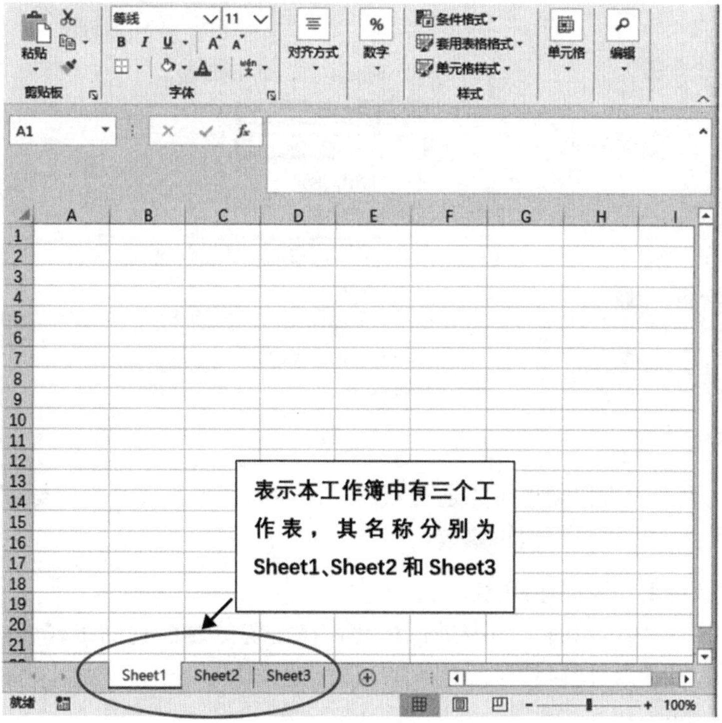

图 1－3

若要同时选择相邻的多张工作表，可以通过 Shift 键＋单击实现；若要同时选择不相邻的多张工作表，可以通过 Ctrl 键＋单击实现；若要选择全部工作表，可以在任意标签上单击鼠标右键，并选择“选定全部工作表”选项。

2. 插入工作表

快速插入工作表的方法有：

（1）单击工作表标签旁边的“新工作表”标签，即“”。

（2）快捷方式：Shift＋F11。

3. 删除工作表

删除工作表的方法有两种：

(1) 选定要删除的一个或多个工作表，单击鼠标右键打开快捷菜单，并单击“删除”选项。

(2) 单击“开始”选项，在“单元格”菜单中单击“删除”选项，单击“删除工作表”选项。

4. 重命名、标记、移动和复制工作表

对工作表进行重命名、标记、移动或复制可以通过以下两种方法实现：

(1) 单击选定要操作的工作表标签，单击鼠标右键打开快捷菜单，此时快捷菜单中有“重命名”“移动或复制工作表”“工作表标签颜色”三个选项，通过单击对应选项实现重命名工作表、移动或复制工作表以及对工作表标记颜色，如图 1-4 所示。

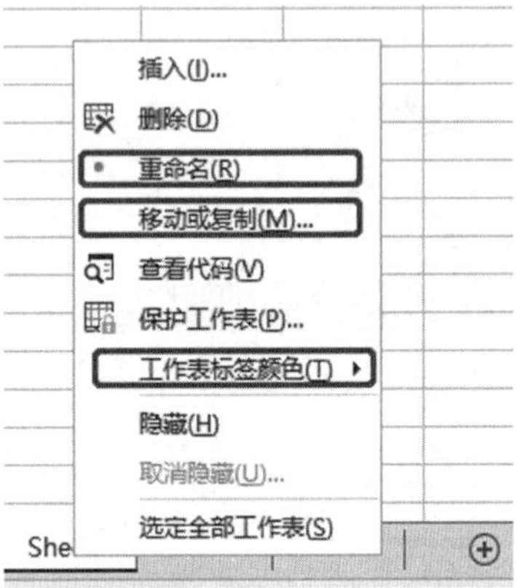

图 1-4

(2) 重命名工作表还可以通过双击工作表标签来实现，当光标变为“|”状态后，即可对工作表标签进行编辑修改。

5. 调整工作表显示顺序

在工作簿内可以对工作表进行移动，在需要更改位置的工作表标签处，按住鼠标左键并拖动鼠标，即可调整工作表的前后排列顺序。

6. 隐藏工作表

在使用 Excel 的过程中，可能会出现工作表数量较多，且有些工作表不经常使用的情况，此时可以使用工作表隐藏功能，具体通过以下方式实现：

选定需要隐藏的工作表标签，单击鼠标右键打开快捷菜单，单击“隐藏”选项。

取消隐藏工作表时，只需选中任意工作表标签，单击鼠标右键打开快捷菜单，单击“取消隐藏”并选中需要取消隐藏的工作表，单击“确定”即可。

1.2.3 单元格的基本操作

1. 插入、删除单元格

在制作表格的过程中，发现有遗漏或多余的单一数据时，可以插入或删除指定单元格。

【例 1-1】图 1-5 为产品序号、名称及单价表的工作表界面。现在，“序号”列缺少序号 3，因此，需要在 A4 单元格的上方插入一个单元格并输入“3”。

	A	B	C
1	序号	产品	单价（元）
2	1	A	3
3	2	B	5
4	4	C	6
5	5	D	9
6	6	E	12
7	7	F	48
8	8	G	65
9	9	H	35
10	10	I	22
11	11	J	69

图 1-5

【操作方法】[①] 选中 A4 单元格，单击鼠标右键，选择“插入”选项。在“插入”对话框中选择“活动单元格下移”，单击“确定”选项（如图 1-6 所示）。此时，原 A4 单元格及其下方单元格均向下调整一个单元格，在新插入的单元格中输入序号“3”即完成操作，结果如图 1-7 所示。

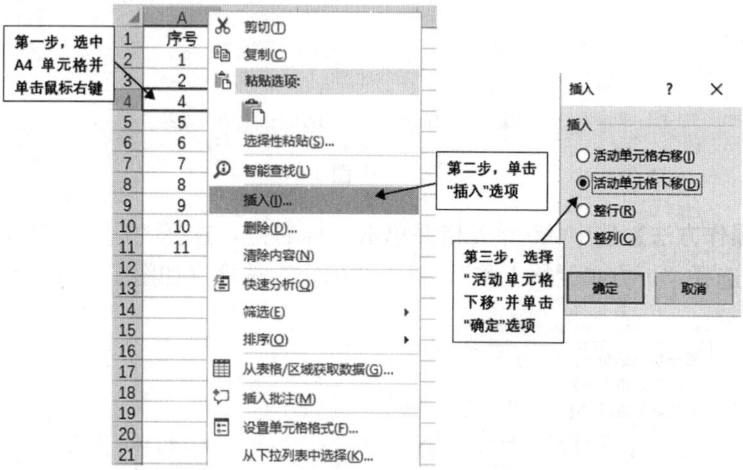

图 1-6

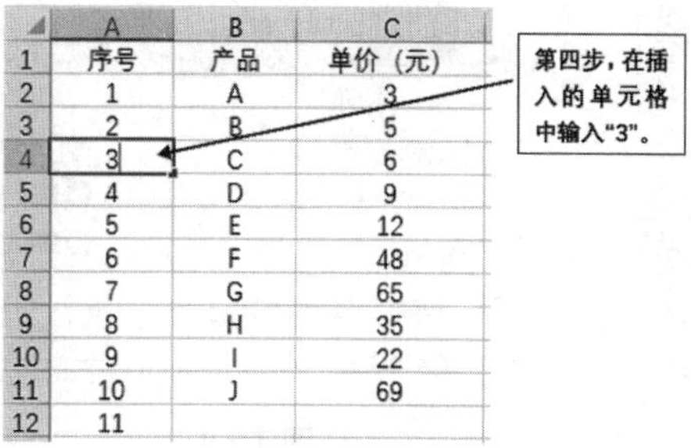

	A	B	C
1	序号	产品	单价（元）
2	1	A	3
3	2	B	5
4	3	C	6
5	4	D	9
6	5	E	12
7	6	F	48
8	7	G	65
9	8	H	35
10	9	I	22
11	10	J	69
12	11		

图 1-7

① 本书给所有例题配备了动图演示，读者可扫描旁边的二维码观看整个操作过程。

本例的动图操作过程，请扫描二维码。

例 1－1
动图演示

【例 1－2】图 1－8 为产品序号、名称及单价表的工作表界面。现在，“序号”列中序号“3”重复列示，因此，需要删除 A5 单元格中的重复数字。

	A	B	C
1	序号	产品	单价（元）
2	1	A	3
3	2	B	5
4	3	C	6
5	3	D	9
6	4	E	12
7	5	F	48
8	6	G	65
9	7	H	35
10	8	I	22
11	9	J	69

图 1－8

【操作方法】选中 A5 单元格并单击鼠标右键，选择“删除”选项。在“删除”对话框中选择“下方单元格上移”，单击“确定”选项（如图 1－9 所示）。

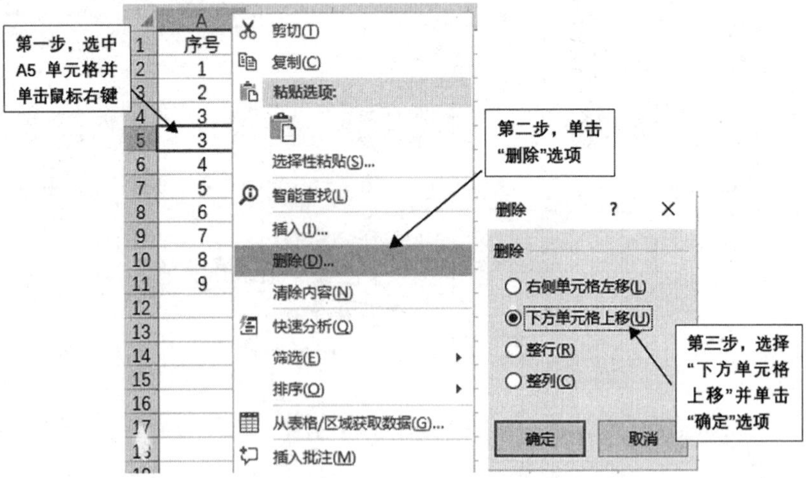

图 1－9

此时，原 A5 单元格被删除，其下方单元格上移，结果如图 1－10 所示。“序号”列中缺少序号“10”，因此，在 A11 单元格中输入“10”即可完成表格制作。

	A	B	C
1	序号	产品	单价（元）
2	1	A	3
3	2	B	5
4	3	C	6
5	4	D	9
6	5	E	12
7	6	F	48
8	7	G	65
9	8	H	35
10	9	I	22
11		J	69

图 1 - 10

本例的动图操作过程，请扫描二维码。

例 1-2
动图演示

2. 选择性粘贴单元格

选择性粘贴，即将某一单元格中的内容粘贴到另一个单元格当中。Excel 2019 为使用者提供了多种粘贴选项，如图 1 - 11 所示。其中，较为常用的粘贴方式是全部粘贴和粘贴数值。

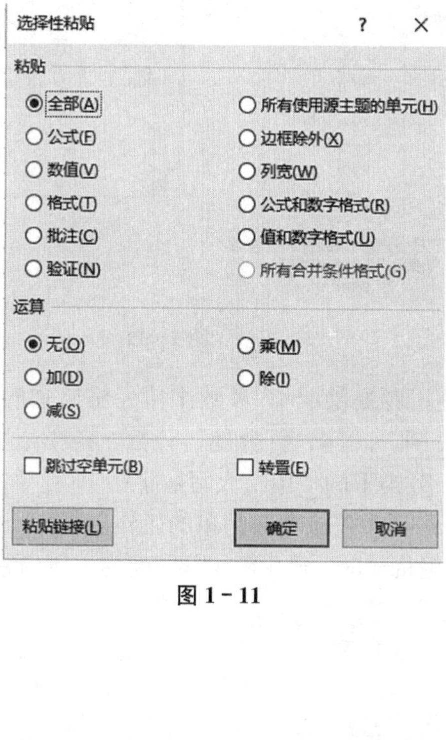

图 1 - 11

（1）全部粘贴。全部粘贴功能是使用者最常用的粘贴功能，其快捷键为 Ctrl＋V。全部粘贴功能会把被复制单元格中的公式、格式、批注等内容全部粘贴到指定单元格中。

（2）粘贴数值。复制某一单元格内容，并在另一单元格中选择“粘贴数值”，此时仅将原单元格中的数值粘贴至目标单元格，原单元格中的公式、格式等内容均不会被粘贴至目标单元格。

Excel 2019 为使用者提供了多种粘贴选项，读者可尝试其他粘贴选项，观察各选项间的不同，在工作过程中，根据实际情况进行适当选择。

3. 设置数字单元格格式

设置单元格格式可以在不改变单元格内容的情况下，显示不同的格式。Excel 2019 为使用者提供了数字、对齐、字体、边框、填充和保护六种单元格格式设置分类。操作方法是：选中目标单元格，单击鼠标右键，选择“设置单元格格式”选项；或在“开始”选项卡下，单击“数字格式”选项。如图 1－12 所示，此时，可以看到界面弹出“设置单元格格式”的对话框，使用者可根据目标单元格的格式需求设置单元格格式。本节主要介绍数字单元格格式的设置。

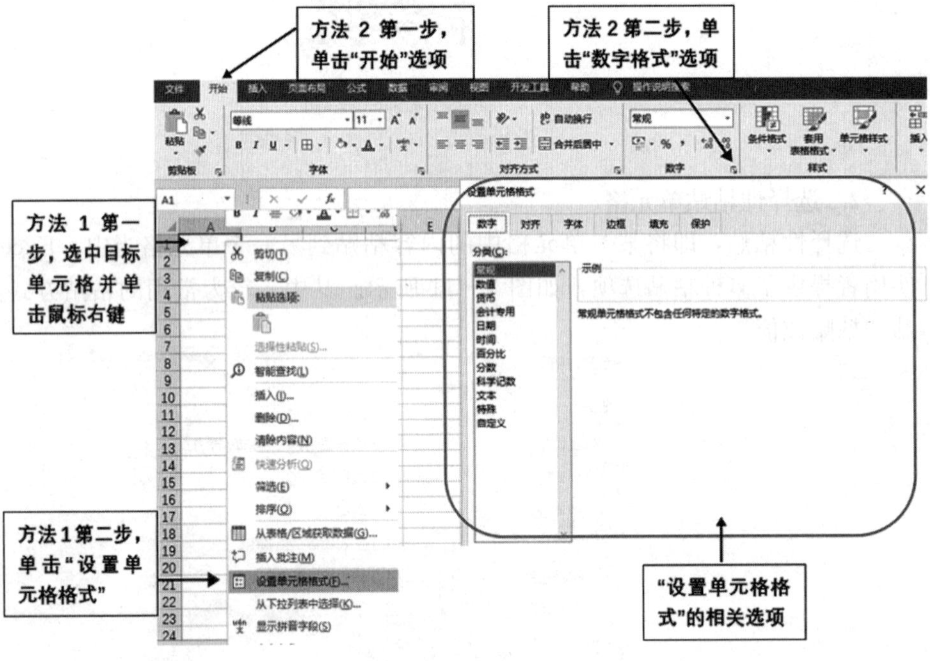

图 1－12

Excel 2019 为使用者提供了 12 种数字单元格格式的设置分类，包括常规、数值、货币、会计专用、日期、时间、百分比、分数、科学记数、本文、特殊和自定义。本节主要介绍“特殊”分类下的“中文大写数字”。

【例 1－3】 图 1－13 为差旅费报销单的工作表界面。目前，G14～Q15 单元格的格式为“常规”。要实现将“500 元 5 角 4 分”变为“伍佰元伍角肆分”，即单元格格式更改为“中文大写数字”。

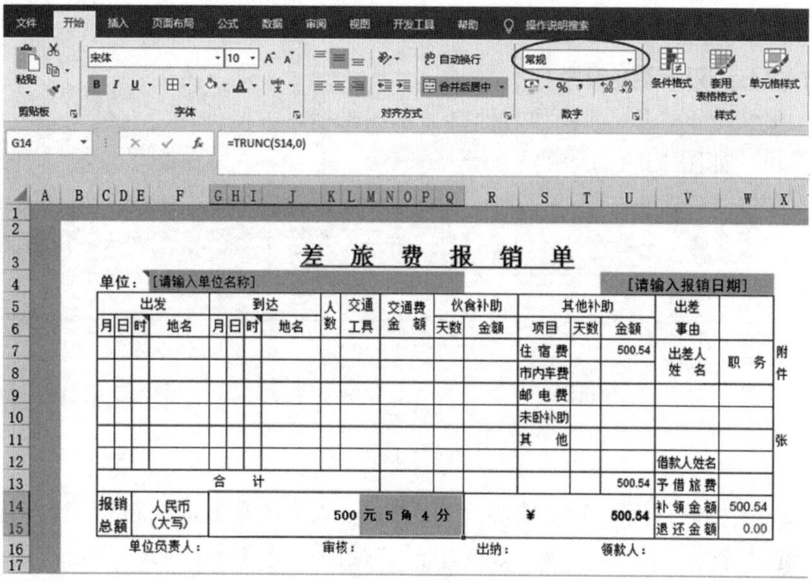

图 1－13

【操作方法】第一步，选中 G14～Q15 单元格；第二步，在“开始”选项卡下单击“数字格式”；第三步，在“设置单元格格式”对话框中“数字”下选择“特殊”分类；第四步，在“类型”下选择“中文大写数字”并单击“确定”选项。结果如图 1－14 所示。此时，单元格中显示“伍佰元伍角肆分”。

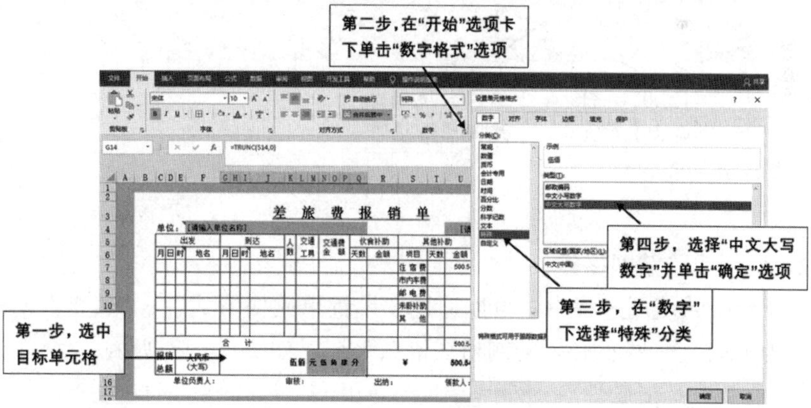

图 1－14

本例的动图操作过程，请扫描二维码。

例 1-3 动图演示

数字单元格格式调整是财务管理过程中经常使用的功能之一，在工作中使用者应根据实际需求进行选择。

1.2.4　其他操作

为了突出表格重点，往往需要对制作好的 Excel 表格界面进行适当操作。本节主要介绍 Excel 2019 中的视图功能，通过相关操作使

Excel 的显示界面符合使用者的要求。

1. 显示或隐藏编辑栏

一般情况下，Excel 操作界面会显示编辑栏，方便使用者在使用过程中对表格内容进行编辑，如图 1－15 所示。

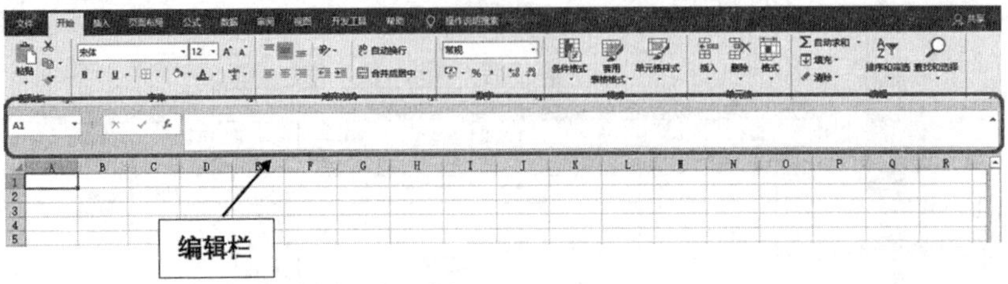

图 1－15

完成表格制作后，为了使界面更为整洁，有时需要将编辑栏隐藏。此时，可以通过如下操作隐藏编辑栏：第一步，单击“视图”选项卡；第二步，找到“显示”分类项；第三步，取消勾选“编辑栏”选项。操作过程如图 1－16 所示。此时，界面不再显示编辑栏。若在之后的使用过程中需要显示编辑栏，在“视图”选项卡下勾选“编辑栏”选项即可。

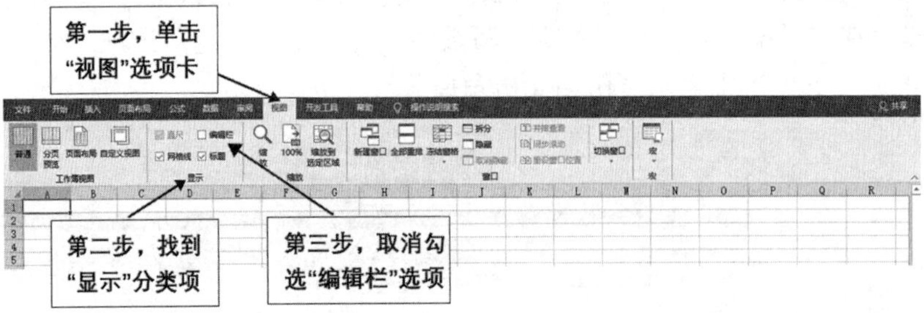

图 1－16

2. 显示或隐藏网格线

在 Excel 的使用过程中，可以通过“设置单元格格式”－“边框”对表格边框进行设置。但此时，一些不必要的网格线依然存在，如图 1－17 所示。

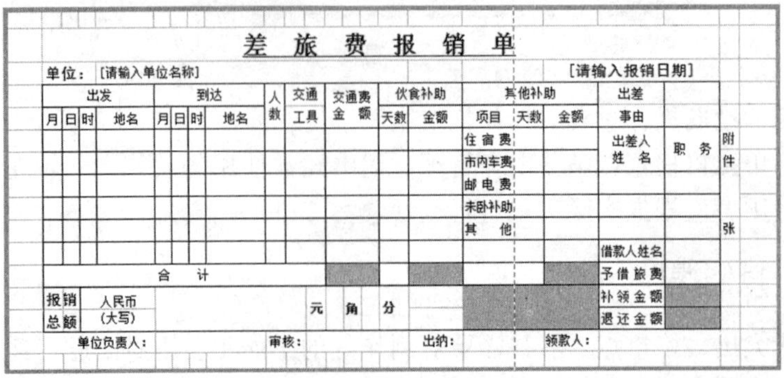

图 1－17

为了使操作界面整洁，可以将背景中不必显示的网格线隐藏。操作方式如下：第一步，单击“视图”选项卡；第二步，找到“显示”分类项；第三步，取消勾选“网格线”选项。操作过程如图1-18所示。此时，界面中仅显示需要的网格线，背景中不需要的网格线则被隐藏。

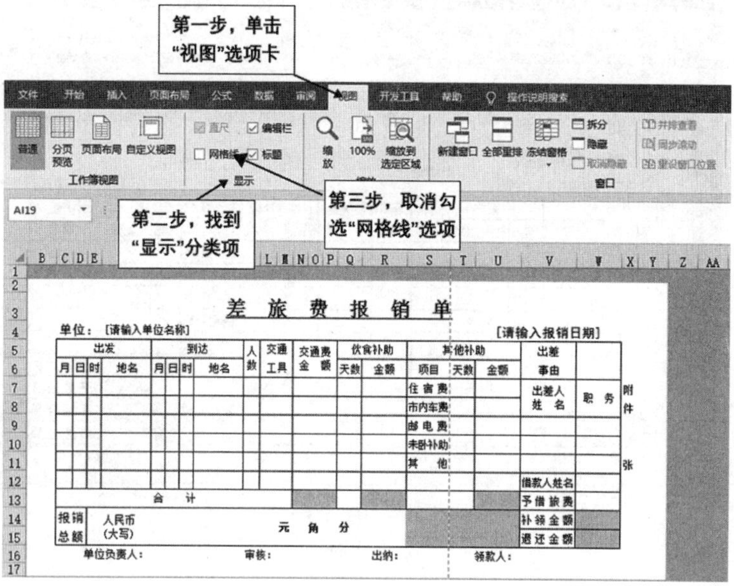

图1-18

3. 显示或隐藏表格标题

创建Excel表格时，表格标题将自动添加为表格的第一行和第一列。其中，行标题以字母表示，列标题以数字表示，如图1-19所示。

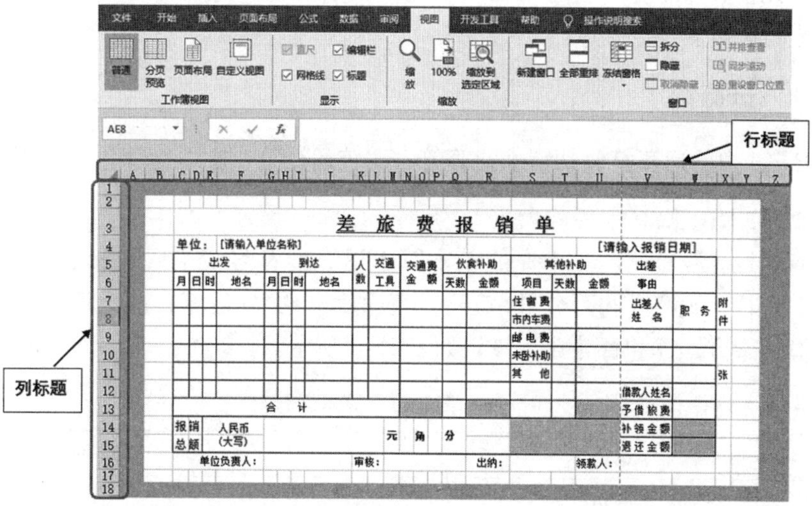

图1-19

使用者完成表格制作后，为了使界面简洁，可以将表格标题隐藏。操作方法如下：第一步，单击“视图”选项卡；第二步，找到“显示”分类项；第三步，取消勾选

"标题"选项。操作过程如图 1－20 所示。此时，Excel 界面中的原始标题被隐藏。

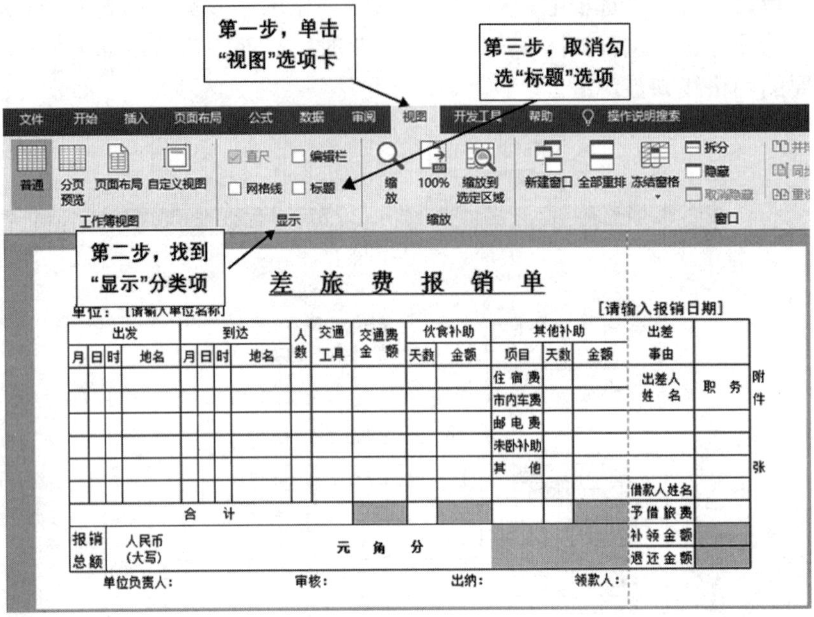

图 1－20

1.3 Excel 操作的基本元素

Excel 操作的基本元素包括运算符、常量、单元格和数组。Excel 运用运算符把常量、单元格、数组等连接起来构成表达式。接下来，分别对运算符、常量、单元格和数组进行讲解。

1.3.1 运算符

Excel 中的运算符包括算术运算符、比较运算符、文本运算符和引用运算符 4 类。

1. 算术运算符

算术运算符是 Excel 中完成基本算术运算的符号，主要包括负号、加号、减号、星号、斜杠、脱字号和百分号，分别代表取负、加法运算、减法运算、乘法运算、除法运算、乘方运算和百分比运算，如表 1－1 所示。

表 1－1 算术运算符

运算	符号
取负	－（负号）
加	＋（加号）
减	－（减号）
乘	*（星号）

续表

运算	符号
除	/（斜杠）
乘方	^（脱字号）
百分比	%（百分号）

2. 比较运算符

Excel 中的比较运算符主要包括等号、小于号、大于号、小于号等于号、大于号等于号和小于号大于号，分别代表相等、小于、大于、小于等于、大于等于和不等于，如表 1－2 所示。

表 1－2　比较运算符

运算	符号
相等	＝（等号）
小于	＜（小于号）
大于	＞（大于号）
小于等于	＜＝（小于号等于号）
大于等于	＞＝（大于号等于号）
不等于	＜＞（小于号大于号）

与其他 Excel 中常使用的符号一样，比较运算符中使用的所有符号都必须使用半角字符，不能使用中文状态下的全角字符。比较运算符比较的结果都是逻辑型数据，也就是 TRUE（真）或者 FALSE（假）。需要注意的是，比较运算符中的等号用于逻辑判断中的是否相等，而不是 Excel 公式开始的那个等号。还需要注意的是，不等于使用小于号和大于号相连表示，实践中很多人误写成“＞＜”或者主观臆断地写成“＝/”，从而造成 Excel 报错。

3. 文本运算符

文本运算符是连接文本的运算符，用“&”表示，因此又称为“与符”。

【例 1－4】 在 A2、B2 单元格中分别输入“文本”和“运算符”，如何在 C2 单元格中显示“文本运算符”？

【操作方法】 首先，在 C2 单元格中输入公式“＝A2&B2”，然后按回车，则 C2 单元格显示“文本运算符”，如图 1－21 所示。

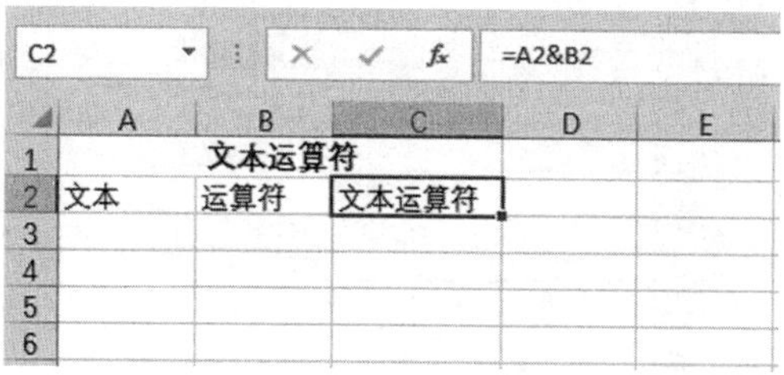

图 1－21

本例的动图操作过程，请扫描二维码。

例 1-4
动图演示

4. 引用运算符

引用运算符是可以将单元格区域引用合并计算的运算符号，主要包括区域引用符、联合引用符和交叉引用符，分别为冒号、逗号和空格，各项含义如表 1-3 所示。

表 1-3 引用运算符

运算	符号	含义
区域引用符	冒号	对两个引用之间（包含两个引用在内）的所有单元格进行引用
联合引用符	逗号	将多个引用合并为一个引用
交叉引用符	空格	对两个引用的共有单元格进行引用

【例 1-5】 首先在单元格中输入如下一组数据，如图 1-22 所示，尝试在 D2 单元格中得到“A2+B2+C2+A3+B3+C3”的计算结果。

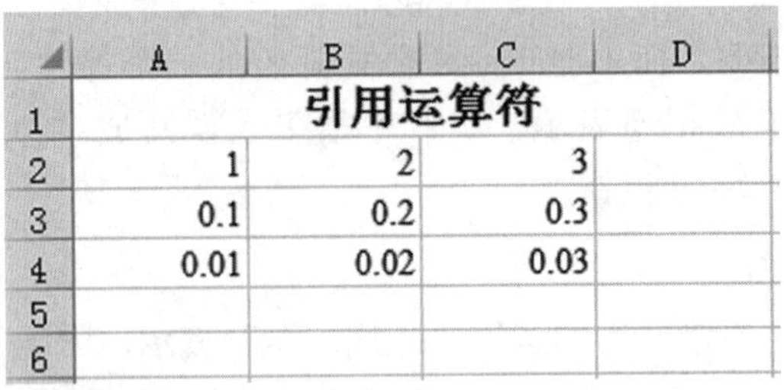

图 1-22

【操作方法】 使用求和公式 SUM，选中 D2 单元格，在编辑栏中输入“=SUM(”，然后用鼠标选中 A2 到 C3 单元格，可以看到编辑栏中显示“=SUM(A2:C3”，在编辑栏中键入右括号，完成函数输入，如图 1-23 所示。

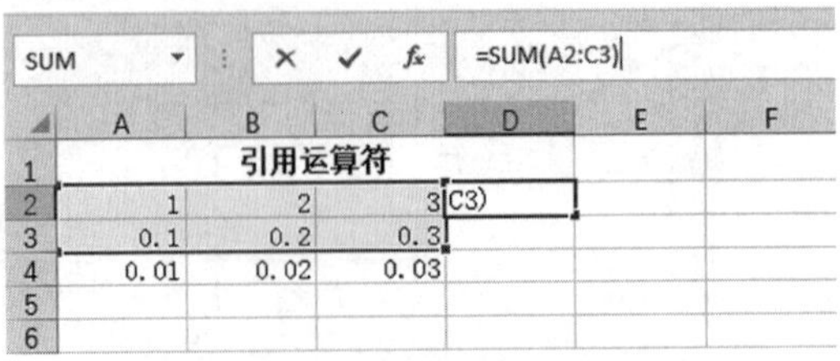

图 1-23

按回车键，得到公式运行的结果 6.6，如图 1-24 所示。

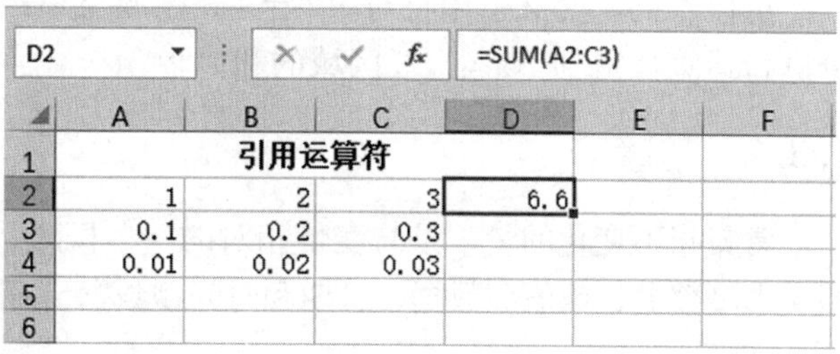

图 1-24

本例的动图操作过程，请扫描二维码。

例 1-5
动图演示

可以看到，通过区域引用符“:”，Excel 将 A2 至 C2 区域与 A3 至 C3 区域合并处理，得到 A2 至 C3 区域的和。

【例 1-6】 如图 1-25 所示，使用交叉引用符，选中 D3 单元格，在编辑栏输入“=SUM(A2:C3 A2:B4)”，完成函数输入。

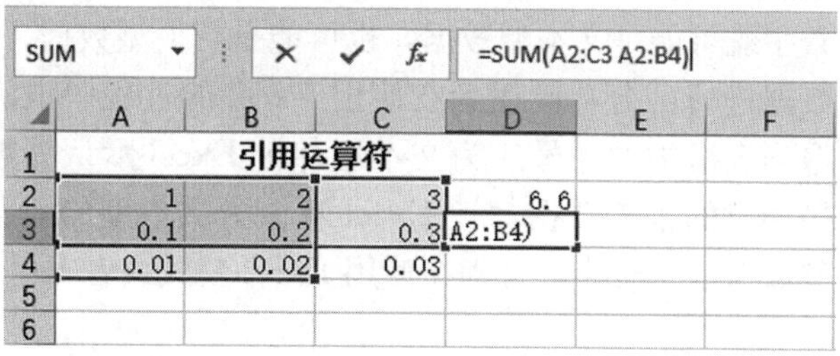

图 1-25

按回车键，得到结果 3.3，如图 1-26 所示。

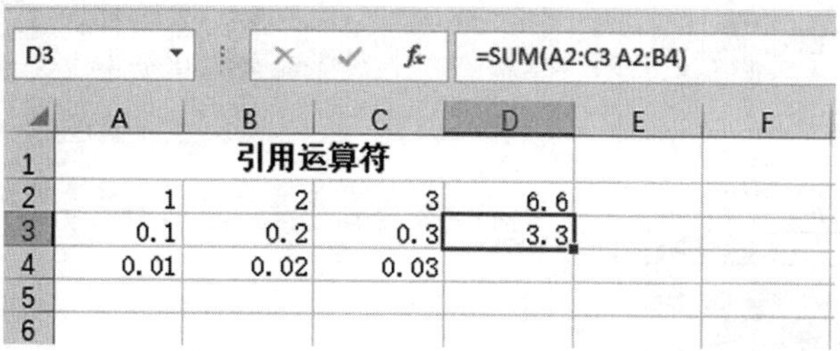

图 1-26

例 1-6
动图演示

本例的动图操作过程，请扫描二维码。

可以看到，交叉引用符对 A2 至 C3 区域与 A2 至 B4 区域中交叉的部分进行运算，得到 A2 至 B3 区域的和。

1.3.2 常量

常量指不变化的量，是与变量相对的一个概念。Excel 公式中的常量包括文本型数据、数值型数据、日期和时间型数据、逻辑型数据 4 个类型。

1. 文本型数据

Excel 中，文本型数据是指字母、文字等文本型数据。阿拉伯数字也可作为文本型数据，例如在单元格中输入“2019 年资产负债表”，此时，阿拉伯数字“2019”就会被系统当做文本型数据进行处理。本文型数据不能使用算术运算符进行运算。若想将两个文本连接，需要使用文本运算符“&”。如果误用算术运算符，Excel 会报错，如图 1-27 所示。

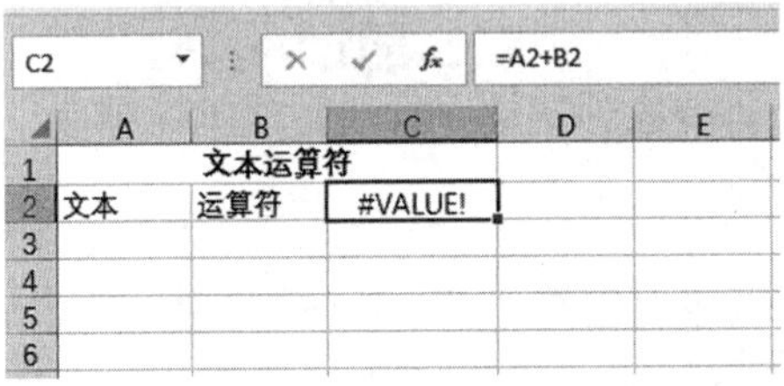

图 1-27

2. 数值型数据

因阿拉伯数字既可能是文本型数据，也可能是数值型数据，Excel 软件会对数值型数据和文本型数据进行区分，使用者在使用 Excel 的过程中也应注意二者的区别。在实践中，常常遇到表格中的序号应为文本型却被 Excel 默认为数值型，而从企业管理信息系统中直接导出的报表数据却被 Excel 默认为文本型的问题。此时，需要将文本型数据和数值型数据进行转换，否则在使用 Excel 公式或者 Excel 函数的时候会遭遇系统报错。

【例 1-7】如图 1-28 所示，A2 至 A6 单元格区域中的数字为文本型数字，如何将其转换为数值型数字？

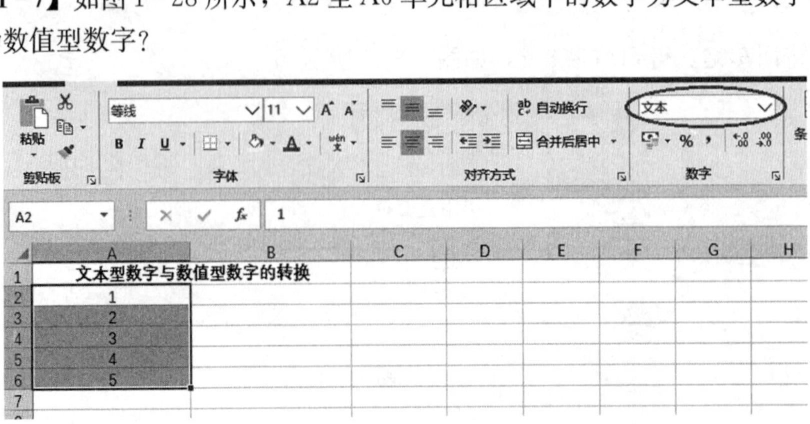

图 1-28

【操作方法】首先选中需要转换数字格式的区域，在“开始”选项卡的“数字”区域找到“数字格式”下拉菜单，打开后选择“数值”，单击“确定”。具体步骤如图 1－29 所示。

本例的动图操作过程，请扫描二维码。

例 1－7
动图演示

在“开始”选项卡的“数字”区域中，可以对数字的小数位数和负数表达方式进行选择。

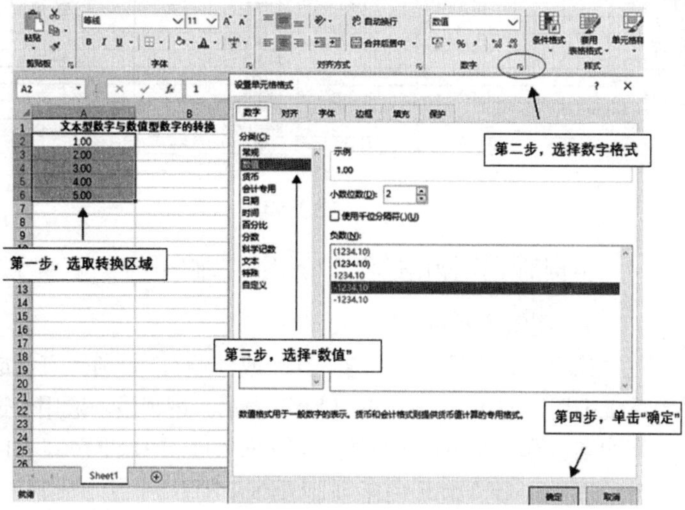

图 1－29

3. 日期和时间型数据

关于日期和时间型数据，我们需要知道的是，Windows 系统中 Excel 默认的日期系统是“1900 日期系统”。① 也就是说，每个自然数代表一天，自 1900 年 1 月 1 日开始，1 代表 1900 年 1 月 1 日，2 代表 1900 年 1 月 2 日，以此类推。

【例 1－8】在编制资产负债表时，常常将全部单元格格式设置为“货币”，此时在表头输入日期后将显示数字形式的日期，如图 1－30 所示。这并不意味着日期填写错误，而是单元格格式设置错误。

	A	B	C	D	E	F
1	资产负债表					
2	资　产	43465.00	43830.00	负债和所有者权益（或股东权益）	43465.00	43830.00
3	流动资产：	---	---	流动负债：	---	---
4	货币资金	1,301,662.81	2,076,706.63	短期借款		
5	短期投资			应付票据		
6	应收票据	8,225,067.39	3,364,000.00	应付账款	829,416.52	-2,516,031.74
7	应收账款	145,492,234.00	350,874,150.83	预收款项		
8	预付款项	2,885,705.20	2,885,705.20	应付职工薪酬		164,304.65
9	应收利息			应交税费	14,694,583.20	21,256,287.05
10	其他应收款	-6,308,100.80	2,484,343.63	未付利润		
11	存货	23,281,826.11	11,647,050.97	应付利息		
12	一年内到期的非流动资产			其他应交款		
13	其他流动资产			其他应付款	235,761,439.44	368,534,355.59

图 1－30

更改方式为：选中相应单元格，设置单元格格式为“日期”，选择所需要的类型即可，如图 1－31 所示。

① Max 系统中 Excel 默认的日期系统是“1904 日期系统”。

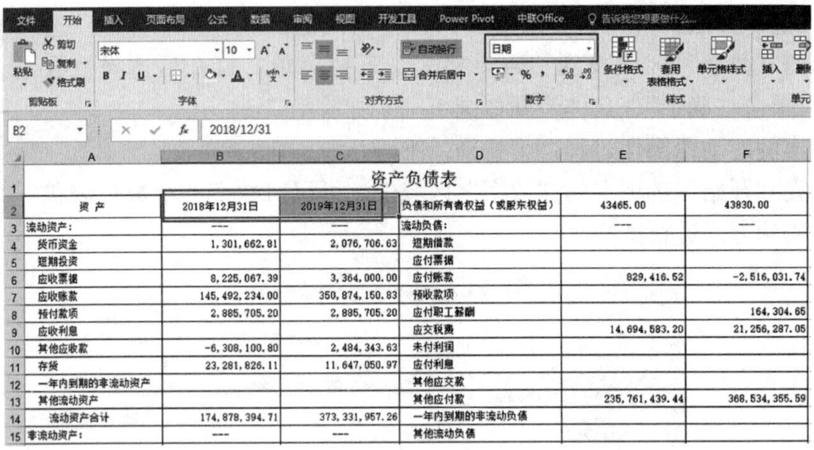

	A	B	C	D	E	F
1	资产负债表					
2	资 产	2018年12月31日	2019年12月31日	负债和所有者权益（或股东权益）	43465.00	43830.00
3	流动资产：	---	---	流动负债：	---	---
4	货币资金	1,301,662.81	2,076,706.63	短期借款		
5	短期投资			应付票据		
6	应收票据	8,225,067.39	3,364,000.00	应付账款	829,416.52	-2,516,031.74
7	应收账款	145,492,234.00	350,874,150.83	预收款项		
8	预付款项	2,885,705.20	2,885,705.20	应付职工薪酬		164,304.65
9	应收利息			应交税费	14,694,583.20	21,256,287.05
10	其他应收款	-6,308,100.80	2,484,343.63	未付利润		
11	存货	23,281,826.11	11,647,050.97	应付利息		
12	一年内到期的非流动资产			其他应交款		
13	其他流动资产			其他应付款	235,761,439.44	368,534,355.59
14	流动资产合计	174,878,394.71	373,331,957.26	一年内到期的非流动负债		
15	非流动资产：	---	---	其他流动负债		

图 1-31

例 1-8 动图演示

本例的动图操作过程，请扫描二维码。

4. 逻辑型数据

Excel 中的逻辑值是指“真”或“假”，分别代表“成立”和“不成立”，系统中用“TRUE”和“FALSE”表示。逻辑值一般用于逻辑判断，也可以进行四则运算。在四则运算中，TRUE=1，FALSE=0，如 FALSE * FLASE=0；TRUE * FALSE=0；TRUE * TRUE=1；2-TRUE=1。

1.3.3 单元格

1. 设置单元格格式

选择单元格后，单击鼠标右键，在弹出的快捷键菜单中选择“设置单元格格式”。为了方便对单元格格式进行调整，Excel 可以通过“数字”“对齐”“字体”“边框”“填充”“保护”选项卡对单元格格式进行更改。

2. 单元格引用

单元格引用是指用单元格在表中的坐标位置的标识。单元格引用主要分为绝对引用、相对引用和混合引用。

（1）绝对引用。绝对引用也称绝对地址，其格式为“$列标$行号”。含有绝对引用的公式被移动或复制时，公式中的引用单元格地址不会随着公式单元格地址的变化而自动调整。

【例 1-9】现有一组数据，如图 1-32 所示。选中 C2 单元格，在编辑栏中输入“=$A$2+$B$2”，得到计算结果为 2。然后将鼠标放在 C2 单元格右下角，当光标变为十字形后，利用填充柄功能向下填充至 C4 单元格，观察计算结果，如图 1-33 所示。

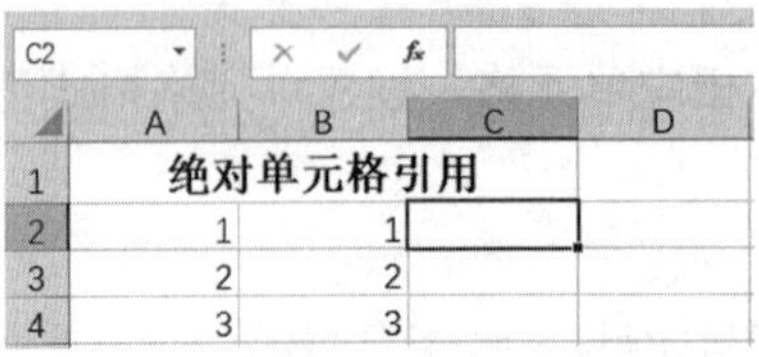

	A	B	C	D
1	绝对单元格引用			
2	1	1		
3	2	2		
4	3	3		

图 1-32

图 1－33

本例的动图操作过程，请扫描二维码。

在本例中，“＄”符号代表对其后面的行标或列标进行锁定，此时，对 A2、B2 单元格采取的是绝对引用。进行填充操作后，C3、C4 单元格中的内容依然是“＝＄A＄2＋＄B＄2”，计算结果与 C2 单元格相同。在输入绝对地址时，“＄”符号的快捷键为“F4”。

例 1-9
动图演示

（2）相对引用。相对引用也称相对地址，其格式为“列标行号”。含有相对引用的公式被移动或复制时，公式中的引用单元格地址会随着公式单元格地址的变化而自动调整。也就是说，相对引用是根据公式单元格和引用单元格的相对位置来进行引用的，若公式单元格地址发生改变，引用单元格地址随之改变，不变的是公式单元格和引用单元格之间的相对位置。

【例 1－10】现有一组数据，如图 1－34 所示。选中 C2 单元格，在编辑栏中输入“＝A2＋B2”，得到计算结果为 2。然后将鼠标放在 C2 单元格右下角，当光标变为十字形后，利用填充柄功能向下填充至 C4 单元格，观察计算结果，如图 1－35 所示。

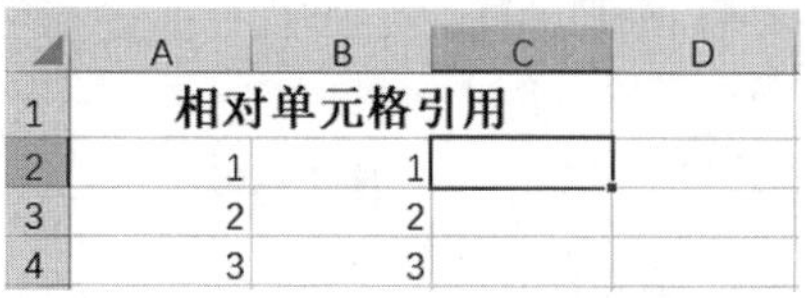

图 1－34

图 1－35

本例的动图操作过程，请扫描二维码。

在本例中，输入的 A2、B2 单元格地址中未使用“＄”符号，即对 A2、B2 单元格采取的是相对引用。进行填充操作后，C3、C4 单元格中的内容分别是“＝A3＋B3”和“＝A4＋B4”，计算结果分别是 4 和 6。也就是说，对单元格地址采取相对引用后，单元格地址将随公式输入的位置而改变。

例 1－10
动图演示

（3）混合引用。混合引用是绝对引用和相对引用的一种混合使用，其格式为“列标$行号”（绝对引用行）或者“$列标行号”（即绝对引用列），在此不赘述。

混合引用在实际工作中需灵活使用，每一个地址都需要使用者确认是否采用绝对引用，以确保对公式内容进行填充、引用等操作时的准确性。

1.3.4 数组

在程序设计中，为了处理方便，把具有相同类型的若干变量按有序的形式组织起来，这些按序排列的同类元素的集合称为数组。

输入数组公式的方法是：选定目标单元格区域后，输入带有数组参数（数组公式中，数量相同的两组或多组数据即为数组参数）的公式，然后按下Ctrl＋Shift＋Enter。注意，此时编辑栏中显示的公式是加了大括号的数组公式。若输入公式后只按下回车键Enter，则只是在选定的第一个单元格中输入了普通公式，不会被作为数组公式处理。

【例1-11】如图1-36，根据固定资产原值、累计折旧和固定资产减值准备的金额，计算固定资产净额。

	A	B	C	D
1		2017/12/31	2018/12/31	2019/12/31
2	固定资产原值	9,800,000.00	12,000,000.00	15,000,000.00
3	减：累计折旧	1,700,000.00	2,000,000.00	3,000,000.00
4	固定资产净值	8,100,000.00	10,000,000.00	12,000,000.00
5	减：固定资产减值准备		100,000.00	
6	固定资产净额			

图1-36

【操作方法】首先，选中B6单元格，然后在编辑栏中输入“＝B2:D2－B3:D3－B5:D5”，最后使用键盘按下Ctrl＋Shift＋Enter，然后将鼠标放在B6单元格右下角，当光标变为十字形后，向右填充至D6单元格。结果如图1-37所示。

B6 fx {=B2:D2-B3:D3-B5:D5}

	A	B	C	D
1		2017/12/31	2018/12/31	2019/12/31
2	固定资产原值	9,800,000.00	12,000,000.00	15,000,000.00
3	减：累计折旧	1,700,000.00	2,000,000.00	3,000,000.00
4	固定资产净值	8,100,000.00	10,000,000.00	12,000,000.00
5	减：固定资产减值准备		100,000.00	
6	固定资产净额	8,100,000.00	9,900,000.00	12,000,000.00

图1-37

本例的动图操作过程，请扫描二维码。

修改数组公式，需要在选定目标单元格区域或其中某单元格的情况下，单击编辑栏，或者双击某目标单元格，此时目标单元格区域处在编辑状态，编辑栏中数组公式的大括号消失，在此状态下进行公式的编辑修改，然后按下 Ctrl+Shift+Enter 即可。

例 1-11
动图演示

删除数组公式，需要选定全部数组公式所涉及的目标单元格区域，再进行相关操作。

由此可以看出，数组公式除了可以简化操作、提高工作效率外，还能够起到保护表结构、防止误操作的作用，这一点对财务人员而言是非常重要的。

注意，Excel 系统不允许对目标单元格区域中的某个单元格进行编辑、移动、删除等操作，否则会弹出“无法更改部分数组”警示框，如图 1-38 所示。

图 1-38

练习题

1. 图 1-39 为某企业 2018—2020 年资产负债表中的部分内容。对资产负债表中的部分内容计算结构比率（将资产负债表中各项目金额除以同期总资产金额）。

	A	B	C	D	E	F	G
1							单位:人民币千元
2	项目	2018/12/31	2018年结构比率	2019/12/31	2019年结构比率	2020/12/31	2020年结构比率
3	现金	25		18		52	
4	银行存款	6,000		28,161		10,936	
5	应收账款	32,655		54,076		39,762	
6	其他应收款	400		7,588		7,707	
7	存货	18,788		18,385		38,710	
8	流动资产合计	57,868		108,228		97,167	
9	长期投资						
10	固定资产原价	150,080		132,066		257,678	
11	减：累计折旧	17,666		13,002		29,023	
12	固定资产净值	132,414		119,064		228,655	
13	无形资产	3,500		10,982		12,257	
14	其他资产	10,638		8,885		10,398	
15	非流动资产合计	146,552		138,931		251,310	
16	资产总计	204,420		247,159		348,477	

图 1-39

2. 图 1-40 为某企业 2018—2020 年资产负债表中的部分内容。对资产负债表中的部分内容计算结构比率。

	A	B	C	D	E	F	G
1							单位:人民币千元
2	项目	2008/12/31	2009/12/31	2010/12/31	2018年结构比率	2019年结构比率	2020年结构比率
3	现金	25	18	52			
4	银行存款	6,000	28,161	10,936			
5	应收账款	32,655	54,076	39,762			
6	其他应收款	400	7,588	7,707			
7	存货	18,788	18,385	38,710			
8	流动资产合计	57,868	108,228	97,167			
9	长期投资						
10	固定资产原价	150,080	132,066	257,678			
11	减：累计折旧	17,666	13,002	29,023			
12	固定资产净值	132,414	119,064	228,655			
13	无形资产	3,500	10,982	12,257			
14	其他资产	10,638	8,885	10,398			
15	非流动资产合计	146,552	138,931	251,310			
16	资产总计	204,420	247,159	348,477			

图 1-40

第 2 章

Excel 的数据和图表操作

通过第 1 章的学习，使用者已经基本了解了 Excel 工作簿、工作表、单元格的基本操作方法，并学习了 Excel 的基本元素。本章主要针对 Excel 的数据和图表操作进行讲解，重点包括：(1) 理解并准确应用 Excel 的数据填充功能；(2) 熟练掌握单一条件下的数据排序；(3) 熟练掌握 Excel 的自动筛选功能；(4) 对 Excel 工作表中的数据建立图表进行分析；(5) 掌握 Excel 数据透视表及数据透视图功能。

通过对本章的学习，使用者能够深入了解 Excel 的数据操作和图表操作原理，感受 Excel 强大的数据分析能力和可视化图形展现力，通过练习熟练掌握基本的数据和图表操作。

2.1 数据输入、修改、填充及有效性验证

2.1.1 数据输入

单击要输入数据的单元格，利用键盘输入相应的内容，即可完成 Excel 的数据输入。

系统默认的情况下，输入数据后，按 Enter 键，会确认输入内容并切换到下方单元格；按 Tab 键，会确认输入内容并切换到右方单元格；单击任意其他单元格，会确认输入内容并切换到指定单元格。

2.1.2 数据修改

(1) 直接替换单元格内的数据。单击要修改的单元格，输入新的内容，以直接替换该单元格的原始内容。

(2) 修改单元格中的部分内容。双击要修改的单元格，当光标变为“|”状态时，单元格为录入状态，“|”所在位置即为文字插入的位置。此时，可以对单元格中的部分内容进行增加或删减。

2.1.3 数据填充

在 Excel 中，对于一些比较有规律性的数据，系统提供了自动填充功能，可以帮助使用者快速输入此类数据，避免手动输入的时间耗费，降低手动输入的错误率。

使用填充柄能够快速填充数据，首先单击写有数字的单元格，将光标置于单元格右下角，此时光标变为十字形，单击十字形光标并向下拖动，即可完成向下填充；单击十字形光标向右拖动，即可完成向右填充。此时单元格右下角会出现“自动填充选项”，单击“自动填充选项”即可选择填充方式。

填充方式包括以下几种。

(1) 复制单元格，即复制上一单元格并填充至下一单元格。如图 2-1 所示，A1 单元格原始数据为 1，使用填充柄拖动鼠标至 A10 单元格，此时 A2 至 A10 单元格均复制 A1 单元格数据。

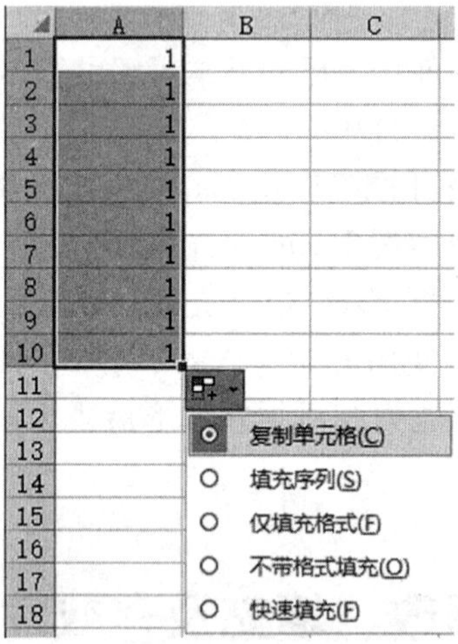

图 2-1

【例 2-1】如图 2-2 所示，按住鼠标左键选中 A1 至 A2 单元格，将光标移至 A2 单元格右下角，待光标变为十字形，按住鼠标左键下拉至 A10 单元格，此时在“自动填充选项”中选择“复制单元格”，得到右侧结果。

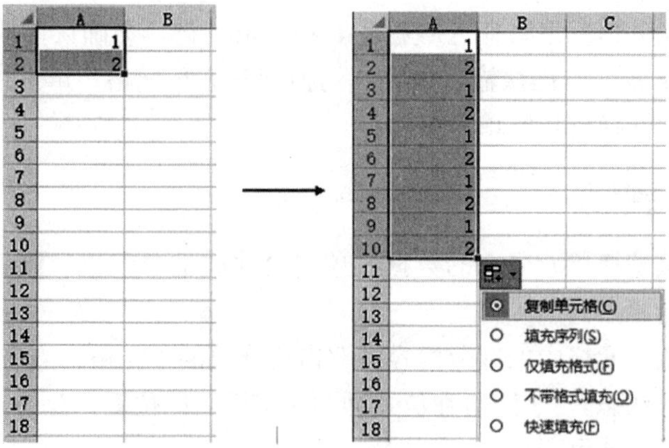

图 2-2

本例的动图操作过程，请扫描二维码。

例 2-1
动图演示

（2）填充序列，即按照等差数列进行填充。

【**例 2-2**】如图 2-3 所示，A1 单元格原始数据为 1，使用填充柄拖动鼠标至 A10 单元格，在“自动填充选项”中选择“填充序列”，就得到从 1 开始的等差数列。

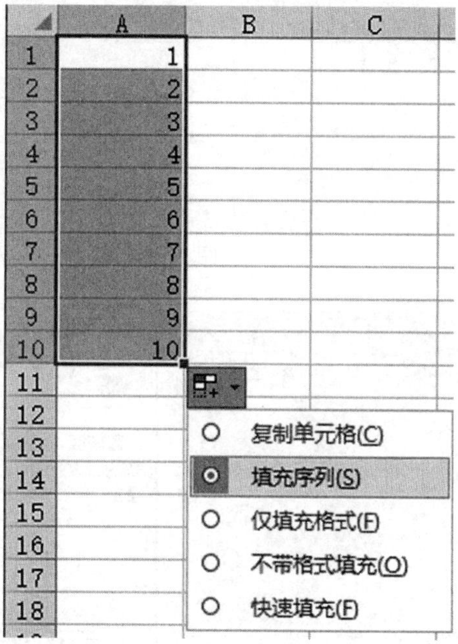

图 2-3

本例的动图操作过程，请扫描二维码。

例 2-2
动图演示

（3）仅填充格式。

【**例 2-3**】如图 2-4 所示，A1 单元格背景颜色为黄色，字体格式为宋体 11 号加粗。使用填充柄拖动鼠标至A10单元格，在“自动填充选项”中选择“仅填充格式”，可以看到A2至A10单元格格式与A1单元格相同，但并未填充内容，如图2-5左侧图所示。此时，在A4单元格输入“填充”二字，可以看到字体格式与A1单元中的字体格式相同，如图2-5右侧图所示。

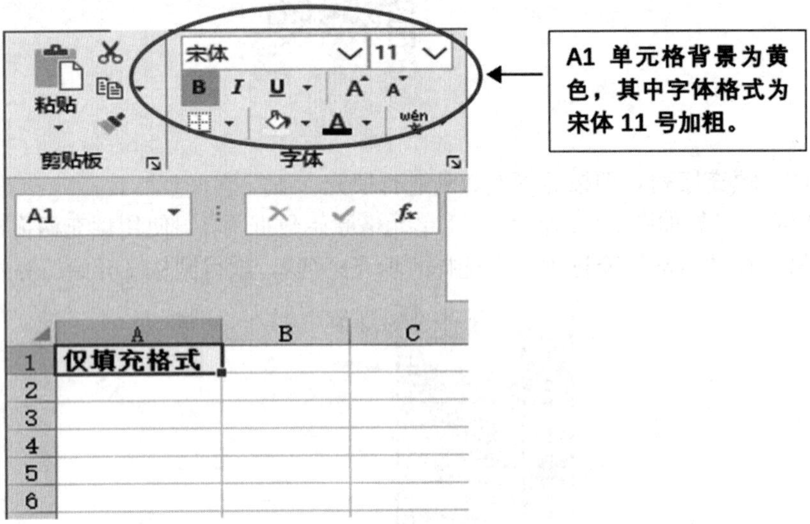

图2-4

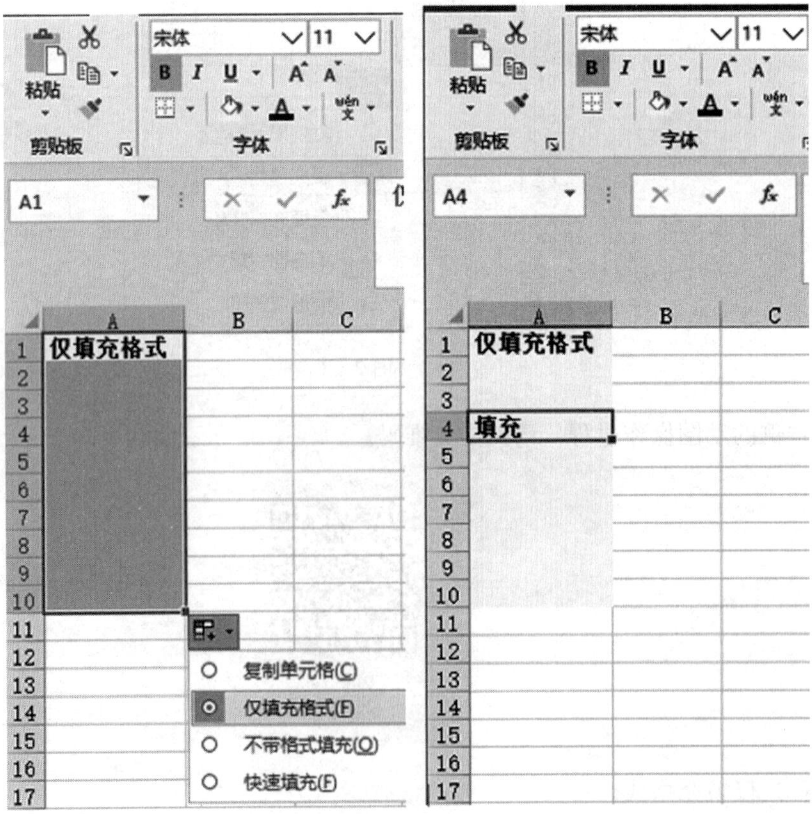

图2-5

本例的动图操作过程，请扫描二维码。

例 2-3
动图演示

2.1.4 数据有效性验证

1. 设置数据验证

数据有效性验证是对单元格或单元格区域输入的数据从内容到数量上的限制。从规则列表中进行选择以限制可以在单元格中输入的数据类型，便于统一标准及统计分析，避免手工录入错误数据。

数据验证功能可以通过“数据”选项卡-“数据工具”-“数据验证”选项进行设置，如图 2-6 所示。

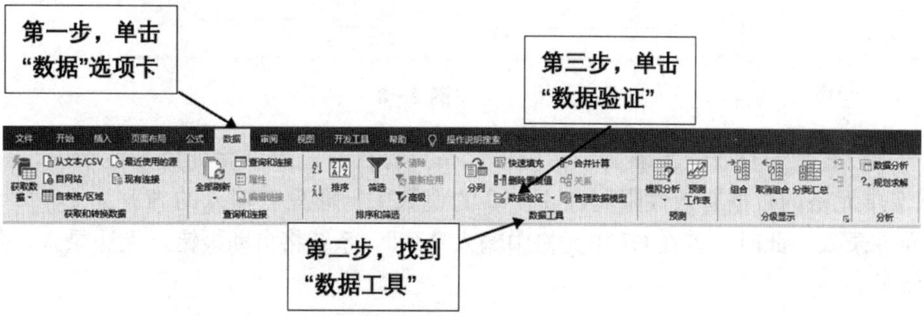

图 2-6

【例 2-4】 图 2-7 为差旅费报销单的工作表界面，利用“数据验证”功能限制“月”列下 C7 单元格中输入的内容为 1～12 之间的整数。

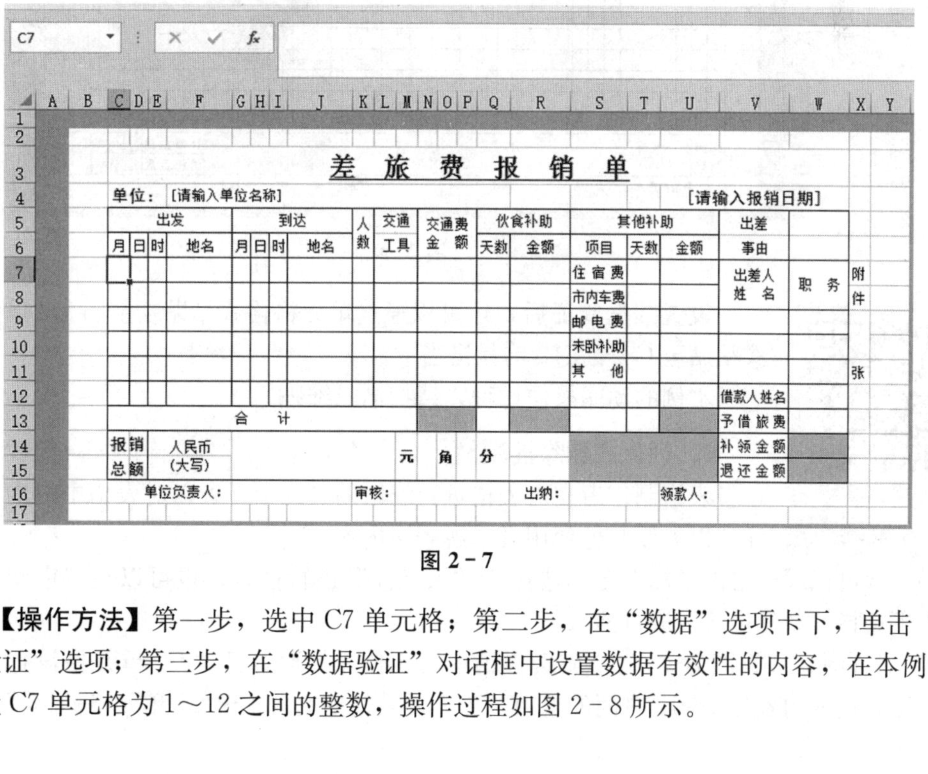

图 2-7

【操作方法】 第一步，选中 C7 单元格；第二步，在“数据”选项卡下，单击“数据验证”选项；第三步，在“数据验证”对话框中设置数据有效性的内容，在本例中，设置 C7 单元格为 1～12 之间的整数，操作过程如图 2-8 所示。

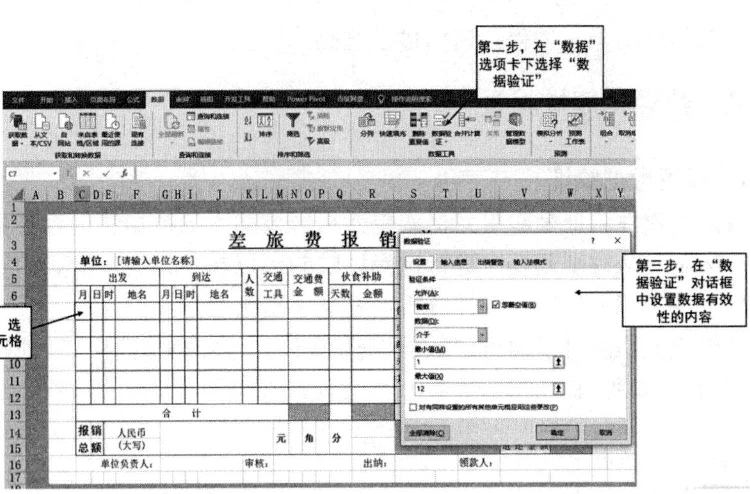

图 2-8

设置数据有效性验证后，相应单元格只有在通过数据验证后才能录入。在本例中，C7 单元格的数据有效性限制在 1～12 的整数中，即只有输入的内容为 1～12 的整数才允许录入。此时，若在 C7 单元格中输入“13”，系统将自动报错，无法录入，如图 2-9 所示。

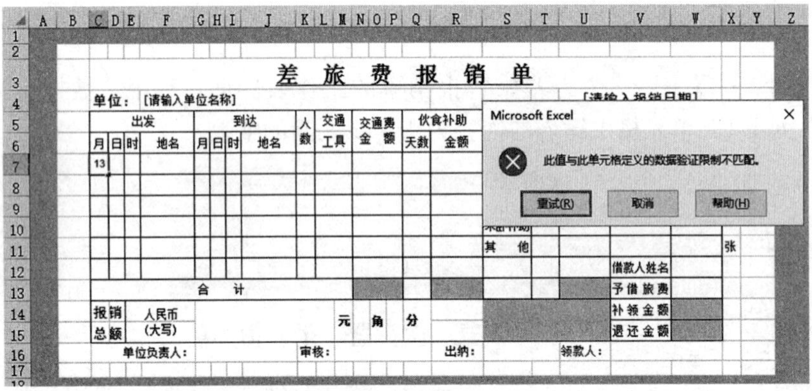

图 2-9

设置数据验证后，还可以通过单元格格式粘贴功能将 C7 单元格的格式粘贴至 C8 至 C12 单元格当中。

本例的动图操作过程，请扫描二维码。

例 2-4
动图演示

2. 插入或删除批注

表格制作者在对表格进行编辑的过程中，可以对表格中的内容插入批注，以方便其他使用者了解表格内容。

可以通过单击鼠标右键，选择“插入批注”进行插入，也可以在“审阅”选项卡下选择“新建批注”进行插入。

【例 2-5】图 2-7 为差旅费报销单的工作表界面，已对 C7 单元格设置了数据验证，输入内容是 1～12 之间的整数。为方便其他使用者了解 C7 单元格的格式限制，请对 C7 单元格添加批注。

【操作方法】 方法 1：第一步，选中 C7 单元格，并单击鼠标右键，选择“插入批注”选项；第二步，输入批注内容。方法 2：第一步，选中 C7 单元格，并在“审阅”选项卡下单击“新建批注”选项；第二步，输入批注内容。如图 2－10、图 2－11 所示。

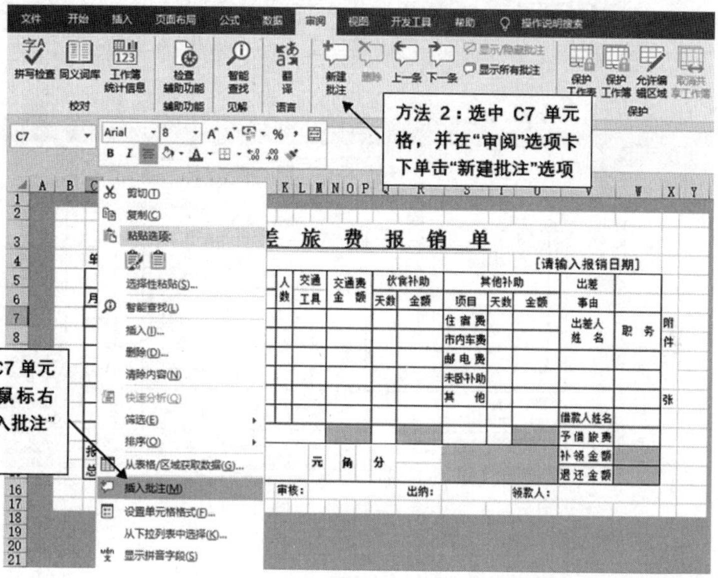

图 2－10

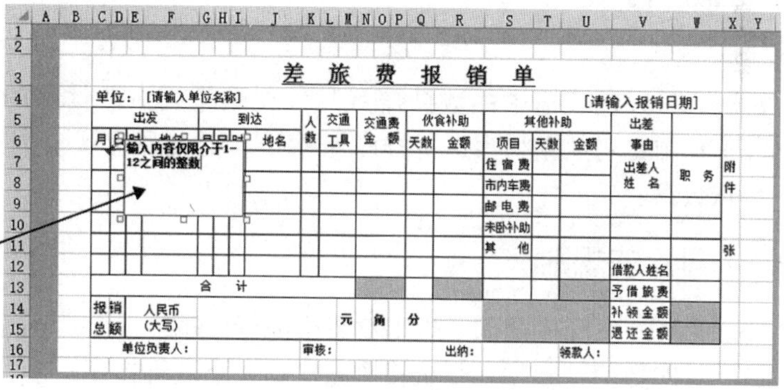

图 2－11

本例的动图操作过程，请扫描二维码。

例 2－5
动图演示

插入批注后，可以重新编辑或删除批注。操作方法为：单击已插入批注的单元格，在“审阅”选项卡下，选择“编辑批注”或“删除批注”即可，如图2-12所示。

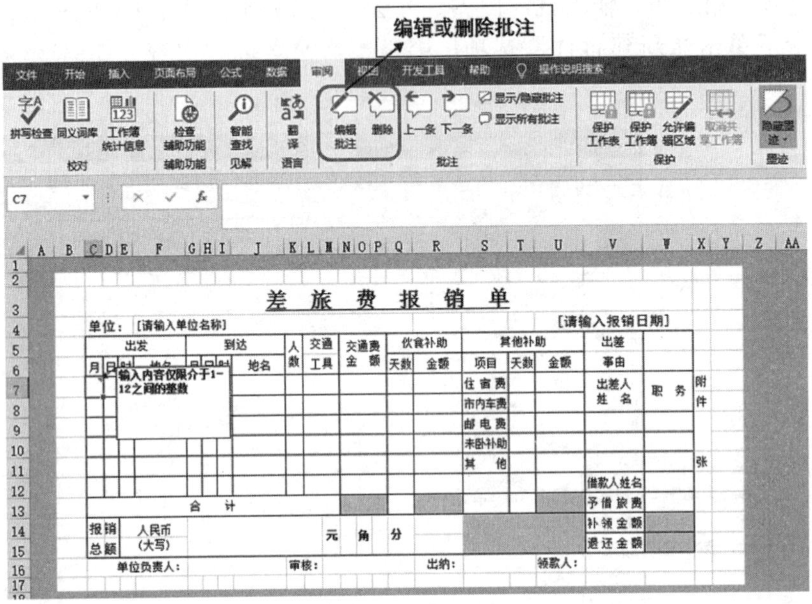

图2-12

2.2 数据排序

排序，可以让表格中的数据按照某种规则排列，数据间的顺序包括升序和降序。在财务工作中，对数据列表进行排序能够让人更直观地观察数据的规律，便捷地找到某一特殊数据。

2.2.1 排序的规则

Excel 2019系统按照如下规则对数据进行排序：

（1）针对数值型数据，系统按照数值的大小进行排序；

（2）针对日期型数据，系统按照日期的先后进行排序；

（3）针对时间型数据，系统按照时间的先后进行排序；

（4）针对逻辑型数据，系统按照TRUE>FLASE的规则进行排序；

（5）针对文本型数据，系统对文本中每个字符按从左到右的顺序进行比较，并按照字符的ASCII（美国信息交换标准代码）顺序进行排序，即所有汉字（按拼音或笔画顺序）>所有字母（按字母顺序，如区分大小写，则小写>大写）>所有数字（按数值大小）>空格。

其中，汉字按拼音顺序还是笔画顺序排序、字母排序是否区分大小写，均可在“排序选项”中选择。操作方法是：第一步，单击“数据”选项卡；第二步，在“排序和筛选”组中单击“排序”选项；第三步，单击“选项”按钮；第四步，选择是否区分大小写；第五步，选择排序方向；第六步，选择文字的排序方法；第七步，单击“确定”选项，如图 2－13 所示。

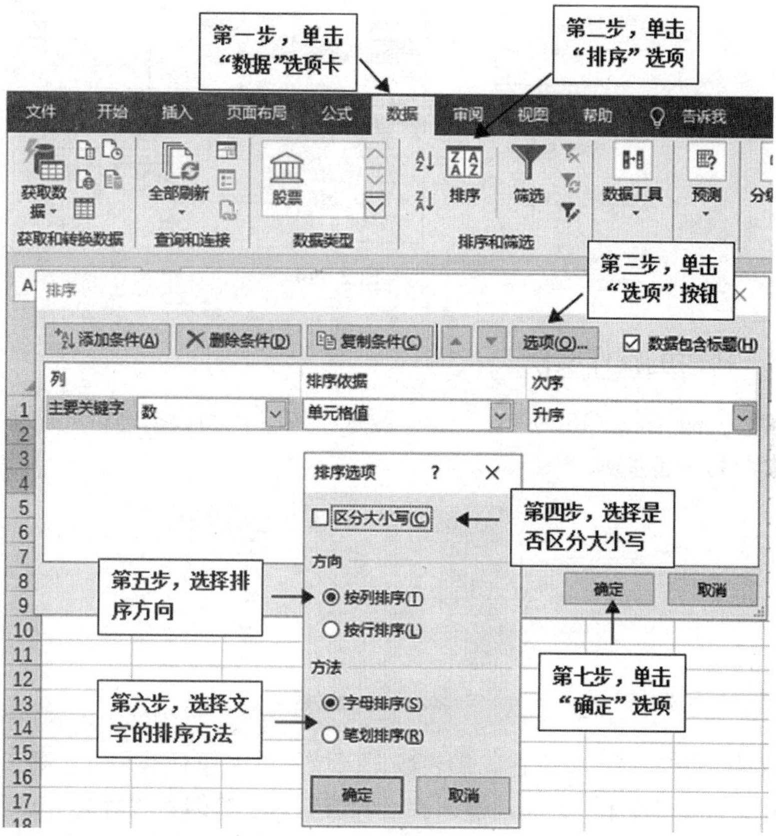

图 2－13

2.2.2 排序的操作方法

1. 简单排序（单个条件排序）

第一步，选定工作表数据区域中的某个单元格或者部分单元格区域；

第二步，单击“数据”选项卡；

第三步，单击“排序和筛选”组中的“升序”，即“ ”选项，或“降序”，即“ ”选项。

2. 复杂排序（多重条件排序）

第一步，选定工作表数据区域中的某个单元格或者部分单元格区域；

第二步，单击“数据”选项卡；

第三步，单击“排列和筛选”组中的“排序”，即“ ”选项；

第四步，在“排序”对话框中对排序条件进行设置。

排序条件主要包括：根据哪一列数据进行排序，排序依据，排序次序，同时还可以添加条件、删除条件、复制条件等，如图 2－14 所示。

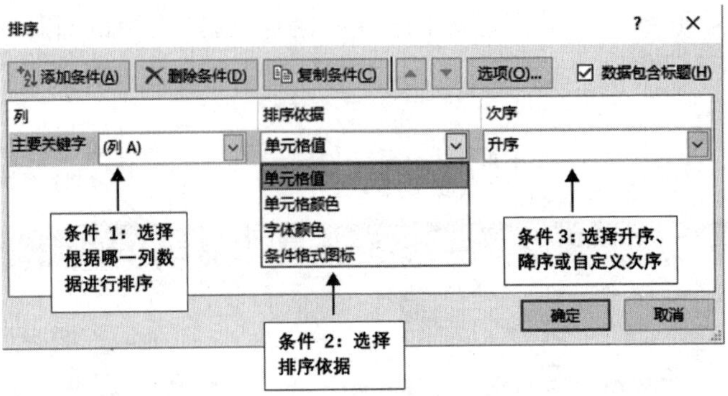

图 2-14

2.2.3 排序的操作实例

【例 2-6】图 2-15 为一组数据，要求：按照 A 列数据进行升序排列，并使 B 列、C 列与 A 列一起移动。

	A	B	C
1	2	A	数
2	4	a	据
3	1	c	排
4	7	z	序
5			

图 2-15

【操作方法】第一步，在工作表数据区域中单击任意单元格；第二步，在“数据”选项卡中单击“排序”选项；第三步，取消勾选“数据包含标题”选项；第四步，在排序条件中，“列”选择“列 A”，“排序依据”选择“单元格值”，“次序”选择“升序”；第五步，单击“确定”选项。操作步骤如图 2-16 所示。

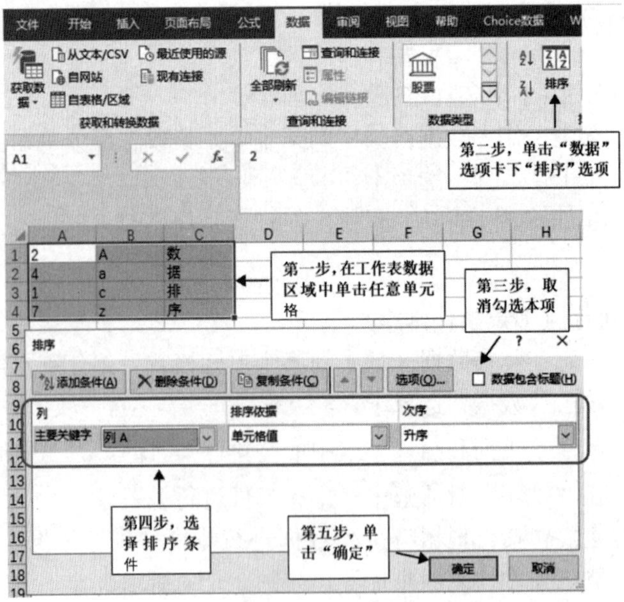

图 2-16

本例的动图操作过程，请扫描二维码。

例 2-6
动图演示

由操作结果可以看出，当仅选定工作表数据区域中的某一个单元格并对其进行排序时，意味着对整个表格数据进行排序，整个数据表会随着排序关键字所在列的数据变化而变化。

【例 2-7】原始数据如图 2-17 所示。要求：对 A1 至 B2 单元格区域内的数据按照 A 列数值进行降序排列。

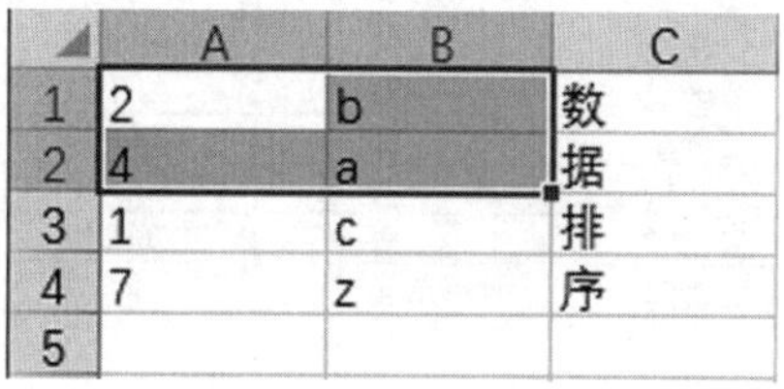

	A	B	C
1	2	b	数
2	4	a	据
3	1	c	排
4	7	z	序
5			

图 2-17

【操作方法】第一步，拖动鼠标选择 A1 至 B2 单元格区域；第二步，在“数据”选项卡中单击“排序”选项；第三步，取消勾选“数据包含标题”选项；第四步，在排序条件中，“列”选择“列 A”，“排序依据”选择“单元格值”，“次序”选择“降序”；第五步，单击“确定”选项。操作结果如图 2-18 所示。

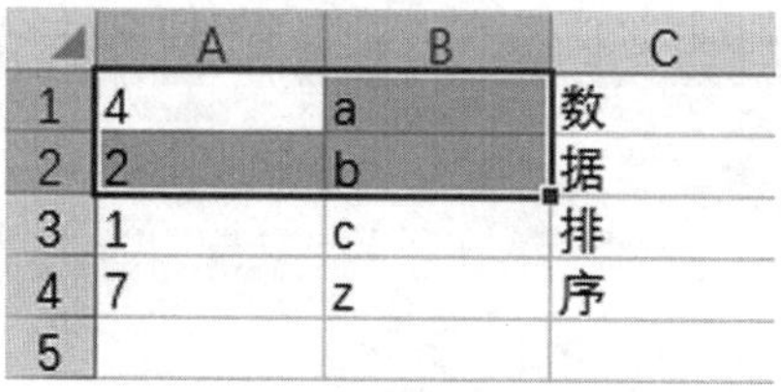

	A	B	C
1	4	a	数
2	2	b	据
3	1	c	排
4	7	z	序
5			

图 2-18

本例的动图操作过程，请扫描二维码。

例 2-7
动图演示

由操作结果可以看出，当选定的工作表数据区域包含多列数据时，意味着仅对选中区域进行排序。

【例 2-8】 假设某高校三个食堂外包，承包方列出了食堂销售收入明细，如图 2-19 所示。要求：按收入类别进行升序排列，同时，对于同一收入类别，按照收入金额降序排列。

	A	B	C	D
1	单位	收入类别	时间	收入金额
2	一食堂	自助餐	学期内	¥ 664,329.80
3	一食堂	自助餐	假期	¥ 195,035.50
4	二食堂	宴会包桌	学期内	¥ 2,965,430.70
5	二食堂	宴会包桌	假期	¥ 305,431.00
6	三食堂	宴会包桌	学期内	¥ 957,349.40
7	三食堂	宴会包桌	假期	¥ 127,603.50
8	一食堂	饭卡	学期内	¥ 1,587,628.50
9	一食堂	饭卡	假期	¥ 277,634.00
10	二食堂	饭卡	学期内	¥ 1,998,355.00
11	二食堂	饭卡	假期	¥ 682,377.00
12	三食堂	饭卡	学期内	¥ 1,280,077.70
13	三食堂	饭卡	假期	¥ 159,881.30
14	一食堂	点餐	学期内	¥ 483,654.20
15	一食堂	点餐	假期	¥ 173,452.10
16	二食堂	点餐	学期内	¥ 1,067,349.20
17	二食堂	点餐	假期	¥ 196,520.10
18	三食堂	点餐	学期内	¥ 638,629.00
19	三食堂	点餐	假期	¥ 99,546.30

图 2-19

【操作方法】 如图 2-20 所示，第一步，拖动鼠标，选中工作表内数据区域；第二步，单击“数据”选项卡下“排序”选项；第三步，选择主要关键字为“收入类别”；第四步，选择次序为“升序”；第五步，单击“添加条件”；第六步，选择次要关键字为“收入金额”；第七步，选择次序为降序；第八步，单击“确定”选项。操作结果如图 2-21 所示。

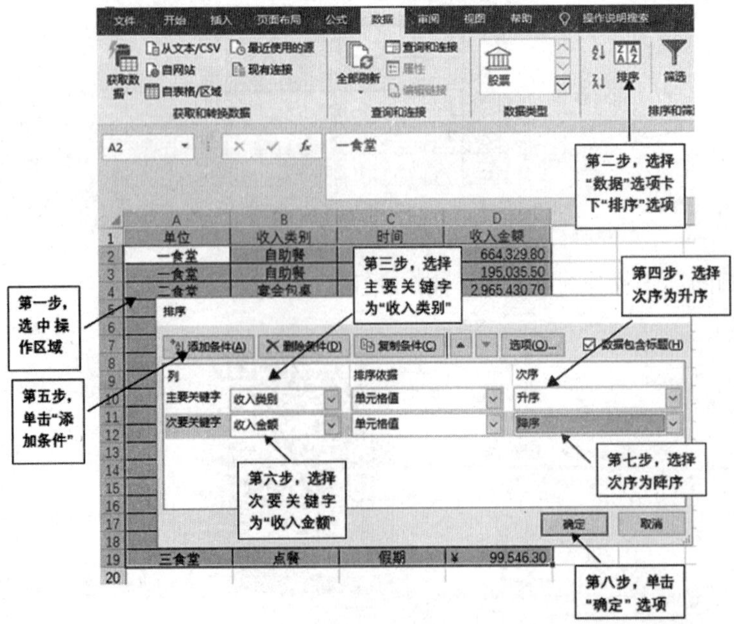

图 2-20

	A	B	C	D
1	单位	收入类别	时间	收入金额
2	二食堂	点餐	学期内	¥ 1,067,349.20
3	三食堂	点餐	学期内	¥ 638,629.00
4	一食堂	点餐	学期内	¥ 483,654.20
5	二食堂	点餐	假期	¥ 196,520.10
6	一食堂	点餐	假期	¥ 173,452.10
7	三食堂	点餐	假期	¥ 99,546.30
8	二食堂	饭卡	学期内	¥ 1,998,355.00
9	一食堂	饭卡	学期内	¥ 1,587,628.50
10	三食堂	饭卡	学期内	¥ 1,280,077.70
11	二食堂	饭卡	假期	¥ 682,377.00
12	一食堂	饭卡	假期	¥ 277,634.00
13	三食堂	饭卡	假期	¥ 159,881.30
14	二食堂	宴会包桌	学期内	¥ 2,965,430.70
15	三食堂	宴会包桌	学期内	¥ 957,349.40
16	二食堂	宴会包桌	假期	¥ 305,431.00
17	三食堂	宴会包桌	假期	¥ 127,603.50
18	一食堂	自助餐	学期内	¥ 664,329.80
19	一食堂	自助餐	假期	¥ 195,035.50

图 2－21

本例的动图操作过程，请扫描二维码。

例 2－8
动图演示

2.3　数据筛选

Excel 具有强大的数据筛选功能，该功能可以根据筛选条件显示符合条件的数据，同时将不符合条件的数据暂时隐藏。注意，进行筛选操作时，数据列表中必须含有列标签。

2.3.1　自动筛选

1. 自动筛选数据的基本步骤

第一步，选定工作表数据区域中的某个单元格或者部分单元格；

第二步，单击“数据”选项卡下“排序和筛选”组中的“筛选”选项；

第三步，单击下拉箭头，打开筛选清单，选择相应的筛选条件。

通过筛选的数据将被显示，而不符合筛选条件的数据将被暂时隐藏。当需要恢复原有全部数据时，只需在筛选清单中勾选“全选”选项。当需要取消自动筛选时，只需再次单击“筛选”选项。

【例 2－9】 如图 2－22，任意选定某一单元格（如 A8 单元格），点击“数据”选项卡下“筛选”选项，此时可以看到，工作表数据区域中每一列的第一行单元格都出现了筛选的下拉箭头。通过单击下拉箭头能够对下方数据进行筛选。

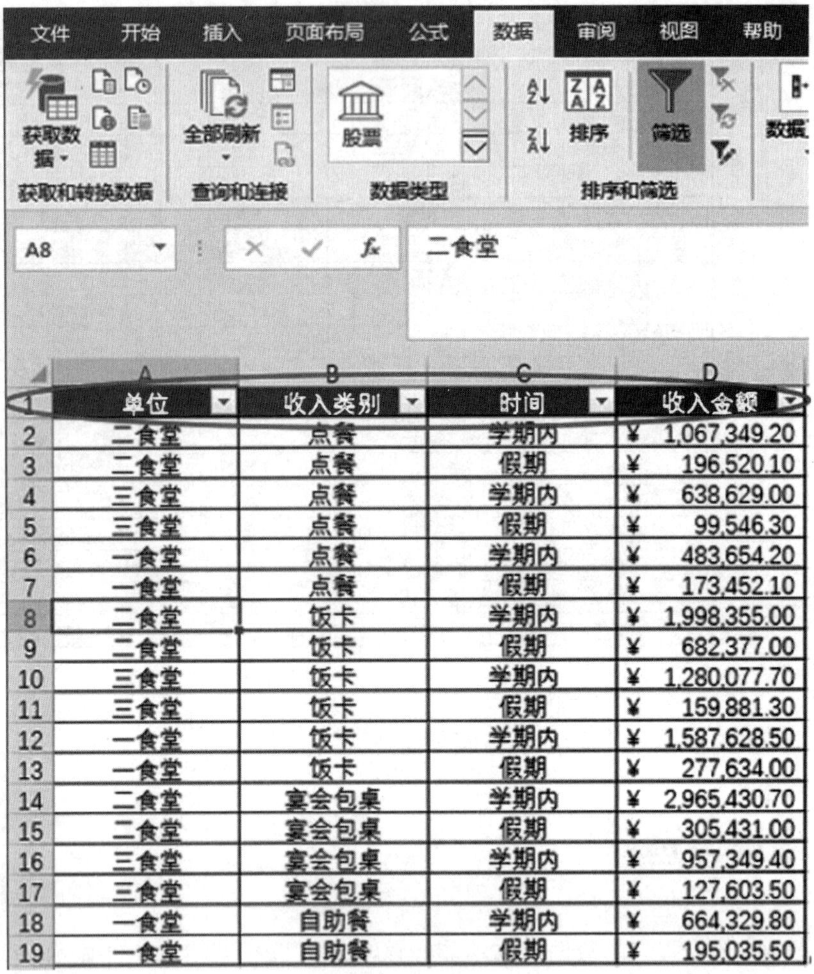

	A	B	C	D
1	单位	收入类别	时间	收入金额
2	二食堂	点餐	学期内	¥ 1,067,349.20
3	二食堂	点餐	假期	¥ 196,520.10
4	三食堂	点餐	学期内	¥ 638,629.00
5	三食堂	点餐	假期	¥ 99,546.30
6	一食堂	点餐	学期内	¥ 483,654.20
7	一食堂	点餐	假期	¥ 173,452.10
8	二食堂	饭卡	学期内	¥ 1,998,355.00
9	二食堂	饭卡	假期	¥ 682,377.00
10	三食堂	饭卡	学期内	¥ 1,280,077.70
11	三食堂	饭卡	假期	¥ 159,881.30
12	一食堂	饭卡	学期内	¥ 1,587,628.50
13	一食堂	饭卡	假期	¥ 277,634.00
14	二食堂	宴会包桌	学期内	¥ 2,965,430.70
15	二食堂	宴会包桌	假期	¥ 305,431.00
16	三食堂	宴会包桌	学期内	¥ 957,349.40
17	三食堂	宴会包桌	假期	¥ 127,603.50
18	一食堂	自助餐	学期内	¥ 664,329.80
19	一食堂	自助餐	假期	¥ 195,035.50

图 2-22

本例的动图操作过程，请扫描二维码。

例 2-9
动图演示

【例 2-10】如图 2-23，任意选定某一数据区域（如 B8 至 D10 单元格区域），点击“数据”选项卡下“筛选”选项，此时可以看到，选定区域的第一行成为字段名（如图 2-23 所示），系统能够对选定区域第一行以下的同列所有数据区域进行筛选（如图 2-24 所示）。

文件
开始
插入
页面布局
公式
数据
审阅
视图
帮助
获取数据
全部刷新
股票
排序
筛选
获取和转换数据
查询和连接
数据类型
排序和筛选
B8
饭卡
单位
收入类别
时间
收入金额
二食堂 点餐 学期内 ¥ 1,067,349.20
二食堂 点餐 假期 ¥ 196,520.10
三食堂 点餐 学期内 ¥ 638,629.00
三食堂 点餐 假期 ¥ 99,546.30
一食堂 点餐 学期内 ¥ 483,654.20
一食堂 点餐 假期 ¥ 173,452.10
二食堂 饭卡 学期内 ¥ 1,998,355.0
二食堂 饭卡 假期 ¥ 682,377.00
三食堂 饭卡 学期内 ¥ 1,280,077.70
三食堂 饭卡 假期 ¥ 159,881.30
一食堂 饭卡 学期内 ¥ 1,587,628.50
一食堂 饭卡 假期 ¥ 277,634.00
二食堂 宴会包桌 学期内 ¥ 2,965,430.70
二食堂 宴会包桌 假期 ¥ 305,431.00
三食堂 宴会包桌 学期内 ¥ 957,349.40
三食堂 宴会包桌 假期 ¥ 127,603.50
一食堂 自助餐 学期内 ¥ 664,329.80
一食堂 自助餐 假期 ¥ 195,035.50

图 2－23

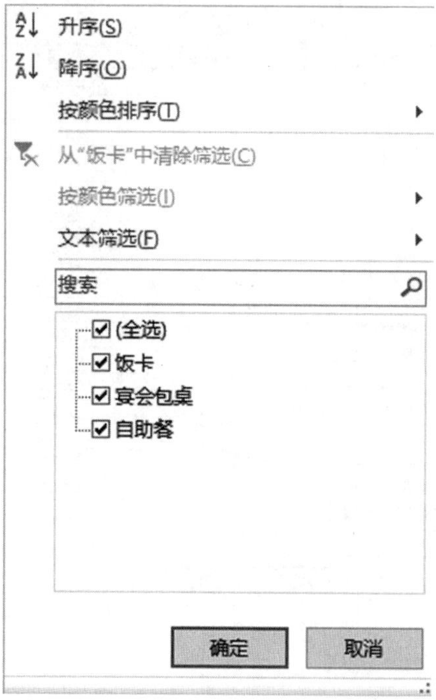

升序(S)
降序(O)
按颜色排序(T)
从"饭卡"中清除筛选(C)
按颜色筛选(I)
文本筛选(F)
搜索
(全选)
饭卡
宴会包桌
自助餐
确定
取消

图 2－24

本例的动图操作过程，请扫描二维码。

例 2－10
动图演示

【例 2－11】 基于上例中的数据，要求：通过筛选使工作表显示二食堂的相关数据。

【操作方法】 第一步，选定数据区域内任意单元格，或选中所有数据区域，单击“数据”选项卡下“筛选”选项；第二步，单击“单位”的下拉箭头；第三步，在筛选清单中，选择“二食堂”；第四步，单击“确定”选项，如图 2－25 所示。

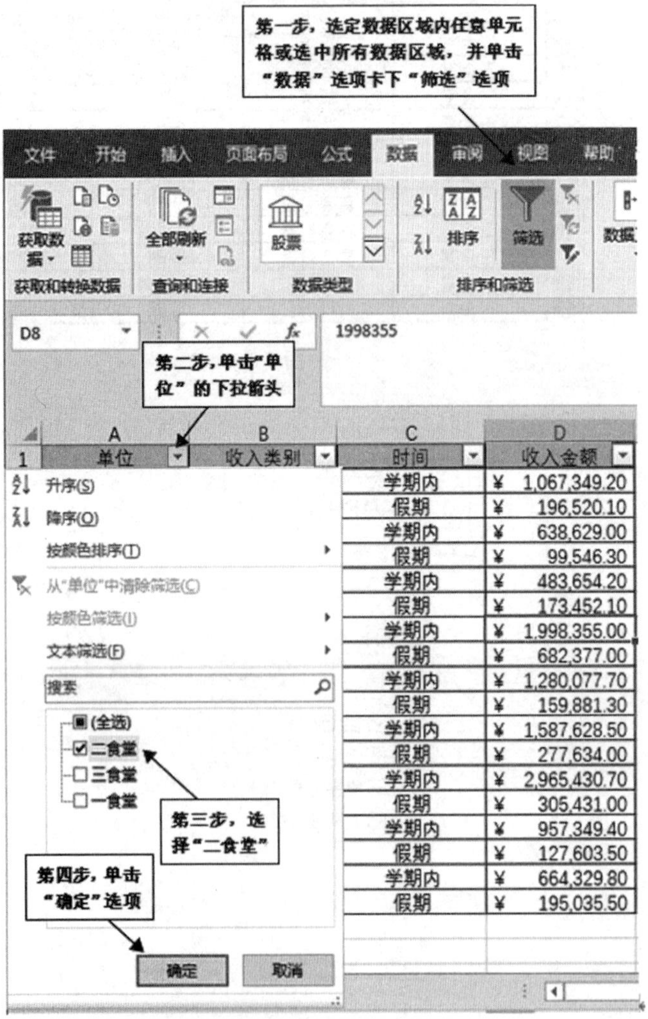

图 2－25

操作结果如图 2-26 所示，由操作结果可以看到，工作表底部状态栏显示“在 18 条记录中找到 6 个”，即对筛选结果做了计数统计。

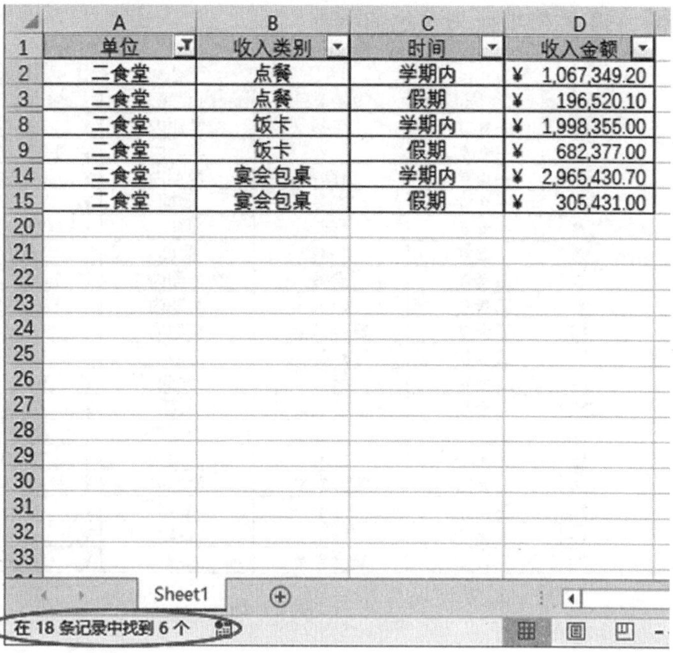

	A	B	C	D
1	单位	收入类别	时间	收入金额
2	二食堂	点餐	学期内	¥ 1,067,349.20
3	二食堂	点餐	假期	¥ 196,520.10
8	二食堂	饭卡	学期内	¥ 1,998,355.00
9	二食堂	饭卡	假期	¥ 682,377.00
14	二食堂	宴会包桌	学期内	¥ 2,965,430.70
15	二食堂	宴会包桌	假期	¥ 305,431.00

图 2-26

本例的动图操作过程，请扫描二维码。

注意，此时如果选择“收入金额”下的数据，即 D2 至 D15 单元格区域，在状态栏中能够看到二食堂收入金额的平均值、最小值、最大值和求和。(如图 2-27 所示。)

将 Excel 的自定义状态栏功能和筛选功能相结合，能够很快得到简单的统计和计算结果，这对财务人员快速筛选数据非常实用。

例 2-11
动图演示

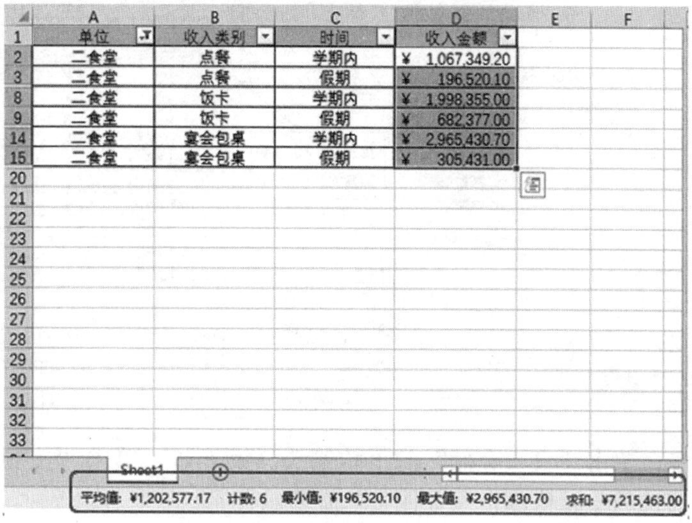

	A	B	C	D
1	单位	收入类别	时间	收入金额
2	二食堂	点餐	学期内	¥ 1,067,349.20
3	二食堂	点餐	假期	¥ 196,520.10
8	二食堂	饭卡	学期内	¥ 1,998,355.00
9	二食堂	饭卡	假期	¥ 682,377.00
14	二食堂	宴会包桌	学期内	¥ 2,965,430.70
15	二食堂	宴会包桌	假期	¥ 305,431.00

图 2-27

2. 对数据区域按颜色筛选

【例 2 - 12】数据区域见图 2 - 28，要求：筛选出“收入类别”下字体为红色，且“收入金额”下单元格填充为黄色的数据。

	A	B	C	D
1	单位	收入类别	时间	收入金额
2	一食堂	点餐	学期内	¥ 483,654.20
3	一食堂	饭卡	学期内	¥ 1,587,628.50
4	一食堂	自助餐	学期内	¥ 664,329.80
5	一食堂	点餐	假期	¥ 173,452.10
6	一食堂	饭卡	假期	¥ 277,634.00
7	一食堂	自助餐	假期	¥ 195,035.50
8	二食堂	点餐	学期内	¥ 1,067,349.20
9	二食堂	饭卡	学期内	¥ 1,998,355.00
10	二食堂	宴会包桌	学期内	¥ 2,965,430.70
11	二食堂	点餐	假期	¥ 196,520.10
12	二食堂	饭卡	假期	¥ 682,377.00
13	二食堂	宴会包桌	假期	¥ 305,431.00
14	三食堂	点餐	学期内	¥ 638,629.00
15	三食堂	饭卡	学期内	¥ 1,280,077.70
16	三食堂	宴会包桌	学期内	¥ 957,349.40
17	三食堂	点餐	假期	¥ 99,546.30
18	三食堂	饭卡	假期	¥ 159,881.30
19	三食堂	宴会包桌	假期	¥ 127,603.50

图 2 - 28

【操作方法】第一步，单击“收入类别”的下拉箭头。第二步，单击“按颜色筛选”。第三步，选择红色（如图 2 - 29 所示）。

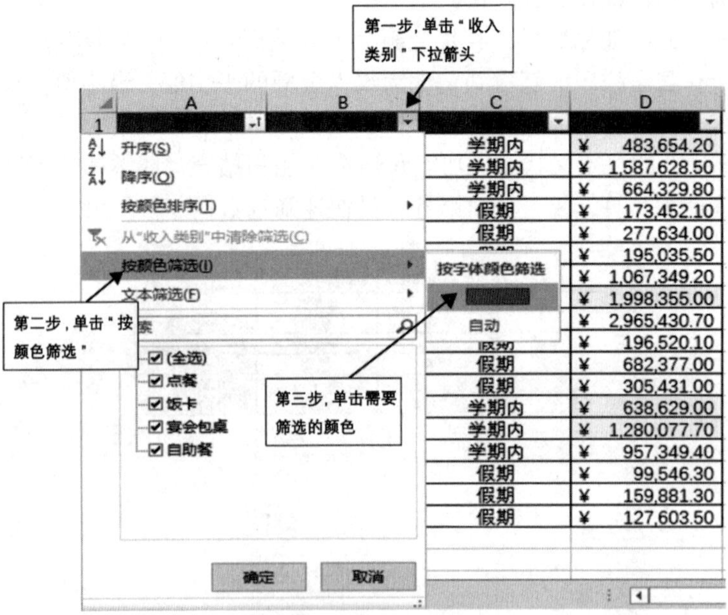

图 2 - 29

第四步，单击“收入金额”的下拉箭头。第五步，单击“按颜色筛选”。第六步，单击需要筛选的单元格颜色（如图 2 - 30 所示）。

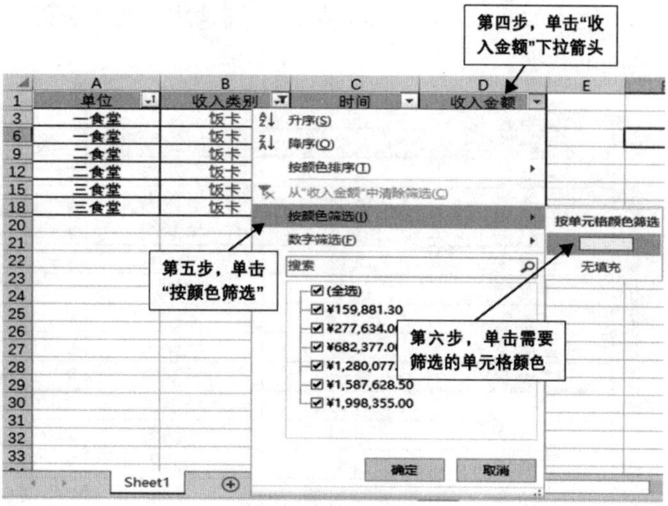

图 2-30

本例的动图操作过程，请扫描二维码。

例 2-12

动图演示

3. 对数据区域按数字筛选

对于财务人员而言，对数字、金额等进行筛选是比较常用的功能。数字筛选的方式非常多，如图 2-31 所示，使用者可以根据实际情况选择筛选方式。

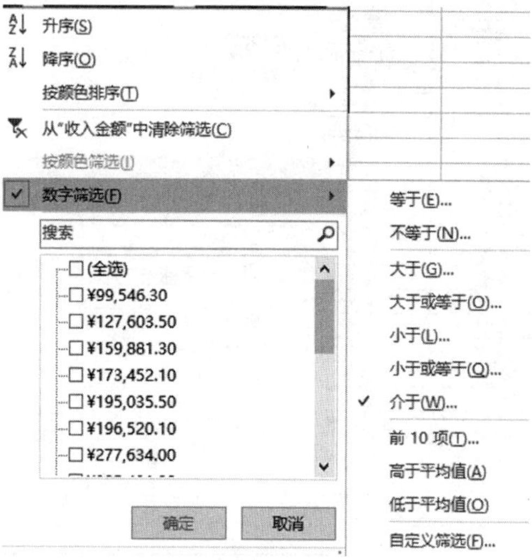

图 2-31

【例 2-13】数据如图 2-32 所示，要求：筛选出“收入金额”在人民币 500 000～1 000 000 元之间的数据。

	A	B	C	D
1	单位	收入类别	时间	收入金额
2	一食堂	点餐	学期内	¥ 483,654.20
3	一食堂	饭卡	学期内	¥ 1,587,628.50
4	一食堂	自助餐	学期内	¥ 664,329.80
5	一食堂	点餐	假期	¥ 173,452.10
6	一食堂	饭卡	假期	¥ 277,634.00
7	一食堂	自助餐	假期	¥ 195,035.50
8	二食堂	点餐	学期内	¥ 1,067,349.20
9	二食堂	饭卡	学期内	¥ 1,998,355.00
10	二食堂	宴会包桌	学期内	¥ 2,965,430.70
11	二食堂	点餐	假期	¥ 196,520.10
12	二食堂	饭卡	假期	¥ 682,377.00
13	二食堂	宴会包桌	假期	¥ 305,431.00
14	三食堂	点餐	学期内	¥ 638,629.00
15	三食堂	饭卡	学期内	¥ 1,280,077.70
16	三食堂	宴会包桌	学期内	¥ 957,349.40
17	三食堂	点餐	假期	¥ 99,546.30
18	三食堂	饭卡	假期	¥ 159,881.30
19	三食堂	宴会包桌	假期	¥ 127,603.50

图 2-32

【操作方法】第一步，单击“收入金额”的下拉箭头。第二步，在筛选清单中单击“数字筛选”选项。第三步，单击“介于”选项。如图 2-33 所示。第四步，输入筛选条件，即大于或等于 500 000；小于或等于 1 000 000（如图 2-34 所示）。最终筛选结果如图 2-35 所示。

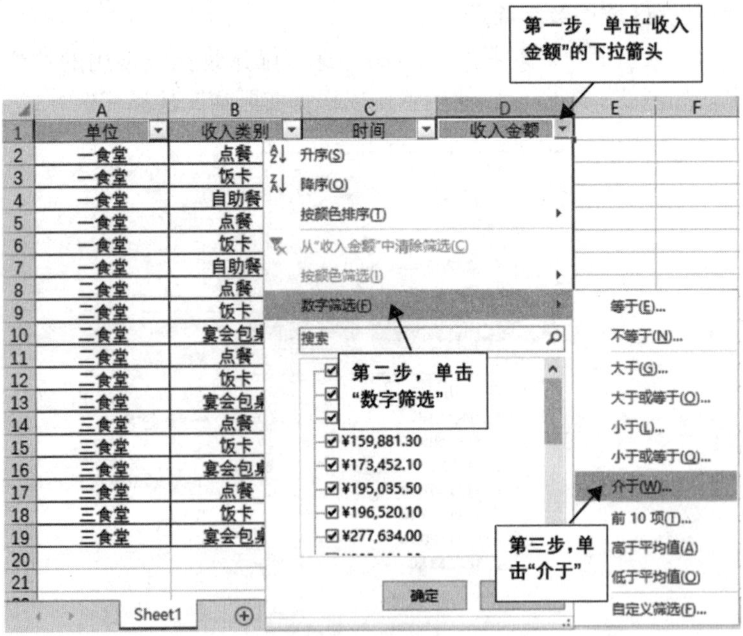

图 2-33

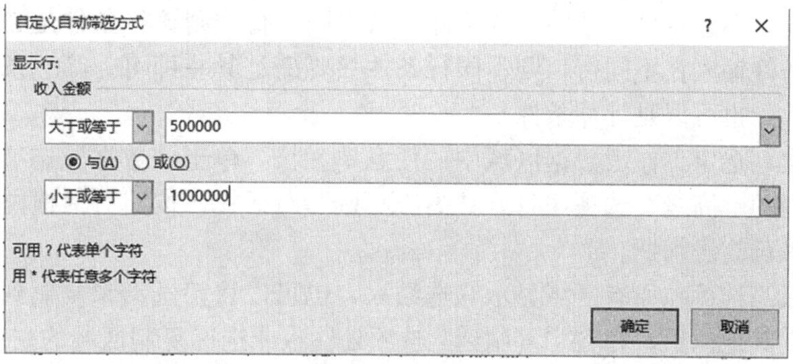

图 2-34

	A	B	C	D
1	单位	收入类别	时间	收入金额
4	一食堂	自助餐	学期内	¥ 664,329.80
12	二食堂	饭卡	假期	¥ 682,377.00
14	三食堂	点餐	学期内	¥ 638,629.00
16	三食堂	宴会包桌	学期内	¥ 957,349.40

图 2-35

本例的动图操作过程，请扫描二维码。

例 2-13
动图演示

2.3.2　高级筛选

进行高级筛选时，首先，在工作表数据区域外建立筛选条件区域。

【例 2-14】 如图 2-36，复制第一行表头至 F1 至 I1 单元格，并在 F2 和 F3 单元格分别输入“一食堂”和“二食堂”，此时，F2 至 F3 单元格区域为筛选条件区域。

	A	B	C	D	E	F	G	H	I
1	单位	收入类别	时间	收入金额		单位	收入类别	时间	收入金额
2	一食堂	点餐	学期内	¥ 483,654.20		一食堂			
3	一食堂	饭卡	学期内	¥ 1,587,628.50		二食堂			
4	一食堂	自助餐	学期内	¥ 664,329.80					
5	一食堂	点餐	假期	¥ 173,452.10					
6	一食堂	饭卡	假期	¥ 277,634.00					
7	一食堂	自助餐	假期	¥ 195,035.50					
8	二食堂	点餐	学期内	¥ 1,067,349.20					
9	二食堂	饭卡	学期内	¥ 1,998,355.00					
10	二食堂	宴会包桌	学期内	¥ 2,965,430.70					
11	二食堂	点餐	假期	¥ '196,520.10					
12	二食堂	饭卡	假期	¥ 682,377.00					
13	二食堂	宴会包桌	假期	¥ 305,431.00					
14	三食堂	点餐	学期内	¥ 638,629.00					
15	三食堂	饭卡	学期内	¥ 1,280,077.70					
16	三食堂	宴会包桌	学期内	¥ 957,349.40					
17	三食堂	点餐	假期	¥ 99,546.30					
18	三食堂	饭卡	假期	¥ 159,881.30					
19	三食堂	宴会包桌	假期	¥ 127,603.50					

图 2-36

注意，筛选条件区域中，若条件输入在同一行，则该行条件是必须同时满足的条件；若条件输入在不同行，则不同行条件只要满足其一即可。筛选条件可以是文本或数值条件，也可以是计算条件。

其次，选定工作表数据区域中的任意单元格，单击“数据”选项卡下“排序和筛选”组内的“高级”选项，打开“高级筛选”对话框，按照对话框内指示进行相应操作即可进行高级筛选。

高级筛选可在原有区域显示筛选结果，也可以将筛选结果复制到其他位置。若选择复制到其他位置，则在“复制到”选项处输入或选择复制区域的左上角单元格地址。操作过程如图 2-37 所示。

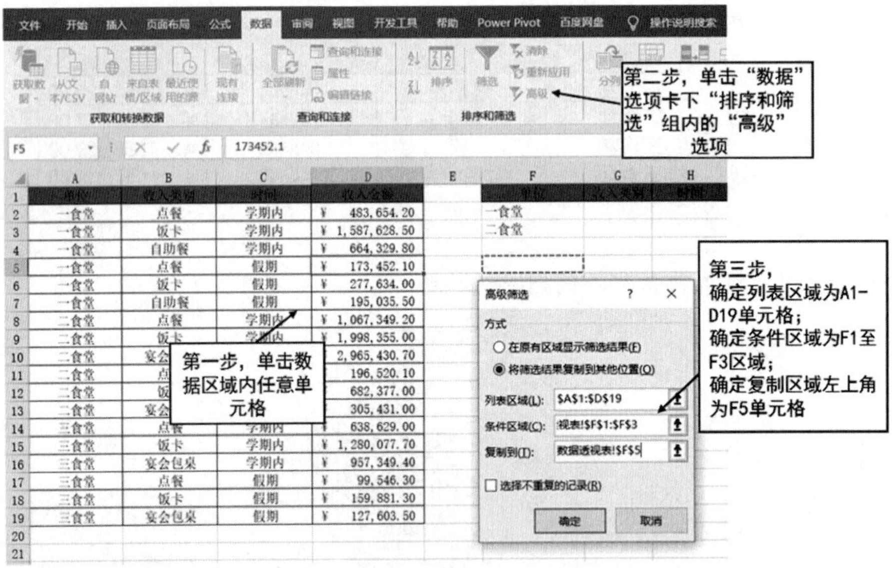

图 2-37

筛选结果如图 2-38 所示，Excel 根据筛选条件区域的筛选条件，将“单位”为“一食堂”和“二食堂”的数据筛选出来，并复制到起始单元格为 F5 单元格的区域内。

	A	B	C	D
1	单位	收入类别	时间	收入金额
2	一食堂	点餐	学期内	¥ 483,654.20
3	一食堂	饭卡	学期内	¥ 1,587,628.50
4	一食堂	自助餐	学期内	¥ 664,329.80
5	一食堂	点餐	假期	¥ 173,452.10
6	一食堂	饭卡	假期	¥ 277,634.00
7	一食堂	自助餐	假期	¥ 195,035.50
8	二食堂	点餐	学期内	¥ 1,067,349.20
9	二食堂	饭卡	学期内	¥ 1,998,355.00
10	二食堂	宴会包桌	学期内	¥ 2,965,430.70
11	二食堂	点餐	假期	¥ 196,520.10
12	二食堂	饭卡	假期	¥ 682,377.00
13	二食堂	宴会包桌	假期	¥ 305,431.00
14	三食堂	点餐	学期内	¥ 638,629.00
15	三食堂	饭卡	学期内	¥ 1,280,077.70
16	三食堂	宴会包桌	学期内	¥ 957,349.40
17	三食堂	点餐	假期	¥ 99,546.30
18	三食堂	饭卡	假期	¥ 159,881.30
19	三食堂	宴会包桌	假期	¥ 127,603.50

F	G	H	I
单位	收入类别	时间	收入金额
一食堂			
二食堂			
单位	收入类别	时间	收入金额
一食堂	点餐	学期内	¥ 483,654.20
一食堂	饭卡	学期内	¥ 1,587,628.50
一食堂	自助餐	学期内	¥ 664,329.80
一食堂	点餐	假期	¥ 173,452.10
一食堂	饭卡	假期	¥ 277,634.00
一食堂	自助餐	假期	¥ 195,035.50
二食堂	点餐	学期内	¥ 1,067,349.20
二食堂	饭卡	学期内	¥ 1,998,355.00
二食堂	宴会包桌	学期内	¥ 2,965,430.70
二食堂	点餐	假期	¥ 196,520.10
二食堂	饭卡	假期	¥ 682,377.00
二食堂	宴会包桌	假期	¥ 305,431.00

图 2-38

本例的动图操作过程，请扫描二维码。

高级筛选还提供了“选择不重复的记录”选项，此操作可实现筛选结果删除重复项的功能。

例2-14
动图演示

2.4 图表操作

Excel为使用者提供了非常丰富的图表功能，财务人员利用图表功能能够增强财务数据的可读性，可以更加形象、直观地进行财务分析，为企业决策提供有用的信息。

2.4.1 图表的建立

针对工作表中的数据区域，Excel可以生成图表。操作步骤（见图2-39）为：

第一步，选中需要生成图表的数据区域；

第二步，在“插入”选项卡下“图表”组中单击“查看所有图表”，即“ ”；

第三步，选择需要生成的图表类型；

第四步，选择需要生成的图表样式；

第五步，单击“确定”选项，生成图表。

Excel为使用者提供了17种图表类型，包括柱形图、折线图、饼图、条形图、面积图、XY散点图、地图、股价图、曲面图、雷达图、树状图、旭日图、直方图、箱形图、瀑布图、漏斗图、组合图，基本满足日常工作中对数据的分析要求。此外，根据所选数据的特征，Excel能够给使用者推荐图表，可通过“插入”选项卡下“图表”组中的“推荐的图表”选项实现。

注意，Excel建立的图表具有随数据源的改变而自动更新的功能，即所选数据区域的数据有所改变时，图表能够进行相应的更新。

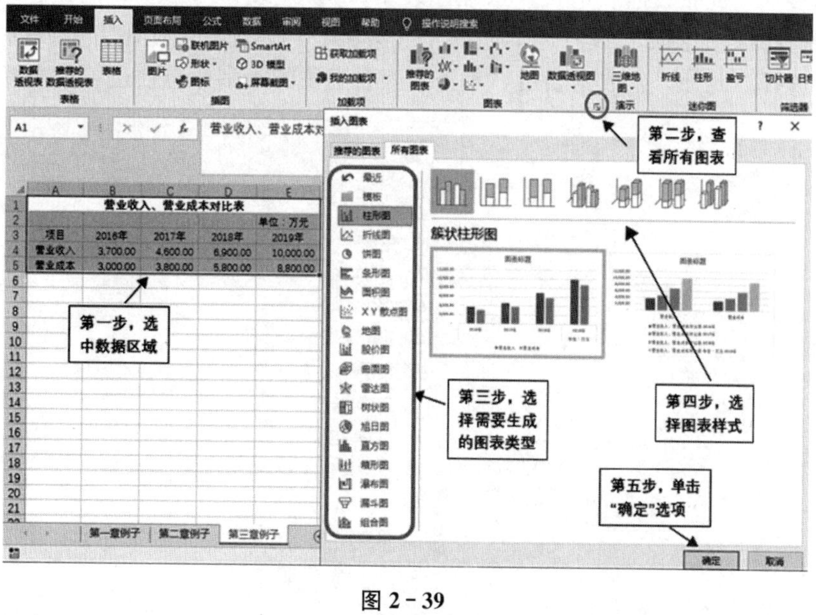

图2-39

2.4.2 图表的编辑

插入图表后，Excel 功能区将自动生成“图表工具”，其中包括“设计”和“格式”选项卡。使用者可以应用这两个选项卡对生成的图表进行编辑。

“设计”选项卡下的功能如图 2－40 所示，主要包括图表布局、图表样式、数据、类型、位置。

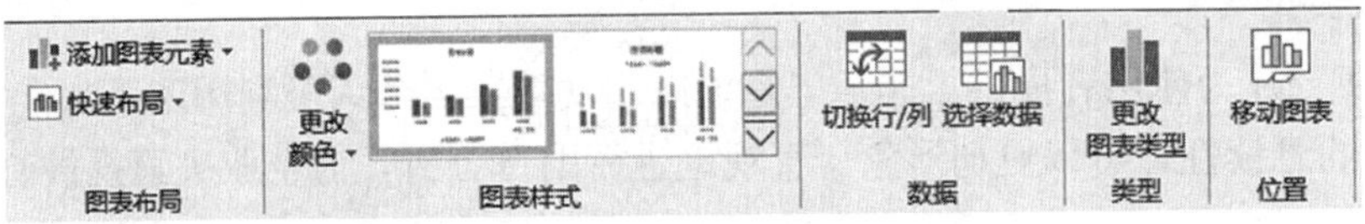

图 2－40

“格式”选项卡下的功能如图 2－41 所示，主要包括当前所选内容、插入形状、形状样式、艺术字样式、辅助功能、排列及大小。

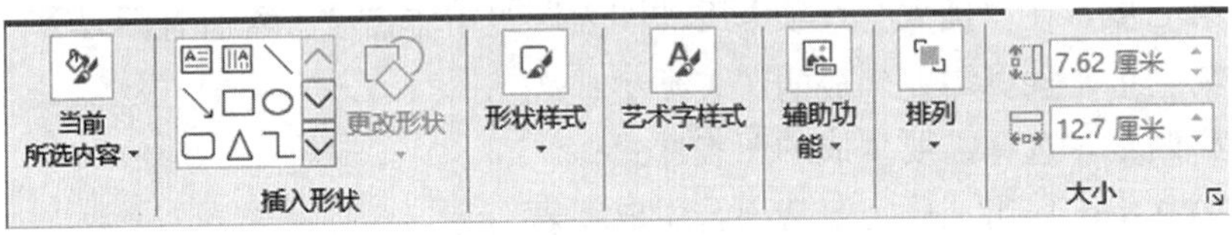

图 2－41

1. 添加图表元素

在对图表进行编辑时，最常用的功能是“添加图表元素”，通过此功能可以添加或删除图表的显示元素。

“添加图表元素”功能位于“设计”选项卡下“图表布局”组中，内含 11 个图表元素：坐标轴、坐标轴标题、图表标题、数据标签（将具体数据标签显示在图表中）、数据表（设置原数据表是否显示在图表中）、误差线、网格线、图例、线条、趋势线、涨/跌柱线，如图 2－42 所示，且每个元素都有具体选项，使用者可根据实际操作要求进行选择。此外，生成图表后，单击图表右上角的十字标志，也可以选择图表元素。

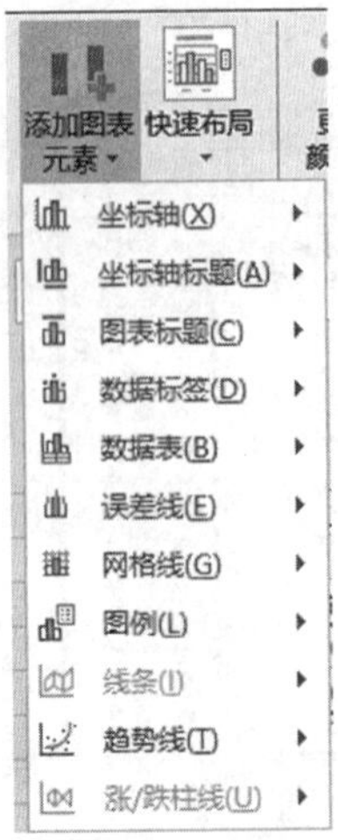

图 2－42

2. 切换行/列

在“设计”选项卡下，“数据”组中有“切换行/列”功能。切换行/列，即交换坐标轴上的数据。表 2-1 为某单位 2016—2019 年营业收入、营业成本对比表。将表 2-1 输入到 Excel 工作表中，选择数据区域并生成“簇状柱形图”，如图 2-43 所示。

选中图表，单击“设计”选项卡下“数据”组中的“切换行/列”，此时图表结果如图 2-44 所示。

表 2-1　某单位 2016—2019 年营业收入、营业成本对比表　　单位：万元

项目	2016 年	2017 年	2018 年	2019 年
营业收入	3 700.00	4 600.00	6 900.00	10 000.00
营业成本	3 000.00	3 800.00	5 800.00	8 800.00

图 2-43

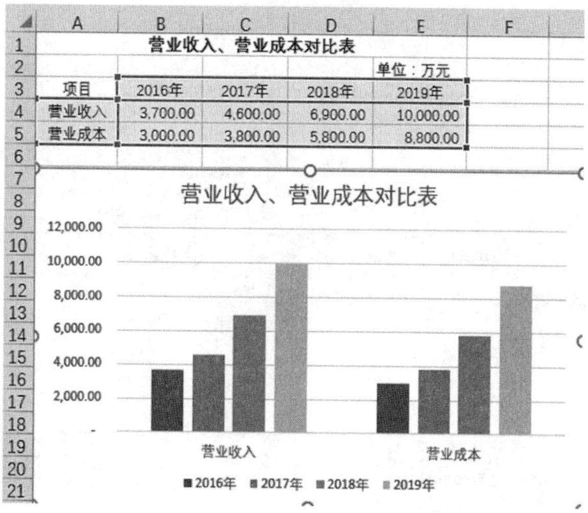

图 2-44

3. 选择数据

使用“设计”选项卡下“数据”组中的“选择数据”功能，能够更改图表中包含的数据区域。

【例 2－15】 将表 2－1 输到 Excel 工作表中，选择数据区域并生成“簇状柱形图”。若将工作表中“营业成本”相关数据隐藏，即隐藏工作表中第五行，显示结果如图 2－45 所示。图表仅包含“营业收入”的数据，而不显示“营业成本”的数据。

图 2－45

单击“设计”选项卡下“数据”组中的“选择数据”选项，系统会弹出“选择数据源”对话框，如图 2－46 所示。在“选择数据源”对话框中可以设置图表数据区域、切换行/列，还可以对图例项和水平（分类）轴标签进行选择。

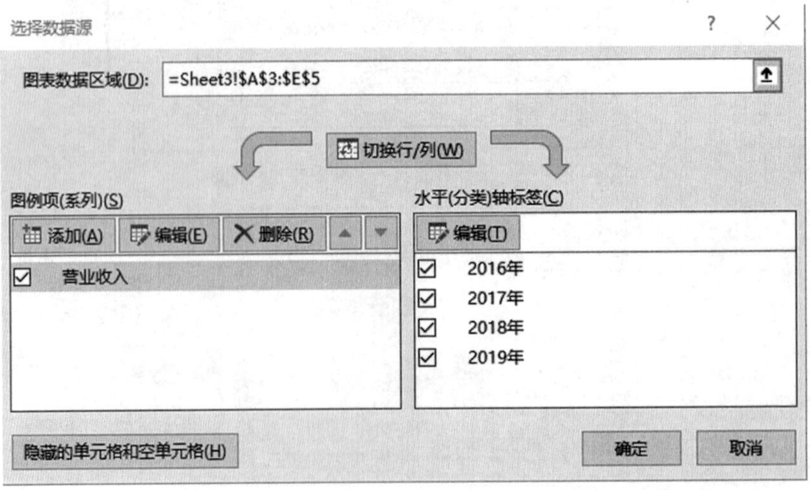

图 2－46

使用者可以通过单击左下角的“隐藏的单元格和空单元格”选项，选择图表中是否显示隐藏行/列的数据，如图 2-47 所示。

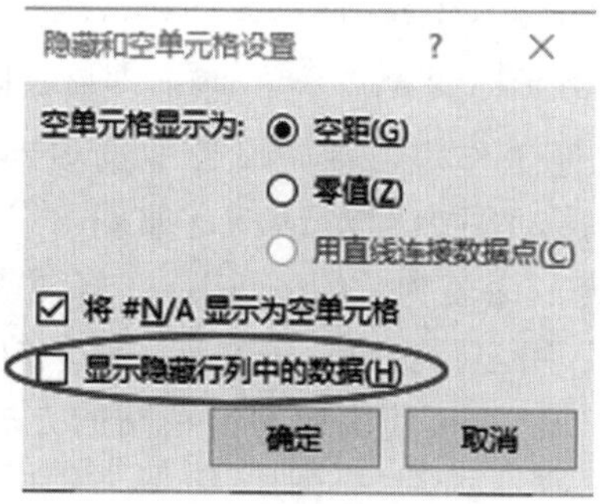

图 2-47

若勾选“显示隐藏行列中的数据”，并单击“确定”选项，则结果如图 2-48 所示。此时，尽管“营业成本”的相关数据被隐藏，但图表中依然包含“营业成本”的相关数据。

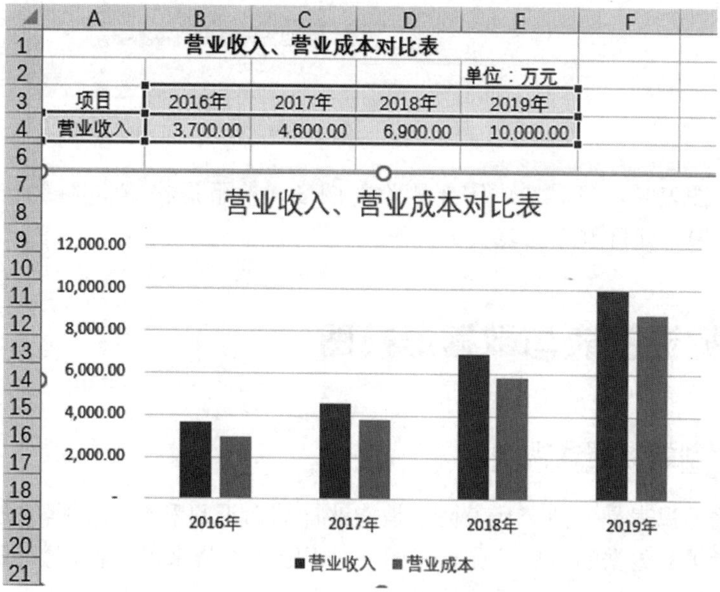

图 2-48

本例的动图操作过程，请扫描二维码。

例 2-15
动图演示

图表功能中的“设计”和“格式”选项卡，能够基本满足使用者对图表显示样式的要求。使用者如果熟练掌握相关功能，就能够在日常工作中绘制出符合要求的图表。本部分仅对常用的三种功能进行讲解，在后面案例中如用到其他功能，则会在后文进行详细说明。

2.4.3　图表的复制、移动和删除

图表复制与单元格复制的方法相同，选定图表区域后，单击鼠标右键，选择菜单

中的“复制”选项，或者使用快捷键 Ctrl+C 进行复制，再选定要复制图表的位置，进行“粘贴”操作即可。

图表的移动包括在同一工作表内移动，以及移动至其他工作表中。在同一工作表内，选定图表区域后，当光标变为“”时，即可在同一工作表内轻松移动图表。

要将图表移动至其他工作表，在“设计”选项卡下“位置”组中单击“移动图表”，此时系统弹出“移动图表”对话框，如图 2-49 所示。若勾选“新工作表：Chart1”，即新建工作表，命名为“Chart1”，并将图表移至 Chart1 工作表中，其中，新工作表名称“Chart1”可自行更改；若勾选“对象位于”，即将图表移动至工作簿中已有的工作表当中。此外，直接使用剪切+粘贴的方法，可以将图表剪切后复制到其他工作表中。

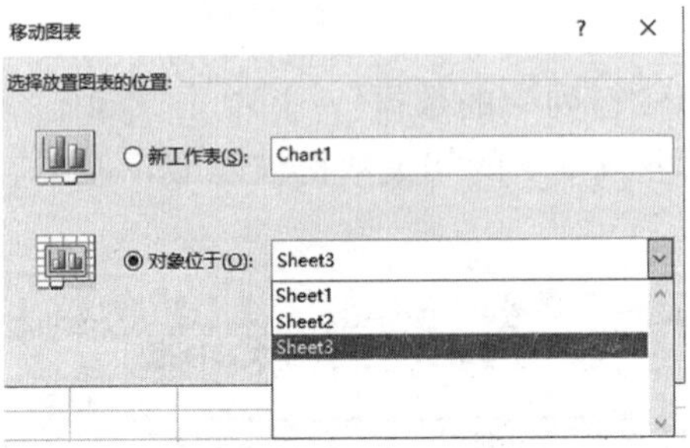

图 2-49

删除图表时，只需选中需要删除的图表，按下退格键（Backspace 键）或删除键（Delete 键），即可删除图表。

2.5 数据透视表与数据透视图

2.5.1 创建数据透视表

数据透视表是一种交互表格，是能够计算、汇总和分析数据的强大工具，可以帮助使用者了解数据的对比情况和规律。对于财务人员来说，使用数据透视表能够直观、快速地查看和分析大类项目的数据。

【例 2-16】 创建数据透视表的步骤（如图 2-50 所示）如下：

第一步，选择要创建数据透视表的单元格。注意，数据不应有任何空行或列，必须只有一个行标题。

第二步，选择“插入”选项卡下“数据透视表”选项。

第三步，在“请选择要分析的数据”下，选择“选择一个表或区域”选项；在“选择放置数据透视表的位置”下，可以选择“新工作表”，此时生成的透视表将放到一个新的工作表中，或者选择“现有工作表”并选择要显示数据透视表的位置，此时生成的透视表将放到当前工作表中。

第四步，单击“确定”选项。

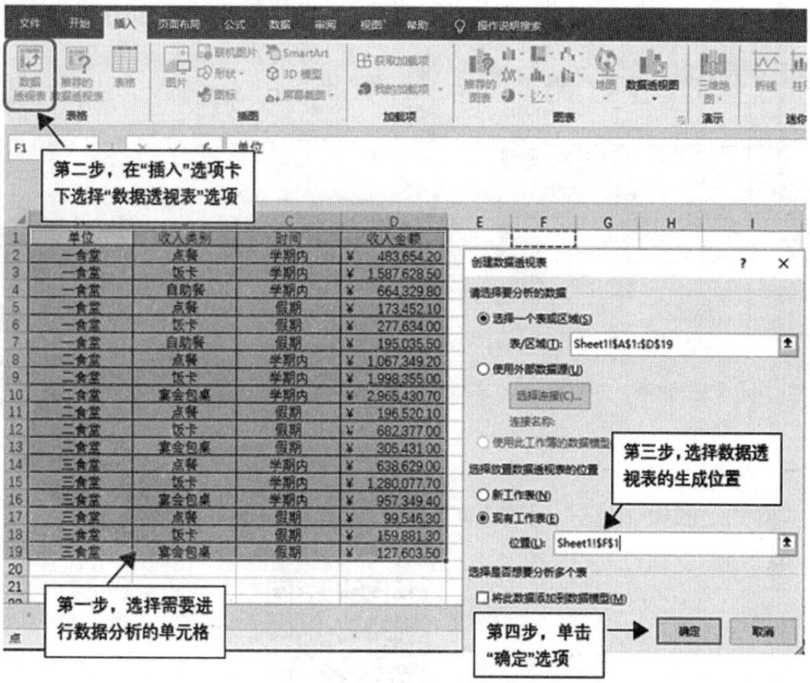

图 2－50

按上述步骤进行操作，将得到图 2－51 的结果，可以看到 Excel 界面右侧出现“数据透视表字段”窗口。

图 2－51

本例的动图操作过程，请扫描二维码。

例 2－16
动图演示

此时，使用者可以在数据透视表中添加字段，从而构成数据透视表。注意，所选字段将添加至默认区域，即非数字字段添加到“行”，日期和时间层次结构将添加到“列”，数值字段将添加到“值”。若要将字段从一个区域移到另一个区域，可以选中该字段，按住鼠标左键并拖动至目标区域。

【例 2－17】 在图 2－51 的基础上，选中“单位”和“收入金额”字段。根据系统默认设置，“单位”属于非数字字段，则自动添加至“行”区域；“收入金额”为数值字段，则自动添加至“值”区域。操作结果如图 2－52 所示。

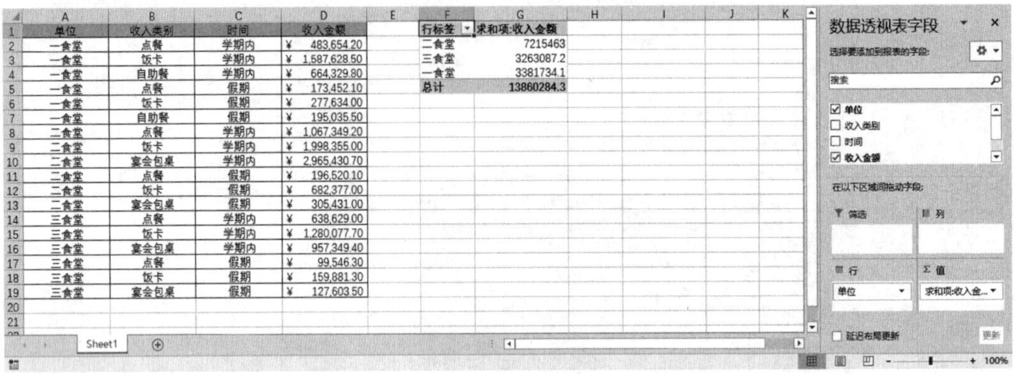

单位	收入类别	时间	收入金额
一食堂	点餐	学期内	¥ 483,654.20
一食堂	饭卡	学期内	¥ 1,587,628.50
一食堂	自助餐	学期内	¥ 664,329.80
一食堂	点餐	假期	¥ 173,452.10
一食堂	饭卡	假期	¥ 277,634.00
一食堂	自助餐	假期	¥ 195,035.50
二食堂	点餐	学期内	¥ 1,067,349.20
二食堂	饭卡	学期内	¥ 1,998,355.00
二食堂	宴会包桌	学期内	¥ 2,965,430.70
二食堂	点餐	假期	¥ 196,520.10
二食堂	饭卡	假期	¥ 682,377.00
二食堂	宴会包桌	假期	¥ 305,431.00
三食堂	点餐	学期内	¥ 638,629.00
三食堂	饭卡	学期内	¥ 1,280,077.70
三食堂	宴会包桌	学期内	¥ 957,349.40
三食堂	点餐	假期	¥ 99,546.30
三食堂	饭卡	假期	¥ 159,881.30
三食堂	宴会包桌	假期	¥ 127,603.50

行标签	求和项:收入金额
二食堂	7215463
三食堂	3263087.2
一食堂	3381734.1
总计	13860284.3

图 2－52

本例的动图操作过程，请扫描二维码。

例 2－17
动图演示

由结果可以看到，通过数据透视表能够迅速且直观地“透视”各个单位的收入金额。

【例 2－18】 在图 2－52 的基础上，选中“单位”“时间”“收入金额”字段。根据系统默认设置，“单位”属于非数字字段，则自动添加至“行”区域；“时间”属于非数字字段，则自动添加至“行”区域；“收入金额”属于数值字段，则自动添加至“值”区域。操作结果如图 2－53 所示。

行标签	求和项:收入金额
⊟二食堂	**7215463**
假期	1184328.1
学期内	6031134.9
⊟三食堂	**3263087.2**
假期	387031.1
学期内	2876056.1
⊟一食堂	**3381734.1**
假期	646121.6
学期内	2735612.5
总计	13860284.3

图 2－53

根据结果可以看到不同单位在不同时间的收入金额总和。接下来，尝试将“时间”字段从“行”区域拖动至“列”区域。操作结果如图 2－54 所示。

求和项:收入金额	列标签		
行标签	假期	学期内	总计
二食堂	1184328.1	6031134.9	7215463
三食堂	387031.1	2876056.1	3263087.2
一食堂	646121.6	2735612.5	3381734.1
总计	2217480.8	11642803.5	13860284.3

图 2－54

本例的动图操作过程，请扫描二维码。

例 2 - 18
动图演示

此外，数据透视表还有筛选功能，每个标签都有下拉箭头，单击下拉箭头能够对字段进行筛选，方便使用者操作。

2.5.2　创建数据透视图

数据透视图是通过对数据透视表中的汇总数据添加可视化效果得到的图表，是对数据透视表的补充，以便使用者对数据透视表中的数据进行更直观的查看和比较。对于财务工作人员来说，应用数据透视表和数据透视图，能够更便捷地得到企业的关键财务数据并做出决策。

数据透视图与标准图表相同，能够显示数据、数据类别、数据标记、坐标轴等，也能够更改图表类型和其他选项，如标题、图例的位置、数据标签、图表位置等。

【例 2 - 19】 创建数据透视图的步骤（如图 2 - 55 所示）如下：

第一步，选择要创建数据透视图的单元格区域。

第二步，选择“插入”选项卡下“图表”组中的“数据透视图”选项。

第三步，在“请选择要分析的数据”下，选择“选择一个表或区域”选项；在“选择放置数据透视图的位置”下，可以选择“新工作表”，此时生成的透视图将放到一个新的工作表中，或者选择“现有工作表”并选择要显示数据透视图的位置，此时生成的透视图将放到当前工作表的指定位置。

第四步，单击“确定”选项。

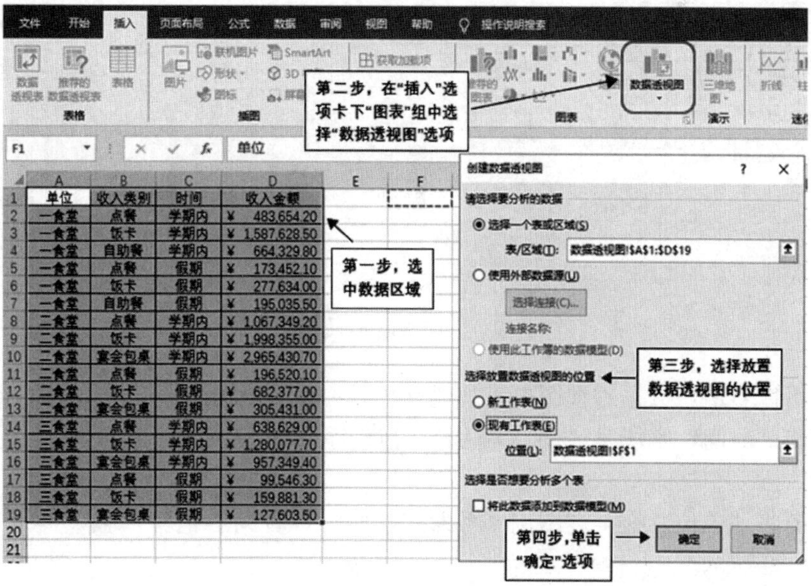

图 2 - 55

按上述步骤进行操作，将得到如图 2 - 56 的结果，可以看到 Excel 界面右侧出现“数据透视图字段”窗口。

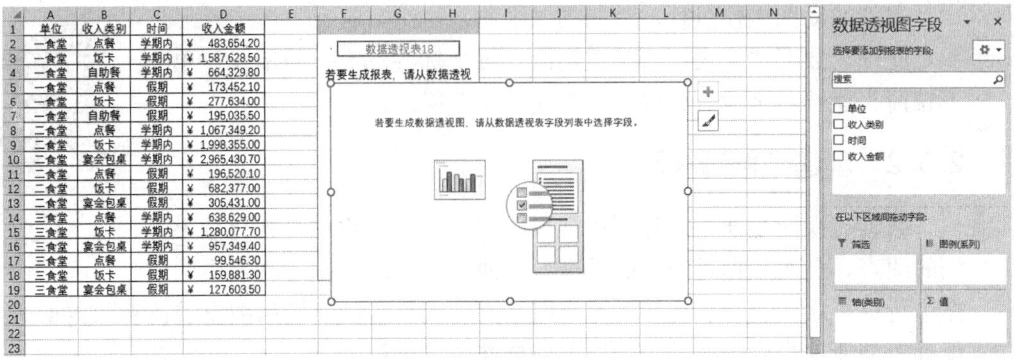

图 2-56

此时，使用者可以在数据透视图字段中添加字段，生成数据透视表和相应的数据透视图。添加字段的方式与注意事项和 2.5.1 节中介绍的类似。在图 2-56 的基础上，若选择了“单位”“时间”“收入金额”字段，则根据系统默认设置，“单位”属于非数字字段，自动添加至“轴（类别）”；“时间”属于非数字字段，自动添加至“轴（类别）”；“收入金额”属于数值字段，自动添加至“值”区域。操作结果如图 2-57 所示。

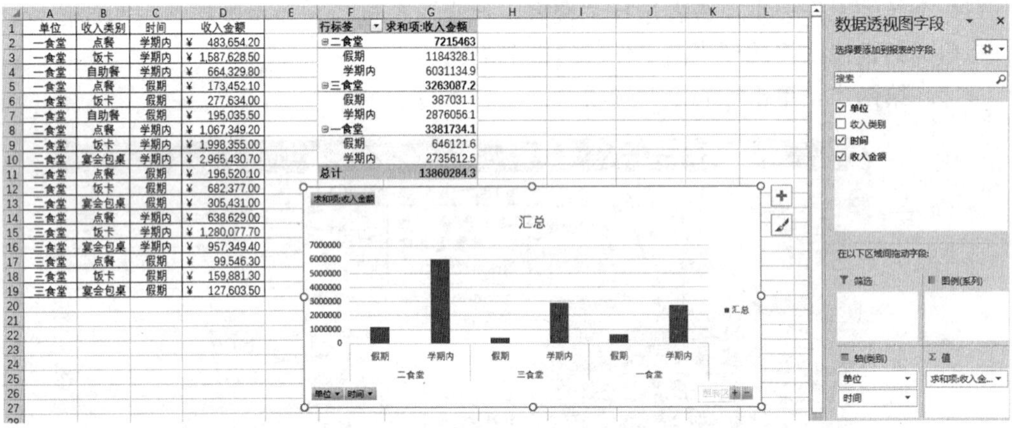

图 2-57

可以看出，数据透视图更直观地反映了不同单位在不同时间收入的高低。接下来，尝试将“时间”字段从“轴（类别）”拖动至“图例（系列）”。操作结果如图 2-58 所示。

若将“单位”拖至“图例（系列）”，而将“时间”拖至“轴（类别）”，则结果如图 2-59 所示。

由上述例子可以看出，数据透视图是根据数据透视表内的数据形成的图表，相较于数据透视表更能够直接、形象地展示数据间的关系。与数据透视表相同，数据透视图也具有筛选功能，单击标签右侧的下拉箭头即可对显示的数据进行筛选。

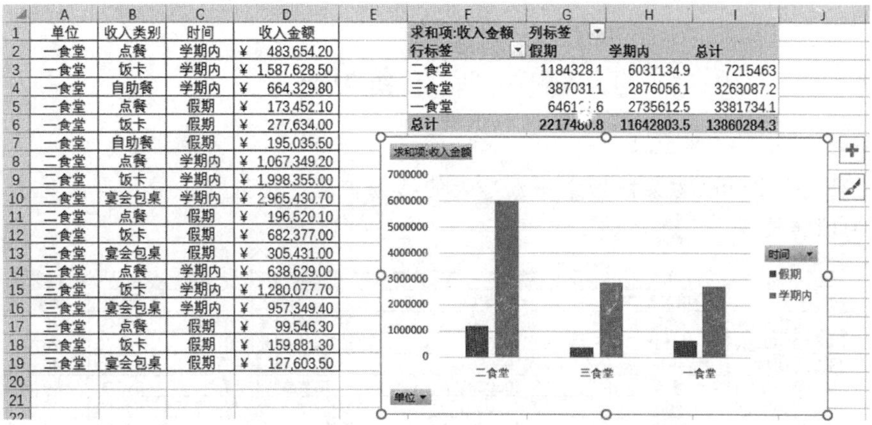

	A	B	C	D	E	F	G	H	I
1	单位	收入类别	时间	收入金额		求和项:收入金额	列标签		
2	一食堂	点餐	学期内	¥ 483,654.20		行标签	假期	学期内	总计
3	一食堂	饭卡	学期内	¥ 1,587,628.50		二食堂	1184328.1	6031134.9	7215463
4	一食堂	自助餐	学期内	¥ 664,329.80		三食堂	387031.1	2876056.1	3263087.2
5	一食堂	点餐	假期	¥ 173,452.10		一食堂	6461[illegible]6	2735612.5	3381734.1
6	一食堂	饭卡	假期	¥ 277,634.00		总计	2217480.8	11642803.5	13860284.3
7	一食堂	自助餐	假期	¥ 195,035.50					
8	二食堂	点餐	学期内	¥ 1,067,349.20					
9	二食堂	饭卡	学期内	¥ 1,998,355.00					
10	二食堂	宴会包桌	学期内	¥ 2,965,430.70					
11	二食堂	点餐	假期	¥ 196,520.10					
12	二食堂	饭卡	假期	¥ 682,377.00					
13	二食堂	宴会包桌	假期	¥ 305,431.00					
14	三食堂	点餐	学期内	¥ 638,629.00					
15	三食堂	饭卡	学期内	¥ 1,280,077.70					
16	三食堂	宴会包桌	学期内	¥ 957,349.40					
17	三食堂	点餐	假期	¥ 99,546.30					
18	三食堂	饭卡	假期	¥ 159,881.30					
19	三食堂	宴会包桌	假期	¥ 127,603.50					

图 2-58

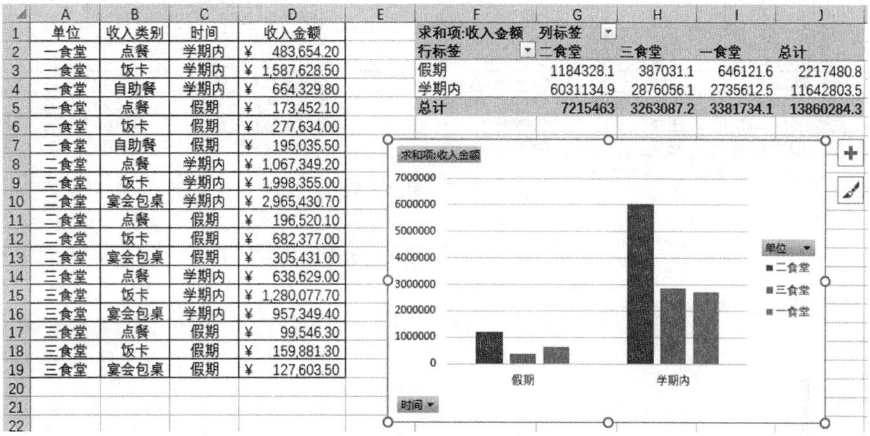

	A	B	C	D	E	F	G	H	I	J
1	单位	收入类别	时间	收入金额		求和项:收入金额	列标签			
2	一食堂	点餐	学期内	¥ 483,654.20		行标签	二食堂	三食堂	一食堂	总计
3	一食堂	饭卡	学期内	¥ 1,587,628.50		假期	1184328.1	387031.1	646121.6	2217480.8
4	一食堂	自助餐	学期内	¥ 664,329.80		学期内	6031134.9	2876056.1	2735612.5	11642803.5
5	一食堂	点餐	假期	¥ 173,452.10		总计	7215463	3263087.2	3381734.1	13860284.3
6	一食堂	饭卡	假期	¥ 277,634.00						
7	一食堂	自助餐	假期	¥ 195,035.50						
8	二食堂	点餐	学期内	¥ 1,067,349.20						
9	二食堂	饭卡	学期内	¥ 1,998,355.00						
10	二食堂	宴会包桌	学期内	¥ 2,965,430.70						
11	二食堂	点餐	假期	¥ 196,520.10						
12	二食堂	饭卡	假期	¥ 682,377.00						
13	二食堂	宴会包桌	假期	¥ 305,431.00						
14	三食堂	点餐	学期内	¥ 638,629.00						
15	三食堂	饭卡	学期内	¥ 1,280,077.70						
16	三食堂	宴会包桌	学期内	¥ 957,349.40						
17	三食堂	点餐	假期	¥ 99,546.30						
18	三食堂	饭卡	假期	¥ 159,881.30						
19	三食堂	宴会包桌	假期	¥ 127,603.50						

图 2-59

本例的动图操作过程，请扫描二维码。

例 2-19
动图演示

数据透视图也具有标准图表的其他功能。选中数据透视图时，可以看到菜单栏中多了三个选项卡，分别是“分析”“设计”“格式”选项卡，如图 2-60 所示。其中，“设计”与“格式”的内容与标准图表的工具相同。

图 2-60

“分析”选项卡下的工具包括数据透视图、活动字段、筛选、数据、操作、计算和显示/隐藏，如图 2-61 所示，主要功能是对数据透视图的显示样式进行调整，并且加入计算功能。

图 2-61

练习题

1. 图 2-62 为某商场销售汇总表的部分内容。请查找王梦、冯甜甜、杨滢销售小组的销售情况。

	A	B	C	D	E	F	G
1	时间	销售员	商品编码	商品名称	单价	销量	销售额
2	2019年1月	杨滢	CT04060301-A	珀芙晶钻修复保湿套装	1,588.00	29	45,182.00
3	2019年1月	唐冰冰	CT04060301-A	珀芙晶钻修复保湿套装	1,588.00	26	40,508.00
4	2019年1月	杨滢	CB03060301-A	珀芙晶钻复活霜	712.00	49	33,418.00
5	2019年1月	杨滢	CB02060301-A	珀芙晶钻滋润乳	618.00	56	32,928.00
6	2019年1月	冯甜甜	CT04060301-B	雅梦石榴焕采修复保湿套装	868.00	38	31,844.00
7	2019年1月	夏雅辰	CT04060301-A	珀芙晶钻修复保湿套装	1,588.00	20	31,160.00
11	2019年1月	王梦	CT04060301-B	雅梦石榴焕采修复保湿套装	868.00	31	25,978.00
12	2019年1月	史素	CT04060301-B	雅梦石榴焕采修复保湿套装	868.00	29	24,302.00
20	2019年1月	王梦	CY03060301-B	雅梦石榴焕采修复霜	428.00	46	18,308.00
21	2019年1月	夏雅辰	CB01060301-A	珀芙晶钻保湿水	418.00	47	18,236.00
22	2019年1月	郝怜	CB03060301-A	珀芙晶钻复活霜	712.00	26	17,732.00
23	2019年1月	王梦	CT04060301-A	珀芙晶钻修复保湿套装	1,588.00	11	17,138.00
28	2019年1月	王梦	CB03060301-A	珀芙晶钻复活霜	712.00	22	15,004.00
29	2019年1月	王梦	CY02060301-B	雅梦石榴焕采滋润乳	322.00	51	14,892.00
30	2019年1月	王梦	CB02060301-A	珀芙晶钻滋润乳	618.00	25	14,700.00
31	2019年2月	杨滢	CY03060301-B	雅梦石榴焕采修复霜	428.00	36	14,328.00

图 2-62

2. 承上题，在该商场销售汇总表中，查找 2019 年 2 月套装销量超过 10 套的数据。

第3章

Excel 的常用函数

Excel 函数是预定义的公式。Excel 通过内置函数为使用者提供自动化处理数据的便利，如进行数学运算、查找或计算日期和时间等。通过运用函数，使用者能够方便快捷地完成对目标数据的处理。

本章的重点是：（1）把握和理解 Excel 内置函数的框架和内涵；（2）理解并读懂 Excel 函数；（3）理解并熟练使用财务人员常用的 Excel 函数。

3.1 Excel 函数的基础知识

3.1.1 函数的介绍

函数是数学领域中的一种对应关系。如果一个量依赖于另一个量，后一个量发生变化时，前一个量也随着变化，那么前一个量就是后一个量的函数。简单地说，甲随着乙变，甲就是乙的函数。

Excel 函数与公式既有区别又相互联系。公式是一系列运算的总称，它以等号开始，等号后面可以是函数、运算符、常量、单元格、数组等元素（详见第 1 章）。Excel 函数是指系统预先定义的特殊公式，它有固定的函数名称、语法及参数等。除了 Excel 内置函数，使用者也可以自定义函数。熟练使用常用公式和函数，能够快速完成对数据的特定处理。掌握常用函数的使用方法，对财务人员高效完成数据处理、分析工作具有重要意义。

Excel 2019 函数库中共有 14 大类，491 种函数，功能强大，能够满足日常工作的需要。本书主要根据财务人员的一般工作需求，着重介绍日期和时间函数、数学和三角函数、统计函数、逻辑函数以及查找与引用函数这 5 大类中的常用函数。

3.1.2 函数的输入

输入函数有两种方法。

第一种方法，选中需要通过内置函数得到运算结果的单元格，直接输入“＝函数名”即可。在输入“＝”及函数名称时，系统会自动提示相关函数。如图 3－1 所示，计算资产总计时，单击需要得到运算结果的 B3 单元格，输入“＝su”时，系统会提示相关函数，单击求和函数“SUM”即可输入函数。

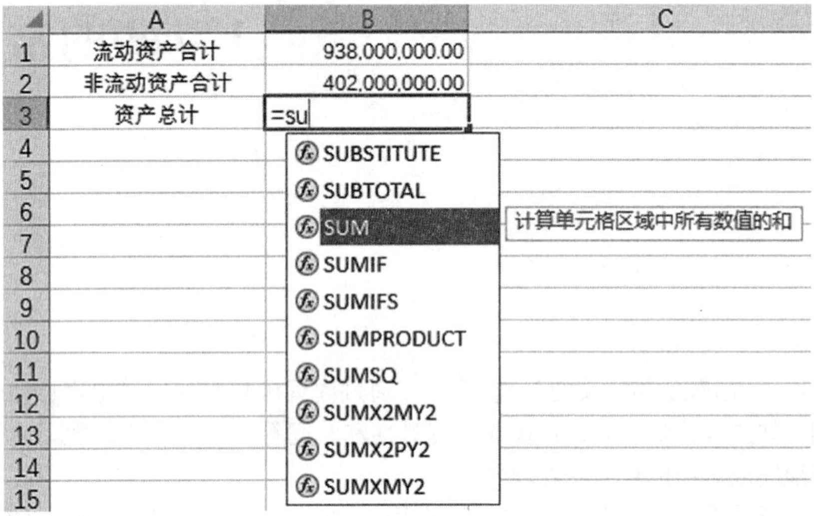

图 3－1

第二种方法，选中单元格，在“公式”选项卡下“函数库”组中单击“插入函数”选项，或在编辑栏中单击“f_x”选项，选择需要的函数，最后单击“确定”选项，如图 3－2 所示。

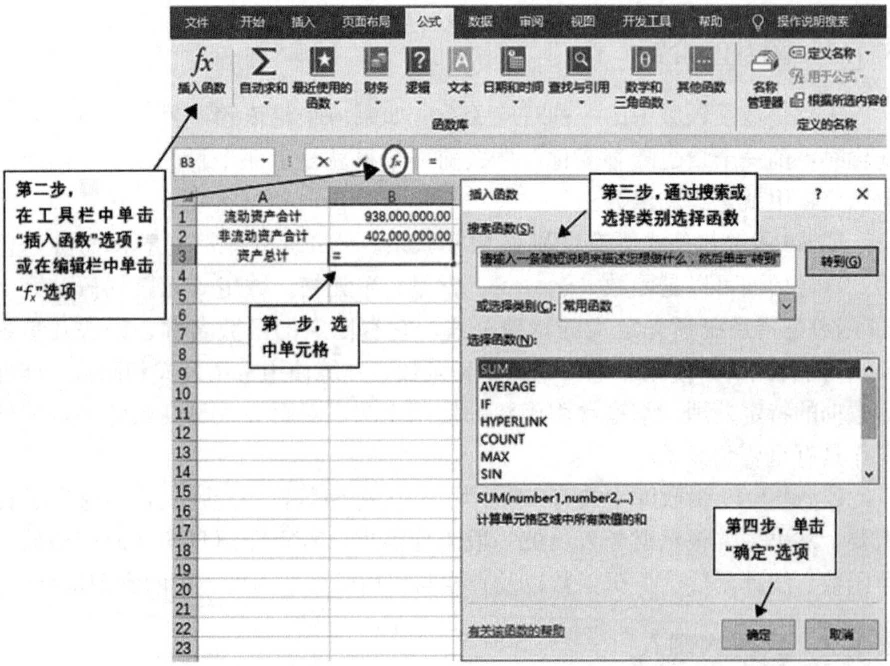

图 3－2

Excel 函数的格式为“函数名(参数 1,参数 2,…,[参数 n])”。其中，[] 表示可以缺省的参数。在“插入函数”对话框中，会提示每个函数的格式及含义，如图 3-3 所示。

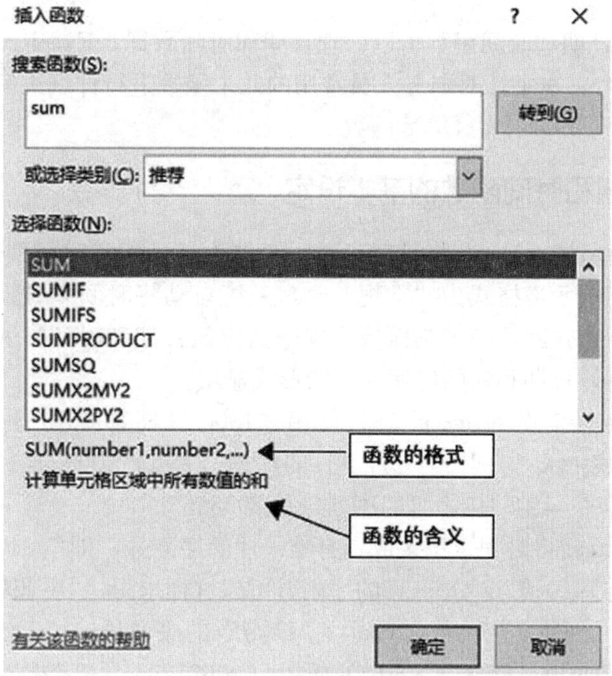

图 3-3

3.1.3　函数返回的错误信息

在 Excel 函数的实际运用中，如果输入错误将不能显示正确的计算结果，系统还会返回一个错误信息，用来警告或说明错误类型。常见的八种返回错误信息如表 3-1 所示。

表 3-1　常见的八种返回错误信息

错误信息	说明
####	返回的结果比所在单元格宽，可以通过调整单元格宽度解决
#VALUE!	运算符与操作数据类型不匹配
#NAME?	使用了不能识别的文本
#NUM	产生的数字太大或太小，Excel 不能表示
#DIV/0	除数为 0 或空白单元格
#REF!	引用了无效的单元格
#NULL	应出现交叉区域的两个或多个单元格区域其实不相交
#N/A	没有可用的或者适当的值

了解常见的函数返回错误信息，能够及时找到并更正错误的输入方式，完成对数据的处理。

3.2 日期和时间函数

Excel 的日期和时间函数可以处理日期和时间数据。Excel 2019 内置的日期和时间函数共有 24 个，本书针对财务人员常用的几个函数进行详细讲解，主要包括 DATE 函数和 YEAR、MONTH、DAY 函数。

3.2.1 日期和时间函数的基本设定

如第 1 章所述，Excel 将日期和时间存储为“日期和时间型数据”，即可用于计算的序列号。当单元格格式为“常规”时，系统自动将时间和日期函数结果用日期和时间格式显示，格式默认与控制面板设置中指定的日期和时间格式相同。当单元格格式为“数字”时，日期和时间以序列号的形式显示。

Windows 系统下的 Excel 默认使用“1900 日期系统”，也就是说，每个自然数（系列号）代表一天，1900 年 1 月 1 日的序列号是 1，1900 年 1 月 2 日的序列号是 2，以此类推，9999 年 12 月 31 日的序列号是 2958465。

同时，Excel 将时间也记录成具有唯一性的序列号，即把 24 小时设为 1，可细分至秒。例如，上午 10 点 17 分 58 秒的序列号可以这样求得：“10 点”的序列号＝10÷24＝0.416666667（保留 9 位小数，下同）；“17 分”的序列号＝17÷(24×60)＝0.011805556；“58 秒”的序列号＝58÷(24×60×60)＝0.000671296；三者相加得到 10 点 17 分 58 秒的序列号为 0.429143519。

3.2.2 DATE 和 YEAR、MONTH、DAY 函数

DATE 函数能够返回给定日期的序列号，其语法为：DATE(year,month,day)。year 为代表年份的四位整数，取值范围为 1 900～9 999，可以是数值、单元格引用或者公式。如果 year 介于 0 到 1 899 之间（含 0 和 1 899），系统会将该值与 1 900 相加来计算年份。例如，在单元格中输入“＝DATE(111,5,2)”，将返回“2011 年 5 月 2 日”，其中 2011 年是由 1 900＋111 所得。如果 year 小于 0 或大于等于 10 000，系统将返回错误值“#NUM!”。

month 为代表月份的整数，取值范围为 1～12，可以是数值、单元格引用或者公式。如果 month 大于 12，则给定年份加 1，月份为 month 值减去 12。例如，在单元格中输入“＝DATE(2010,17,2)”，将返回“2011 年 5 月 2 日”。如果 month 小于 1，则给定年份减 1，月份为 12 减去 month 的绝对值。例如，在单元格中输入“＝DATE(2011,－3,5)”，将返回“2010 年 9 月 5 日”。

day 为代表日的整数，取值范围为 1～31，可以是数值、单元格引用或者公式。如果 day 大于指定月份的天数，则 day 从指定月份的第一天开始累加该天数。例如，在单元格中输入“＝DATE(2011,1,38)”，将返回“2011 年 2 月 7 日”。如果 day 小于 1，则 day 从指定月份的第一天开始递减该天数，再加上 1 天。例如，在单元格中输入“＝DATE(2008,1,－15)”，将返回“2007 年 12 月 16 日”。

【例 3－1】 如图 3－4 所示，数据内容为人员入职信息表中部分人员的入职年份、月份和日期，要求：在 E 列相应位置显示员工的入职时间。

【操作方法】 单击 E8 单元格，在编辑栏输入“＝DATE(B8,C8,D8)”，按“Enter”键，此时 E8 单元格显示结果为“2010/7/31”。用填充柄向下拉，可以在 E 列填充入职时间。

若将 E8 单元格格式改为“数值”，如图 3－5 所示，可以看到 E8 单元格中将显示“2010/7/31”的序列号“40390”。

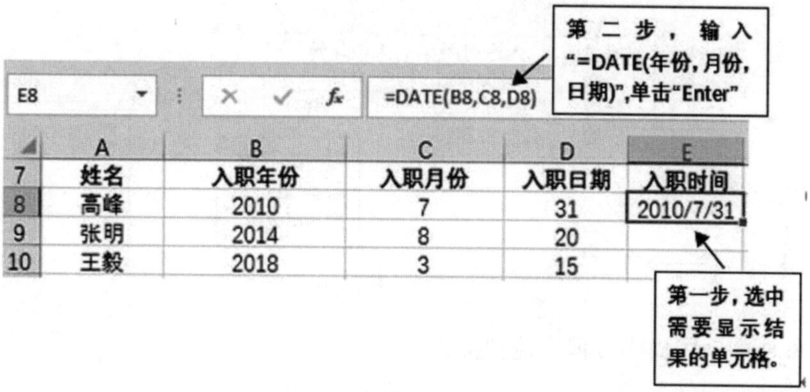

图 3－4

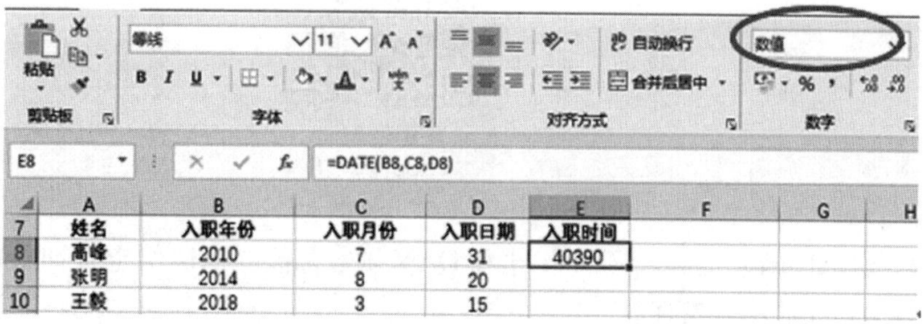

图 3－5

本例的动图操作过程，请扫描二维码。

例 3－1
动图演示

YEAR 函数能够返回给定日期对应的年份数值。其语法为 YEAR(serial _ number)。serial _ number 为给定的日期，可以是日期，日期的序列号，单元格引用或结果为日期、日期序列号的函数或公式。

【例3-2】如图3-6所示，数据内容为人员入职信息表中部分人员的入职时间，要求在C列相应位置显示人员的入职年份。

【操作方法】单击C2单元格，在编辑栏输入“=YEAR(B2)”，按“Enter”键，此时C2单元格显示结果为2010。用填充柄向下拉，可以在C列填充入职年份。

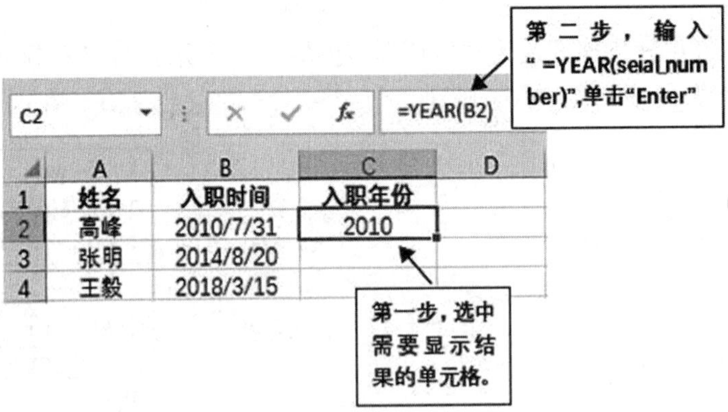

图3-6

本例的动图操作过程，请扫描二维码。

例3-2
动图演示

与YEAR函数类似，MONTH和DAY函数都能够返回给定日期对应的月份数值和日数值，在此不再赘述。

3.3 数学和三角函数

数学和三角函数是财务人员较为常用的一类函数，主要功能是进行数学运算。普通的四则运算能够通过手动输入公式完成，但当数据量较大或运算较为复杂时，使用Excel内置函数能够准确、迅速地得到结果。Excel 2019内置的数学和三角函数共有74个，本书针对财务人员常用的几个函数进行详细讲解，主要包括汇总函数、条件汇总函数、多条件汇总函数、乘积函数、乘积和函数和舍入函数。

3.3.1 汇总函数、条件汇总函数与多条件汇总函数

1. 汇总函数

汇总函数SUM的功能是计算单元格区域中所有数值的和，其语法为SUM(number1,[number2],…)。number 为要求和的数值，系统允许设置 1～255 个。number 可以是输入的数据，也可以是单元格引用、数组或结果为数值的公式。输入的参数中，数值文本能够被系统智能地视为数值型；逻辑型 TRUE 会被视为 1，FALSE 会被视为 0；日期时间型会被系统按照日期或时间的序列数进行运算；非数值文本则报错"#NAME?"。因此，除了非数值文本外，参数都可以使用 SUM 函数进行计算。如果参数为数组或单元格引用，则只有其中的数值被计算，数组或引用中的空白单元格、逻辑值或文本将被忽略，但包含零值的单元格将被计算在内，如果引用的单元格中不包含数值则返回 0。

2. 条件汇总函数

条件汇总函数 SUMIF 的功能是对满足条件的单元格求和，且将条件应用于某一区域，并对其他区域中的对应值求和。其语法为 SUMIF(range,criteria,[sum_range])。

range 为给定的单元格区域，可以是数值、数值文本、数组和单元格引用，空值或非数值文本将被忽略。

criteria 为给定的判断条件，可以是数值、表达式、单元格引用、文本或函数。任何文本条件或任何含有逻辑符号或运算符的条件都必须使用双引号，如果条件为数值，则无须使用双引号。例如，条件可以表示为 27、"27"、">=27"、C5、"太阳集团"或 TODAY()。在条件中还可以使用通配符，即问号（?）和星号（*）。问号匹配任意单个字符；星号匹配任意字符序列。如果要表示实际的问号或星号，则在字符前键入波形符（～）。如果条件中的单元格为空，函数会将其视为 0 值。

sum _ range 为实际求和区域。sum _ range 缺省，则函数对 range 所给定的单元格（即条件单元格）求和。

sum _ range 参数与 range 参数的大小和形状可以不同，需要求和的实际单元格通过以下方法确定：使用 sum _ range 参数中左上角的单元格作为起始单元格，包括与 range 参数大小和形状相对应的单元格，如表 3-2 所示。

表 3-2　需要求和的实际单元格的确定方法

如果 range 是	并且 sum _ range 是	则需要求和的实际单元格是
A1:A5	B1:B5	B1:B5
A1:A5	B1:B2	B1:B5
A1:B3	C1:D3	C1:D3
A1:B3	C1:D2	C1:D3

【例 3-3】如图 3-7 所示，A1 至 C9 单元格区域显示的是某公司主营业务收入和其他业务收入的明细表。要求：计算出销售额大于 10 000 元的收入之和，并填入 C11 单元格。

【操作方法】第一步，单击需要显示结果的 C11 单元格；第二步，输入"=SUMIF(C2:C9, ">10000")"，按"Enter"键确认。

本例中"=SUMIF(C2:C9, ">10000")"表示在 C2 至 C9 单元格区域中，计算数值大于 10 000 元的收入和，其中，"C2:C9"代表需要计算的单元格区域；"">10000""代表判定条件为数值大于 10 000。由于判定条件中包含逻辑符号，因此，需要使用双引号。

	A	B	C
1	收入类型	产品	销售额
2	主营业务收入	D	4,000.00
3	主营业务收入	C	8,000.00
4	其他业务收入	F	12,000.00
5	主营业务收入	A	23,000.00
6	其他业务收入	E	42,000.00
7	其他业务收入	G	45,000.00
8	主营业务收入	B	55,000.00
9	其他业务收入	H	96,000.00
10			
11	销售额大于10,000元的收入之和：		273,000.00

图 3-7

本例的动图操作过程，请扫描二维码。

例 3-3
动图演示

【例 3-4】如图 3-8 所示，A1 至 C9 单元格区域显示的是某公司主营业务收入和其他业务收入的明细表。要求：计算出收入类型为主营业务收入的所有产品销售额之和，并填入 C11 单元格。

【操作方法】第一步，单击需要显示结果的 C11 单元格；第二步，输入"=SUMIF(A2:A9,"主营业务收入",C2:C9)"，按"Enter"键确认。

本例中，"=SUMIF(A2:A9,"主营业务收入",C2:C9)"表示当 A2 至 A9 单元格区域内容为"主营业务收入"时，对 C2 至 C9 区域内的对应值求和。判定条件为文本型格式，因此，需要使用双引号。

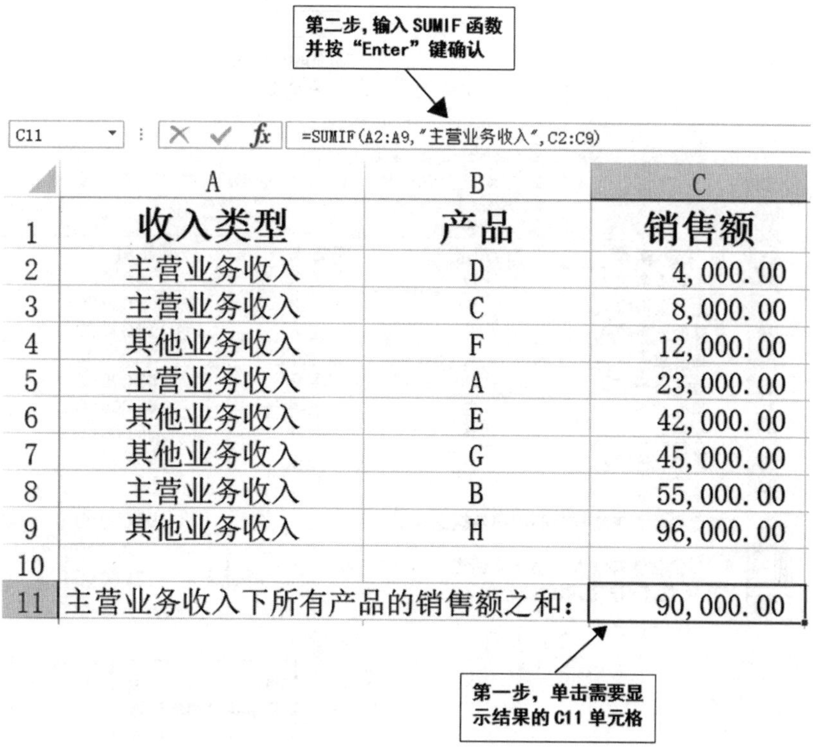

图 3-8

本例的动图操作过程，请扫描二维码。

例 3-4
动图演示

3. 多条件汇总函数

多条件汇总函数 SUMIFS 用于对一组给定条件的单元格求和，即计算满足多个条件的参数的总和。其语法为 SUMIFS(sum_range, criteria_range1, criteria1, [criteria_range2, criteria2], …)。sum_range 为要求和的单元格区域。criteria_range1 为 criteria1 的测试区域，即 criteria_range1 和 criteria1 是用于搜索某个区域是否符合特定条件的搜索对。一旦在该区域中找到了符合特定条件的项目，将计算 sum_range 区域中的相应值的和。

【例 3-5】 如图 3-9 所示，A25 至 C33 单元格区域显示的是某公司主营业务收入和其他业务收入的明细表。要求：计算主营业务收入下，由张明销售的所有产品销售额之和，填入 D36 单元格。

【操作方法】 第一步，单击需要显示结果的 D36 单元格；第二步，输入“=SUMIFS(D26:D33,A26:A33,"主营业务收入",C26:C33,"张明")”，按“Enter”键确认。

本例中，“=SUMIFS(D26:D33,A26:A33,"主营业务收入",C26:C33,"张明")”表示求 A26 至 A33 单元格区域内为“主营业务收入”，且 C26 至 C33 单元格区域内为“张明”时，D26 至 D33 单元格对应的数值之和。其中，D26:D33 表示求和区域；A26:A33 表示第一个条件的测试区域；"主营业务收入" 表示第一个测试条件；C26:C33 表示第二个条件的测试区域；"张明" 表示第二个测试条件。

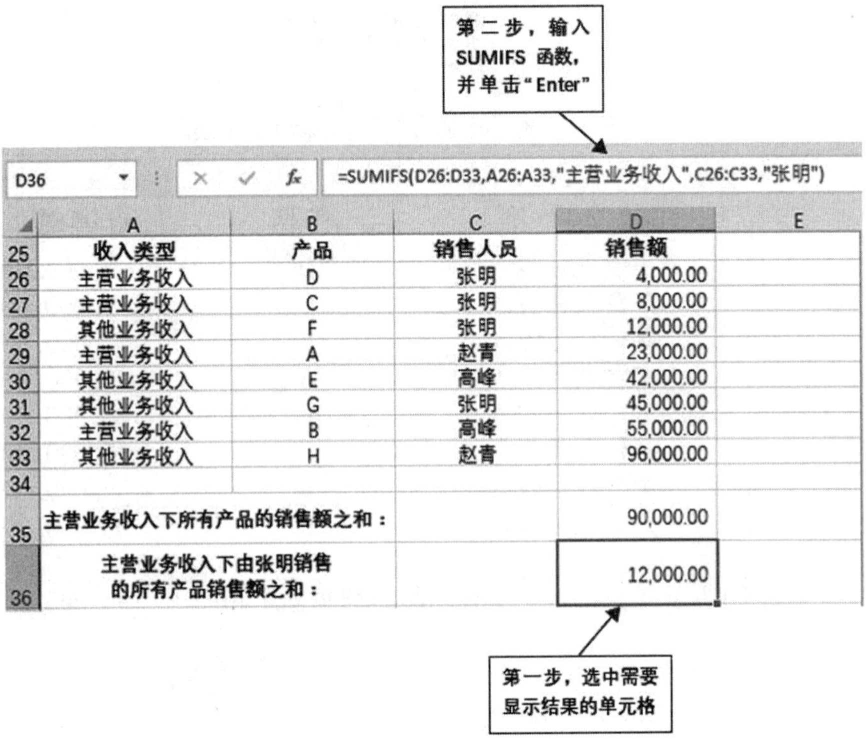

	A	B	C	D	E
25	收入类型	产品	销售人员	销售额	
26	主营业务收入	D	张明	4,000.00	
27	主营业务收入	C	张明	8,000.00	
28	其他业务收入	F	张明	12,000.00	
29	主营业务收入	A	赵青	23,000.00	
30	其他业务收入	E	高峰	42,000.00	
31	其他业务收入	G	张明	45,000.00	
32	主营业务收入	B	高峰	55,000.00	
33	其他业务收入	H	赵青	96,000.00	
34					
35	主营业务收入下所有产品的销售额之和：			90,000.00	
36	主营业务收入下由张明销售的所有产品销售额之和：			12,000.00	

图 3－9

例 3－5 动图演示

本例的动图操作过程，请扫描二维码。

3.3.2 乘积函数与乘积和函数

1. 乘积函数

乘积函数 PRODUCT 的功能是返回给定参数的乘积，其语法为 PRODUCT(number1,[number2],…)。number 为乘数，允许设置 1～255 个，可以是单元格引用或数组，也可以是结果为数值的公式。例如，编辑输入“=PRODUCT(A1:A5,4,C4)”时，系统将返回“A1＊A2＊A3＊A4＊A5＊4＊C4”的值。

2. 乘积和函数

乘积和函数 SUMPRODUCT 的功能是返回给定数组中对应数值的乘积和，其语法为 SUMPRODUCT(array1,array2,[array3],…)。array 为需要计算元素乘积和的数组，允许设置 2～255 个。数组参数必须具有相同的范围，否则函数将返回错误值“#VALUE!”，例如，输入=SUMPRODUCT(C1:C10,D2:D7)，由于范围大小不同，系统将返回错误提示。另外，系统会将非数值型的数组元素作为 0 处理。

SUMPRODUCT 函数有以下几种常用方法：

(1) 求几个区域内所有对应元素乘积和：SUMPRODUCT(区域 1＊区域 2＊区域 3…)。

(2) 求区域内所有元素的和：SUMPRODUCT(区域)。

(3) 多条件计数：SUMPRODUCT((条件 1)＊(条件 2)＊(条件 3)…)。

(4) 多条件求和：SUMPRODUCT((条件 1)＊(条件 2)＊(条件 3)＊…＊求和区域)。

【例 3－6】如图 3－10 所示，A2 至 E20 单元格区域为某单位食堂收入明细表。要求：计算三个食堂学期内普通餐（饭卡）收入，填入 A23 单元格。

【操作方法】第一步，选中需要显示结果的 A23 单元格；第二步，输入“＝SUMPRODUCT((C3:C20＝"学期内")＊(B3:B20＝"饭卡")＊D3:D20＊E3:E20)”，按“Enter”键确认。

本例中，“＝SUMPRODUCT((C3:C20＝"学期内")＊(B3:B20＝"饭卡")＊D3:D20＊E3:E20)”表示当 C3 至 C20 区域内容为“学期内”，且 B3 至 B20 区域内容为“饭卡”时，返回 D3 至 D20 单元格区域与 E3 至 E20 单元格区域内对应元素的乘积和。其中，(C3:C20＝"学期内") 代表条件 1；(B3:B20＝"饭卡") 代表条件 2；D3:D20 代表需计算的区域 1；E3:E20 代表需计算的区域 2。

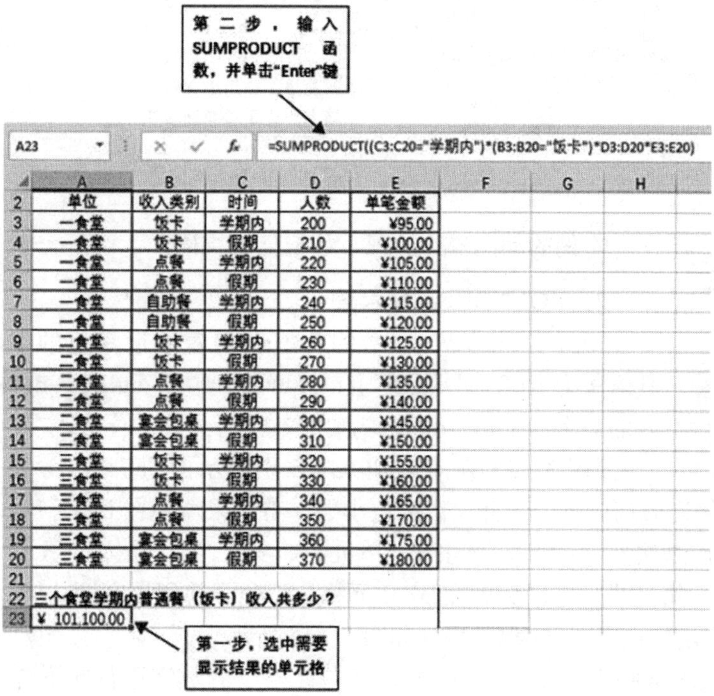

	A	B	C	D	E
2	单位	收入类别	时间	人数	单笔金额
3	一食堂	饭卡	学期内	200	¥95.00
4	一食堂	饭卡	假期	210	¥100.00
5	一食堂	点餐	学期内	220	¥105.00
6	一食堂	点餐	假期	230	¥110.00
7	一食堂	自助餐	学期内	240	¥115.00
8	一食堂	自助餐	假期	250	¥120.00
9	二食堂	饭卡	学期内	260	¥125.00
10	二食堂	饭卡	假期	270	¥130.00
11	二食堂	点餐	学期内	280	¥135.00
12	二食堂	点餐	假期	290	¥140.00
13	二食堂	宴会包桌	学期内	300	¥145.00
14	二食堂	宴会包桌	假期	310	¥150.00
15	三食堂	饭卡	学期内	320	¥155.00
16	三食堂	饭卡	假期	330	¥160.00
17	三食堂	点餐	学期内	340	¥165.00
18	三食堂	点餐	假期	350	¥170.00
19	三食堂	宴会包桌	学期内	360	¥175.00
20	三食堂	宴会包桌	假期	370	¥180.00
21					
22	三个食堂学期内普通餐（饭卡）收入共多少？				
23	¥ 101,100.00				

图 3－10

本例的动图操作过程，请扫描二维码。

例 3－6
动图演示

3.3.3 舍入函数

1. ROUND 函数

ROUND 函数能够将数字四舍五入到指定位数，其语法为 ROUND(number,num_digits)。number 为要四舍五入的数字；num_digits 为要进行四舍五入运算的位数。

【例 3－7】如图 3－11 所示，B2 至 F2 单元格区域为 2015—2019 年某公司 A 产品的销售收入。现对 B2 至 F2 单元格内数据四舍五入并保留两位小数，将结果填列在 B3 至 F3 单元格内。

	A	B	C	D	E	F
1		2015年	2016年	2017年	2018年	2019年
2	销售收入	5,236,984.446150	4,698,321.669853	5,469,873.115690	4,697,523.669820	4,326,895.369854

图 3-11

【操作方法】第一步，单击 B3 单元格；第二步，输入函数“=ROUND(B2,2)”；第三步，将鼠标放在 B3 单元格右下角，使用填充柄功能，向右拉至 F3 单元格，即将函数填充至 F3 单元格（如图 3-12 所示）。

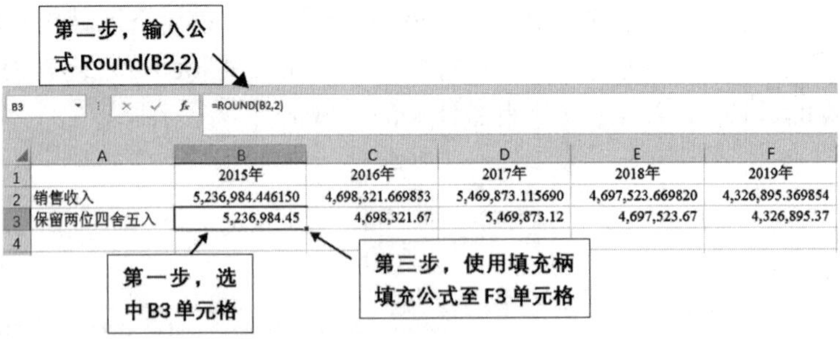

图 3-12

本例的动图操作过程，请扫描二维码。

例 3-7
动图演示

2. ROUNDDOWN 函数

ROUNDDOWN 函数的功能是朝着靠近零值的方向向下舍入数字，其语法为 ROUNDDOWN(number，num _ digits)。number 为需要向下舍入的数字；num _ digits 为要将数字舍入到的位数。

【例 3-8】在前文 ROUND 函数示例的基础上，将图 3-11 中 B2 至 F2 单元格内数据向下舍入并保留两位小数，将结果填列在 B4 至 F4 单元格区域内。

【操作方法】第一步，单击 B4 单元格；第二步，输入函数“=ROUNDDOWN(B2,2)”；第三步，将鼠标放在 B4 单元格右下角，使用填充柄功能，向右拉至 F4 单元格，即将函数填充至 F4 单元格（如图 3-13 所示）。

ROUNDDOWN(B2,2) 代表将 B2 单元格中的数字进行向下舍入运算，保留 2 位小数。对比“=ROUND(B2,2)”和“=ROUNDDOWN(B2,2)”的结果可以看出，与 ROUND 函数不同，ROUNDDOWN 函数在进行运算时，无论下一位数字是否大于等于 5，均做向下舍入运算。

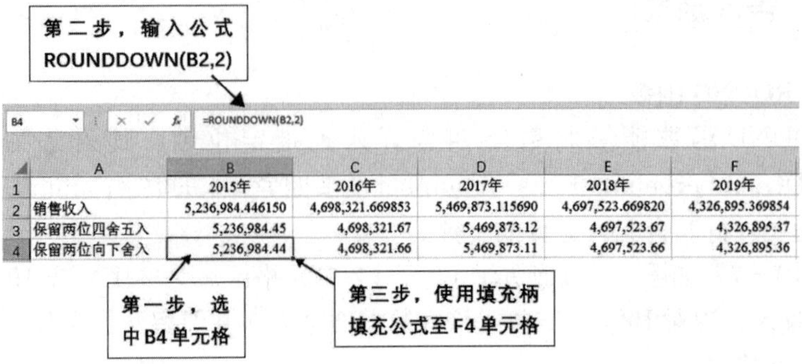

图 3-13

本例的动图操作过程，请扫描二维码。

例 3-8
动图演示

3. ROUNDUP 函数

ROUNDUP 函数的功能是朝着远离零值的方向向上舍入数字，其语法为 ROUNDUP(number，num_digits)。number 为需要向上舍入的数字；num _ digits 为要将数字舍入到的位数。

ROUNDUP 函数的具体操作与 ROUNDDOWN 函数相同，在此不再赘述。

4. INT 函数

INT 函数的功能是将数字向下舍入到最接近的整数，其语法为 INT(number)。number 为需要向下舍入取整的数字。

【例 3 - 9】 在前文 ROUNDDOWN 示例的基础上，将 B2 至 F2 单元格内数据向下舍入至最近整数，将结果填列在 B5 至 F5 单元格内。

【操作方法】 第一步，单击 B5 单元格；第二步，输入"＝INT(B2)"；第三步，将鼠标放在 B5 单元格右下角，使用填充柄功能，向右拉至 F5 单元格，即将函数填充至 F5 单元格（如图 3 - 14 所示）。

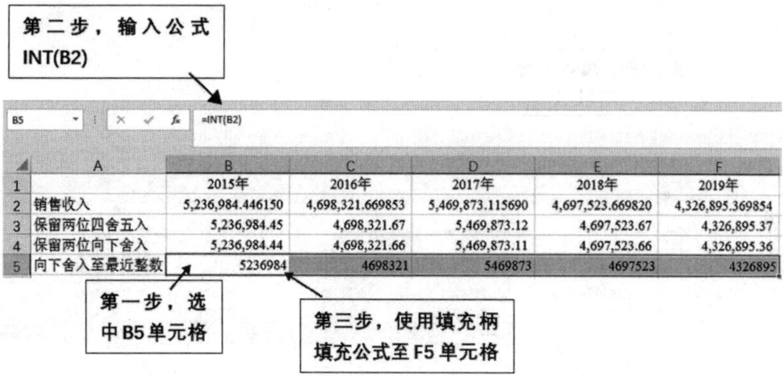

图 3 - 14

本例的动图操作过程，请扫描二维码。

例 3-9
动图演示

5. TRUNC 函数

TRUNC 函数的功能是截取数字，其语法为 TRUNC(number，[num _ digits])。number 为需要截尾取整的数字；参数 num _ digits 为指定取整精度的数字；num _ digits 为选填参数，默认值为 0，当 num _ digits 为 0 时，截取 number 的整数部分，当 num _ digits 为 1 时，截取至 number 的第一位小数，以此类推。

【例 3 - 10】 在前文 INT 函数示例的基础上，将 B2 至 F2 单元格内数据截取整数，将结果填列在 B6 至 F6 单元格区域内；将 B2 至 F2 单元格内数据截取至第三位小数，将结果填列在 B7 至 F7 单元格区域内。

【操作方法】 第一步，单击 B6 单元格；第二步，输入"＝TRUNC(B2)"；第三步，将鼠标放在 B6 单元格右下角，使用填充柄功能，向右拉至 F6 单元格，即将函数填充至 F6 单元格（如图 3－15 所示）。

继续进行第 7 行的操作：第一步，单击 B7 单元格；第二步，输入“＝TRUNC(B2,3)”；第三步，将鼠标放在 B7 单元格右下角，使用填充柄功能，向右拉至 F7 单元格，即将函数填充至 F7 单元格（如图 3－16 所示）。

由结果可知，TRUNC 函数与 RUOND 函数的不同在于：TRUNC 仅对数据进行截取，而不进行四舍五入的运算。

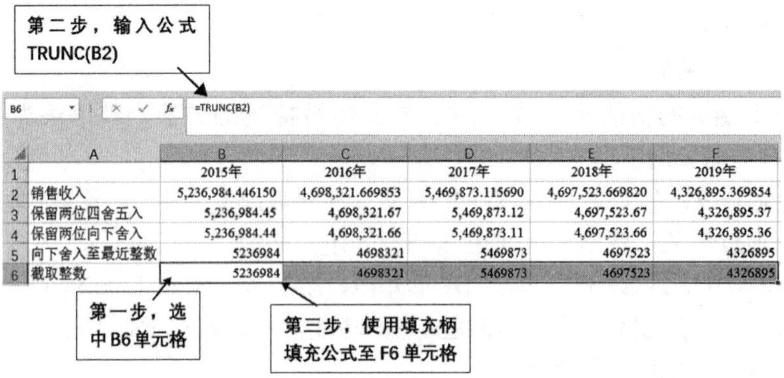

	A	B	C	D	E	F
1		2015年	2016年	2017年	2018年	2019年
2	销售收入	5,236,984.446150	4,698,321.669853	5,469,873.115690	4,697,523.669820	4,326,895.369854
3	保留两位四舍五入	5,236,984.45	4,698,321.67	5,469,873.12	4,697,523.67	4,326,895.37
4	保留两位向下舍入	5,236,984.44	4,698,321.66	5,469,873.11	4,697,523.66	4,326,895.36
5	向下舍入至最近整数	5236984	4698321	5469873	4697523	4326895
6	截取整数	5236984	4698321	5469873	4697523	4326895

图 3－15

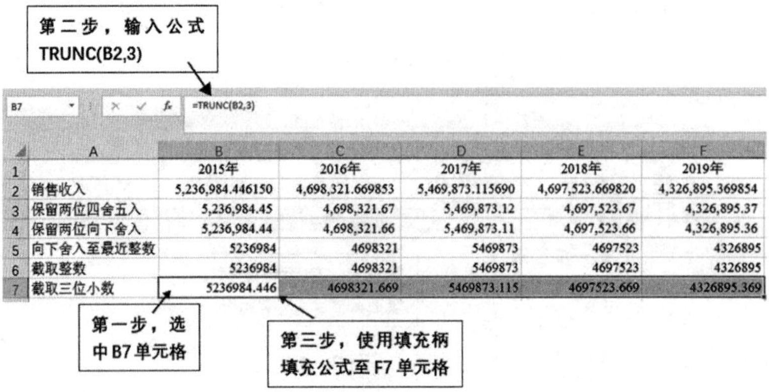

	A	B	C	D	E	F
1		2015年	2016年	2017年	2018年	2019年
2	销售收入	5,236,984.446150	4,698,321.669853	5,469,873.115690	4,697,523.669820	4,326,895.369854
3	保留两位四舍五入	5,236,984.45	4,698,321.67	5,469,873.12	4,697,523.67	4,326,895.37
4	保留两位向下舍入	5,236,984.44	4,698,321.66	5,469,873.11	4,697,523.66	4,326,895.36
5	向下舍入至最近整数	5236984	4698321	5469873	4697523	4326895
6	截取整数	5236984	4698321	5469873	4697523	4326895
7	截取三位小数	5236984.446	4698321.669	5469873.115	4697523.669	4326895.369

图 3－16

本例的动图操作过程，请扫描二维码。

例 3－10
动图演示

6. 舍入函数综合实例

下面给出一个使用舍入函数的综合实例。

【例 3－11】图 3－17 为使用 Excel 制作的差旅费报销单，“报销总额”栏后的 S14 单元格通过 SUM 函数能够计算得出交通费金额、伙食补助的金额和其他补助的金额合计数。要求：制作报销总额的中文大写。

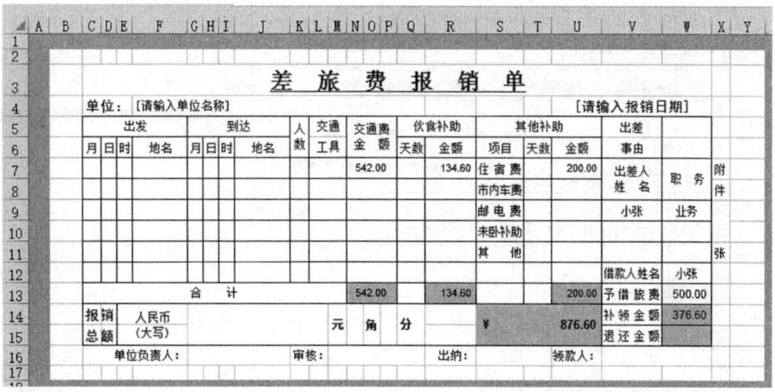

图 3－17

【操作方法】第一步，将单位“元”“角”“分”分别输入在合并单元格 M14-M15、O14-O15、Q14-Q15 当中，此时合并单元格 G14-L15 表示报销总额的整数部分，合并单元格 N14-N15 表示报销总额的第一位小数，合并单元格 P14-P15 表示报销总额的第二位小数。

第二步，在合并单元格 G14-L15 中输入“＝TRUNC(S14,0)”，表示截取 S14 单元格中数字的整数部分。

第三步，在合并单元格 N14-N15 中输入“＝TRUNC(S14,1) * 10－TRUNC(S14,0) * 10”。其中，“TRUNC(S14,1)”表示截取 S14 单元格中的数字并保留一位小数，此时得到数据“876.6”；TRUNC(S14,1) * 10 能够得到数据“8766”；“TRUNC(S14,0) * 10”表示截取 S14 单元格中数据的整数部分并扩大十倍，此时得到数据“8760”；因此，通过公式“＝TRUNC(S14,1) * 10－TRUNC(S14,0) * 10”能够单独得到第一位小数。

第四步，在合并单元格 P14-P15 中输入“＝TRUNC(S14,2) * 100－TRUNC(S14,1) * 100”。与第三步同理，得到 S14 单元格数据的第二位小数，如图 3－18 所示。

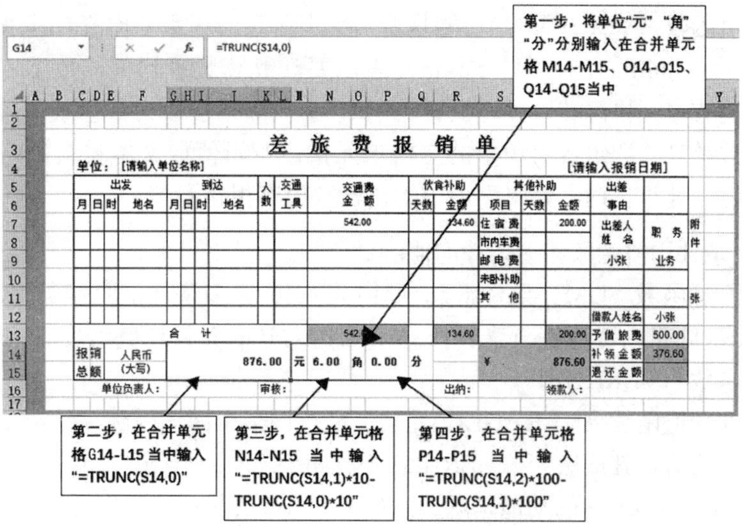

图 3－18

第五步，设置单元格格式为“数字-特殊-中文大写数字”，如图 3-19 所示。

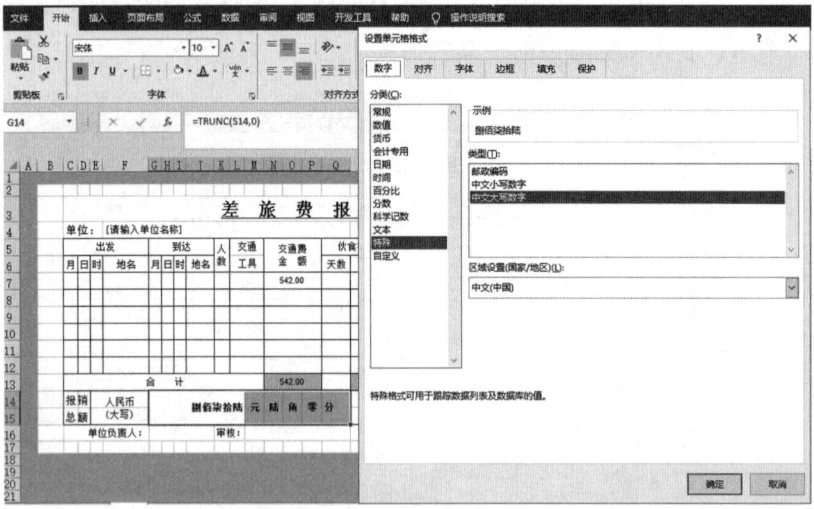

图 3-19

本例的动图操作过程，请扫描二维码。

例 3-11
动图演示

3.4 统计函数

Excel 的统计函数可以用来对数据进行各种统计分析。Excel 2019 内置的统计函数共有 110 个，本书针对财务人员常用的几个函数进行详细讲解，主要包括均值函数、单元格统计函数和排位函数。

3.4.1 均值函数、条件均值函数和多条件均值函数

1. 均值函数

均值函数 AVERAGE 的功能是返回给定参数的算术平均值，其语法为 AVERAGE(number1,[number2],…)。number 表示要计算算数平均值的数字，可以为数字、单元格引用或单元格区域，允许设置 1～255 个。如果参数为数组或引用，则只有其中的数值将被计算，数组或引用中的空白单元格、逻辑值或文本将被忽略，但包含零值的单元格将被计算在内，如果引用中不包含数值则报错。

2. 条件均值函数和多条件均值函数

与汇总函数 SUM、条件汇总函数 SUMIF 和多条件汇总函数 SUMIFS 的关系类似，Excel 除了内置均值函数 AVERAGE 外，还有条件均值函数 AVERAGEIF 和多条件均值函数 AVERAGEIFS。

条件均值函数 AVERAGEIF 的功能是返回某个区域内满足给定条件的所有单元格的算术平均值，其语法为 AVERAGEIF(range,criteria,[average_range])；多条件均值函数 AVERAGEIFS 的功能是返回满足多个条件的所有单元格的算术平均值，其语法为

AVERAGEIFS(average_range,criteria_range1,criteria1,[criteria_range2,criteria2],…)。AVERAGEIF 和 AVERAGEIFS 函数的使用方法与 SUMIF 和 SUMIFS 函数的使用方法类似。

【例 3-12】 如图 3-20 所示，A1 至 E10 单元格区域为某公司产品的部分信息。要求：计算保修期至少三年且有赠品的洗衣机的平均价格，并将结果填入 E12 单元格。

【操作方法】 第一步，单击需要显示结果的单元格，即 E12 单元格；第二步，输入“=AVERAGEIFS(B2:B10,C2:C10,"洗衣机",D2:D10,">=3",E2:E10,"是")”，按“Enter”键。

本例中，测试条件超过 1 个，因此选择 AVERAGEIFS 函数。“=AVERAGEIFS(B2:B10,C2:C10,"洗衣机",D2:D10,">=3",E2:E10,"是")”代表当 C2 至 C10 单元格区域内容为“洗衣机”、D2 至 D10 单元格区域数值不小于 3、E2 至 E10 单元格区域内容为“是”时，计算 B2 至 B10 对应单元格内数值的算术平均值。其中，B2:B10 代表计算区域；C2:C10 代表测试区域 1；"洗衣机" 代表测试条件 1；D2:D10 代表测试区域 2；">=3" 代表测试条件 2；E2:E10 代表测试区域 3；"是" 代表测试条件 3。

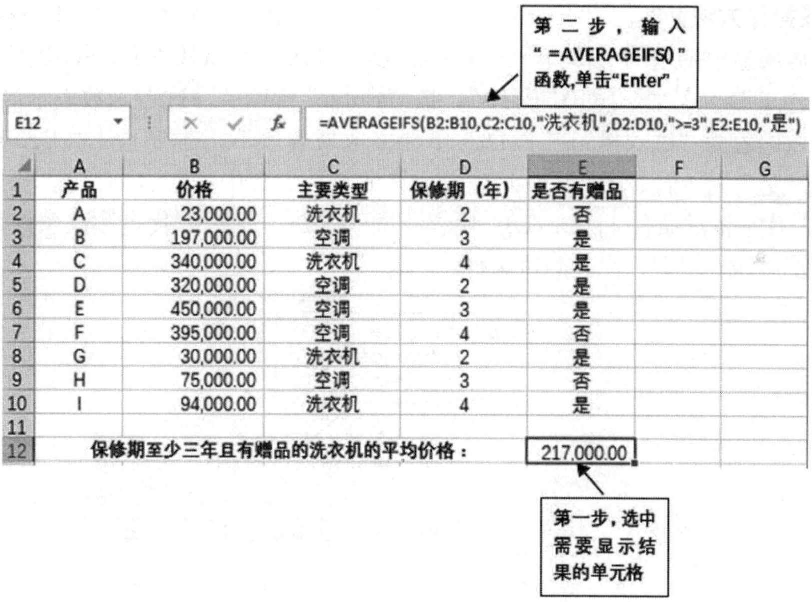

	A	B	C	D	E	F	G
1	产品	价格	主要类型	保修期（年）	是否有赠品		
2	A	23,000.00	洗衣机	2	否		
3	B	197,000.00	空调	3	是		
4	C	340,000.00	洗衣机	4	是		
5	D	320,000.00	空调	2	是		
6	E	450,000.00	空调	3	是		
7	F	395,000.00	空调	4	否		
8	G	30,000.00	洗衣机	2	是		
9	H	75,000.00	空调	3	否		
10	I	94,000.00	洗衣机	4	是		
11							
12	保修期至少三年且有赠品的洗衣机的平均价格：				217,000.00		

图 3-20

本例的动图操作过程，请扫描二维码。

例 3-12
动图演示

3.4.2　单元格统计函数、条件单元格统计函数和多条件单元格统计函数

1. 单元格统计函数

单元格统计函数 COUNT 的功能是计算包含数字的单元格个数以及参数列表中包含数字的个数，其语法为：COUNT(value1,[value2],…)。value 表示给定的一组参数，允许设置 1～255 个，可以是输入的一组数据，也可以是单元格引用

或数组。这些参数可以包含或引用各种类型的数据，但只有数字类型的数据才被计算在内。若要计算逻辑值、文本值或错误值的个数，可以使用COUNT函数。

2. 条件单元格统计函数和多条件单元格统计函数

与汇总函数SUM、条件汇总函数SUMIF和多条件汇总函数SUMIFS的关系类似，Excel除了内置单元格统计函数COUNT外，还有条件单元格统计函数COUNTIF和多条件单元格统计函数COUNTIFS。

条件单元格统计函数COUNTIF的功能是返回满足某个条件的单元格的数量，其语法为COUNTIF(range,criteria)；多条件单元格统计函数COUNTIFS的功能是返回满足多个条件的所有单元格的数量，其语法为COUNTIFS(criteria_range1,criteria1,[criteria_range2,criteria2],…)。要注意的是，COUNTIFS函数中，每个测试条件区域都必须与criteria_range1具有相同的行数和列数。COUNTIF和COUNTIFS函数的使用方法与SUMIF和SUMIFS函数的使用方法类似。

【例3-13】 如图3-21所示，A1至E10单元格区域为某公司产品的部分信息。要求：计算保修期至少三年且有赠品的洗衣机数量，并将结果填入E13单元格。

【操作方法】 本例要求的测试条件超过1个，因此选择COUNTIFS函数。第一步，单击需要显示结果的E13单元格；第二步，输入"=COUNTIFS(C2:C10,"洗衣机",D2:D10,">=3",E2:E10,"是")"，按"Enter"键确认。这一函数表示当C2:C10单元格区域内容为"洗衣机"、D2:D10单元格区域数值不小于3且E2:E10单元格区域内容为"是"时，计算B2:B10对应单元格的个数。其中，C2:C10代表测试区域1；"洗衣机"代表测试条件1；D2:D10代表测试区域2；">=3"代表测试条件2；E2:E10代表测试区域3；"是"代表测试条件3。

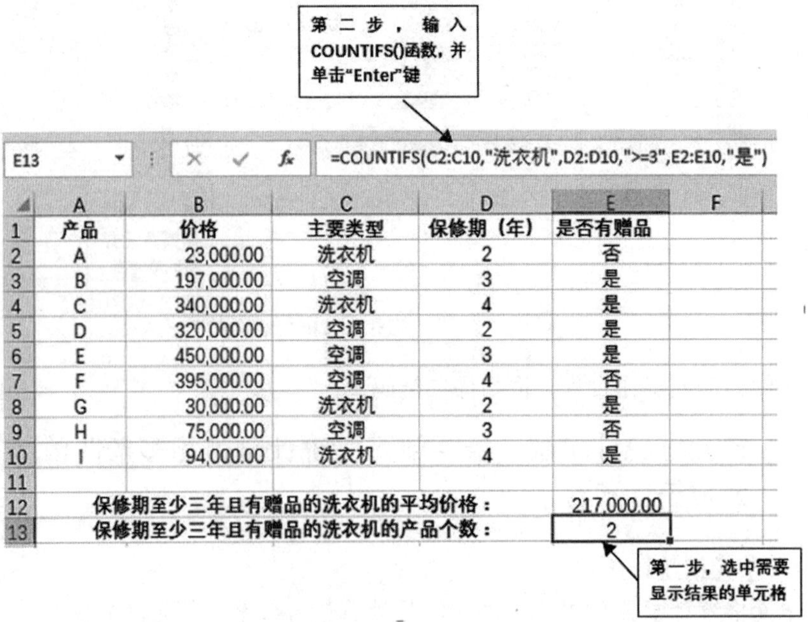

	A	B	C	D	E	F
1	产品	价格	主要类型	保修期（年）	是否有赠品	
2	A	23,000.00	洗衣机	2	否	
3	B	197,000.00	空调	3	是	
4	C	340,000.00	洗衣机	4	是	
5	D	320,000.00	空调	2	是	
6	E	450,000.00	空调	3	是	
7	F	395,000.00	空调	4	否	
8	G	30,000.00	洗衣机	2	是	
9	H	75,000.00	空调	3	否	
10	I	94,000.00	洗衣机	4	是	
11						
12	保修期至少三年且有赠品的洗衣机的平均价格：				217,000.00	
13	保修期至少三年且有赠品的洗衣机的产品个数：				2	

图3-21

本例的动图操作过程，请扫描二维码。

例 3 - 13
动图演示

3.4.3　排位函数

1. MAX 函数和 MIN 函数

MAX 函数的功能是返回一组值中的最大值，其语法为 MAX(number1,[number2],…)；MIN 函数的功能是返回一组值中的最小值，其语法为 MIN(number1,[number2],…)。这两个函数非常相似。number1 是必填参数，后续数字是可选的，允许设置 1～255 个参数。

【例 3 - 14】 如图 3 - 22 所示，A1 至 E10 单元格区域为某公司产品的部分信息。要求：(1) 找到所有产品的最高价格并填入 D12 单元格；(2) 找到所有产品的最低价格并填入 D13 单元格。

【操作方法】 第一步，单击需要显示结果的 D12 单元格；第二步，输入“=MAX(B2:B10)”并按“Enter”键确认；第三步，单击需要显示结果的 D13 单元格，并输入“=MIN(B2:B10)”，按“Enter”键确认。

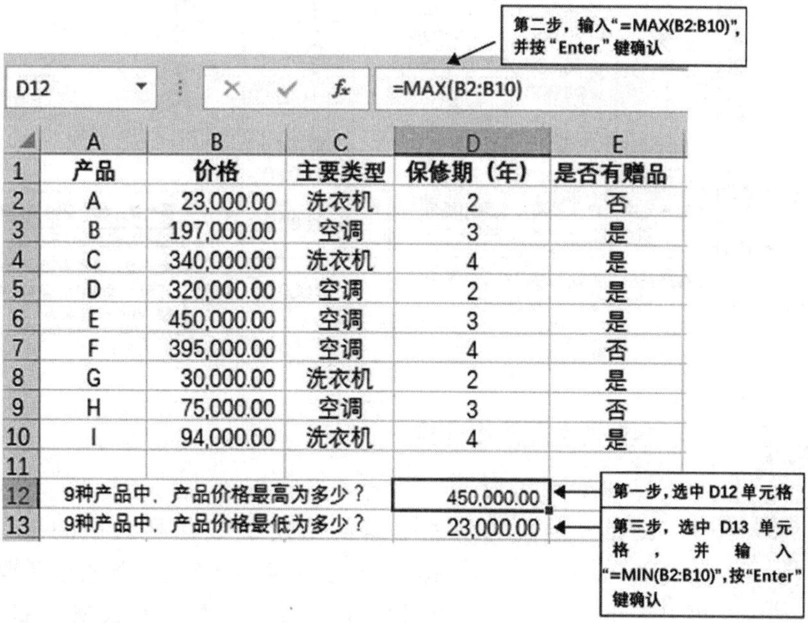

图 3 - 22

本例的动图操作过程，请扫描二维码。

例 3 - 14
动图演示

2. LARGE 函数和 SMALL 函数

LARGE 函数的功能是返回给定参数中第 k 个最大值，其语法为 LARGE(array,k)；SMALL 函数的功能是返回给定参数中第 k 个最小值，其语法为 SMALL(array,k)。这两个函数非常相似。array 代表给定的数组或数据区域。如果数组为空，则函数返回错误值“#NUM!”。k 为返回值在数组或数据区域中的排名（由小到大排列）。如果 k≤0，或 k

大于数据区域中的参数个数，则函数返回错误值“#NUM!”。

【例 3-15】 如图 3-23 所示，A1 至 E10 单元格区域为某公司产品的部分信息。要求：(1) 将 9 种产品价格从大到小排序，在 D14 单元格填入排名第三的价格；(2) 将 9 种产品价格从小到大排序，在 D15 单元格填入排名第四的价格。

【操作方法】 第一步，单击需要显示结果的 D14 单元格；第二步，输入“=LARGE(B2:B10,3)”并按“Enter”键确认；第三步，单击需要显示结果的 D15 单元格并输入“=SMALL(B2:B10,4)”，按“Enter”键确认。

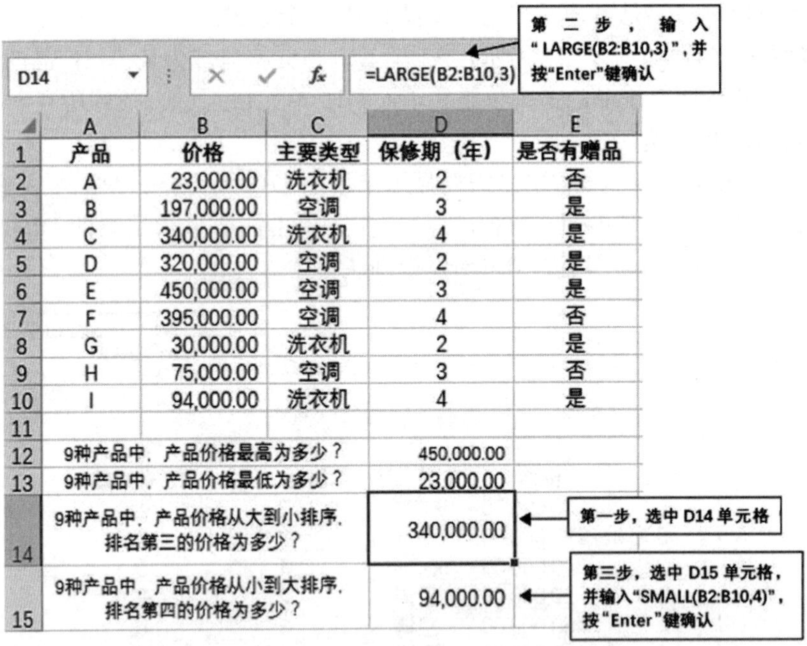

	A	B	C	D	E
1	产品	价格	主要类型	保修期（年）	是否有赠品
2	A	23,000.00	洗衣机	2	否
3	B	197,000.00	空调	3	是
4	C	340,000.00	洗衣机	4	是
5	D	320,000.00	空调	2	是
6	E	450,000.00	空调	3	是
7	F	395,000.00	空调	4	否
8	G	30,000.00	洗衣机	2	是
9	H	75,000.00	空调	3	否
10	I	94,000.00	洗衣机	4	是
11					
12	9种产品中，产品价格最高为多少？			450,000.00	
13	9种产品中，产品价格最低为多少？			23,000.00	
14	9种产品中，产品价格从大到小排序，排名第三的价格为多少？			340,000.00	
15	9种产品中，产品价格从小到大排序，排名第四的价格为多少？			94,000.00	

图 3-23

例 3-15 动图演示

本例的动图操作过程，请扫描二维码。

3. RANK 函数

RANK 函数的功能是返回给定参数在列表中的排位，其语法为 RANK(number,ref,[order])。number 为给定的列表中需要排位的数值。可以是单元格引用，也可以输入相应的数值型数据。ref 为数字列表，number 必须在其中。ref 中的非数值型数据将被忽略。order 为排位方式。若 order 为零或缺省，则系统按降序排位；若 order 不为零，则系统按升序排位。需要注意的是，RANK 函数对重复数值的排位相同，但重复数值的存在将影响后续数值的排位。

【例 3-16】 如图 3-24 所示，A1 至 E10 单元格区域为某公司产品的部分信息。要求：(1) 将 9 种产品价格按升序排列，在 D16 单元格填入 D 产品的价格排位次序；(2) 将 9 种产品价格按降序排列，在 D17 单元格填入 D 产品的价格排位次序。

【操作方法】 第一步，单击需要显示结果的 D16 单元格；第二步，输入“=RANK(B5,B2:B10,1)”并按“Enter”键确认；第三步，单击需要显示结果的 D17 单元格，输入"＝RANK(B5,B2:B10)"并按"Enter"键确认。

本例中，在将 9 种产品价格按升序排列，并求 D 产品价格的排位次序时，order 参数写为 1；在将 9 种产品价格按降序排列，并求 D 产品价格的排位次序时，order 参数可以为 0，也可缺省。

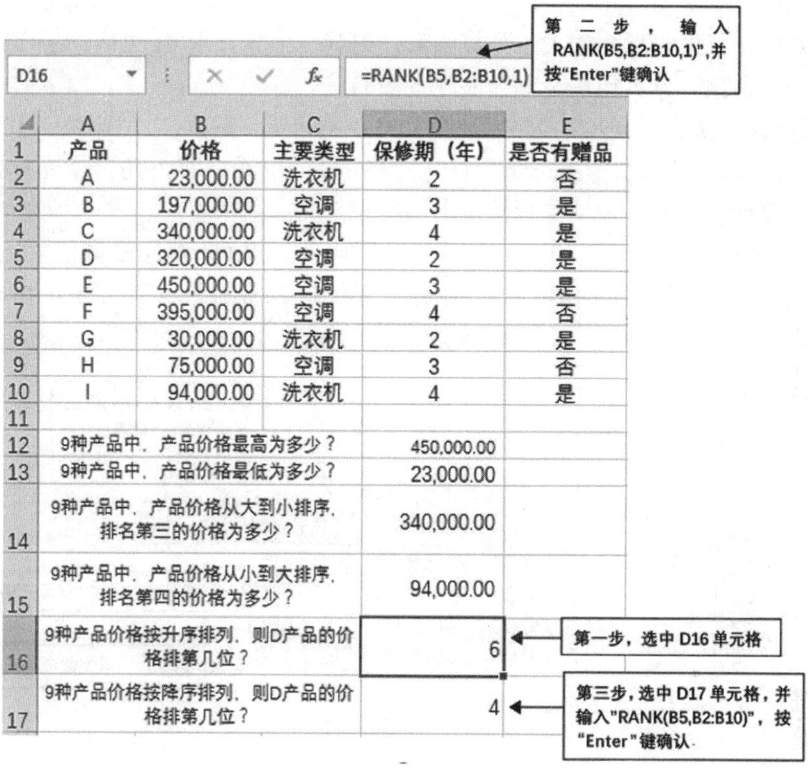

	A	B	C	D	E
1	产品	价格	主要类型	保修期（年）	是否有赠品
2	A	23,000.00	洗衣机	2	否
3	B	197,000.00	空调	3	是
4	C	340,000.00	洗衣机	4	是
5	D	320,000.00	空调	2	是
6	E	450,000.00	空调	3	是
7	F	395,000.00	空调	4	否
8	G	30,000.00	洗衣机	2	是
9	H	75,000.00	空调	3	否
10	I	94,000.00	洗衣机	4	是
11					
12	9种产品中，产品价格最高为多少？			450,000.00	
13	9种产品中，产品价格最低为多少？			23,000.00	
14	9种产品中，产品价格从大到小排序，排名第三的价格为多少？			340,000.00	
15	9种产品中，产品价格从小到大排序，排名第四的价格为多少？			94,000.00	
16	9种产品价格按升序排列，则D产品的价格排第几位？			6	
17	9种产品价格按降序排列，则D产品的价格排第几位？			4	

图 3－24

本例的动图操作过程，请扫描二维码。

例 3－16
动图演示

3.5　逻辑函数

Excel 2019 内置的逻辑函数共有 11 个，本书针对财务人员常用的条件函数进行详细讲解。

条件函数 IF 的功能是根据给定条件进行逻辑判断并返回给定结果，其语法为 IF(logical_test,value_if_true,[value_if_false])。logical_test 为用以进行判断的逻辑表达式。value_if_true 为当 logical_test 结果为真（TRUE）时返回的值。若 value_if_true 为空，则 logical_test 为 TRUE 时返回 0。value_if_false 为当 logical_test 结果为假（FALSE）时返回的值。若 value_if_false 缺省，即 value_if_true 后没有逗号，则 logical_test 为 FALSE 时返回逻辑型数据 FALSE；若为空，即 value_if_true 后有逗号，则 logical_test 为 FALSE 时返回 0。

例如，IF(A1="财务部门",1,2) 表示如果 A1 单元格的内容是"财务部门"，则

IF 函数返回 1，否则返回 2。

value _ if _ true 和 value _ if _ false 可以是函数或公式，也可以是函数和公式的嵌套。关于嵌套，Excel 默认最多可以使用 64 个 IF 函数作为 value _ if _ true 和 value _ if _ false 进行嵌套。如果参数包含数组，则在运算执行时数组中的每一个元素都将计算。

【例 3 - 17】 如图 3 - 25 所示，A1 至 D4 单元格区域为某公司部分项目预算执行情况。要求：如果实际金额大于预算金额，则剩余预算显示 0；如果实际预算小于预算金额，则剩余预算显示预算金额与实际金额的差。

【操作方法】 第一步，选中 D2 单元格；第二步，输入“=IF(C2>B2,0,B2−C2)”并按“Enter”键确认；第三步，将光标移至 D2 单元格右下角，当光标显示为十字形即呈填充柄状态时，拖动鼠标拉至 D4 单元格。

本例中，“=IF(C2>B2,0,B2−C2)”代表如果 C2 单元格数值大于 B2 单元格数值，则返回 0，否则返回 B2 单元格与 C2 单元格数值的差。单元格引用采用相对引用，可以直接使用填充柄完成 D3 和 D4 单元格的填充。

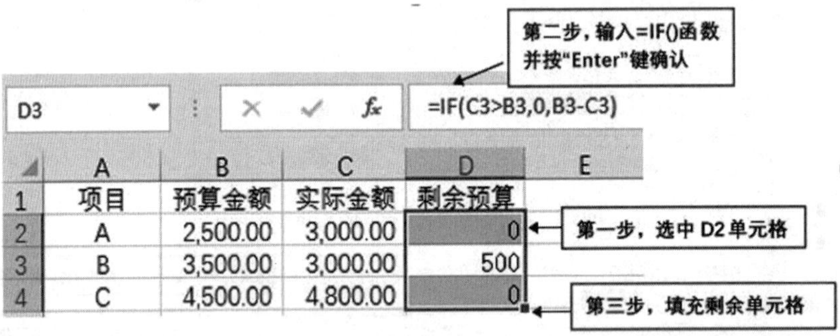

图 3 - 25

本例的动图操作过程，请扫描二维码。

例 3 - 17
动图演示

【例 3 - 18】 如图 3 - 26 所示，A1 至 C6 单元格区域为某公司销售人员绩效评价表的部分内容。要求：当本月销售额大于等于 200 000 元时，销售人员绩效评价为 A 级；当本月销售额小于 20 000 元而大于等于 100 000 元时，销售人员绩效评价为 B 级；当本月销售额小于 100 000 元时，销售人员绩效评价为 C 级。按照这样的评价规则，将本月销售人员绩效评价结果显示在“绩效评价”那一列。

【操作方法】 第一步，选中 C2 单元格；第二步，输入“=IF(B2>=200000,"A",(IF(B2>=100000,"B","C")))”并按“Enter”键确认；第三步，将光标移至 C2 单元格右下角，当光标显示为十字形即呈填充柄状态时，拖动鼠标拉至 C6 单元格。

本例中，“=IF(B2>=200000,"A",(IF(B2>=100000,"B","C")))”为嵌套的IF 函数，代表当 B2 单元格数值大于等于 200 000 时，返回 A；否则判断 B2 单元格数值是否大于等于 100 000，如果 B2 单元格数值大于等于 100 000，则返回 B；否则意味着 B2 单元格数值小于 100 000，此时返回 C。

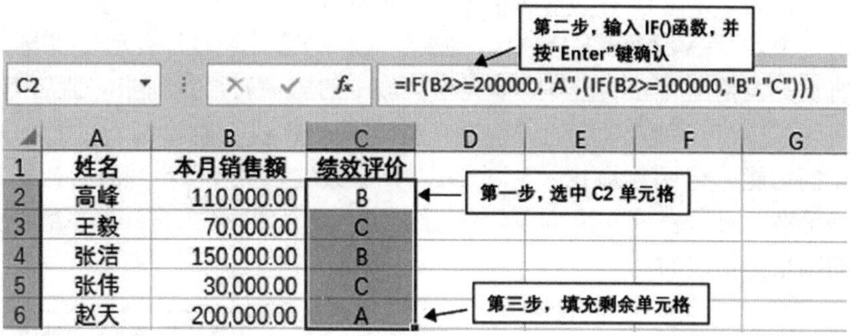

图 3-26

本例的动图操作过程，请扫描二维码。

例 3-18
动图演示

3.6 查找与引用函数

Excel 2019 内置的查找与引用函数共有 19 个，本书针对财务人员常用的列查找函数进行详细讲解。

列查找函数 VLOOKUP 的功能是搜索表区域内首列满足条件的元素，确定待检索单元格在区域中的行序号，再进一步返回选定单元格的值，其语法为 VLOOKUP(lookup_value,table_array,col_index_num,range_lookup)。lookup _ value 为要在数据表第一行中查找的数值，可以是数值、文本、逻辑值或引用。table _ array 为查找值所在的区域。col _ index _ num 为 table _ array 中待返回的匹配值的列序号。col _ index _ num 为 1 时，返回 table _ array 第一列的数值；col _ index _ num 为 2 时，返回 table _ array 第二列的数值，以此类推。如果 col _ index _ num 小于 1，函数返回错误值“#VALUE!”；如果 col _ index _ num 大于 table _ array 的行数，函数返回错误值“#REF!”。range _ lookup 是一个逻辑值，用来确定给定函数查找时是精确匹配还是近似匹配。如为 TRUE，则返回近似匹配值，也就是说，如果找不到精确匹配值，则返回小于 lookup _ value 的最大数值。此种情况下，table _ array 第一行的数值应按升序排列，否则可能无法返回正确的结果。如为 FALSE，则返回精确匹配值，也就是说，如果找不到精确匹配值，则返回错误值“#N/A”。此种情况下，table _ array 第一行的数值不需要排序。缺省值为 TRUE。此外，Excel 默认 range _ lookup 参数为 1 时，为近似查找；range _ lookup 参数为 0 时，为精确查找。

VLOOKUP 函数的表达式可以这样理解：VLOOKUP(想要查找的内容，想要查找的位置，要返回的值在指定区域中的列号，选择返回近似匹配值还是精确匹配值)。

【例 3-19】 如图 3-27 所示，A1 至 E10 单元格区域为某公司工资统计表的部分内容。要求：查找出沈莉、张天航、何宏林的应发合计，并分别填入 B15、B16 和 B17 单元格。

【操作方法】 第一步，选中 B15 单元格；第二步，输入“=VLOOKUP(A15,$A$1:$E$10,5,0)”并按“Enter”键确认；第三步，将光标移至 B15 单元格右下角，当光标显示为十字形即呈填充柄状态时，拖动鼠标拉至 B17 单元格。

本例中，“=VLOOKUP(A15,$A$1:$E$10,5,0)”表示查找与 A15 单元格相同的值，查找范围为 A1 至 E10 单元格区域中的第一列，找到相应值后返回 A1 至 E10 单元格区域中第 5 列的对应值，查找条件为精确查找。需要特别注意的是，因为要使用填充柄功能进行函数拖拉，VLOOKUP 函数的参数 table_array，即本例中 A1 至 E10 单元格区域的表示方法应该用绝对引用“$A$1:$E$10”，否则使用填充柄填充后的结果是错误的。

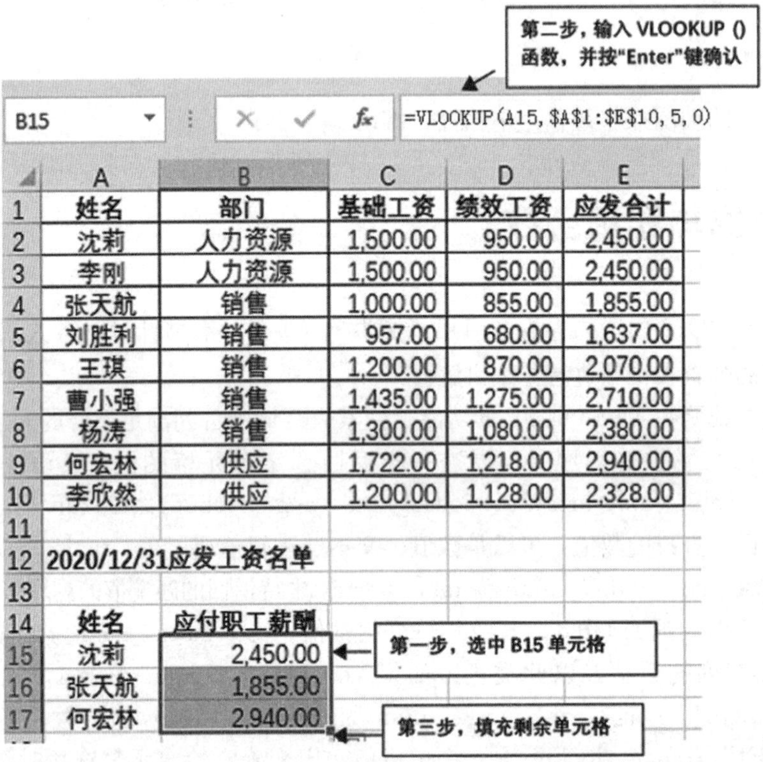

	A	B	C	D	E
1	姓名	部门	基础工资	绩效工资	应发合计
2	沈莉	人力资源	1,500.00	950.00	2,450.00
3	李刚	人力资源	1,500.00	950.00	2,450.00
4	张天航	销售	1,000.00	855.00	1,855.00
5	刘胜利	销售	957.00	680.00	1,637.00
6	王琪	销售	1,200.00	870.00	2,070.00
7	曹小强	销售	1,435.00	1,275.00	2,710.00
8	杨涛	销售	1,300.00	1,080.00	2,380.00
9	何宏林	供应	1,722.00	1,218.00	2,940.00
10	李欣然	供应	1,200.00	1,128.00	2,328.00
11					
12	2020/12/31应发工资名单				
13					
14	姓名	应付职工薪酬			
15	沈莉	2,450.00			
16	张天航	1,855.00			
17	何宏林	2,940.00			

图 3-27

本例的动图操作过程，请扫描二维码。

例 3-19
动图演示

在使用 Excel 的过程中，函数之间可以相互嵌套，从而满足更为复杂的数据处理要求。

【例 3 - 20】 如图 3 - 28 所示，A1 至 E10 单元格区域为某公司工资统计表的部分内容。要求：根据 A15 至 A23 单元格所列名单，在 A1 至 E10 单元格区域中查找人员所在部门，如果为人力资源部门，则在 C15 至 C23 单元格相应位置填入“人力资源”，否则填入“不属于人力资源部门”。

【操作方法】 第一步，选中 C15 单元格；第二步，输入“=IF(VLOOKUP(A15, $A$1:$E$10,2,0)="人力资源","人力资源","不属于人力资源部门")”并按“Enter”键确认；第三步，将光标移至 C15 单元格右下角，当光标显示为十字形即呈填充柄状态时，拖动鼠标拉至 C23 单元格。

本例使用了 IF 函数与 VLOOKUP 函数的嵌套函数。在编辑栏输入“=IF(VLOOKUP(A15,$A$1:$E$10,2,0)="人力资源","人力资源","不属于人力资源部门")”后，Excel 首先对 VLOOKUP 函数进行计算。“VLOOKUP(A15,$A$1:$E$10,2,0)”表示查找与 A15 单元格相同的值，查找范围为 A1 至 E10 单元格区域中的第一列，找到相应值后返回 A1 至 E10 单元格区域中第 2 列的对应值，查找条件为精确查找。需要特别注意的是，因为要使用填充柄功能进行函数拖拉，VLOOKUP 函数的参数 table_array，即本例中 A1 至 E10 单元格区域的表示方法应该用绝对引用“$A$1:$E$10”，否则使用填充柄填充后的结果是错误的。

完成 VLOOKUP 函数计算后，Excel 对 IF 函数进行计算，即如果 VLOOKUP 函数的返回结果为人力资源，则在选定单元格中填入“人力资源”，否则填入“不属于人力资源部门”。

图 3 - 28

本例的动图操作过程，请扫描二维码。

例 3-20
动图演示

练习题

1. 图 3-29 为食堂销售收入明细的工作表界面，计算图中三个食堂饭卡收入的总金额。

	A	B	C	D
1	销售收入明细			
2	单位	收入类别	时间	收入金额
3	一食堂	饭卡	学期内	¥1, 587, 628. 50
4	一食堂	饭卡	假期	¥277, 634. 00
5	一食堂	点餐	学期内	¥483, 654. 20
6	一食堂	点餐	假期	¥173, 452. 10
7	一食堂	自助餐	学期内	¥664, 329. 80
8	一食堂	自助餐	假期	¥195, 035. 50
9	二食堂	饭卡	学期内	¥1, 998, 355. 00
10	二食堂	饭卡	假期	¥682, 377. 80
11	二食堂	点餐	学期内	¥1, 067, 349. 20
12	二食堂	点餐	假期	¥196, 520. 10
13	二食堂	宴会包桌	学期内	¥2, 965, 430. 70
14	二食堂	宴会包桌	假期	¥305, 431. 00
15	三食堂	饭卡	学期内	¥1, 280, 077. 70
16	三食堂	饭卡	假期	¥159, 881. 30
17	三食堂	点餐	学期内	¥638, 629. 00
18	三食堂	点餐	假期	¥99, 546. 30
19	三食堂	宴会包桌	学期内	¥957, 349. 40
20	三食堂	宴会包桌	假期	¥127, 603. 50

图 3-29

2. 承上题，计算图 3-29 中三个食堂学期内饭卡收入的总金额。

第 4 章

应收账款管理

应收账款（receivables）是指企业在日常经营过程中因销售商品、提供劳务等业务，应向购买单位收取的款项，是企业在销售过程中被购买单位所占用的资金。对于应收账款，企业应及时收回以弥补企业在生产经营过程中的各种耗费，保证持续经营。对于被拖欠的应收账款，应采取措施收回；对于确实无法收回的应收账款，凡符合坏账条件的，应在取得有关证明并按规定程序报批后，作坏账损失处理。

本章重点针对 Excel 2019 在应收账款管理中的应用进行讲解，重点包括：（1）建立应收账款统计表及应收账款账龄分析表；（2）发送应收账款对账单；（3）对赊销策略进行决策分析。通过本章的学习，使用者能够熟练使用 Excel 2019 的基本功能并应用到应收账款管理中，及时掌握应收账款的动态信息。

4.1 应收账款统计表及账龄分析表

4.1.1 创建应收账款统计表

1. 编制应收账款基本信息表

企业进行应收账款管理的基础是客户及赊销额的基本信息，因此，首先需要根据客户及赊销信息，将应收账款基本信息录到应收账款基本信息表中。

企业的应收账款基本信息主要包括客户代码、客户名称、业务员、应收金额、预收金额、实收金额、期末余额和到期日，如图 4-1 所示。企业可根据实际情况，灵活进行内容的设计和编制，具体操作步骤如下。

第一步，录入人员手工录入客户代码、客户名称、业务员、应收金额、预收金额、实收金额和到期日的信息。

第二步，利用公式“期末余额＝应收金额－预收金额－实收金额”计算期末余额，即选中 G5 单元格，输入“＝D5－E5－F5”，按“Enter”键确认，并通过填充柄填充 G6 至 G22 单元格。

第三步，使用 SUM 公式求合计数，即选中 D23 单元格，输入“=SUM(D5:D22)”，按“Enter”键确认，并使用填充柄填充 E23 至 G23 单元格。

第一步，输入应收账款基本信息

第二步，输入公式求得期末余额

应收账款基本信息表

填制单位：北京市××××有限责任公司

客户代码	客户名称	业务员	应收金额	预收金额	实收金额	期末余额	到期日
A01	北京太阳	刘丽	3,800,000.00	1,000,000.00	800,000.00	2,000,000.00	2019/9/22
A02	天津太阳	刘丽	1,000,000.00			1,000,000.00	2020/2/5
A06	武汉星星	欧阳倩	550,000.00	50,000.00		500,000.00	2020/3/10
A05	青岛星星	欧阳倩	1,000,000.00			1,000,000.00	2020/7/13
A01	北京太阳	刘丽	768,000.00			768,000.00	2020/5/25
A07	深圳星星	欧阳倩	2,000,000.00		1,000,000.00	1,000,000.00	2020/9/20
A02	天津太阳	刘丽	890,000.00			890,000.00	2020/7/6
A02	天津太阳	刘丽	158,000.00		100,000.00	58,000.00	2020/4/28
A05	青岛星星	欧阳倩	1,228,000.00	200,000.00		1,028,000.00	2020/1/25
A07	深圳星星	欧阳倩	100,000.00			100,000.00	2020/8/1
A11	重庆彩虹	李亮	500,000.00	100,000.00		400,000.00	2020/5/30
A01	北京太阳	刘丽	355,000.00		300,000.00	55,000.00	2020/3/18
A03	上海太阳	李亮	550,000.00		500,000.00	50,000.00	2020/2/15
A02	天津太阳	刘丽	1,600,000.00			1,600,000.00	2020/10/15
A01	北京太阳	刘丽	2,000,000.00			2,000,000.00	2019/11/12
A03	上海太阳	李亮	5,000,000.00	500,000.00	2,000,000.00	2,500,000.00	2020/2/15
A10	成都彩虹	李亮	2,000,000.00			2,000,000.00	2020/4/1
A12	昆明彩虹	李亮	1,685,400.00		1,000,000.00	685,400.00	2020/9/3
合计			25,184,400.00	1,850,000.00	5,700,000.00	17,634,400.00	

第三步，使用 SUM()函数求合计数

图 4-1

第四步，根据应收账款基本信息表创建应收账款统计表。应收账款统计表的内容主要包括应收账款基本信息，以及是否到期、未到期金额、逾期账龄和逾期金额，如图 4-2 所示。

应收账款统计表

填制单位：北京市××××有限责任公司

客户代码	客户名称	业务员	应收金额	预收金额	实收金额	期末余额	到期日	是否到期	未到期金额	逾期账龄（天）	逾期金额
A01	北京太阳	刘丽	3,800,000.00	1,000,000.00	800,000.00	2,000,000.00	2019/9/22				
A02	天津太阳	刘丽	1,000,000.00			1,000,000.00	2020/2/5				
A06	武汉星星	欧阳倩	550,000.00	50,000.00		500,000.00	2020/3/10				
A05	青岛星星	欧阳倩	1,000,000.00			1,000,000.00	2020/7/13				
A01	北京太阳	刘丽	768,000.00			768,000.00	2020/5/25				
A07	深圳星星	欧阳倩	2,000,000.00		1,000,000.00	1,000,000.00	2020/9/20				
A02	天津太阳	刘丽	890,000.00			890,000.00	2020/7/6				
A02	天津太阳	刘丽	158,000.00		100,000.00	58,000.00	2020/4/28				
A05	青岛星星	欧阳倩	1,228,000.00	200,000.00		1,028,000.00	2020/1/25				
A07	深圳星星	欧阳倩	100,000.00			100,000.00	2020/8/1				
A11	重庆彩虹	李亮	500,000.00	100,000.00		400,000.00	2020/5/30				
A01	北京太阳	刘丽	355,000.00		300,000.00	55,000.00	2020/3/18				
A03	上海太阳	李亮	550,000.00		500,000.00	50,000.00	2020/2/15				
A02	天津太阳	刘丽	1,600,000.00			1,600,000.00	2020/10/15				
A01	北京太阳	刘丽	2,000,000.00			2,000,000.00	2019/11/12				
A03	上海太阳	李亮	5,000,000.00	500,000.00	2,000,000.00	2,500,000.00	2020/2/15				
A10	成都彩虹	李亮	2,000,000.00			2,000,000.00	2020/4/1				
A12	昆明彩虹	李亮	1,685,400.00		1,000,000.00	685,400.00	2020/9/3				
合计			25,184,400.00	1,850,000.00	5,700,000.00	17,634,400.00					
占比											

图 4-2

2. 判断是否到期

判断应收账款是否到期，第一步，确定当前日期。TODAY 函数能够返回当前系统日期，因此，单击 H2 单元格，输入“＝TODAY()”，按“Enter”键确认，能够得到系统当前日期。

第二步，判断应收账款余额是否到期。可以使用逻辑函数 IF 函数来完成，即当到期日小于等于当前日期时，为“已到期”，反之则为“未到期”。

选中 I5 单元格，输入“＝IF(H5<＝＄H＄2,"已到期","未到期")”，按“Enter”键确认，并使用填充柄填充 I6 至 I22 单元格，如图 4－3 所示。

注意，此时对 H2 单元格的引用应为绝对引用，否则使用填充柄时会导致对当前日期的引用错误。

	A	B	C	D	E	F	G	H	I
1	应收账款统计表								
2	填制单位：		北京市××××有限责任公司				当前日期：	2020/2/7	
3–4	客户代码	客户名称	业务员	应收金额	预收金额	实收金额	期末余额	到期日	是否到期
5	A01	北京太阳	刘丽	3,800,000.00	1,000,000.00	800,000.00	2,000,000.00	2019/9/22	已到期
6	A02	天津太阳	刘丽	1,000,000.00			1,000,000.00	2020/2/5	已到期
7	A06	武汉星星	欧阳倩	550,000.00	50,000.00		500,000.00	2020/3/10	未到期
8	A05	青岛星星	欧阳倩	1,000,000.00			1,000,000.00	2020/7/13	未到期
9	A01	北京太阳	刘丽	768,000.00			768,000.00	2020/5/25	未到期
10	A07	深圳星星	欧阳倩	2,000,000.00		1,000,000.00	1,000,000.00	2020/9/20	未到期
11	A02	天津太阳	刘丽	890,000.00			890,000.00	2020/7/6	未到期
12	A02	天津太阳	刘丽	158,000.00		100,000.00	58,000.00	2020/4/28	未到期
13	A05	青岛星星	欧阳倩	1,228,000.00	200,000.00		1,028,000.00	2020/1/25	已到期
14	A07	深圳星星	欧阳倩	100,000.00			100,000.00	2020/8/1	未到期
15	A11	重庆彩虹	李亮	500,000.00	100,000.00		400,000.00	2020/5/30	未到期
16	A01	北京太阳	刘丽	355,000.00		300,000.00	55,000.00	2020/3/18	未到期
17	A03	上海太阳	李亮	550,000.00		500,000.00	50,000.00	2020/2/15	未到期
18	A02	天津太阳	刘丽	1,600,000.00			1,600,000.00	2020/10/15	未到期
19	A01	北京太阳	刘丽	2,000,000.00			2,000,000.00	2019/11/12	已到期
20	A03	上海太阳	李亮	5,000,000.00	500,000.00	2,000,000.00	2,500,000.00	2020/2/15	未到期
21	A10	成都彩虹	李亮	2,000,000.00			2,000,000.00	2020/4/1	未到期
22	A12	昆明彩虹	李亮	1,685,400.00		1,000,000.00	685,400.00	2020/9/3	未到期
23	合计			25,184,400.00	1,850,000.00	5,700,000.00	17,634,400.00		
24	占比								

图 4－3

本部分的动图操作过程，请扫描二维码。

判断是否到期
动图演示

3. 设置到期提醒

设置到期提醒，即当当前日期临近到期日时，能够在到期日栏中有所显示，可以通过“条件格式”进行设置。

选中到期日的相关数据，即 H5 至 H22 单元格区域，单击“开始”选项卡下“样式”组中的“条件格式”，选择“突出显示单元格规则”，单击“发生日期”，在“发生日期”对话框中，选择“最近 7 天”，设置为“浅红填充色深红色文本”，如图 4－4 所示。

此时，当当前日期与到期日相隔不超过 7 天时，对应的到期日单元格格式为浅红填充色，字体格式为深红色文本。

4. 计算未到期金额

计算未到期金额，首先要确定该项应收账款是否已经到期，再确定未到期金额，可以使用 IF 函数来完成，即如果到期日大于当前日期，则显示期末余额，反之则不显示。

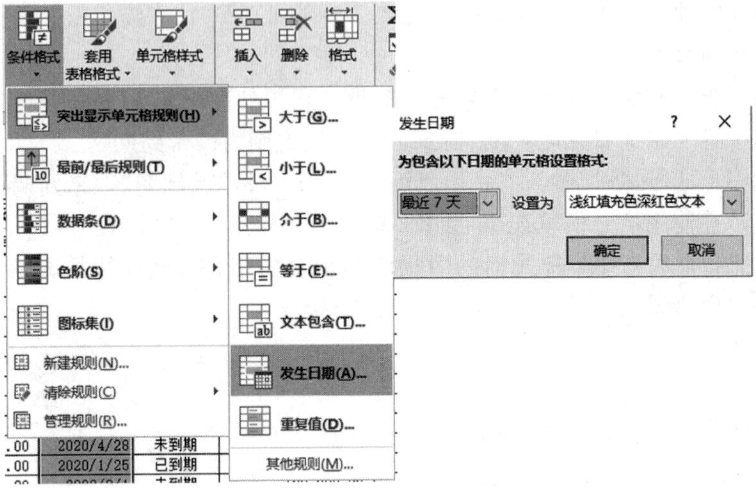

图 4-4

选中J5单元格，输入“=IF(H5>$H$2,G5,"")”，按“Enter”键确认，并使用填充柄填充J6至J22单元格。为方便查看，暂时将第C至F列隐藏，结果如图4-5所示。

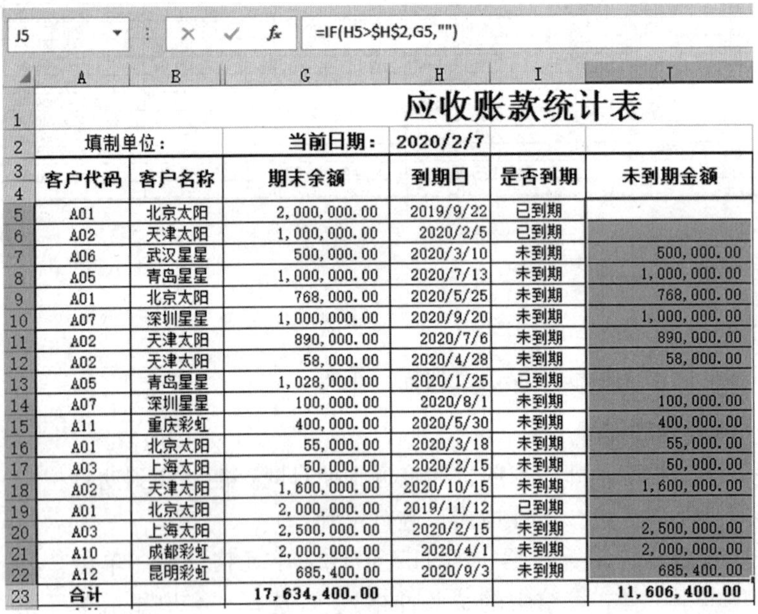

J5 =IF(H5>$H$2,G5,"")

	A	B	G	H	I	J
1				应收账款统计表		
2	填制单位:		当前日期:	2020/2/7		
3–4	客户代码	客户名称	期末余额	到期日	是否到期	未到期金额
5	A01	北京太阳	2,000,000.00	2019/9/22	已到期	
6	A02	天津太阳	1,000,000.00	2020/2/5	已到期	
7	A06	武汉星星	500,000.00	2020/3/10	未到期	500,000.00
8	A05	青岛星星	1,000,000.00	2020/7/13	未到期	1,000,000.00
9	A01	北京太阳	768,000.00	2020/5/25	未到期	768,000.00
10	A07	深圳星星	1,000,000.00	2020/9/20	未到期	1,000,000.00
11	A02	天津太阳	890,000.00	2020/7/6	未到期	890,000.00
12	A02	天津太阳	58,000.00	2020/4/28	未到期	58,000.00
13	A05	青岛星星	1,028,000.00	2020/1/25	已到期	
14	A07	深圳星星	100,000.00	2020/8/1	未到期	100,000.00
15	A11	重庆彩虹	400,000.00	2020/5/30	未到期	400,000.00
16	A01	北京太阳	55,000.00	2020/3/18	未到期	55,000.00
17	A03	上海太阳	50,000.00	2020/2/15	未到期	50,000.00
18	A02	天津太阳	1,600,000.00	2020/10/15	未到期	1,600,000.00
19	A01	北京太阳	2,000,000.00	2019/11/12	已到期	
20	A03	上海太阳	2,500,000.00	2020/2/15	未到期	2,500,000.00
21	A10	成都彩虹	2,000,000.00	2020/4/1	未到期	2,000,000.00
22	A12	昆明彩虹	685,400.00	2020/9/3	未到期	685,400.00
23	合计		17,634,400.00			11,606,400.00

图 4-5

5. 计算逾期账龄及逾期金额

计算逾期账龄的基本思路是：判断该项应收账款是否已经逾期，如果已经逾期，则显示计算出的逾期时间，否则不显示。判断是否逾期可以使用IF函数，逾期时间的计算可以使用DAYS360函数。DAYS360函数是按照一年360天的算法返回两个给定日期的相差天数，其语法为DAYS360(start_date,end_date,[method])。计算逾期金额可以使用IF与DAYS360嵌套函数来实现，逾期金额可用期末余额表示。操作步骤如下。

第一步，选中 K5 单元格，输入“=IF(H5<=$H$2,DAYS360(H5,$H$2),"")”，按“Enter”键确认，并使用填充柄填充 K6 至 K22 单元格。

第二步，在第 24 行加入“占比”项目，用来计算未到期金额和逾期金额分别占期末余额的比例，选中 J23 单元格，输入“=SUM(J5:J22)”，按“Enter”键确认，选中 J24 单元格，输入“=J23/$G$23”，按“Enter”键确认，逾期金额的占比计算方法与未到期金额的占比计算方法相同。应收账款统计表结果如图 4-6 所示。

应收账款统计表											
填制单位：	北京市××××有限责任公司					当前日期：	2020/2/7				
客户代码	客户名称	业务员	应收金额	预收金额	实收金额	期末余额	到期日	是否到期	未到期金额	逾期账龄（天）	逾期金额
A01	北京太阳	刘丽	3,800,000.00	1,000,000.00	800,000.00	2,000,000.00	2019/9/22	已到期		135	2,000,000.00
A02	天津太阳	刘丽	1,000,000.00			1,000,000.00	2020/2/5	已到期		2	1,000,000.00
A06	武汉星星	欧阳倩	550,000.00	50,000.00		500,000.00	2020/3/10	未到期	500,000.00		
A05	青岛星星	欧阳倩	1,000,000.00			1,000,000.00	2020/7/13	未到期	1,000,000.00		
A01	北京太阳	刘丽	768,000.00			768,000.00	2020/5/25	未到期	768,000.00		
A07	深圳星星	欧阳倩	2,000,000.00		1,000,000.00	1,000,000.00	2020/9/20	未到期	1,000,000.00		
A02	天津太阳	刘丽	890,000.00			890,000.00	2020/7/6	未到期	890,000.00		
A02	天津太阳	刘丽	158,000.00		100,000.00	58,000.00	2020/4/28	未到期	58,000.00		
A05	青岛星星	欧阳倩	1,228,000.00	200,000.00		1,028,000.00	2020/1/25	已到期		12	1,028,000.00
A07	深圳星星	欧阳倩	100,000.00			100,000.00	2020/8/1	未到期	100,000.00		
A11	重庆彩虹	李亮	500,000.00	100,000.00		400,000.00	2020/5/30	未到期	400,000.00		
A01	北京太阳	刘丽	355,000.00		300,000.00	55,000.00	2020/3/18	未到期	55,000.00		
A03	上海太阳	李亮	550,000.00		500,000.00	50,000.00	2020/2/15	未到期	50,000.00		
A02	天津太阳	刘丽	1,600,000.00			1,600,000.00	2020/10/15	未到期	1,600,000.00		
A01	北京太阳	刘丽	2,000,000.00			2,000,000.00	2019/11/12	已到期		85	2,000,000.00
A03	上海太阳	李亮	5,000,000.00	500,000.00	2,000,000.00	2,500,000.00	2020/2/15	未到期	2,500,000.00		
A10	成都彩虹	李亮	2,000,000.00			2,000,000.00	2020/4/1	未到期	2,000,000.00		
A12	昆明彩虹	李亮	1,685,400.00		1,000,000.00	685,400.00	2020/9/3	未到期	685,400.00		
合计			25,184,400.00	1,850,000.00	5,700,000.00	17,634,400.00			11,606,400.00		6,028,000.00
占比									65.82%		34.18%

图 4-6

本部分的动图操作过程，请扫描二维码。

计算逾期账龄及逾期金额动图演示

4.1.2　创建账龄分析表

账龄分析是按应收账款拖欠时间的长短，分析判断可收回金额可能性的一种方法。操作思路是将应收账款按账龄长短分成若干组，并按组估计坏账损失的可能性，进而计算坏账损失的金额。账龄分析表确定逾期账款的逾期账龄长短，并记录相应的逾期金额。账龄分析表主要包括账龄时间区间、逾期金额及金额占比。本书示例将应收账款账龄分为四组：1 个月内、1～2 个月、2～3 个月、超过 3 个月。企业可根据实际情况，设计和编制账龄分析表。

为方便查看，将应收账款统计表第 B 至 F 列暂时隐藏，创建账龄分析表，如图 4-7 所示。

应收账款统计表							账龄分析表			
填制单位：				当前日期：	2020/2/7					
客户代码	期末余额	到期日	是否到期	未到期金额	逾期账龄（天）	逾期金额	账龄分析			
							1个月内	1-2个月	2-3月	超过3个月
A01	2,000,000.00	2019/9/22	已到期		135	2,000,000.00				
A02	1,000,000.00	2020/2/5	已到期		2	1,000,000.00				
A06	500,000.00	2020/3/10	未到期	500,000.00						
A05	1,000,000.00	2020/7/13	未到期	1,000,000.00						
A01	768,000.00	2020/5/25	未到期	768,000.00						
A07	1,000,000.00	2020/9/20	未到期	1,000,000.00						
A02	890,000.00	2020/7/6	未到期	890,000.00						
A02	58,000.00	2020/4/28	未到期	58,000.00						
A05	1,028,000.00	2019/12/25	已到期		42	1,028,000.00				
A07	100,000.00	2020/8/1	未到期	100,000.00						
A11	400,000.00	2020/5/30	未到期	400,000.00						
A01	55,000.00	2020/3/18	未到期	55,000.00						
A03	50,000.00	2020/2/15	未到期	50,000.00						
A02	1,600,000.00	2020/10/15	未到期	1,600,000.00						
A01	2,000,000.00	2019/11/12	已到期		85	2,000,000.00				
A03	2,500,000.00	2020/2/15	未到期	2,500,000.00						
A10	2,000,000.00	2020/4/1	未到期	2,000,000.00						
A12	685,400.00	2020/9/3	未到期	685,400.00						
合计	17,634,400.00			11,606,400.00		6,028,000.00				
占比				65.82%		34.18%				

图 4-7

账龄分析是对账龄时间长短的判断。本章以 1 个月内的账龄分析为例，使用 IF 函数，操作思路是：如果应收账款到期日小于等于当前日期（逾期），且逾期账龄小于等于 30 天，则显示期末余额，否则不显示。

其中，“应收账款到期日小于等于当前日期，且逾期账龄小于等于 30 天”的表达可以使用 AND 函数。AND 函数的功能是，当给定参数均为真时返回 TRUE，否则返回 FALSE，其语法为 AND(logical1,[logical2],…)，具体操作步骤如下：

第一步，选中 M5 单元格，输入“=IF(AND(H5<=$K$2,K5<=30),G5,"")”，按“Enter”键确认，使用填充柄填充 M6 至 M22 单元格；

第二步，在“合计”项使用 SUM 函数完成求和，即选中 M23 单元格，输入“=SUM(M5:M22)”；

第三步，完成“占比”项的输入，即选中 M24 单元格，输入“=M23/$G$23”。

1～2 个月、2～3 个月和超过 3 个月的账龄分析方法与上述方法相似，主要不同在于判断逾期账龄的天数，在此不再赘述。账龄分析表如图 4-8 所示。

应收账款统计表 / 账龄分析表

填制单位：　当前日期：2020/2/7

客户代码	期末余额	到期日	是否到期	未到期金额	逾期账龄（天）	逾期金额	账龄分析 1个月内	1-2个月	2-3月	超过3个月
A01	2,000,000.00	2019/9/22	已到期		135	2,000,000.00				2,000,000.00
A02	1,000,000.00	2020/2/5	已到期		2	1,000,000.00	1,000,000.00			
A06	500,000.00	2020/3/10	未到期	500,000.00						
A05	1,000,000.00	2020/7/13	未到期	1,000,000.00						
A01	768,000.00	2020/5/25	未到期	768,000.00						
A07	1,000,000.00	2020/9/20	未到期	1,000,000.00						
A02	890,000.00	2020/7/6	未到期	890,000.00						
A02	58,000.00	2020/4/28	未到期	58,000.00						
A05	1,028,000.00	2019/12/25	已到期		42	1,028,000.00		1,028,000.00		
A07	100,000.00	2020/8/1	未到期	100,000.00						
A11	400,000.00	2020/5/30	未到期	400,000.00						
A01	55,000.00	2020/3/19	未到期	55,000.00						
A03	50,000.00	2020/2/15	未到期	50,000.00						
A02	1,600,000.00	2020/10/15	未到期	1,600,000.00						
A01	2,000,000.00	2019/11/12	已到期		85	2,000,000.00			2,000,000.00	
A03	2,500,000.00	2020/2/15	未到期	2,500,000.00						
A10	2,000,000.00	2020/4/1	未到期	2,000,000.00						
A12	685,400.00	2020/9/3	未到期	685,400.00						
合计	17,634,400.00			11,606,400.00		6,028,000.00	1,000,000.00	1,028,000.00	2,000,000.00	2,000,000.00
占比				65.82%		34.18%	5.67%	5.83%	11.34%	11.34%

图 4-8

本部分的动图操作过程，请扫描二维码。

创建账龄分析表
动图演示

4.2 应收账款对账单

发送应收账款对账单，是企业与客户之间重要的活动之一。对于财务人员而言，准确、快速地完成应收账款对账单的制作，并发送至相应的客户邮箱中，是一项既要求准确率、又要求效率的工作。Excel 不仅能够快速完成对账单的制作，还能够准确发送邮件，是财务人员必须掌握的工具之一。

4.2.1 创建应收账款对账单

应收账款对账单是在数据透视表的基础上创建的。

首先，以应收账款统计表为基础数据构建数据透视表，并将数据透视表放置在新工作表中，重命名该工作表为“对账单”，如图 4－9 所示。

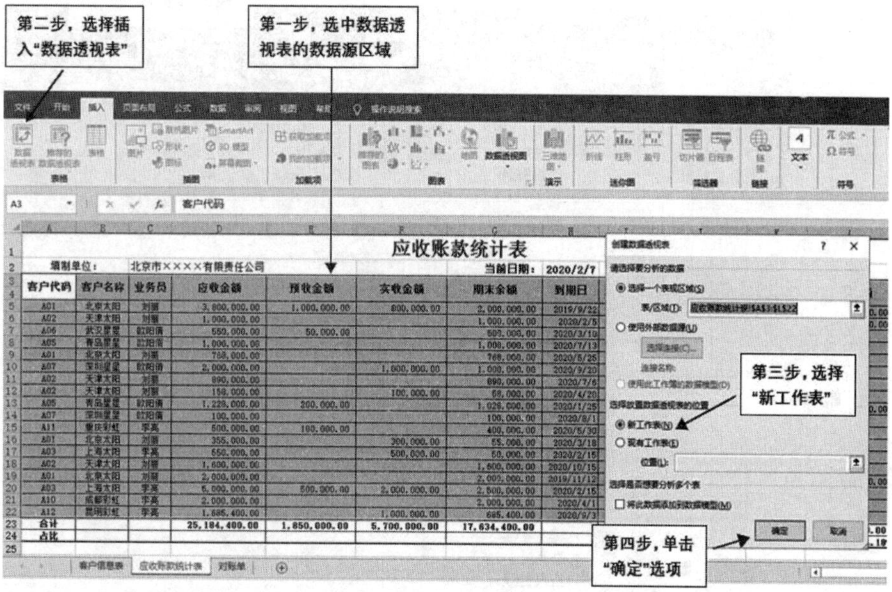

图 4－9

其次，设置数据透视表行字段。将“客户名称”字段放入“筛选”区域，将“客户代码”“到期日”“业务员”“是否到期”四个字段放入“行”区域，如图 4－10 所示。若系统自动生成“年”“季”“月”字段，可以在数据透视表区域单击鼠标右键，选择“取消组合”。

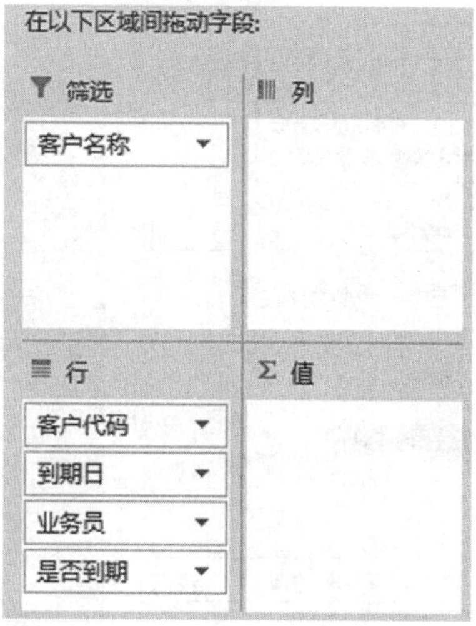

图 4－10

再次，设置数据透视表∑值。(1) 将“应收金额”字段放入“∑值”区域；(2) 添加“已收金额”字段，计算公式为“＝预收金额＋实收金额”，如图 4－11 所示，放入“∑值”区域；(3) 将“期末余额”字段放入“∑值”区域，重命名为“求和项：账款余额”，如图 4－12 所示。

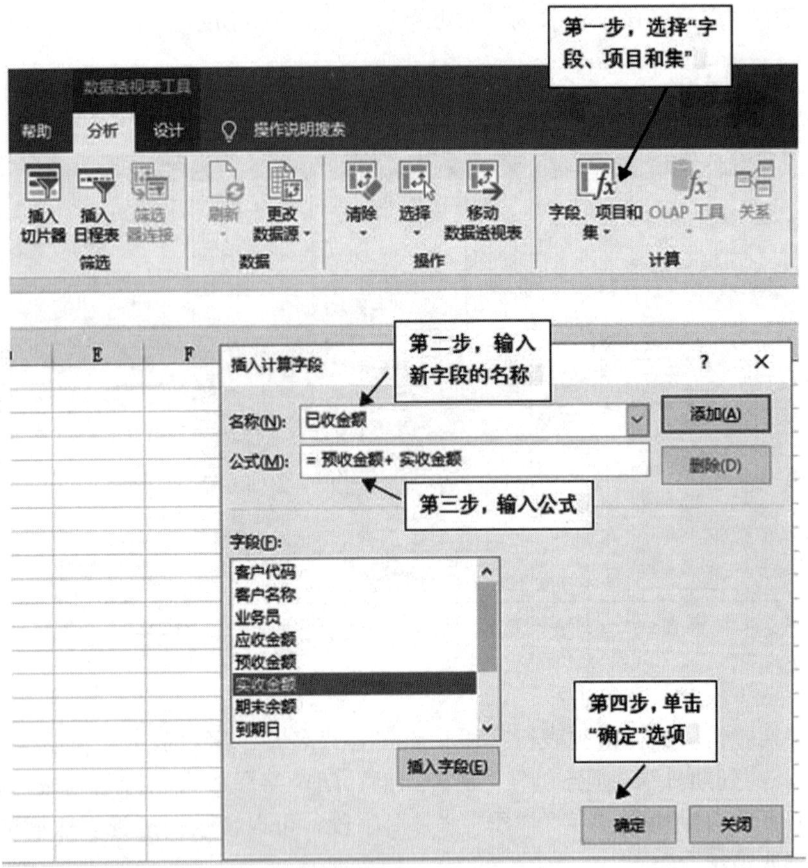
第一步，选择“字段、项目和集”
第二步，输入新字段的名称
第三步，输入公式
第四步，单击“确定”选项

图 4－11

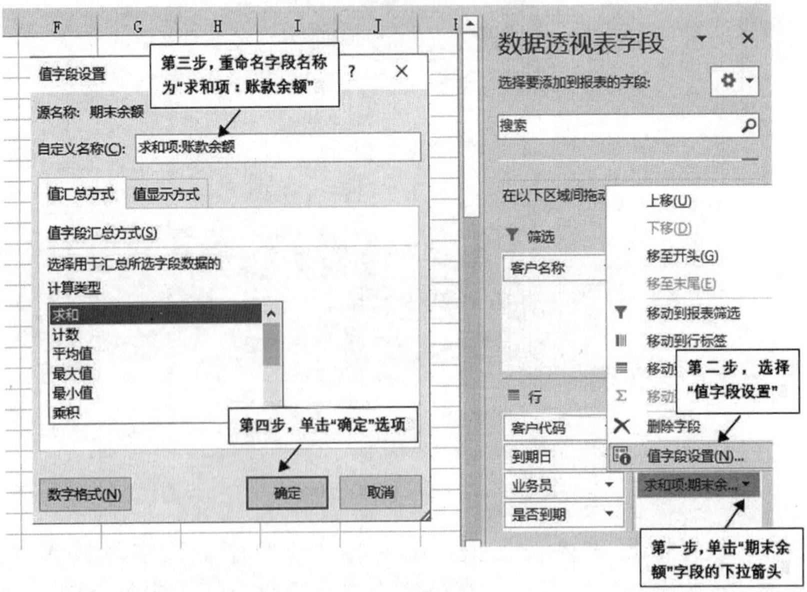
第三步，重命名字段名称为“求和项：账款余额”
第四步，单击“确定”选项
第二步，选择“值字段设置”
第一步，单击“期末余额”字段的下拉箭头

图 4－12

接着，设计数据透视表的布局。在“设计”选项卡下“布局”组中，在“分类汇总”功能下选择“不显示分类汇总”选项，在“报表布局”功能下选择“以表格形式显示”选项，如图 4-13 所示。

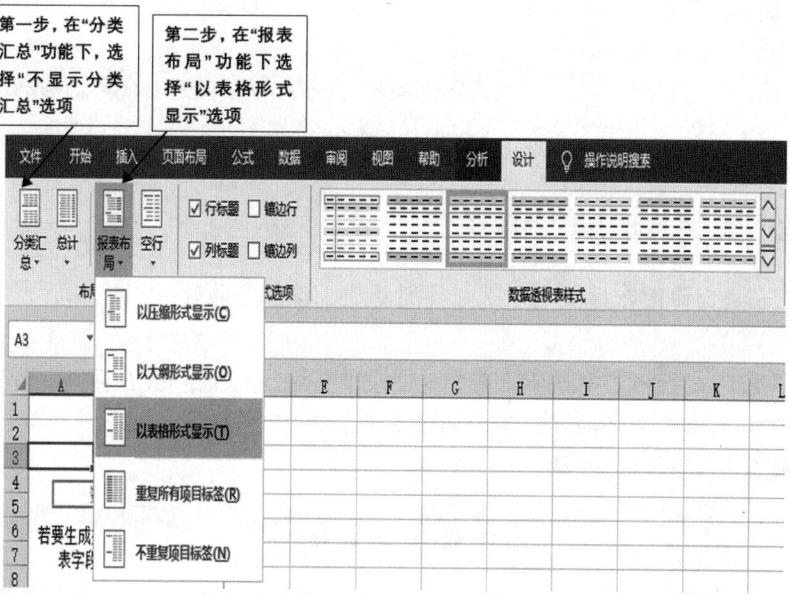

图 4-13

最后，在数据透视表前加入应收账款对账单的表头及日期，调整单元格格式，显示结果如图 4-14 所示。

	A	B	C	D	E	F	G
1			应 收 账 款 对 账 单				
2	客户名称	(全部)				日期：	2020/2/7
3							
4					值		
5	客户代码	到期日	业务员	是否到期	求和项：应收金额	求和项：已收金额	求和项：账款余额
6	⊟A01	⊞2020/5/25			768,000.00	-	768,000.00
7		⊟2020/6/18	⊟刘丽	已到期	355,000.00	300,000.00	55,000.00
8		⊟2019/9/22	⊟刘丽	已到期	3,800,000.00	1,800,000.00	2,000,000.00
9		⊟2019/11/12	⊟刘丽	未到期	2,000,000.00	-	2,000,000.00
10	⊟A02	⊟2020/8/28	⊟刘丽	已到期	158,000.00	100,000.00	58,000.00
11		⊟2020/9/6	⊟刘丽	未到期	890,000.00	-	890,000.00
12		⊞2020/9/15			1,000,000.00	-	1,000,000.00
13		⊟2020/10/15	⊟刘丽	未到期	1,600,000.00	-	1,600,000.00
14	⊟A03	⊟2020/2/15	⊟李亮	已到期	550,000.00	500,000.00	50,000.00
15		⊟2020/10/15	⊟李亮	未到期	5,000,000.00	2,500,000.00	2,500,000.00
16	⊟A05	⊟2020/7/13	⊟欧阳倩	已到期	1,000,000.00	-	1,000,000.00
17		⊟2020/9/30	⊟欧阳倩	未到期	1,228,000.00	200,000.00	1,028,000.00
18	⊟A06	⊟2020/5/10	⊟欧阳倩	已到期	550,000.00	50,000.00	500,000.00
19	⊟A07	⊟2020/8/1	⊟欧阳倩	已到期	100,000.00	-	100,000.00
20		⊟2020/9/20	⊟欧阳倩	未到期	2,000,000.00	1,000,000.00	1,000,000.00
21	⊟A10	⊟2020/11/1	⊟李亮	未到期	2,000,000.00	-	2,000,000.00
22	⊟A11	⊟2020/10/30	⊟李亮	未到期	500,000.00	100,000.00	400,000.00
23	⊟A12	⊟2020/9/3	⊟李亮	已到期	1,685,400.00	1,000,000.00	685,400.00
24	⊟(空白)	⊟(空白)	⊟(空白)	(空白)			
25	总计				25,184,400.00	7,550,000.00	17,634,400.00

图 4-14

此时，可以看到筛选项“客户名称”右方有下拉箭头，通过单击下拉箭头可以选择查看指定企业的应收账款对账单。以北京太阳为例，选择“北京太阳”选项后，数据透视表筛选出针对客户北京太阳的应收账款对账单，如图 4-15 所示。

	A	B	C	D	E	F	G
1	应 收 账 款 对 账 单						
2	客户名称	北京太阳				日期：	2020/2/7
3							
4					值		
5	客户代码	到期日	业务员	是否到期	求和项:应收金额	求和项:已收金额	求和项:账款余额
6	A01	2020/5/25			768,000.00	-	768,000.00
7		2020/6/18	刘丽	已到期	355,000.00	300,000.00	55,000.00
8		2019/9/22	刘丽	已到期	3,800,000.00	1,800,000.00	2,000,000.00
9		2019/11/12	刘丽	未到期	2,000,000.00	-	2,000,000.00
10	总计				6,923,000.00	2,100,000.00	4,823,000.00

图 4-15

4.2.2 发送应收账款对账单

Excel为使用者提供了发送邮件的功能，创建应收账款对账单后，能够给相应客户发送对账单。

首先应完善将要发送给客户的应收账款对账单邮件的内容，主要包括请对方公司核对相关款项的文字描述、本公司的联系方式和签章等，如图 4-16 所示。具体内容可根据公司实际情况改动。

	A	B	C	D	E	F	G
1	应 收 账 款 对 账 单						
2	客户名称	北京太阳				日期：	2020/2/7
3							
4					值		
5	客户代码	到期日	业务员	是否到期	求和项:应收金额	求和项:已收金额	求和项:账款余额
6	A01	2020/5/25	刘丽	已到期	768,000.00	-	768,000.00
7		2020/6/18	刘丽	已到期	355,000.00	300,000.00	55,000.00
8		2019/9/22	刘丽	已到期	3,800,000.00	1,800,000.00	2,000,000.00
9		2020/11/12	刘丽	未到期	2,000,000.00	-	2,000,000.00
10	总计				6,923,000.00	2,100,000.00	4,823,000.00
11							
12	尊敬的客户：						
13	以上为截至上月末我公司对贵公司应收账款对账单，请仔细核对具体项目。如有问题，请于7日内与我公司联系。 联系电话：010-12345678；　　联系人：张明。非常感谢！						
14							
15	顺颂						
16	商祺！						
17							
18							
19						北京市××××有限责任公司	
20							
21						2020年2月7日	
22							
23							
24							
25							
26							
27							
28							

图 4-16

发送应收账款对账单，可以在工具栏中找到“邮件收件人”，单击发送。若现有工具栏中没有相应功能，可以通过自定义功能区添加相应功能。操作步骤如下：单击菜单栏中“文件”，单击“选项”，在“Excel选项”中选择“自定义功能区”，在“不在功能区中的命令”中找到“发送至邮件收件人”，并将其添加至“开始”选项卡中，如图 4-17 所示。

发送邮件，即单击“邮件收件人”功能，选择“以邮件正文形式发送当前工作表”，单击“确定”选项即可，如图 4-18 所示。若没有添加电子邮件账户，可根据系统提示创建电子邮件账户。

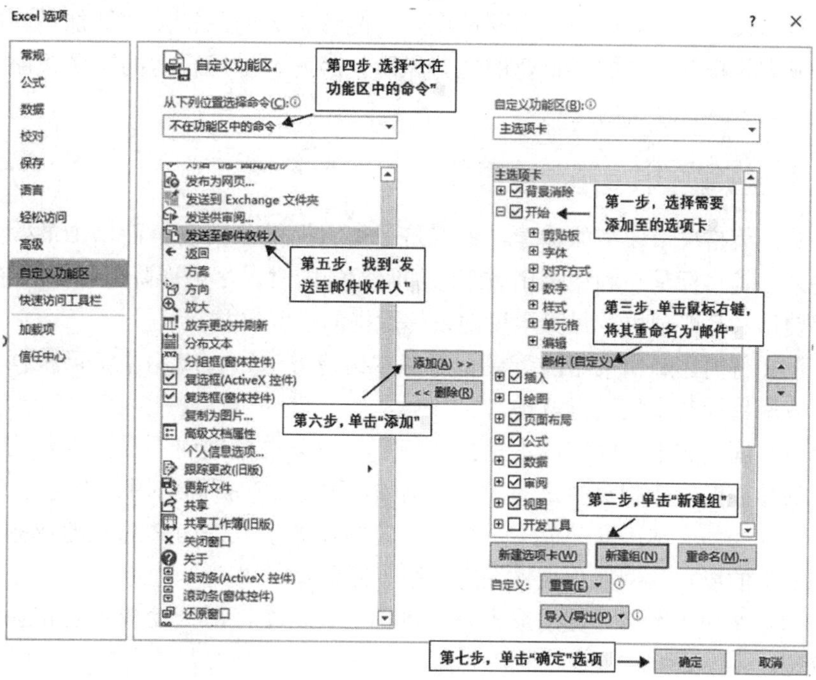

图 4 - 17

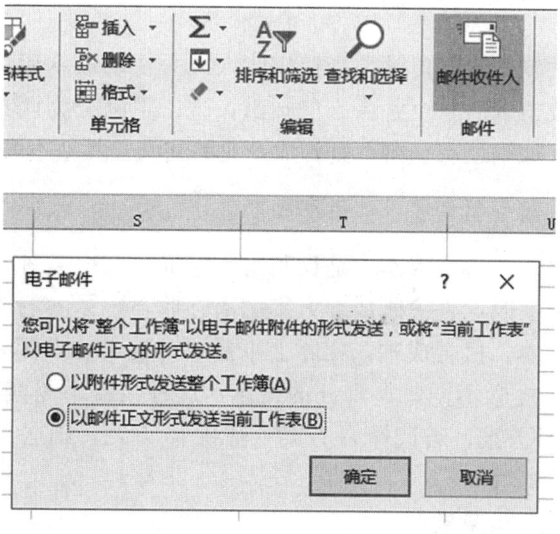

图 4 - 18

本部分的动图操作过程，请扫描二维码。

发送应收账款对账单动图演示

4.3　赊销策略决策分析表

在当代商业活动中，商品、劳务的赊销已经成为常态。尽管多数企业更希望采用现销模式，但随着市场竞争的加剧，许多企业提供赊销方案以稳定销售渠道。采用赊销模式，能够扩大商品销路、增加销售收入，但同时也形成应收账款，增加了企业的经营风险。因此，采用合适的赊销策略、及时收回账款是应收账款管理中的重点。

4.3.1 构建赊销策略决策模型

赊销策略决策模型的构建，重点是平衡因提供赊销政策而增加的收入与成本之间的关系，其目标是在利用赊销政策增加收益的同时，尽可能降低赊销投资的机会成本、管理费用和坏账损失，最大限度地发挥赊销的投资效益。

下文将简述赊销策略决策模型的基本构建方法，在应用中，可根据企业的实际情况和战略目标对模型进行调整。

（1）固定成本。固定成本是指在特定的业务量范围内不受业务量变动影响，一定期间的总额能保持相对稳定的成本。例如，固定资产折旧费用、固定月工资等。

（2）变动成本。变动成本是指在特定的业务量范围内其总额随业务量变动而成正比例变动的成本。例如，直接人工、销售佣金等。

（3）变动成本率。变动成本率，也称为补偿率，即变动成本在销售收入中所占的百分比。

$$\text{变动成本率}=\frac{\text{变动成本}}{\text{销售收入}}\times 100\%$$

（4）边际贡献。边际贡献是指销售收入减去变动成本后的差额，它是企业的产品扣除自身变动成本以后给企业带来的贡献，这一贡献分为两部分，一部分用于收回企业的固定成本，如果还有剩余，则构成企业的利润。其基本表达式为：

边际贡献＝销售收入－变动成本

（5）机会成本。机会成本，是指利用一定资源获得某种收入时所放弃的另一种收入。在实行本方案时，失去所放弃方案的潜在收益，是实行本方案的一种代价，称为本方案的机会成本。机会成本，实际上不是一种支出和费用，而是失去的收益，与通常意义上的成本概念不同，是辩证的概念，这种收益不是实际的而是潜在的。例如，现有 A 和 B 两种方案，若选择 A 方案可获利 10 万元，则这 10 万元的潜在收益就是选择 B 方案的机会成本。

（6）赊销策略决策模型。

$$\begin{matrix}\text{企业因提供赊销政策} \\ \text{产生的净损益}\end{matrix}=\begin{matrix}\text{边际} \\ \text{贡献}\end{matrix}-\begin{matrix}\text{机会} \\ \text{成本}\end{matrix}-\begin{matrix}\text{应收账款} \\ \text{管理费用}\end{matrix}-\begin{matrix}\text{固定} \\ \text{成本}\end{matrix}-\begin{matrix}\text{坏账} \\ \text{损失}\end{matrix}-\begin{matrix}\text{应交} \\ \text{所得税}\end{matrix}$$

式中，

边际贡献＝赊销收入净额－变动成本

＝(赊销销售收入－现金折扣)(1－变动成本率)

在赊销策略决策模型中，机会成本即企业为完成某一项赊销活动，在平均收账期内放弃的再投资期望收益。

$$\text{机会成本}=\frac{\text{边际贡献}\div 360\times\text{平均收账期}}{1+\text{增值税税率}}\times\text{变动成本率}\times\text{再投资期望收益率}$$

坏账损失＝赊销销售收入×坏账损失率

应交所得税＝(边际贡献－管理费用－固定成本－坏账损失)×所得税税率

4.3.2　创建赊销策略决策分析表

根据赊销策略决策模型，利用 Excel 软件能够直观了解不同赊销方案对净损益的影响。本书进一步讲解应用 Excel 的控件功能，实现赊销策略决策分析模型的动态调节。

首次使用 Excel 的控件功能，需要添加“开发工具”选项卡。具体操作步骤如下：

第一步，单击“文件”选项，选择“选项”；

第二步，单击“自定义功能区”，并在右侧的“自定义功能区”中选择“主选项卡”；

第三步，勾选“开发工具”选项卡，并单击“确定”选项，如图 4-19 所示。

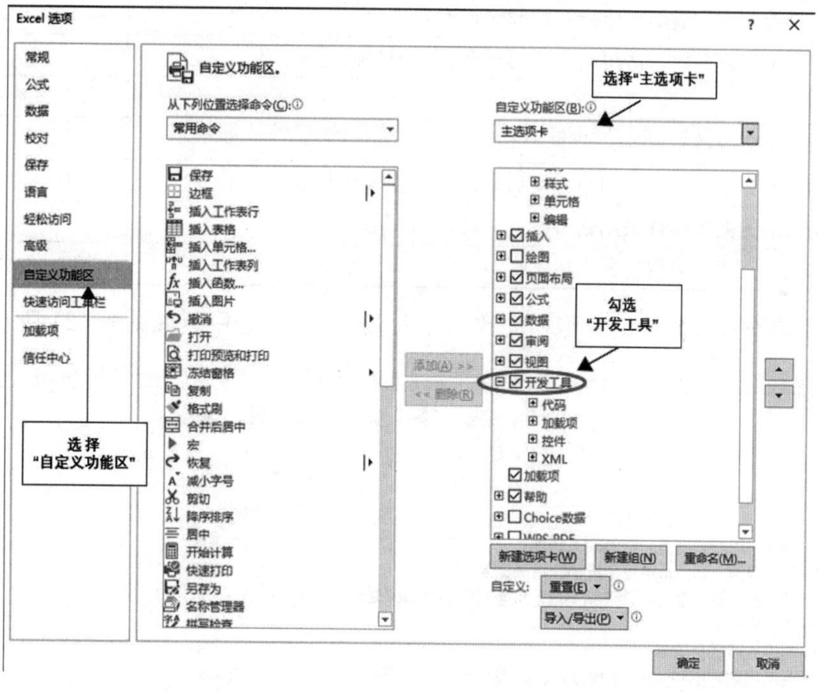

图 4-19

此时，在 Excel 界面中，出现“开发工具”选项卡，如图 4-20 所示。通过插入控件，能够实现表格的动态控制。

图 4-20

添加“开发工具”选项卡
动图演示

本部分的动图操作过程，请扫描二维码。

利用 Excel 的控件功能能够控制指定单元格，控件包括表单控件和 ActiveX 控件。两种控件大部分功能是相同的，比如都可以录制宏，但表单控件能够关联单元格，通过操作控件就可以修改单元格的值，而 ActiveX 控件不能关联单元格。因此，本书以介绍表单控件为主。

【例 4-1】假设某公司目前赊销方案为 15 日内付款可享受 1%的现金折扣，15～30 日内付款不享受现金折扣，即（1/15，n/30），在此方案下，赊销销售收入为 25 000 000 元。拟通过 Excel 制作赊销策略决策分析表。要求：（1）通过设置控件，改变新方案的现金折扣方案，并得到新方案的净损益；（2）判断是否应采用新赊销方案。目前方案与新方案的其他相关数据如表 4-1 所示。

表 4-1 目前方案与新方案的其他相关数据

预计采用新方案后，赊销收入增加：	30%	
采用目前方案，适用现金折扣的赊销比率：	60%	
预计采用新方案后，适用高、低档现金折扣的赊销比率：	50%	30%
变动成本率：	65%	
再投资期望收益率：	8%	
采用目前方案和预计采用新方案后，应收账款管理费用：	50 000 元	100 000 元
采用目前方案和预计采用新方案后，坏账损失率：	5%	10%
固定成本（假设采用新方案后不变）：	3 000 000 元	

【操作方法】首先，将相关数据导入 Excel 工作表中，如图 4-21 所示。

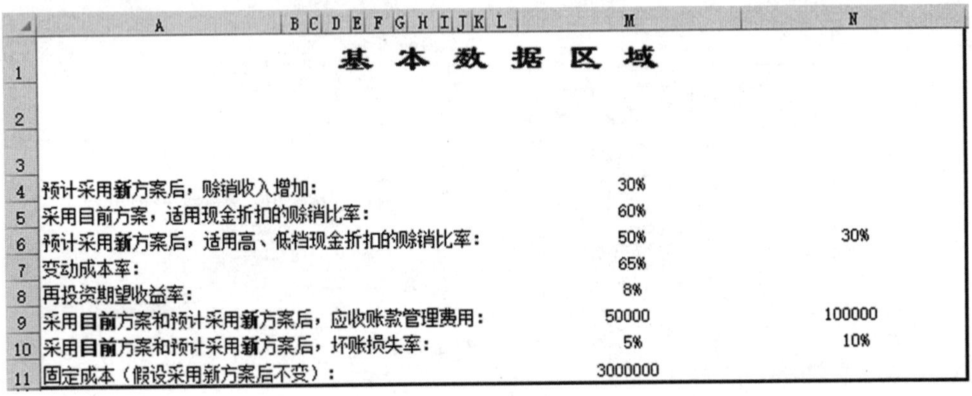

	A	M	N
1	基 本 数 据 区 域		
2			
3			
4	预计采用新方案后，赊销收入增加：	30%	
5	采用目前方案，适用现金折扣的赊销比率：	60%	
6	预计采用新方案后，适用高、低档现金折扣的赊销比率：	50%	30%
7	变动成本率：	65%	
8	再投资期望收益率：	8%	
9	采用目前方案和预计采用新方案后，应收账款管理费用：	50000	100000
10	采用目前方案和预计采用新方案后，坏账损失率：	5%	10%
11	固定成本（假设采用新方案后不变）：	3000000	

图 4-21

其次，利用表单控件设置可变动的新方案现金折扣策略值。单击“开发工具”选项卡下“控件”组中“插入”选项；选择“表单控件下”的“数值调节钮”，并添加到如图 4-22 所示的位置。

再次，设置数值调节钮控件控制相应单元格数值。选择第一个数值调节钮，单击鼠标右键，选择“设置控件格式”，在“设置控件格式”对话框中，选择“控制”选项，输入最小值为 0，最大值为 100，步长为 1，单元格链接为 B3 单元格，如图 4-23 所示。

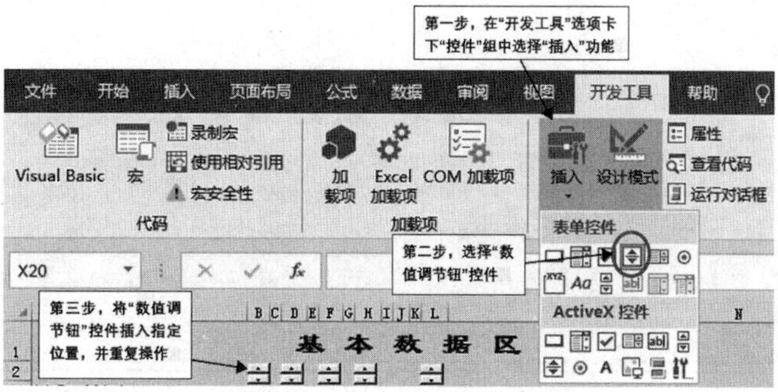

图 4－22

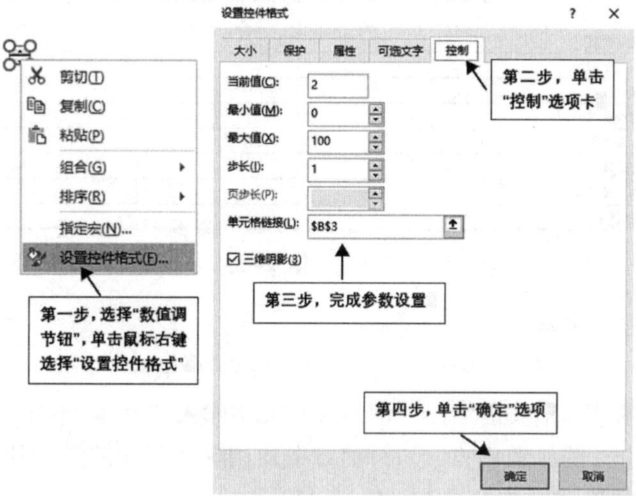

图 4－23

重复上述操作完成另外四个数值调节钮，分别控制 D3、F3、H3 和 L3 单元格，完善基本数据区域内的数据。尝试单击数值调节钮控件，使新方案的现金折扣策略为(2/10，1/30，n/60)，如图 4－24 所示。

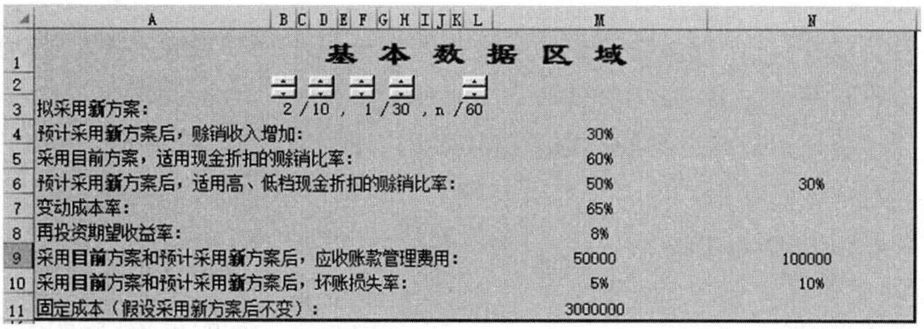

	A	B–L	M	N
1	基本数据区域			
2				
3	拟采用新方案:	2 / 10 ， 1 / 30 ， n / 60		
4	预计采用新方案后，赊销收入增加:		30%	
5	采用目前方案，适用现金折扣的赊销比率:		60%	
6	预计采用新方案后，适用高、低档现金折扣的赊销比率:		50%	30%
7	变动成本率:		65%	
8	再投资期望收益率:		8%	
9	采用目前方案和预计采用新方案后，应收账款管理费用:		50000	100000
10	采用目前方案和预计采用新方案后，坏账损失率:		5%	10%
11	固定成本（假设采用新方案后不变）:		3000000	

图 4－24

通过上述操作步骤，可以实现单击数值调节钮，动态调节新方案的现金折扣策略。接下来，通过单元格之间的公式链接，可以实现单击数值调节钮，改变新方案的现金折扣策略，直接得到新方案的净损益。

接着，构建赊销策略决策分析表。根据赊销策略决策模型，构建赊销策略决策分析表，如图 4-25 所示。

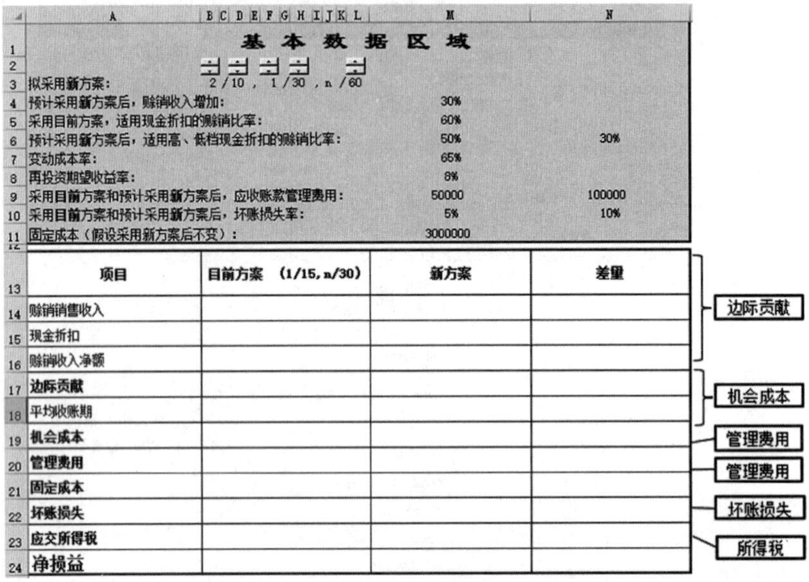

图 4-25

最后，输入数据。

目前方案栏目下，各数值为当前赊销策略下的数据：

赊销销售收入前文已给出，即 B14 单元格输入“=25,000,000”；

现金折扣=赊销销售收入×目前方案适用现金折扣的赊销比率×目前方案的现金折扣，即 B15 单元格输入“=B14 * $M$5 * 1%”；

赊销收入净额=赊销销售收入-现金折扣，即 B16 单元格输入“=B14-B15”；

边际贡献=赊销收入净额×(1-变动成本率)，即 B17 单元格输入“=B16 * (1-M7)”；

平均收账期=给予折扣期限×目前方案适用现金折扣的赊销比率+目前方案最长还款期限×(1-目前方案适用现金折扣的赊销比率)，即 B18 单元格输入“=15 * $M$5+30 * (1-$M$5)”；

机会成本=边际贡献÷360×平均收账期÷(1+增值税税率)×变动成本率×再投资期望收益率，即 B19 单元格输入“=((B17/360) * B18/1.13) * M7 * $M$8”；

管理费用=目前方案应收账款管理费用，即 B20 单元格输入“=M9”；

固定成本已给出，即 B21 单元格输入“=M11”；

坏账损失=赊销销售收入×目前方案的坏账损失率，即 B22 单元格输入“=B14 * $M$10”；

应交所得税=(边际贡献-管理费用-固定成本-坏账损失)×所得税税率，即 B23 单元格输入“=(B17-B20-B21-B22) * 25%”；

净损益=边际贡献-(机会成本+管理费用+固定成本+坏账损失+应交所得税)，即 B24 单元格输入“=B17-SUM(B19:B23)”。

新方案栏目下，各数值为采用新赊销策略后的数据：

赊销销售收入=原赊销销售收入×(1+预计采用新方案后赊销收入增长率)，即

M14 单元格输入“=B14 * (1+M4)”；

现金折扣=赊销销售收入×(新方案适用高档现金折扣的赊销比率×新方案高档现金折扣率+新方案适用低档现金折扣的赊销比率×新方案低档现金折扣率)，即 M15 单元格输入“=M14 * ($M$6 * $B$3/100+$N$6 * $F$3/100)”；

赊销收入净额=赊销销售收入-现金折扣，即 M16 单元格输入“=M14-M15”；

边际贡献=赊销收入净额×(1-变动成本率)，即 M17 单元格输入“=M16 * (1-M7)”；

平均收账期=新方案高档折扣期限×新方案适用高档现金折扣的赊销比率+新方案低档折扣期限×新方案适用低档现金折扣的赊销比率+新方案最长还款期限×新方案不适用现金折扣的赊销比率，即 M18 单元格输入“=$D$3 * $M$6+$H$3 * $N$6+$L$3 * (1-$M$6-$N$6)”；

机会成本=边际贡献÷360×平均收账期÷(1+增值税税率)×变动成本率×再投资期望收益率，即 M19 单元格输入“=((M17/360) * M18/1.13) * M7 * $M$8”；

管理费用=新方案应收账款管理费用，即 M20 单元格输入“=N9”；

固定成本已给出，即 M21 单元格输入“=M11”；

坏账损失=赊销销售收入×新方案的坏账损失率，即 M22 单元格输入“=M14 * $N$10”；

应交所得税=(边际贡献-管理费用-固定成本-坏账损失)×所得税税率，即 M23 单元格输入“=(M17-M20-M21-M22) * 25%”；

净损益=边际贡献-(机会成本+管理费用+固定成本+坏账损失+应交所得税)，即 M24 单元格输入“=M17-SUM(M19:M23)”。

差量栏目下，各数值为新方案栏目下数据与目前方案栏目下数据的差。

假设新方案现金折扣策略为：10 日内付款则现金折扣为 2%，10～30 日内付款则现金折扣为 1%，30～60 日内付款无现金折扣，即（2/10，1/30，n/60）。此时，赊销策略决策分析表如图 4 - 26 所示。

	A	B C D E F G H I J K L	M	N
1	基本数据区域			
2				
3	拟采用新方案：	2 /10 , 1 /30 , n /60		
4	预计采用新方案后，赊销收入增加：		30%	
5	采用目前方案，适用现金折扣的赊销比率：		60%	
6	预计采用新方案后，适用高、低档现金折扣的赊销比率：		50%	30%
7	变动成本率：		65%	
8	再投资期望收益率：		8%	
9	采用目前方案和预计采用新方案后，应收账款管理费用：		50000	100000
10	采用目前方案和预计采用新方案后，坏账损失率：		5%	10%
11	固定成本（假设采用新方案后不变）：		3000000	
12				
13	项目	目前方案 (1/15, n/30)	新方案	差量
14	赊销销售收入	25,000,000.00	32,500,000.00	7,500,000.00
15	现金折扣	150,000.00	422,500.00	272,500.00
16	赊销收入净额	24,850,000.00	32,077,500.00	7,227,500.00
17	边际贡献	8,697,500.00	11,227,125.00	2,529,625.00
18	平均收账期	21	26	5
19	机会成本	66,706.49	106,609.59	39,903.10
20	管理费用	50,000.00	100,000.00	50,000.00
21	固定成本	3,000,000.00	3,000,000.00	-
22	坏账损失	1,250,000.00	3,250,000.00	2,000,000.00
23	应交所得税	1,099,375.00	1,219,281.25	119,906.25
24	净损益	3,231,418.51	3,551,234.16	319,815.65

图 4 - 26

调整数值调节钮，购销策略决策分析表中的相关数值将随之改变，在实际应用中，其他基本数据可根据企业具体情况更改。

例4-1
动图演示

本例的动图操作过程，请扫描二维码。

基于赊销策略决策分析表中净损益的值，可从财务管理的角度对应收账款赊销策略的新方案与目前方案的取舍进行分析。

4.3.3 创建赊销策略决策分析图

基于工作表选定区域数值建立图表，数据点可以用条形、线条、柱形、切片、点及其他形状表示。通过创建赊销策略决策分析图，可以对纷繁复杂的财务报表分析数据进行整理、精炼，变抽象的数据关系为清晰、直观、形象的图形，通过可视化的方法立体、直观地展示不同赊销方案的损益。

【例4-2】 在例4-1的基础上，制作赊销策略决策分析图。

【操作方法】 第一步，按住“Ctrl”键，并选择B13、M13、B24、M24单元格。

第二步，单击“插入”选项卡下“图表”组中“三维柱形图”，如图4-27所示。

图4-27

第三步，在生成的图表中，选择“图表元素”并加入“图表标题”。

第四步，更改图表标题为“赊销策略决策分析图”，如图4-28所示。

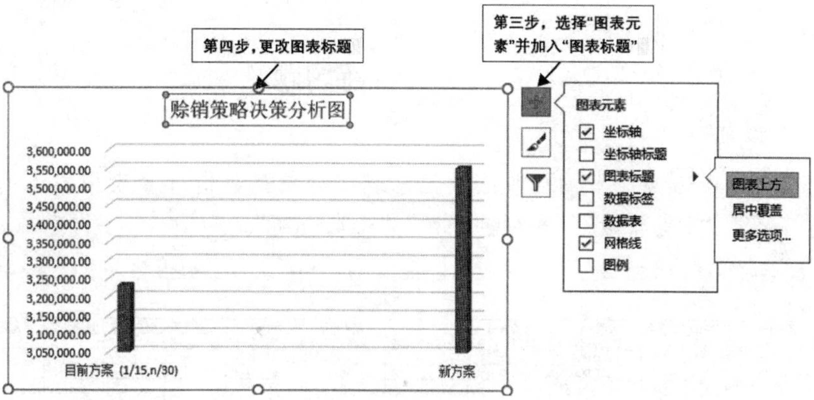

图 4－28

赊销策略决策分析图的数据源是赊销策略决策分析表中的净损益数据，净损益数据受方案设计的影响，改变赊销策略方案，相应的数据也将改变。因此，单击数值调节钮时，赊销策略决策分析表中的相关数据会相应变动，进而影响净损益的值，赊销策略决策分析图也会相应变动。如图 4－29 所示，单击第一个数值调节钮的向上箭头，将新方案调整为（3/10，1/30，n/60），此时赊销策略决策分析表和赊销策略分析图的数值都有相应改变。

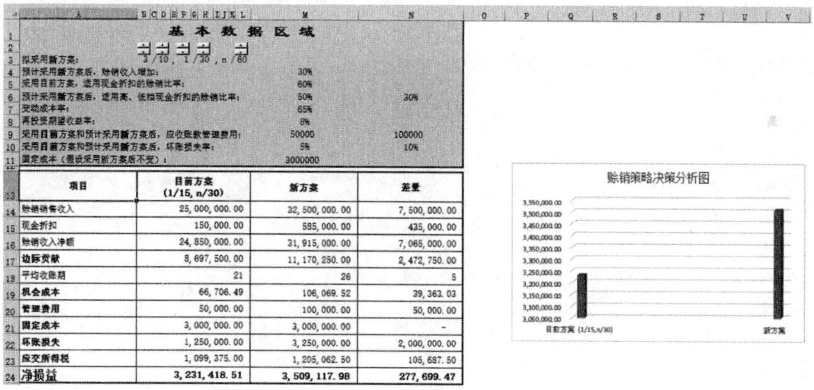

基本数据区域

1	基本数据区域		
3	拟采用新方案：	3/10，1/30，n/60	
4	预计采用新方案后，赊销收入增加：	30%	
5	采用目前方案，适用现金折扣的赊销比率：	60%	
6	预计采用新方案后，适用高、低档现金折扣的赊销比率：	50%	30%
7	变动成本率：	65%	
8	再投资期望收益率：	8%	
9	采用目前方案和预计采用新方案后，应收账款管理费用：	50000	100000
10	采用目前方案和预计采用新方案后，坏账损失率：	5%	10%
11	固定成本（假设采用新方案后不变）：	3000000	

项目	目前方案 (1/15, n/30)	新方案	差量
赊销销售收入	25,000,000.00	32,500,000.00	7,500,000.00
现金折扣	150,000.00	585,000.00	435,000.00
赊销收入净额	24,850,000.00	31,915,000.00	7,065,000.00
边际贡献	8,697,500.00	11,170,250.00	2,472,750.00
平均收账期	21	26	5
机会成本	66,706.49	106,069.52	39,363.03
管理费用	50,000.00	100,000.00	50,000.00
固定成本	3,000,000.00	3,000,000.00	-
坏账损失	1,250,000.00	3,250,000.00	2,000,000.00
应交所得税	1,099,375.00	1,205,062.50	105,687.50
净损益	3,231,418.51	3,509,117.98	277,699.47

图 4－29

本例的动图操作过程，请扫描二维码。

例 4－2
动图演示

通过观察赊销策略决策分析图，可以直观地感受到不同方案所带来的净损益大小，使用者可以据此进行决策分析。

练习题

1. 图 4-30 为企业的应收账款汇总表部分信息，请计算表中右侧的“是否到期”“剩余天数”“逾期天数”“未到期金额”“逾期金额”。

	A	B	C	D	E	F	G	H	I	J	K	L	M
1						应收账款汇总表							
2													单位：元
3	订单编号	客户名称	业务员	应收金额	预收金额	实收金额	期末余额	到期日	是否到期	剩余天数	逾期天数	未到期金额	逾期金额
4	YS-20110419	北京太阳	刘丽	3,800,000.00	1,000,000.00	800,000.00	2,000,000.00	2021/1/10					
5	YS-20120517	天津太阳	刘丽	1,000,000.00			1,000,000.00	2021/2/6					
6	YS-20080421	武汉星星	欧阳倩	550,000.00	50,000.00		500,000.00	2021/1/2					
7	YS-20110322	青岛星星	欧阳倩	1,000,000.00			1,000,000.00	2021/1/15					
8	YS-20100613	北京太阳	刘丽	768,000.00			768,000.00	2020/12/24					
9	YS-20080224	深圳星星	欧阳倩	2,000,000.00		1,000,000.00	1,000,000.00	2021/1/22					
10	YS-20060410	天津太阳	刘丽	890,000.00			890,000.00	2021/1/19					
11	YS-20110522	天津太阳	刘丽	158,000.00		100,000.00	58,000.00	2020/12/13					
12	YS-20050217	青岛星星	欧阳倩	1,228,000.00	200,000.00		1,028,000.00	2020/12/21					
13	YS-20120428	深圳星星	欧阳倩	100,000.00			100,000.00	2021/1/1					
14	YS-20090533	重庆彩虹	李亮	500,000.00	100,000.00		400,000.00	2021/2/8					
15	YS-20120627	北京太阳	刘丽	355,000.00		300,000.00	55,000.00	2021/1/5					
16	YS-20110421	上海太阳	李亮	550,000.00		500,000.00	50,000.00	2020/11/6					
17	YS-20080612	天津太阳	刘丽	1,600,000.00			1,600,000.00	2021/2/14					
18	YS-20120503	北京太阳	刘丽	2,000,000.00			2,000,000.00	2021/1/1					
19	YS-20090134	上海太阳	李亮	5,000,000.00	500,000.00	2,000,000.00	2,500,000.00	2021/1/23					
20	YS-20070429	成都彩虹	李亮	2,000,000.00			2,000,000.00	2021/1/13					
21	YS-20110346	昆明彩虹	李亮	1,685,400.00		1,000,000.00	685,400.00	2021/3/1					
22	合计			25,184,400.00	1,850,000.00	5,700,000.00	17,634,400.00					-	-
23	占比											0%	0%

图 4-30

第 5 章

库存管理

库存管理是企业财务管理的重要组成部分，主要是指与库存物料的计划和控制有关的业务。通过对入库、出库、结存等数据的管理，及时准确地了解各种物资的仓储、流向情况，掌握产品销售业绩，并对存在的问题进行分析，为生产管理和成本核算提供依据。

公司通过库存管理，可以使库存量经常保持在合理的水平上；适时、适量订货，避免超储或缺货；减少库存空间占用，降低库存总费用；控制库存资金占用，加速资金周转，加强企业竞争力。

本章针对 Excel 2019 在库存管理中的应用进行讲解，重点包括：（1）编制商品库存管理表；（2）建立经济订货批量模型。通过对本章的学习，使用者能够了解企业商品库存管理表的构建，并根据经济订货批量模型进行存货成本分析。

5.1 商品库存管理表

5.1.1 编制供应商基本情况表和商品基本信息表

企业进行库存管理的基础是供应商和商品的基本信息，因此首先需要编制供应商基本情况表和商品基本信息表。供应商基本情况表的内容通常包括供应商编码、供应商名称、所属行业、地址、法人代表、联系人、联系方式等。企业可根据自己的实际情况和需要，灵活进行内容的设计和编制，例如加入供应商的税号、开户银行、银行账号等信息。录入人员逐项输入，绘制成表，以备使用，如图 5－1 所示。

	B	C	D	E	F	G	H	I	J
1	供应商基本信息表								
2	供应商名称	供应商简称	所属行业	所属地区	注册地址	联系地址	法人代表	联系人	联系方式
3	北京花花针织品有限责任公司	北京花花	制造业	北京	北京市**街**号	北京市**街**号	张三	李四	1371234567
4	北京天羽纺织有限责任公司	北京天羽	制造业	北京	北京市**街**号	北京市**街**号	王五	赵六	1387654321
5									
6									

图 5－1

企业的商品基本信息表，是对库存商品进行详细的分类和描述，以便对其进行归纳分析的表格，通常包含商品编码、商品名称、供应商简称、商品类别、单位、型号、品牌、重要技术参数等。企业可根据自己的实际情况和需要，灵活编制及录入，如图 5-2 所示。

	A	B	C	D	E	F	G	H	I
1	商品基本信息表								
2	商品编码	商品名称	供应商简称	商品类别	单位	型号	品牌	重要技术参数	备注
3	CB01060301-A	花花纯棉高密斜纹单人被罩	北京花花	被罩	件	ZX34567	花花	****	
4	CB02060301-A	花花纯棉高密斜纹双人被罩	北京花花	被罩	件	ZX34568	花花	****	
5	CT03110302_C	舒美纯棉斜纹活性三件套	北京天羽	套件	套	879906AC	舒美	****	
6	CT04110302_C	舒美纯棉斜纹活性四件套	北京天羽	套件	套	879906AD	舒美	****	

图 5-2

5.1.2 构建采购（入库）统计表

采购（入库）统计表，是详细记录企业采购库存商品情况的表格，通常包含商品采购日期、商品编码、商品名称、供应商简称、商品类别、单位、型号、品牌、采购员信息以及采购商品的数量、单价、金额、发票号码等内容，如图 5-3 所示。该表可以定期制作，如按月制作。

	B	C	D	E	F	G	H	I	J	K	L	M	N
1	采购（入库）统计表												
2	月份	商品编码	商品名称	供应商简称	商品类别	单位	型号	品牌	采购员	采购数量	单价	金额	发票号码
3													
4													
5													
6													
7													
8													
9													

图 5-3

【例 5-1】 在采购（入库）统计表中录入信息。要求：(1) 当涉及供应商基本情况表或商品基本信息表中的内容时，应使用公式或函数等功能直接引用相关信息，避免手工录入。(2) 商品编码项目要进行数据有效性验证。

【操作方法】 第一步，输入采购日期。

第二步，使用 MONTH 函数获得采购月份：在月份栏目下 B3 单元格输入“=MONTH(A3)”，并将光标移至 B3 单元格右下角，待光标变为十字形，使用填充柄向下填充至 B8 单元格。

第三步，利用数据验证功能录入商品编码：①单击 C3 单元格，选择“数据”选项卡下“数据工具”组中的“数据验证”功能。②在“数据验证”对话框中“设置”选项下设置验证条件，数据来源于商品基本信息表中的商品编码栏目，并单击“确定”选项。③将光标移至 C3 单元格右下角，利用填充柄填充至 C8 单元格，此时商品编码栏目下单元格区域右侧有下拉箭头，单击下拉箭头可以选择商品编码。如图 5-4 所示。

第四步，由于商品编码为商品的唯一标识，可以利用 VLOOKUP 函数匹配商品名称、供应商简称、商品类别、单位、型号和品牌信息：①选择商品名称栏目下单元格，即单击 D3 单元格，输入“=VLOOKUP($C3,商品基本信息表! $A$2:$G$6,2,FALSE)”，表示查找与 C3 单元格信息相匹配的内容，查找范围为商品基本信息表中

图 5－4

A2 至 G6 单元格区域中的第一列，找到相应内容后返回第二列，FALSE 代表精确查找。②复制 D3 单元格内输入的公式，分别将其返回列数改为 3、4、5、6、7，并分别粘贴至 E3、F3、G3、H3、I3 单元格。③选中 D3 至 I3 单元格区域，将光标移至 I3 单元格右下角，待光标变为十字形，利用填充柄向下填充至 D4 至 I8 单元格。结果如图 5－5 所示。

注意，为方便数据填充，锁定查找范围时，应采用绝对引用。

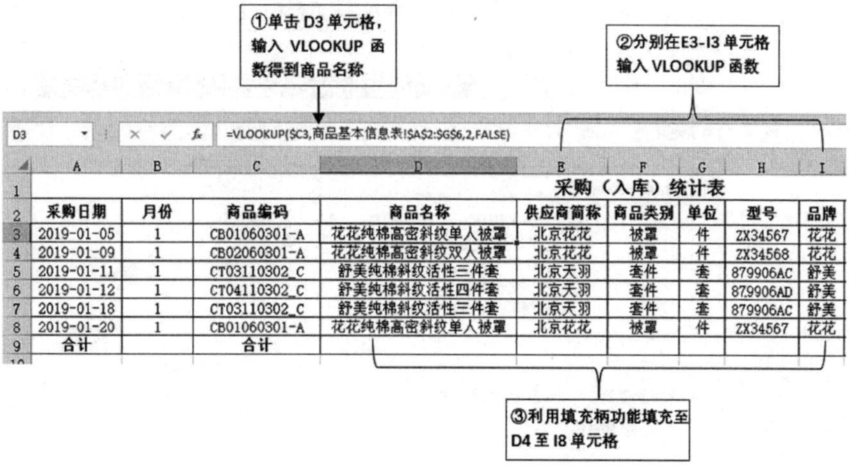

图 5－5

第五步，手工录入采购员、采购数量、单价信息。

第六步，利用公式：金额＝采购数量×单价，得到 M3 单元格信息，并利用填充柄功能填充至 M8 单元格。

第七步，利用 SUM 函数求金额合计数：单击 M9 单元格，输入“＝SUM(M3：M8)”。如图 5－6 所示。

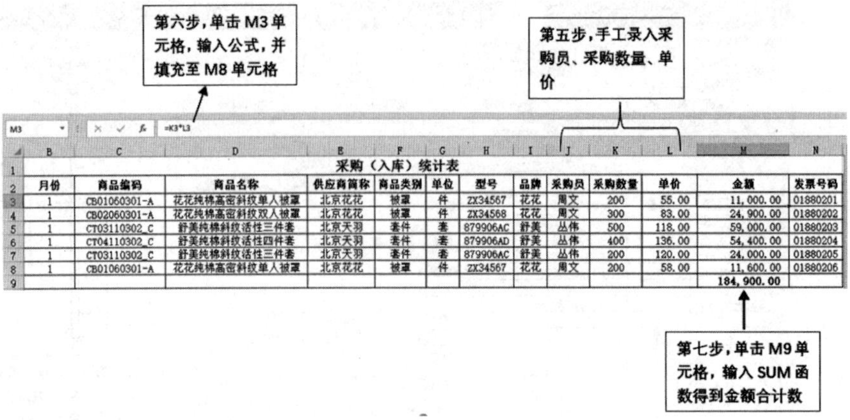

采购（入库）统计表

月份	商品编码	商品名称	供应商简称	商品类别	单位	型号	品牌	采购员	采购数量	单价	金额	发票号码
1	CB01060301-A	花花纯棉高密斜纹单人被罩	北京花花	被罩	件	ZX34567	花花	周文	200	55.00	11,000.00	01880201
1	CB02060301-A	花花纯棉高密斜纹双人被罩	北京花花	被罩	件	ZX34568	花花	周文	300	83.00	24,900.00	01880202
1	CT03110302_C	舒美纯棉斜纹活性三件套	北京天羽	套件	套	879906AC	舒美	丛伟	500	118.00	59,000.00	01880203
1	CT04110302_C	舒美纯棉斜纹活性四件套	北京天羽	套件	套	879906AD	舒美	丛伟	400	136.00	54,400.00	01880204
1	CT03110302_C	舒美纯棉斜纹活性三件套	北京天羽	套件	套	879906AC	舒美	丛伟	200	120.00	24,000.00	01880205
1	CB01060301-A	花花纯棉高密斜纹单人被罩	北京花花	被罩	件	ZX34567	花花	周文	200	58.00	11,600.00	01880206
											184,900.00	

图 5-6

第八步，输入发票号码信息。在编写采购（入库）统计表最后一栏发票号码的内容时，可以应用 Excel 的自定义单元格格式功能。选取 N3 单元格，单击鼠标右键，在下拉菜单中选取“设置单元格格式”，打开“设置单元格格式”对话框。在对话框“数字”标签下选择“自定义”，在“类型”标签中，可将“G/通用格式”设置为所需格式，如图 5-7 所示。

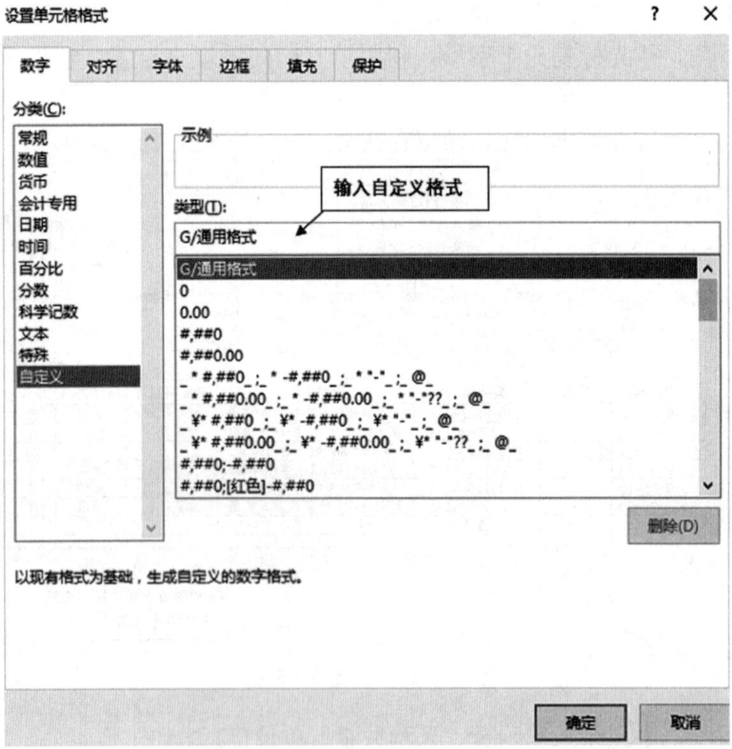

图 5-7

本例中，需将发票号码设置成 8 位数字，其中前四位数字固定为 0188，后四位数字根据实际情况输入发票号码尾号即可。因此，在自定义类型时，在“类型”栏中输入

“"0188"0000”。其中，使用半角模式下双引号将前四位 0188 引用起来，如图 5－8 所示。

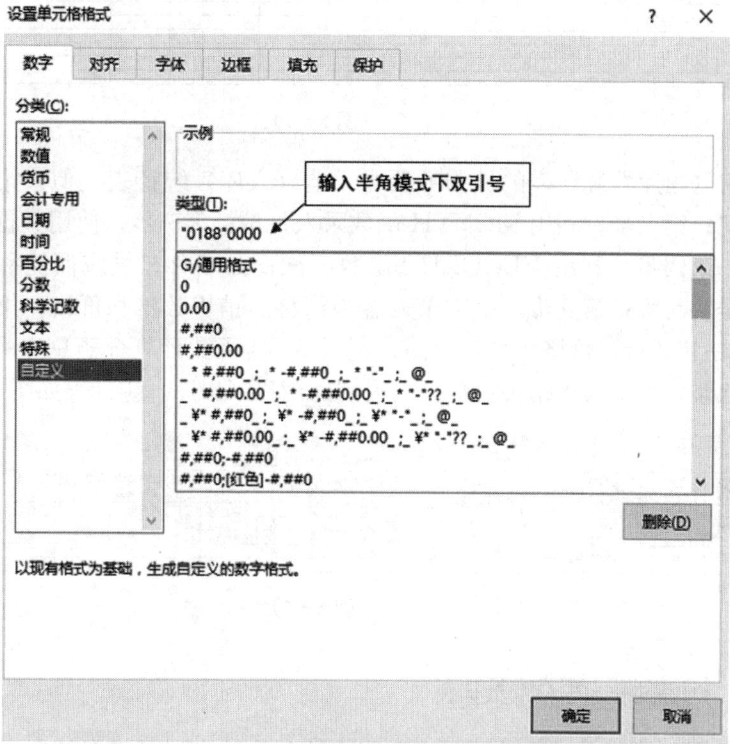

图 5－8

该格式表示公司发票号前四位固定为“0188”。在输入发票号码时，输入尾号即可，如图 5－9 所示。

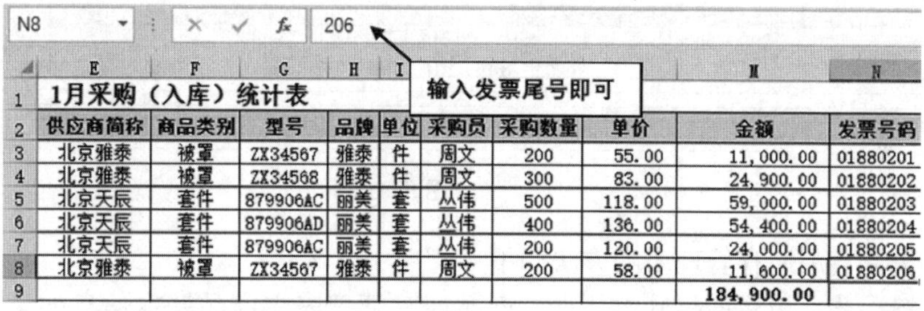

	E	F	G	H	I			M	N
1	1月采购（入库）统计表								
2	供应商简称	商品类别	型号	品牌	单位	采购员	采购数量	单价	金额	发票号码
3	北京雅泰	被罩	ZX34567	雅泰	件	周文	200	55.00	11,000.00	01880201
4	北京雅泰	被罩	ZX34568	雅泰	件	周文	300	83.00	24,900.00	01880202
5	北京天辰	套件	879906AC	丽美	套	丛伟	500	118.00	59,000.00	01880203
6	北京天辰	套件	879906AD	丽美	套	丛伟	400	136.00	54,400.00	01880204
7	北京天辰	套件	879906AC	丽美	套	丛伟	200	120.00	24,000.00	01880205
8	北京雅泰	被罩	ZX34567	雅泰	件	周文	200	58.00	11,600.00	01880206
9									184,900.00	

图 5－9

本例的动图操作过程，请扫描二维码。

例 5－1
动图演示

5.1.3 构建销售（出库）统计表

销售（出库）统计表，是详细记载库存商品销售出库情况的报表。在商品基本信息表的基础上，详细记录销售时间、销售数量、销售价格、销售员、销售网点等，如图 5－10 所示。其中，月份、金额及其合计，与采购（入库）统计表编制方法相同。

销售（出库）统计表														
销售日期	月份	商品编码	商品名称	供应商简称	商品类别	单位	型号	品牌	客户简称	销售数量	价格	金额	网点	销售员
合计												-		

图 5-10

销售（出库）统计表的编制方法与采购（入库）统计表类似：第一步，手工录入销售日期；第二步，利用 MONTH 函数录入月份；第三步，使用数据验证功能编制商品编码；第四步，利用 VLOOKUP 函数匹配商品名称、供应商简称、商品类别、单位、型号和品牌；第五步，手工录入客户简称、销售数量和价格；第六步，利用公式（金额＝销售数量×价格）得到金额，利用 SUM 函数计算金额总计；第七步，录入网点；第八步，手工录入销售员信息。得到的销售（出库）统计表如图 5－11 所示。

销售（出库）统计表														
销售日期	月份	商品编码	商品名称	供应商简称	商品类别	单位	型号	品牌	客户简称	销售数量	价格	金额	网点	销售员
2019-01-11	1	CB01060301-A	花花纯棉高密斜纹单人被罩	北京花花	被罩	件	ZX34567	花花	西单商场	300	70.00	21,000.00	北京	钟全
2019-01-16	1	CB02060301-A	花花纯棉高密斜纹双人被罩	北京花花	被罩	件	ZX34568	花花	西单商场	400	100.00	40,000.00	北京	钟全
2019-01-19	1	CT04110302_C	舒美纯棉斜纹活性四件套	北京天羽	套件	套	879906AD	舒美	北京华联	400	136.00	54,400.00	北京	张胜利
2019-01-27	1	CT03110302_C	舒美纯棉斜纹活性三件套	北京天羽	套件	套	879906AC	舒美	西单商场	500	120.00	60,000.00	北京	钟全
2019-01-27	1	CB01060301-A	花花纯棉高密斜纹单人被罩	北京花花	被罩	件	ZX34567	花花	北京华联	180	70.00	12,600.00	北京	张胜利
合计												188,000.00		

图 5-11

5.1.4 构建商品库存管理表

商品库存管理表，是详细记载库存商品基本信息以及商品流转信息的表格，主要包括商品的名称及其他信息、上月结转信息、本月入库信息、本月出库信息、本月结存信息以及本月加权平均单位成本，如图 5－12 所示。企业也可根据实际情况，按照规定的存货成本计算方法设计表格。

商品库存管理表													
商品编码	商品名称	商品类别	单位	供应商简称	上月结转		本月入库		本月出库		本月结存		本月加权平均单位成本
					数量	金额	数量	金额	数量	金额	数量	金额	
合计						-		-		-		-	

图 5-12

编制商品库存管理表的方法如下：

第一步，填写商品基本信息。商品库存管理表中商品基本信息的录入方法与编制采购（入库）统计表的方法类似，即对商品编码设置数据验证，并录入商品编码，利用 VLOOKUP 函数匹配商品名称、商品类别、单位和供应商简称。注意，利用 VLOOKUP 函数填写第四行的商品基本信息时，进行信息匹配的是 A4 单元格。

第二步，录入上月结转的商品数量和金额，并利用 SUM 函数求和，如图 5－13 所示。

第三步，利用 SUMIF 函数计算本月入库信息。选中 H4 单元格，输入"＝SUMIF('1 月采购(入库)统计表'！$C$3：$C$8,'1 月商品库存管理表'！A4,'1 月采购(入库)统计表'！$K$3：$K$8)"，意味着当 1 月采购（入库）统计表的 C3 至 C8 单元格区域包含与 1 月商品库存管理表的 A4 单元格内容相同的单元格时，对 1 月采购

利用 VLOOKUP 函数录入商品基本信息

B4　=VLOOKUP($A4,商品基本信息表!$A$2:$G$6,2,FALSE)

商品库存管理表													
商品编码	商品名称	商品类别	单位	供应商简称	上月结转		本月入库		本月出库		本月结存		本月加权平均单位成本
					数量	金额	数量	金额	数量	金额	数量	金额	
CB01060301-A	花花纯棉高密斜纹单人被罩	被罩	件	北京花花	100	5,000.00							
CB02060301-A	花花纯棉高密斜纹双人被罩	被罩	件	北京花花	200	16,000.00							
CT03110302_C	舒美纯棉斜纹活性三件套	套件	套	北京天羽	250	30,000.00							
CT04110302_C	舒美纯棉斜纹活性四件套	套件	套	北京天羽	180	24,300.00							
合计						75,300.00		–		–		–	

商品编码项目有“数据验证”功能

录入商品上月结转信息，并利用SUM函数求和

图 5－13

（入库）统计表的 K3 至 K8 单元格区域内的相应单元格内容求和。与 H4 单元格内容类似，利用 SUMIF 函数计算 I4 单元格内容，将求和区域改为 1 月采购（入库）统计表的 M3 至 M8 单元格区域。

第四步，利用 SUMIF 函数计算本月出库信息。选中 J4 单元格，输入“＝SUMIF('1 月采购(出库)统计表'！$C$3:$C$8,'1 月商品库存管理表'！A4,'1 月采购(入库)统计表'！$K$3:$K$8)”，与 J4 单元格内容类似，利用 SUMIF 函数计算 K4 单元格内容，将求和区域改为 1 月采购（出库）统计表的 M3 至 M8 单元格区域。

第五步，选中 H4 至 K4 单元格区域，将光标移至单元格右下角，当光标变为十字形时，使用填充柄向下填充至 H5 至 K7 单元格。利用 SUM 函数分别计算 I8 和 K8 单元格的合计数。结果如图 5－14 所示。

H4　=SUMIF('1月采购(入库)统计表'!$C$3:$C$8,'1月商品库存管理表'!A4,'1月采购(入库)统计表'!$K$3:$K$8)

商品库存管理表													
商品编码	商品名称	商品类别	单位	供应商简称	上月结转		本月入库		本月出库		本月结存		本月加权平均单位成本
					数量	金额	数量	金额	数量	金额	数量	金额	
CB01060301-A	花花纯棉高密斜纹单人被罩	被罩	件	北京花花	100	5,000.00	400	22,600.00	480	33,600.00			
CB02060301-A	花花纯棉高密斜纹双人被罩	被罩	件	北京花花	200	16,000.00	300	24,900.00	400	40,000.00			
CT03110302_C	舒美纯棉斜纹活性三件套	套件	套	北京天羽	250	30,000.00	700	83,000.00	500	60,000.00			
CT04110302_C	舒美纯棉斜纹活性四件套	套件	套	北京天羽	180	24,300.00	400	54,400.00	400	54,400.00			
合计						75,300.00		184,900.00		188,000.00		–	

图 5－14

第六步，计算本月结存。①利用公式（本月结存＝上月结转＋本月入库－本月出库）计算本月结存的商品数量，即单击 L4 单元格，输入“＝F4＋H4－J4”，使用填充柄向下填充至 L7 单元格。②利用月末加权平均法计算本月结存商品金额，即单击 M4 单元格，输入“＝(G4＋I4)/(F4＋H4)＊L4”，使用填充柄填充至 M7 单元格。③利用 SUM 函数计算合计金额。

第七步，利用公式（本月加权平均单位成本＝本月结存金额÷本月结存数量）计算本月加权平均单位成本，即单击 N4 单元格，输入“＝M4/L4”，使用填充柄填充至 N7 单元格。结果如图 5－15 所示。

商品库存管理表													
商品编码	商品名称	商品类别	单位	供应商简称	上月结转		本月入库		本月出库		本月结存		本月加权平均单位成本
					数量	金额	数量	金额	数量	金额	数量	金额	
CB01060301-A	花花纯棉高密斜纹单人被罩	被罩	件	北京花花	100	5,000.00	400	22,600.00	480	33,600.00	20	1,104.00	55.20
CB02060301-A	花花纯棉高密斜纹双人被罩	被罩	件	北京花花	200	16,000.00	300	24,900.00	400	40,000.00	100	8,180.00	81.80
CT03110302_C	舒美纯棉斜纹活性三件套	套件	套	北京天羽	250	30,000.00	700	83,000.00	500	60,000.00	450	53,526.32	118.95
CT04110302_C	舒美纯棉斜纹活性四件套	套件	套	北京天羽	180	24,300.00	400	54,400.00	400	54,400.00	180	24,424.14	135.69
合计						75,300.00		184,900.00		188,000.00		87,234.45	

图 5－15

5.2 经济订货批量模型

5.2.1 经济订货批量模型概述

在企业的实际生产经营过程中，无论是出于保证生产或销售不间断的需要，还是出于价格的考虑（通常批量购买在价格上有一定的优惠），企业都有储备存货的需求，并因此占用一定的资金。此时，权衡存货成本和存货效益，使二者达到最高经济效益，就是存货管理的主要目标。

使存货总成本最低的进货批量，叫做最佳采购批量，也叫做经济订货批量（economic order quantity，EOQ）。经济订货批量模型是用来计算经济订货批量的模型。

构建经济订货批量模型首先要明确储备存货的成本。储备存货的相关成本包括取得成本、存储成本和缺货成本，其中取得成本又包括订货成本和采购成本。

（1）订货成本。订货成本是指取得订单的成本。订货成本中有一部分与订货次数无关，如常设采购部门基本开支等，称为固定订货成本；另一部分与订货次数有关，如订货差旅费等，称为每次订货成本。

$$\text{订货成本}=\text{固定订货成本}+\text{每次订货成本}\times\frac{\text{年订货总量}}{\text{每次订货批量}} \qquad (5-1)$$

（2）采购成本。采购成本指存货本身的价值。

$$\text{采购成本}=\text{年订货总量}\times\text{单价} \qquad (5-2)$$

（3）存储成本。存储成本为保持存货而发生的成本。存储成本中，与存货数量无关的是固定存储成本，如仓库折旧等；与存货数量有关的是单位存储成本，如存货占用资金的利息、存货变质损失、存货保险费等。

$$\text{存储成本}=\text{固定存储成本}+\text{单位存储成本}\times\begin{matrix}\text{年平均库存量}\\\text{(近似每次订货批量的一半)}\end{matrix} \qquad (5-3)$$

（4）缺货成本。缺货成本指存货供应中断而造成的损失，如材料供应中断造成的停工损失、产成品缺货造成的销售机会丧失、紧急采购成本损失等。

储备存货的各类成本如表 5－1 所示。

表 5－1　储备存货的各类成本

成本项目		含义	经济订货批量决策相关成本公式
取得成本	订货成本	固定订货成本，与订货次数无关，如采购部门基本开支等，与经济订货批量决策无关	＝固定订货成本＋每次订货成本×（年订货总量/每次订货批量）
		每次订货成本，与订货次数有关，如订货差旅费等，与经济订货批量决策相关	
	采购成本	存货本身的价值，与经济订货批量决策无关	＝年订货总量×单价

续表

成本项目	含义	经济订货批量决策相关成本公式
存储成本	固定存储成本，与存货数量无关，如仓库折旧等，与经济订货批量决策无关	＝固定存储成本＋单位存储成本×年平均库存量（近似每次订货批量的一半）
	单位存储成本，与存货数量有关，如存货占用资金的利息、存货变质损失、存货保险费等，与经济订货批量决策相关	
缺货成本	存货供应中断而造成的损失，如材料供应中断造成的停工损失、产成品缺货造成的销售机会丧失、紧急采购成本损失等	

经济订货批量模型基于以下假设：（1）企业能够及时补货，无缺货成本；（2）价格稳定；（3）无数量折扣；（4）仓储条件充足；（5）资金充足；（6）市场供应充足等。在这些假设前提下，与经济订货批量决策相关的年存货总成本的计算公式如下：

$$\begin{aligned}\text{与经济订货批量决策相关的年存货总成本} &= \text{每次订货成本}\times\frac{\text{年订货总量}}{\text{每次订货批量}}\\ &\quad+\text{单位存储成本}\times\frac{\text{每次订货批量}}{2}\end{aligned}\qquad(5-4)$$

对之求导后得到极值点，即经济订货批量：

$$\text{经济订货批量}=\sqrt{\frac{2\times\text{每次订货成本}\times\text{年订货总量}}{\text{单位存储成本}}}\qquad(5-5)$$

将式（5－5）代入式（5－4），可得年经济订货批次（年订货总量÷经济订货批量）和最优年存货总成本。

注意，最优年存货总成本应为与经济订货批量决策相关的最优年存货总成本，而不是与存货相关的全部成本。

5.2.2　应用 Excel 构建经济订货批量模型

1. 使用 Excel 规划求解功能计算经济订货批量模型

“规划求解”加载项是 Excel 软件中需要手动加载的程序，它能够根据某些单元格的值的约束或限制，求得工作表中目标单元格公式里的最优结果。在经济订货批量模型中应用规划求解能够快速计算出年经济订货批次。

首次应用“规划求解”加载项，需要在 Excel 中加载。操作步骤如下：

第一步，在菜单栏中单击“文件”，选择“选项”；

第二步，单击“加载项”，在“非活动应用程序加载项”中选择“规划求解加载项”，并单击“转到”选项，如图 5－16 所示；

第三步，选择“规划求解加载项”，并单击“确定”选项，如图 5－17 所示。

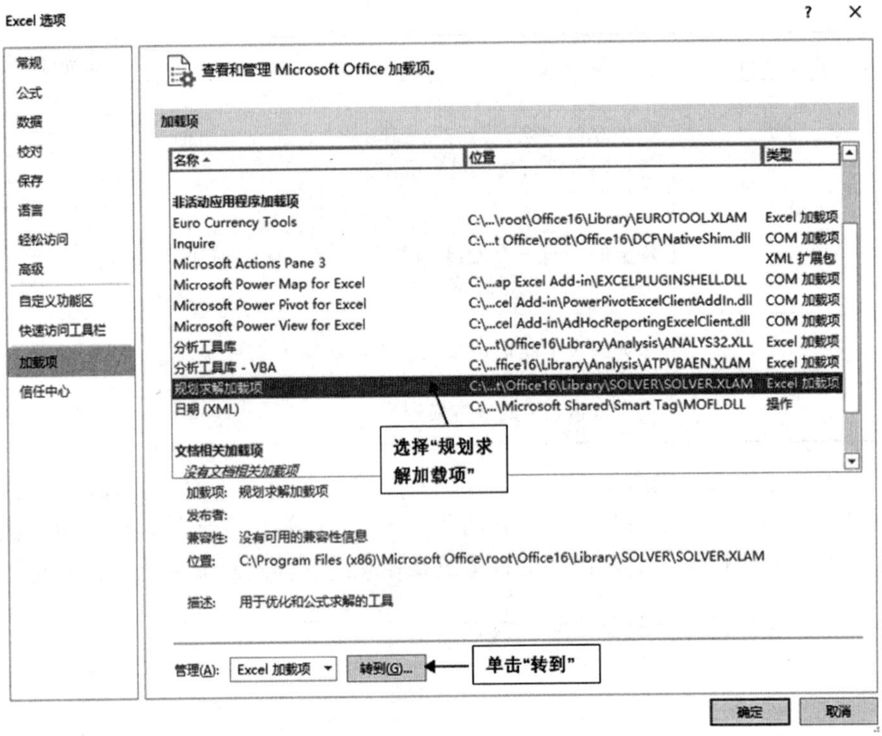
Excel 选项
常规
公式
数据
校对
保存
语言
轻松访问
高级
自定义功能区
快速访问工具栏
加载项
信任中心
查看和管理 Microsoft Office 加载项。
加载项
名称
位置
类型
非活动应用程序加载项
Euro Currency Tools
Inquire
Microsoft Actions Pane 3
Microsoft Power Map for Excel
Microsoft Power Pivot for Excel
Microsoft Power View for Excel
分析工具库
分析工具库 - VBA
规划求解加载项
日期 (XML)
C:\...\root\Office16\Library\EUROTOOL.XLAM
C:\...t Office\root\Office16\DCF\NativeShim.dll
C:\...ap Excel Add-in\EXCELPLUGINSHELL.DLL
C:\...cel Add-in\PowerPivotExcelClientAddIn.dll
C:\...cel Add-in\AdHocReportingExcelClient.dll
C:\...t\Office16\Library\Analysis\ANALYS32.XLL
C:\...ffice16\Library\Analysis\ATPVBAEN.XLAM
C:\...t\Office16\Library\SOLVER\SOLVER.XLAM
C:\...\Microsoft Shared\Smart Tag\MOFL.DLL
Excel 加载项
COM 加载项
XML 扩展包
COM 加载项
COM 加载项
COM 加载项
Excel 加载项
Excel 加载项
Excel 加载项
操作
文档相关加载项
没有文档相关加载项
选择"规划求解加载项"
加载项: 规划求解加载项
发布者:
兼容性: 没有可用的兼容性信息
位置: C:\Program Files (x86)\Microsoft Office\root\Office16\Library\SOLVER\SOLVER.XLAM
描述: 用于优化和公式求解的工具
管理(A): Excel 加载项
转到(G)...
单击"转到"
确定
取消

图 5-16

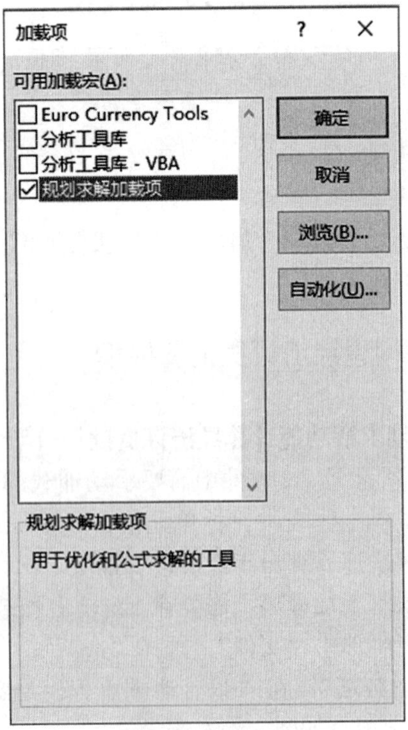
加载项
可用加载宏(A):
Euro Currency Tools
分析工具库
分析工具库 - VBA
规划求解加载项
确定
取消
浏览(B)...
自动化(U)...
规划求解加载项
用于优化和公式求解的工具

图 5-17

此时，在“数据”选项卡下“分析”组中会出现“规划求解”选项，如图 5－18 所示。

图 5－18

【例 5－2】已知年订货总量为 40 000 件，每次订货成本为 1 800 元，单位存储成本为 15 元，固定订货成本为 10 000 元，固定存储成本为 20 000 元，采购单价为 28 元。基于上述数据应用 Excel 构建经济订货批量模型，并使用规划求解功能计算年经济订货批次。

【操作方法】第一步，在 Excel 表格中输入经济订货批量模型的计算表格。第一部分包括年订货总量、每次订货成本、单位存储成本，这些属于已知参数，各企业情况不同。第二部分包括年经济订货批次、决策相关经济订货成本、决策相关经济存储成本、决策相关最优年存货总成本和经济订货批量，其中年经济订货批次为可变单元格，其他项目根据第一部分数据和年经济订货批次计算得出。该部分包括固定订货成本、固定存储成本、采购单价，这三项属于已知参数，该部分还包括年订货成本、年采购成本、年存储成本和最优年存货总成本，这四项根据第二部分的数据和第三部分的已知数据求解得到。计算表格及本例中的已知数据如图 5－19 所示。

	A	B
1	EOQ基础模型计算：	
2	存货项目	A
3	年订货总量	40000
4	每次订货成本	1800
5	单位存储成本	15
6		
7	存货项目	A
8	年经济订货批次	
9	决策相关经济订货成本	
10	决策相关经济存储成本	
11	决策相关最优年存货总成本	
12	经济订货批量(EOQ)	
13		
14	存货项目	A
15	固定订货成本	10000
16	固定存储成本	20000
17	采购单价	28
18	年订货成本	
19	年采购成本	
20	年存储成本	
21	最优年存货总成本	

图 5－19

第二步，输入计算公式。年经济订货批次为待计算项，B8 单元格暂为空；决策相关经济订货成本＝年经济订货批次×每次订货成本，即 B9 单元格输入“＝B8＊B4”；决策相关经济存储成本＝0.5×单位存储成本×年订货总量÷年经济订货批次，即 B10 单元格输入“＝0.5＊B5＊B3/B8”；决策相关最优年存货总成本＝决策相关经济订货成本＋决策相关经济存储成本，即 B11 单元格输入“＝B9＋B10”；经济订货批量＝年订货总量÷年经济订货批次，即 B12 单元格输入“＝B3/B8”；年订货成本＝决策相关经济订货成本＋固定订货成本，即 B18 单元格输入“＝B9＋B15”；年采购成本＝年订货总量×采购单价，即 B19 单元格输入“＝B3＊B17”；年存储成本＝决策相关经济存储成本＋固定存储成本，即 B20 单元格输入“＝B10＋B16”；最优年存货总成本＝年订货成本＋年采购成本＋年存储成本，即 B21 单元格输入“＝SUM(B18:B20)”。输入结果如图 5－20 所示。由于年经济订货批次尚未求解，因此，一些单元格返回错误提示，不影响后续操作。

	A	B
1	EOQ基础模型计算：	
2	存货项目	A
3	年订货总里	40000
4	每次订货成本	1800
5	单位存储成本	15
6		
7	存货项目	A
8	年经济订货批次	
9	决策相关经济订货成本	0.00
10	决策相关经济存储成本	#DIV/0!
11	决策相关最优年存货总成本	#DIV/0!
12	经济订货批里(EOQ)	#DIV/0!
13		
14	存货项目	A
15	固定订货成本	10000
16	固定存储成本	20000
17	采购单价	28
18	年订货成本	10000.00
19	年采购成本	1120000
20	年存储成本	#DIV/0!
21	最优年存货总成本	#DIV/0!

图 5－20

第三步，利用规划求解功能求解。单击 B21 单元格，选择“数据”选项卡下“分析”组中的“规划求解”选项。在“规划求解参数”对话框中设置参数：①设置目标为最优年存货总成本，即 B21 单元格，到“最小值”；②设置通过更改可变单元格为年经济订货批次，即 B8 单元格；③设置遵守约束，即 B8 单元格为整数且大于等于 1；④单击“求解”选项。如图 5－21 所示。

此时，弹出“规划求解结果”对话框，单击“确定”选项，如图 5－22 所示。

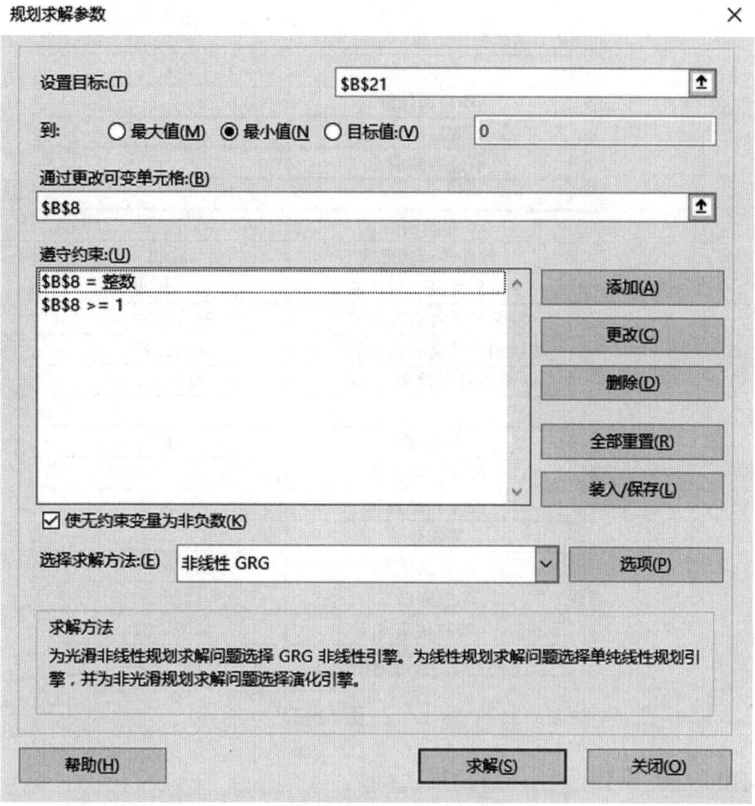

图 5-21

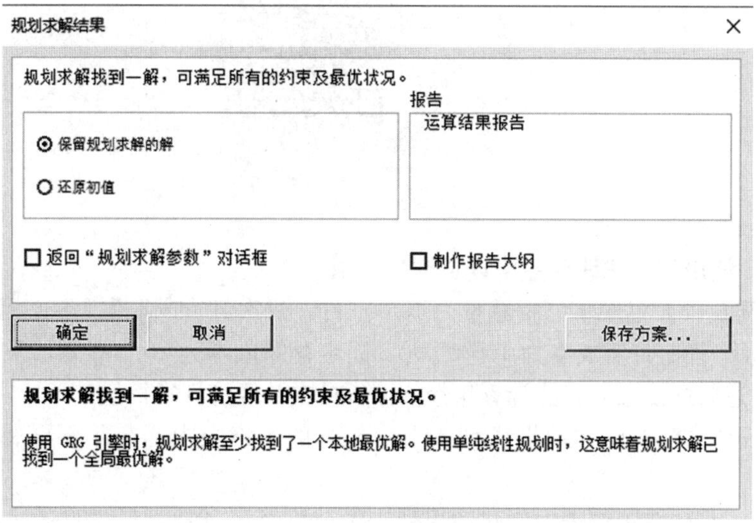

图 5-22

使用规划求解功能求得年经济订货批次为大于等于 1 的整数，且最优年存货总成本为最小值时，年经济订货批次的值为 13。经济订货批量模型计算表中的其他单元格根据第一步设置的公式自动计算相应结果，如图 5-23 所示。

	A	B
1	EOQ基础模型计算:	
2	存货项目	A
3	年订货总量	40000
4	每次订货成本	1800
5	单位存储成本	15
6		
7	存货项目	A
8	年经济订货批次	13.00
9	决策相关经济订货成本	23400.00
10	决策相关经济存储成本	23076.92
11	决策相关最优年存货总成本	46476.92
12	经济订货批量(EOQ)	3076.92
13		
14	存货项目	A
15	固定订货成本	10000
16	固定存储成本	20000
17	采购单价	28
18	年订货成本	33400.00
19	年采购成本	1120000
20	年存储成本	43076.92
21	最优年存货总成本	1196476.92

图 5-23

本例的动图操作过程，请扫描二维码。

例 5-2
动图演示

2. 使用列表法计算经济订货批量模型

【例 5-3】已知年订货总量为 40 000 件，每次订货成本为 1 800 元，单位存储成本为 15 元，固定订货成本为 10 000 元，固定存储成本为 20 000 元，采购单价为 28 元。基于上述数据使用列表法计算年经济订货批次及经济订货批量。

【操作方法】已知数据已列入上一部分的表格当中，在此不再展示，如图 5-19 所示。

第一步，在工作表中创建使用列表法计算经济订货批量模型的表格，内容包括订货批次、订货批量、与 EOQ 决策相关成本、全部成本和总成本，如图 5-24 所示。

第二步，输入已知数据。订货批次，即 D4 单元格输入 1；订货批量＝年订货总量÷订货批次，即 E4 单元格输入“＝$B$3/D4”；决策相关订货成本＝每次订货成本×订货批次，即 F4 单元格输入“＝$B$4＊D4”；决策相关存储成本＝0.5×单位存储成本×订货批量，即 G4 单元格输入“＝0.5＊$B$5＊E4”；决策相关总成本＝

EOQ基础模型计算：

	A	B
1	EOQ基础模型计算：	
2	存货项目	A
3	年订货总量	40000
4	每次订货成本	1800
5	单位存储成本	15
6		
7	存货项目	A
8	年经济订货批次	
9	决策相关经济订货成本	
10	决策相关经济存储成本	
11	决策相关最优年存货总成本	
12	经济订货批量(EOQ)	
13		
14	存货项目	A
15	固定订货成本	10000
16	固定存储成本	20000
17	采购单价	28
18	年订货成本	
19	年采购成本	
20	年存储成本	
21	最优年存货总成本	

列表法计算（以存货A为例）：

订货批次	订货批量	与EOQ决策相关成本			全部成本			
		决策相关订货成本	决策相关存储成本	决策相关总成本	年订货成本	年采购成本	年存储成本	总成本

图 5-24

决策相关订货成本＋决策相关存储成本，即 H4 单元格输入“＝F4＋G4”；年订货成本＝固定订货成本＋决策相关订货成本，即 I4 单元格输入“＝$B$15＋F4”；年采购成本，即 J4 单元格输入“＝$B$19”；年存储成本＝固定存储成本＋决策相关存储成本，即 K4 单元格输入“＝$B$16＋G4”；总成本＝年订货成本＋年采购成本＋年存储成本，即 L4 单元格输入“＝SUM(I4:K4)”。

第三步，选中 D4 至 L4 单元格区域，将光标移至单元格右下角，待光标变为十字形，使用填充柄向下填充至 D5 至 L19 单元格区域。

第四步，在总成本栏目下找到最小值，即为最优年存货总成本，其对应的订货批次和订货批量分别为年经济订货批次和经济订货批量。结果如图 5-25 所示。

列表法计算（以存货A为例）：

订货批次	订货批量	与EOQ决策相关成本			全部成本			
		决策相关订货成本	决策相关存储成本	决策相关总成本	年订货成本	年采购成本	年存储成本	总成本
1	40000	1800	300000	301800	11800	1120000	320000	1451800
2	20000	3600	150000	153600	13600	1120000	170000	1303600
3	13333.33	5400	100000	105400	15400	1120000	120000	1255400
4	10000	7200	75000	82200	17200	1120000	95000	1232200
5	8000	9000	60000	69000	19000	1120000	80000	1219000
6	6666.667	10800	50000	60800	20800	1120000	70000	1210800
7	5714.286	12600	42857.14286	55457.14286	22600	1120000	62857.14286	1205457
8	5000	14400	37500	51900	24400	1120000	57500	1201900
9	4444.444	16200	33333.33333	49533.33333	26200	1120000	53333.33333	1199533
10	4000	18000	30000	48000	28000	1120000	50000	1198000
11	3636.364	19800	27272.72727	47072.72727	29800	1120000	47272.72727	1197073
12	3333.333	21600	25000	46600	31600	1120000	45000	1196600
13	**3076.92**	**23400**	**23076.92308**	**46476.92308**	**33400**	**1120000**	**43076.92308**	**1196477**
14	2857.143	25200	21428.57143	46628.57143	35200	1120000	41428.57143	1196629
15	2666.667	27000	20000	47000	37000	1120000	40000	1197000
16	2500	28800	18750	47550	38800	1120000	38750	1197550

图 5-25

本例的动图操作过程，请扫描二维码。

例 5-3
动图演示

5.2.3 决策相关年存货成本分析图

根据计算的经济订货批量模型结果，可以绘制决策相关年存货成本分析图，由指标计算结果和图形可以清楚地看出，订货批量为多少时总成本最低。创建决策相关年存货成本分析图的步骤如下：

第一步，选择决策相关成本为数据源区域，即图 5-25 中 F3 至

H19 单元格区域。

第二步，单击“插入”选项卡下“图表”组中的“插入折线图或面积图”，并选择“带数据标记的折线图”。

第三步，输入图表标题“决策相关年存货成本分析图”。

第四步，输入坐标轴标题，其中，纵坐标轴标题命名为“决策相关成本（元）”，横坐标标题命名为“订货批次”。

第五步，根据工作需要或个人偏好，调整图表布局和样式。

最终得到决策相关年存货成本分析图，如图 5－26 所示。

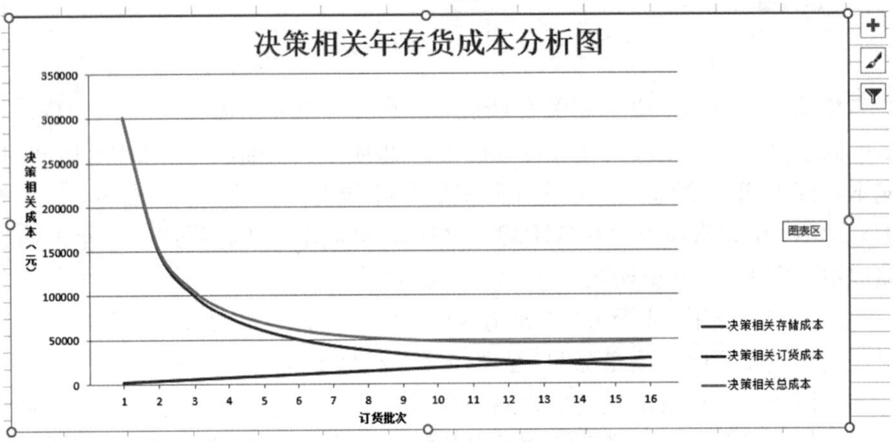

图 5－26

练习题

1. 已知年订货总量为 50 000 件，每次订货成本为 2 000 元，单位存储成本为 10 元，固定订货成本为 12 000 元，固定存储成本为 18 000 元，采购单价为 30 元。基于上述数据使用列表法计算年经济订货批次及经济订货批量。

第6章

销售管理

销售管理是对企业销售全过程进行有效控制和跟踪的过程，帮助企业精准定位市场，完成销售管理和销售分析。通过企业内部的信息共享，企业领导和相关部门能够及时掌握订单内容，准确做出生产计划及其他安排，及时了解销售过程中每个环节的情况。

本章分别从销售流向分析和销售预测的角度对应用Excel进行销售管理的方法进行讲解，重点包括：(1) 对销售流向进行分类汇总；(2) 对销售流向进行透视分析；(3) 进行销售预测。通过学习本章，财务人员可以进一步了解Excel的使用方法并应用到销售数据的分析当中，为企业的销售决策提供数据支持。

6.1 销售流向分类汇总

销售流向分析能够及时、准确地将销售明细信息按销售人员、客户、地区分类汇总，明确企业产品的销售流向，帮助管理者进行产品销售流向分析。本节结合Excel提供的分类汇总等数据分析工具，对销售流向分类汇总方法进行讲解。

6.1.1 编制商品基本信息表和销售明细汇总表

进行销售流向分析，首先要获取基础数据，创建企业的商品基本信息表和销售明细汇总表。

企业的商品基本信息表如图6-1所示，已在第5章中介绍，在此不再赘述。

	A	B	C	D	E	F	G	H	I
1	商品基本信息表								
2	商品编码	商品名称	供应商简称	商品类别	单位	型号	品牌	重要技术参数	备注
3	CB01060301-A	花花纯棉高密斜纹单人被罩	北京花花	被罩	件	ZX34567	花花	****	
4	CB02060301-A	花花纯棉高密斜纹双人被罩	北京花花	被罩	件	ZX34568	花花	****	
5	CT03110302_C	舒美纯棉斜纹活性三件套	北京天羽	套件	套	879906AC	舒美	****	
6	CT04110302_C	舒美纯棉斜纹活性四件套	北京天羽	套件	套	879906AD	舒美	****	

图6-1

销售明细汇总表是对企业销售商品的供应信息和渠道信息的汇总，通常包含销售日期、销售地域、商品信息、供应商信息、销售人员、销售价格、销售金额等。图 6－2 所示为本章案例，企业可根据实际情况和需要灵活编制及录入。

销售明细汇总表

销售日期	月份	网点	商品编码	商品名称	供应商简称	商品类别	型号	品牌	单位	销售员	客户简称	销售数量	价格	金额
2019-10-19	10	北京	CT04110302_C	舒美纯棉斜纹活性四件套	北京天羽	套件	879906AD	舒美	套	张胜利	北京华联	400	136.00	54,400.00
2019-10-12	10	成都	CT04110302_C	舒美纯棉斜纹活性四件套	北京天羽	套件	879906AD	舒美	套	张浩	成都太平洋	300	135.00	40,500.00
2019-12-23	12	上海	CT03110302_C	舒美纯棉斜纹活性三件套	北京天羽	套件	879906AC	舒美	套	吴茜茜	上海新世界	400	116.00	46,400.00
2019-10-16	10	乌鲁木齐	CB01060301-A	花花纯棉高密斜纹单人被罩	北京花花	被罩	ZX34567	花花	件	张雅静	天山百货	400	68.00	27,200.00
2019-11-06	11	乌鲁木齐	CB01060301-A	花花纯棉高密斜纹单人被罩	北京花花	被罩	ZX34567	花花	件	张雅静	天山百货	200	65.00	13,000.00
2019-12-26	12	乌鲁木齐	CB02060301-A	花花纯棉高密斜纹双人被罩	北京花花	被罩	ZX34568	花花	件	张雅静	天山百货	200	98.00	19,600.00
2019-10-12	10	长春	CB01060301-A	花花纯棉高密斜纹单人被罩	北京花花	被罩	ZX34567	花花	件	杨春	长百大楼	300	68.00	20,400.00
2019-10-25	10	长春	CT04110302_C	舒美纯棉斜纹活性四件套	北京天羽	套件	879906AD	舒美	套	林红	长春万达	260	130.00	33,800.00
2019-11-01	11	长春	CB02060301-A	花花纯棉高密斜纹双人被罩	北京花花	被罩	ZX34568	花花	件	林红	长春万达	200	96.00	19,200.00
2019-11-13	11	长春	CB01060301-A	花花纯棉高密斜纹单人被罩	北京花花	被罩	ZX34567	花花	件	林红	长春万达	280	70.00	19,600.00
合计														294,100.00

图 6－2

6.1.2 编制销售流向分类汇总表

销售流向分类汇总表可以按客户、销售员或地区等进行汇总，通过 Excel 的分类汇总功能，可以从不同角度考察和分析销售数据。

【例 6－1】 以图 6－2 为数据源，按客户进行销售流向汇总分析。

【操作方法】 第一步，单击数据源区域内的任意单元格，选择“数据”选项卡下“分级显示”组中的“分类汇总”选项。

第二步，在“分类汇总”对话框中，选择以“客户简称”为分类字段，汇总方式为“求和”，选定汇总项为“金额”，并替换当前分类汇总，汇总结果显示在数据下方，单击“确定”选项，如图 6－3 所示。

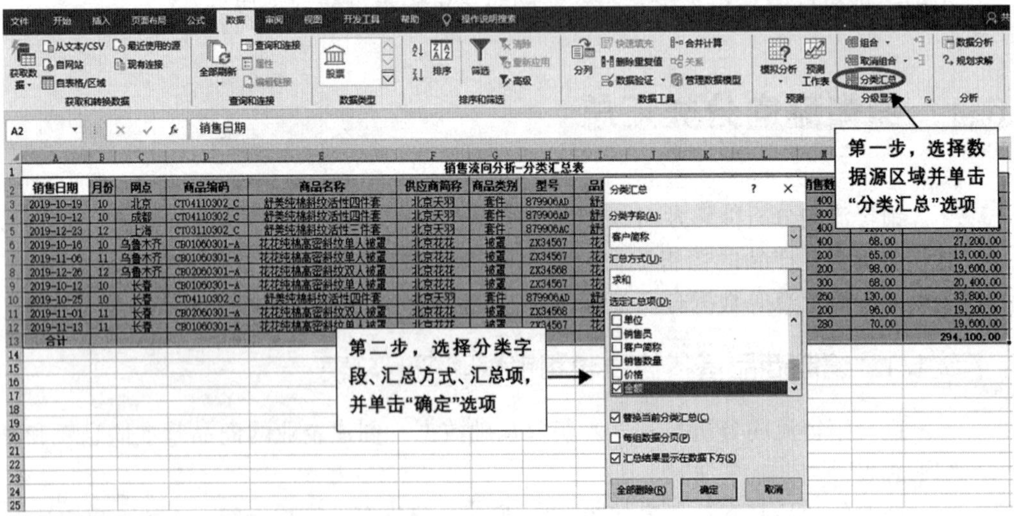

图 6－3

通过分类汇总功能，Excel 工作表能够按客户简称对金额汇总，结果如图 6－4 所示。得到分类汇总结果后，可以看到工作表左侧显示分类汇总的三个级别，单击 1 级，只显示总计项；单击 2 级，显示各类汇总项和总计项；单击 3 级，显示所有明细。

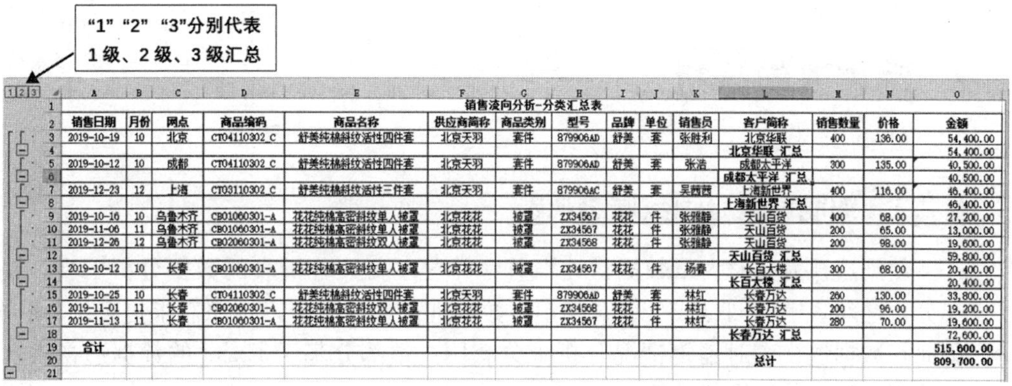

销售流向分析-分类汇总表

销售日期	月份	网点	商品编码	商品名称	供应商简称	商品类别	型号	品牌	单位	销售员	客户简称	销售数量	价格	金额
2019-10-19	10	北京	CT04110302_C	舒美纯棉斜纹活性四件套	北京天羽	套件	879906AD	舒美	套	张胜利	北京华联	400	136.00	54,400.00
											北京华联 汇总			54,400.00
2019-10-12	10	成都	CT04110302_C	舒美纯棉斜纹活性四件套	北京天羽	套件	879906AD	舒美	套	张浩	成都太平洋	300	135.00	40,500.00
											成都太平洋 汇总			40,500.00
2019-12-23	12	上海	CT03110302_C	舒美纯棉斜纹活性三件套	北京天羽	套件	879906AC	舒美	套	吴茜茜	上海新世界	400	116.00	46,400.00
											上海新世界 汇总			46,400.00
2019-10-16	10	乌鲁木齐	CB01060301-A	花花纯棉高密斜纹单人被罩	北京花花	被罩	ZX34567	花花	件	张雅静	天山百货	400	68.00	27,200.00
2019-11-06	11	乌鲁木齐	CB01060301-A	花花纯棉高密斜纹单人被罩	北京花花	被罩	ZX34567	花花	件	张雅静	天山百货	200	65.00	13,000.00
2019-12-26	12	乌鲁木齐	CB02060301-A	花花纯棉高密斜纹双人被罩	北京花花	被罩	ZX34568	花花	件	张雅静	天山百货	200	98.00	19,600.00
											天山百货 汇总			59,800.00
2019-10-12	10	长春	CB01060301-A	花花纯棉高密斜纹单人被罩	北京花花	被罩	ZX34567	花花	件	杨春	长百大楼	300	68.00	20,400.00
											长百大楼 汇总			20,400.00
2019-10-25	10	长春	CT04110302_C	舒美纯棉斜纹活性四件套	北京天羽	套件	879906AD	舒美	套	林红	长春万达	260	130.00	33,800.00
2019-11-01	11	长春	CB02060301-A	花花纯棉高密斜纹双人被罩	北京花花	被罩	ZX34568	花花	件	林红	长春万达	200	96.00	19,200.00
2019-11-13	11	长春	CB01060301-A	花花纯棉高密斜纹单人被罩	北京花花	被罩	ZX34567	花花	件	林红	长春万达	280	70.00	19,600.00
											长春万达 汇总			72,600.00
合计														515,600.00
											总计			809,700.00

图 6－4

第三步，取消分类汇总。当分类汇总表使用完毕，可选择“数据”选项卡下“分级显示”组中的“分类汇总”选项，出现对话框后单击“全部删除”选项，如图 6－5 所示，即可恢复原来的销售明细汇总表。

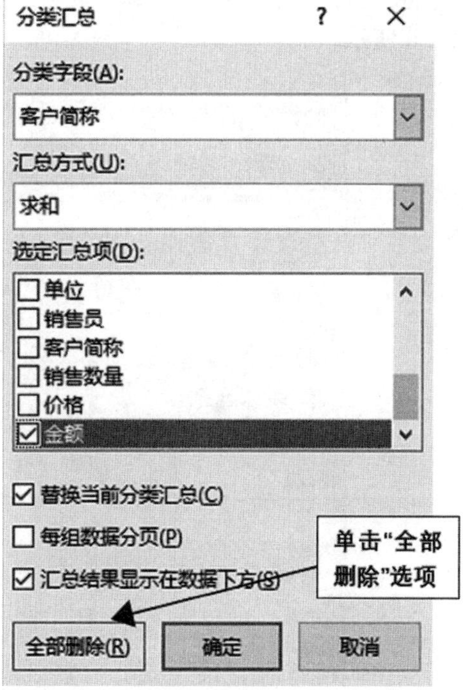

图 6－5

本例的动图操作过程，请扫描二维码。

类似的，应用分类汇总功能还可以将销售明细汇总表中的数据按照地区、销售员、商品名称等分类汇总，具体操作时在“分类汇总”对话框的“分类字段”中选择相应的选项即可。

例 6－1
动图演示

6.2 销售流向分析

6.2.1 编制销售流向数据透视表

数据透视表是对大量数据快速汇总，并建立交叉分析表的数据分析工具。销售情况分析是对各销售网点或分公司的销售数据进行重新组合，按照需求进行统计和分析。因此，数据透视表对销售情况分析十分有用。本部分基于Excel的数据透视表功能对企业销售流向分析进行讲解。

【例6-2】 基于图6-2所示的销售明细汇总表中的数据信息，制作数据透视表。

【操作方法】 第一步，选中数据源区域，即A2至O12单元格区域，单击“插入”选项卡下“表格”组中的“数据透视表”选项。

第二步，设置数据透视表字段。将“网点”字段放入“筛选”区域；将“商品名称”放入“列”区域；将“月份”和“客户简称”放入“行”区域；将“金额”放入“∑值”区域，如图6-6所示。

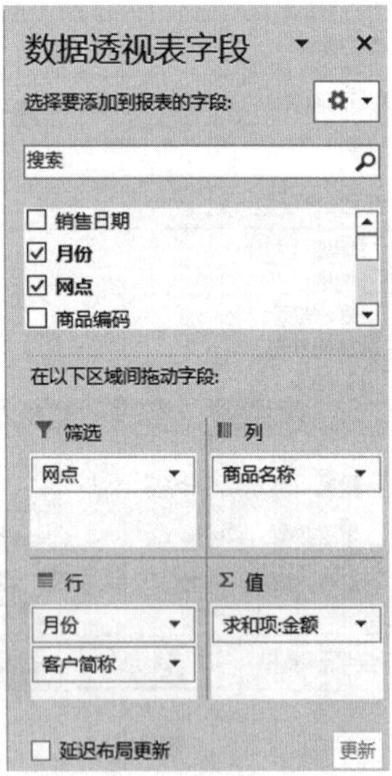

图6-6

第三步，调整数据透视表布局。单击“设计”选项卡下“布局”组中的“分类汇总”选项，选择“在组的顶部显示所有分类汇总”；单击“布局”组中的“报表布局”选项，选择“以表格形式显示”。得到的数据透视表如图6-7所示。数据透视表可以对网点进行筛选，也可以对月份、客户简称、商品名称进行筛选，并进行数据分析。

	A	B	C	D	E	F	G
1	网点	(全部)					
2							
3	求和项:金		商品名称				
4	月份	客户简称	花花纯棉高密斜纹单人被罩	花花纯棉高密斜纹双人被罩	舒美纯棉斜纹活性三件套	舒美纯棉斜纹活性四件套	总计
5	⊟10		47,600.00			128,700.00	176,300.00
6		北京华联				54,400.00	54,400.00
7		成都太平洋				40,500.00	40,500.00
8		天山百货	27,200.00				27,200.00
9		长百大楼	20,400.00				20,400.00
10		长春万达				33,800.00	33,800.00
11	⊟11		32,600.00	19,200.00			51,800.00
12		天山百货	13,000.00				13,000.00
13		长春万达	19,600.00	19,200.00			38,800.00
14	⊟12			19,600.00	46,400.00		66,000.00
15		上海新世界			46,400.00		46,400.00
16		天山百货		19,600.00			19,600.00
17	总计		80,200.00	38,800.00	46,400.00	128,700.00	294,100.00

图 6-7

本例的动图操作过程，请扫描二维码。

数据透视表还可以根据工作中的实际需求和表格设计更改字段。

例 6-2
动图演示

6.2.2 创建销售流向数据透视图

数据透视图是基于数据透视表中的数据绘制的可视化图形，通过数据透视图能够更清晰地了解数据之间的关系。

【例 6-3】 基于图 6-7 的数据透视表，绘制数据透视图。

【操作方法】 第一步，选中数据源区域，即 A4 至 G16 单元格区域，单击“插入”选项卡下“图表”组中的“数据透视图”选项。

第二步，在“插入图表”对话框中选择需要插入的图表类型，本例以簇状柱形图为例。

第三步，在“设计”选项卡下选择合适的图表样式，得到数据透视图，如图 6-8 所示。

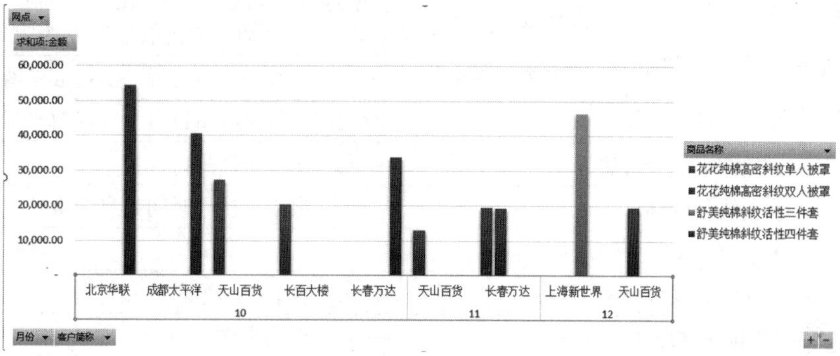

图 6-8

本例的动图操作过程，请扫描二维码。

可以看到，生成的数据透视图有筛选按钮。通过单击下拉箭头，可以对网点、月份、客户简称进行筛选，生成的图也会根据筛选的情况做出相应的更改。将数据透视表与数据透视图相结合，能够清晰、完整地对汇总的销售数据进行分析，并为销售决策提供建议。

例 6-3
动图演示

6.3 销售预测

销售预测是根据企业过去的销售相关数据，在尽量考虑未来各种可能影响因素的基础上，通过一定的分析方法制定销售目标。简单来说，就是对企业产品在未来一定时期内的销售数量与销售金额做出估计。在企业销售管理过程中，销售预测是极其重要的一个环节。一方面，科学地进行销售预测便于企业更加合理地制定销售计划；另一方面，销售预测是企业预算的基础，销售预测的失败会导致企业预算失败甚至全面预算管理的坍塌。

6.3.1 应用 Excel 进行销售预测概述

企业进行销售预测的方法有很多，其中较常用的方法为趋势预测法和因果预测法。前者根据企业过去销售数据的时间趋势特征进行销售预测，后者则强调找出影响企业销售的最主要因素。趋势预测法包括移动平均法、指数平滑法等；因果预测法包括回归直线分析法、回归曲线分析法及多元线性分析法等，如表 6-1 所示。本节仅对应用移动平均法、指数平滑法、回归直线分析法和回归曲线分析法进行销售预测做详细讲解。

表 6-1 销售预测方法

销售预测方法			说明
趋势预测分析法	移动平均法	简单移动平均法	
		加权移动平均法	
	指数平滑法	一次指数平滑法	加权移动平均法的一种变化，$S_t=\alpha X_{t-1}+(1-\alpha)S_{t-1}$，$0<\alpha<1$，$\alpha$ 为平滑指数，$1-\alpha$ 为阻尼系数
		二次指数平滑法	对一次指数平滑值再做一次指数平滑
		三次指数平滑法	对二次指数平滑值再做一次指数平滑
	回归直线分析法		一元一次，时间是自变量
	曲线分析法		一元二次或高次，时间是自变量
	季节波动分析法		
因果预测法	回归直线分析法		一元一次
	回归曲线分析法		一元二次或高次
	多元线性分析法		多元一次

Excel 中有专门的数据分析工具可以简便快速地进行简单移动平均计算。在首次使用 Excel 数据分析工具之前，必须先加载分析工具库。加载分析工具库的操作步骤如下：

第一步，在菜单栏中单击“文件”，选择“选项”；

第二步，单击“加载项”，在“非活动应用程序加载项”中找到“分析工具库”，并单击“转到”选项，如图 6-9 所示。

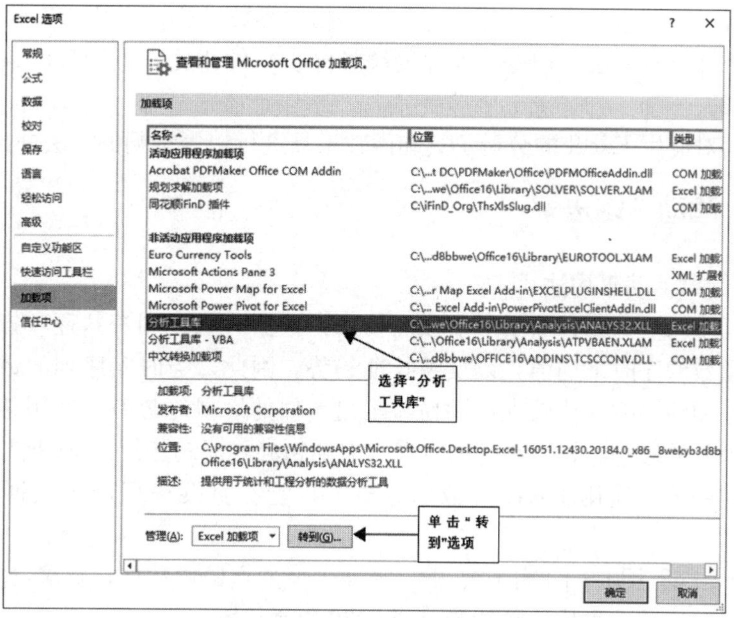

图 6-9

第三步，选择“分析工具库”选项，并单击“确定”选项，如图 6-10 所示。

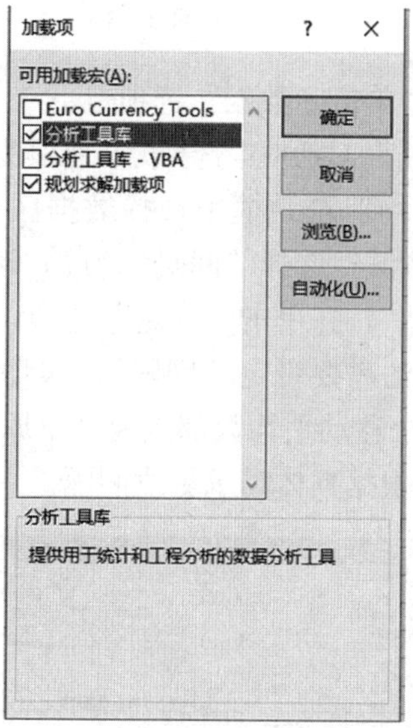

图 6-10

此时，在“数据”选项卡下分析组中有“数据分析”功能，如图 6-11 所示。

图 6-11

分析工具库包含描述统计、直方图、相关系数、移动平均、指数平滑、回归等 19 种数据统计分析方法。但是与专业的统计分析软件相比，可处理的数据量和模型复杂程度有限。

下面对应用 Excel 的分析工具和函数工具进行销售预测的方法进行讲解。

6.3.2 移动平均法

1. 简单移动平均法

移动平均法是一种简单平滑预测技术，根据时间序列资料逐项推移，一次计算包含一定项数的序时平均值，以反映长期趋势。因此，当时间序列的数值由于周期变动和随机波动的影响起伏较大，不易显示出事件的发展趋势时，使用移动平均法可以消除这些因素的影响，显示事件的发展方向和趋势（即趋势线），依据趋势线分析预测序列的长期趋势。应用 Excel 的数据分析工具能够直接根据历史数据进行预测并生成图表。

【例 6－4】 图 6－12 为某公司 2019 年上海网点销售数据，要求：使用 Excel 的数据分析工具，以移动平均法预测该公司 2020 年销售额。

	A	B	C	D	E	F	G	H	I	J	K	L	M
1	2019年上海网点销售数据												
2	月份	1	2	3	4	5	6	7	8	9	10	11	12
3	销售额（元）	101,400.00	162,890.00	143,000.00	170,200.00	197,500.00	158,000.00	95,800.00	139,900.00	131,000.00	210,000.00	171,100.00	190,300.00

图 6－12

【操作方法】 第一步，单击“数据”选项卡下“分析”组中的“数据分析”选项。

第二步，在“数据分析”对话框中选择分析工具为“移动平均”，并单击“确定”选项。

第三步，在“移动平均”对话框中选择数据区域为 2019 年上海网点销售数据区域，即 B3 至 M3 单元格区域；选择“间隔”为 2；选择输出区域，如 B6 单元格；选中“图表输出”和“标准误差”，并单击“确定”选项，如图 6－13 所示。

注意，使用移动平均法需要设定“间隔”，移动平均数的计算限定在间隔数之内。若移动平均数为 2，则每个移动平均数都是前 2 个原始数据的平均值。本例以间隔为 2 举例，在实际应用中，可根据具体需求更改间隔。

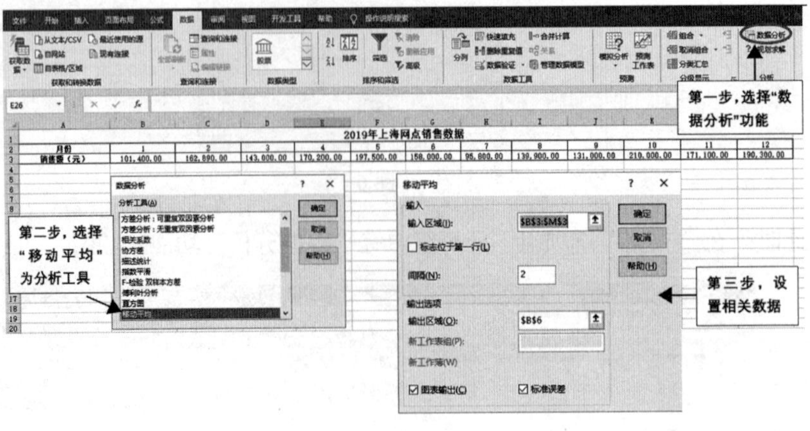

图 6－13

第四步，通过上述操作能够得到2020年上海网点销售预测数据，为生成的表格添加标题，得到的结果如图6－14所示，其中第6行为Excel自动生成的预测数据。

2020年上海网点销售预测数据-移动平均法												
月份	1	2	3	4	5	6	7	8	9	10	11	12
销售额（元）	#N/A	132,145.00	152,945.00	156,600.00	183,850.00	177,750.00	126,900.00	117,850.00	135,450.00	170,500.00	190,550.00	180,700.00

图6－14

第五步，由于在第三步的“移动平均”对话框中选择了“图表输出”，因此，在得到2020年上海网点销售预测数据的同时，Excel会同时生成相应的图表，给生成的图表重命名其图表标题及坐标轴标题，得到的结果如图6－15所示。

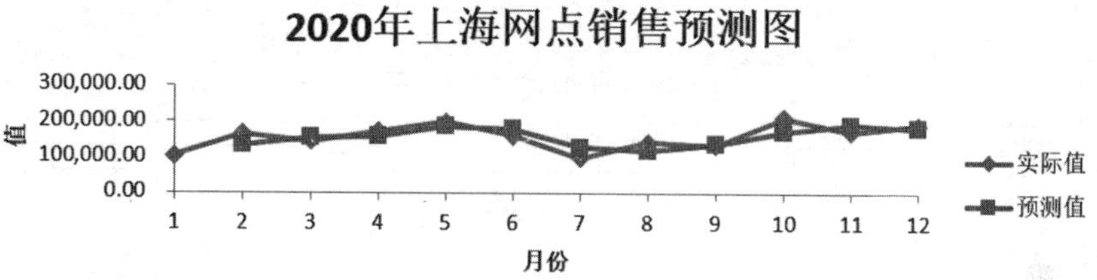

图6－15

本例的动图操作过程，请扫描二维码。

例6-4
动图演示

上述操作是以2为间隔的简单移动平均。在实际销售预测工作中，只需要改变上述分析工具中的间隔就可以得到任意间隔的销售预测情况。如果将间隔设置为3，重复上述操作后得到的2020年上海网点销售预测数据及销售预测图如图6－16所示。

2020年上海网点销售预测数据-移动平均法												
月份	1	2	3	4	5	6	7	8	9	10	11	12
销售额（元）	#N/A	#N/A	135,763.33	158,696.67	170,233.33	175,233.33	150,433.33	131,233.33	122,233.33	160,300.00	170,700.00	190,466.67

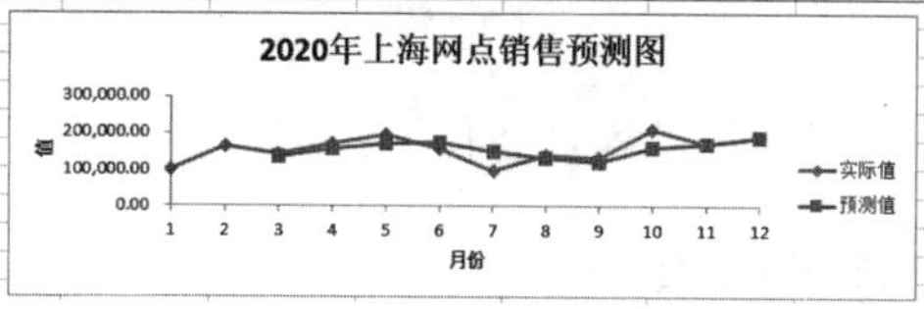

图6－16

2. 加权移动平均法

加权移动平均法，是指根据同一个移动期内不同时期的数据对预测值的影响程度给予不同的权数，然后进行平均移动以预测未来值的方法。加权移动平均法与简单移动平均法的区别在于，简单移动平均法对移动期内的各时期数据同等看待，而加权移动平均法则考虑了移动期内不同时期的数据对预测值的影响程度不同，弥补了简单移动平均法的不足。通常情况下，近期的数据对预测值的影响程度较大，因此，加权移动平均法会对近期数据赋予较大权数，而对远期的数据赋予较小的权数。使用加权移动平均法时，首先需要对每个时期的数据赋予一定的权数，并且权数总和为1。

【例6－5】 现有2019年上海网点销售数据，根据近期数据权数大而远期数据权数小的特点，得到如图6－17所示数据。要求：使用Excel的数据分析工具，以加权移动平均法预测该公司 2020 年销售额。

	A	B	C	D	E	F	G	H	I	J	K	L	M
1	2019年上海网点销售数据												
2	月份	1	2	3	4	5	6	7	8	9	10	11	12
3	权数	0.02	0.03	0.05	0.06	0.07	0.08	0.09	0.1	0.11	0.12	0.13	0.14
4	销售额（元）	101,400.00	162,890.00	143,000.00	170,200.00	197,500.00	158,000.00	95,800.00	139,900.00	131,000.00	210,000.00	171,100.00	190,300.00

图 6－17

【操作方法】应用加权移动平均法进行销售预测时，需要使用 SUMPRODUCT 函数。SUMPRODUCT 函数即乘积和函数（详见本书第 3 章 3.3 节）。

第一步，在 N1 至 Z4 单元格区域内，编制 2020 年上海网点销售预测数据表，如图 6－18 所示。

	N	O	P	Q	R	S	T	U	V	W	X	Y	Z
1	2020年上海网点销售预测数据-加权移动平均法												
2	月份	1	2	3	4	5	6	7	8	9	10	11	12
3	权数	0.02	0.03	0.05	0.06	0.07	0.08	0.09	0.1	0.11	0.12	0.13	0.14
4													

图 6－18

第二步，单击 O4 单元格，并输入“＝SUMPRODUCT(B4:M4,＄B＄3:＄M＄3)”，函数返回结果即为 2020 年 1 月份的销售预测值。

第三步，将鼠标移到 O4 单元格右下角，待光标变为十字形，即为填充柄状态，向右填充至 Z4 单元格，即可将单元格 O4 中的函数复制到 P4 至 Z4 区域并显示函数结果，得到的 2020 年上海网点销售预测数据如图 6－19 所示。

	N	O	P	Q	R	S	T	U	V	W	X	Y	Z
1	2020年上海网点销售预测数据-加权移动平均法												
2	月份	1	2	3	4	5	6	7	8	9	10	11	12
3	权数	0.02	0.03	0.05	0.06	0.07	0.08	0.09	0.1	0.11	0.12	0.13	0.14
4	销售额（元）	161848.7	140693.8	142324.8	140930.5	139910.5	139323.1	139112.6	139711.7	138615.2	138088.4	136339	137521.6

图 6－19

例 6－5
动图演示

本例的动图操作过程，请扫描二维码。

6.3.3 指数平滑法

指数平滑法也是一种常见的预测方法，它是在移动平均法的基础上发展而来的，或者说，它就是加权移动平均法的一种特殊形式。指数平滑法通过计算指数平滑值，配合一定的时间序列预测模型对未来进行预测。指数平滑法的基本公式是：

$$S_t=\alpha S_{t-1}+(1-\alpha)S_{t-1} \qquad (6-1)$$

式中，S_t 代表下期预测数；S_{t-1} 代表本期实际数；S_{t-1} 代表本期预测数；α 为平滑指数且 $0<\alpha<1$；$1-\alpha$ 为阻尼系数。

上式是从公式 $S_t= S_{t-1}+\alpha(S_{t-1}- S_{t-1})$ 变化而来的，后者表示指数平滑法的基本原理：在本期预测数的基础上加上用平滑指数调整过的本期实际数与本期预测数的差，即可求出下期预测数。平滑指数 α 的作用是在一定程度上消除偶然因素引起的历史数据的波动。α 越大，近期历史数据对预测结果的影响越大。

使用指数平滑法进行销售预测与移动平均法一样简单易行，只需录入销售历史数据和设置平滑指数。平滑指数可以根据历史资料中过去预测数与过去实际数的差距而定，差距大则可将平滑指数设置得大一些；反之，则可将平滑指数设置得小一些。根据平滑次数的不同，指数平滑法可分为一次指数平滑法、二次指数平滑法和三次指数平滑法等。在实际工作中，二次指数平滑法用得最多，而且二次指数平滑法必须在一次指数平滑法的基础上进行。下面分别对一次指数平滑法和二次指数平滑法进行讲解。

1. 一次指数平滑法

【例6-6】现有2019年上海网点销售数据，使用Excel的数据分析工具，以指数平滑法预测该公司2020年销售额。

【操作方法】第一步，单击“数据”选项卡下“分析”组中的“数据分析”选项。

第二步，在“数据分析”对话框中选中“指数平滑”选项，并单击“确定”。

第三步，在“指数平滑”对话框中选择数据区域为2019年上海网点销售数据区域，即B3至N3单元格区域；选择“阻尼系数”为0.3；选择输出区域，如B7单元格；选中“图表输出”和“标准误差”，并单击“确定”，如图6-20所示。

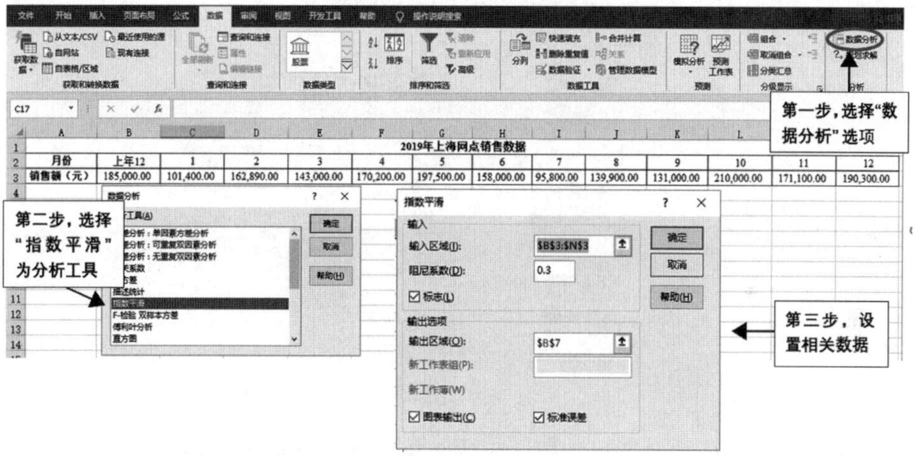

图6-20

通过上述操作能够得到2020年上海网点销售数据。对生成的数据添加标题，结果如图6-21所示。

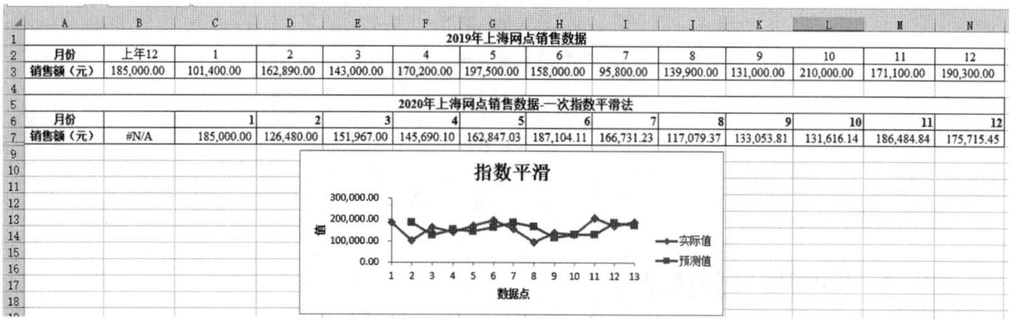

月份	上年12	1	2	3	4	5	6	7	8	9	10	11	12
销售额（元）	185,000.00	101,400.00	162,890.00	143,000.00	170,200.00	197,500.00	158,000.00	95,800.00	139,900.00	131,000.00	210,000.00	171,100.00	190,300.00

2020年上海网点销售数据-一次指数平滑法

月份		1	2	3	4	5	6	7	8	9	10	11	12
销售额（元）	#N/A	185,000.00	126,480.00	151,967.00	145,690.10	162,847.03	187,104.11	166,731.23	117,079.37	133,053.81	131,616.14	186,484.84	175,715.45

图6-21

例 6-6
动图演示

本例的动图操作过程，请扫描二维码。

2. 二次指数平滑法

在一次指数平滑的基础上再次进行指数平滑操作，就是二次指数平滑法。二次指数平滑是对一次指数平滑的再平滑，因此在进行二次指数平滑时需要以一次指数平滑的结果作为基础数据。二次指数平滑法的操作过程与一次指数平滑法相同，只是在“分析工具”对话框中的输出区域和输入区域的选择上有所区别。

在上例的基础上进行二次指数平滑操作，操作步骤如下：

第一步，单击“数据”选项卡下“分析”组中的“数据分析”选项。

第二步，在“数据分析”对话框中选中“指数平滑”选项，并单击“确定”。

第三步，在“指数平滑”对话框中选择数据区域为 2020 年上海网点销售数据区域，即 C7 至 N7 单元格区域；选择“阻尼系数”为 0.3；选择输出区域，如 C22 单元格；选中“图表输出”和“标准误差”，并单击“确定”，如图 6-22 所示。

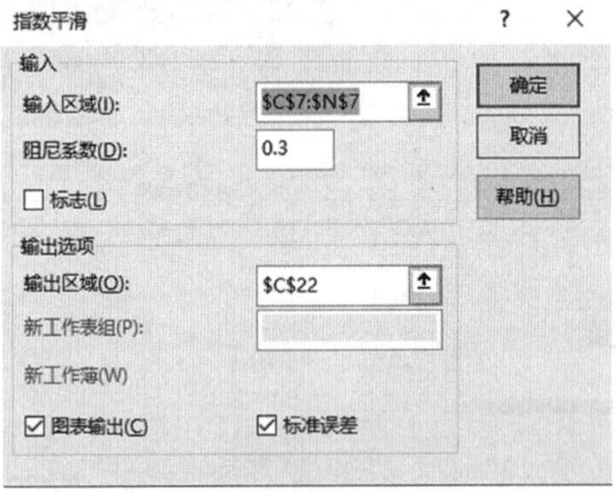

图 6-22

通过上述操作，能够得到用二次指数平滑法预测的 2020 年上海网点销售数据，如图 6-23 所示。

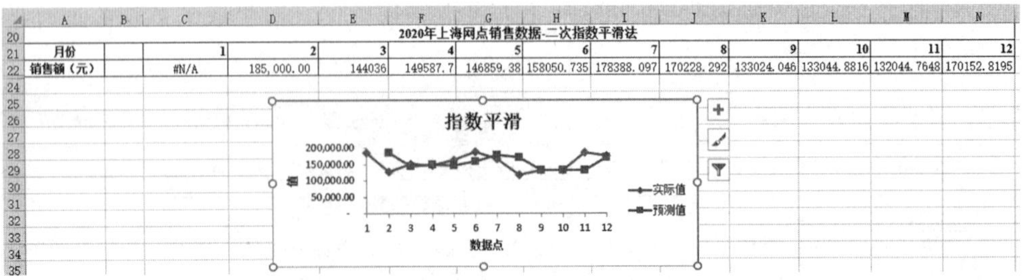

图 6-23

6.3.4 回归直线分析法

回归直线分析法研究的因果关系只涉及一个自变量和一个因变量，并且该因果关系呈直线分布，即模拟为一条一元一次直线方程 $y=ax+b$。如果将该直线延伸，可以得到较为直观的预测值。此处的回归直线分析法属于销售预测中的趋势预测法，即自变量是时间。后面还会讲解因果预测法中的回归直线分析法，其自变量是影响企业销售的最主要因素。运用回归直线分析法进行销售预测时，可以应用 Excel 函数，也可以应用 Excel 图表中趋势线和趋势线方程，以下分别讲解。

1. 应用函数进行预测

我们可以应用 FORECAST 函数进行销售预测，也可以应用 SLOPE 函数和 INTERCEPT 函数，或者 LINEST 和 INDEX 嵌套函数进行销售预测。这几种方法的区别是：应用 FORECAST 函数只能得到预测值；而应用 SLOPE 函数和 INTERCEPT 函数，或者应用 LINEST 和 INDEX 嵌套函数则是通过求出直线方程的斜率 a 和截距 b 计算预测值。本节仅以应用 FORECAST 函数和应用 LINEST 和 INDEX 嵌套函数为例进行讲解。

（1）FORECAST 函数。FORECAST 函数是统计函数，具体含义是，应用回归直线方程 $y=a+bx$，根据给定的 x 值返回要预测的 y 值。该函数的语法为 FORECAST(x, known_y's, known_x's)。其中，参数 x 为需要预测的数据点 x 值；参数 known _ y's 为给定的已知 y 值集合；参数 known _ x's 为给定的已知 x 值集合。

【例 6－7】 现有某公司 2019 年 1 月至 11 月的上海网点销售数据，如图 6－24 所示。要求：使用 FORECAST 函数预测 12 月的销售额。

	A	B	C	D	E	F	G	H	I	J	K	L
1	2019年上海网点销售数据											
2	月份平方	1	4	9	16	25	36	49	64	81	100	121
3	月份	1	2	3	4	5	6	7	8	9	10	11
4	销售额（元）	101,400.00	162,890.00	143,000.00	170,200.00	197,500.00	158,000.00	95,800.00	139,900.00	131,000.00	210,000.00	171,100.00

图 6－24

【操作方法】 将显示数据的单元格设置为 B9 单元格，单击 B9 单元格，输入“=FORECAST(12,B4:L4,B3:L3)”，即可显示 2019 年 12 月份的预测数据，如图 6－25 所示。

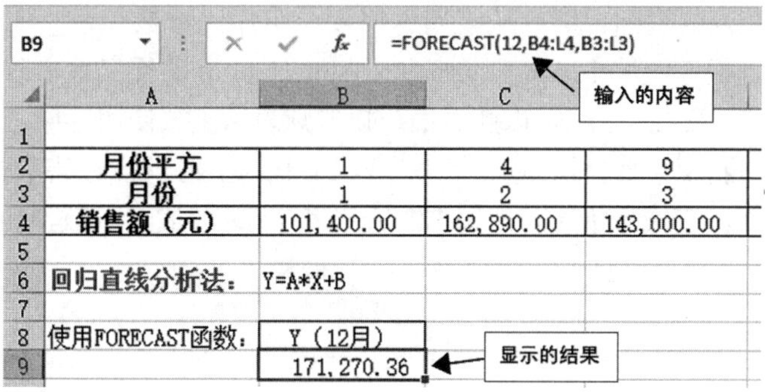

图 6－25

本例的动图操作过程，请扫描二维码。

例 6－7
动图演示

（2）LINEST 和 INDEX 嵌套函数。LINEST 函数是统计函数，具体含义是通过使用最小二乘法计算与现有数据最佳拟合的直线，并返回由描述此直线的斜率 a 和截距 b 形成的数组。该函数的语法为 LINEST(known_y's, [known_x's], [const], [stats])。其中，参数 known_y's 为给定的已知 y 值集合。参数 known_x's 为给定的已知 x

值集合，如缺省则表示该 x 值集合为 {1，2，3，…}，集合大小与 known_y's 相同。参数 const 是一个布尔值，用于指定是否将截距 b 强制设为 0，如果 const 为 TRUE 或缺省，b 将按正常计算；如果 const 为 FALSE，b 将被设为 0。参数 stats 也是一个布尔值，用于指定是否返回附加回归统计值，如果 stats 为 TRUE，则函数返回附加回归统计值；如果 stats 为 FALSE 或缺省，则函数只返回斜率 a 和截距 b 形成的数组。需要注意的是，LINEST 函数返回的是数值数组，因此单独使用时必须以数组的形式输入，否则需要与其他函数嵌套使用。

INDEX 函数是查找与引用函数，具体含义是返回表格或区域中的值或值的引用。INDEX 函数有两种使用方法：第一种是返回指定单元格或单元格数组的值，即数组形式；第二种是返回指定单元格的引用，即引用形式。

INDEX 的数组形式的功能是返回给定单元格或数组中行号列标的元素的值，其语法为 INDEX(array,[row_num],[column_num])。其中，参数 array 是给定的单元格区域或数组。参数 row_num 是 array 中某行的行号，函数从该行返回数值，若 array 只包含一行，可省略 row_num，但必须有参数 column_num。参数 column_num 是 array 中某列的列标，函数从该列返回数值，若 array 只包含一列，可省略 column_num，但必须有参数 row_num。如果同时使用参数 row_num 和 column_num，函数返回 row_num 和 column_num 交叉处的单元格的值；如果将 row_num 或 column_num 设置为 0 或缺省，函数分别返回整个列或行的值。

INDEX 的引用形式的功能是返回给定行列交叉处的单元格引用。如果引用由不连续的选定区域组成，可以选择某一选定区域，其语法为 INDEX(reference,[row_num],[column_num],[area_num])。其中，参数 reference 为给定的对一个或多个单元格区域的引用，如果为引用不连续的区域，必须用括号括起来，例如，(A1:D3,A5:D7)。参数 row_num 代表 reference 中某行的行号，函数从该行返回一个引用。参数 column_num 代表 reference 中某列的列标，函数从该列返回一个引用。参数 area_num 代表选择引用中的一个区域，返回该区域中 row_num 和 column_num 的交叉区域。选中或输入的第一个区域序号为 1，第二个为 2，以此类推。缺省则表示函数使用区域 1。

【例 6-8】 现有某公司 2019 年 1 月至 11 月的上海网点销售数据，如图 6-26 所示。要求：应用回归直线分析法，使用 LINEST 和 INDEX 嵌套函数预测 12 月的销售额。

	A	B	C	D	E	F	G	H	I	J	K	L
1	2019年上海网点销售数据											
2	月份平方	1	4	9	16	25	36	49	64	81	100	121
3	月份	1	2	3	4	5	6	7	8	9	10	11
4	销售额（元）	101,400.00	162,890.00	143,000.00	170,200.00	197,500.00	158,000.00	95,800.00	139,900.00	131,000.00	210,000.00	171,100.00

图 6-26

【操作方法】 使用 LINEST 和 INDEX 嵌套函数计算斜率 a 和截距 b。

第一步，单击显示斜率 a 的单元格，如 B12 单元格，输入“=INDEX(LINEST(B4:L4,B3:L3),1)”。

第二步，单击显示截距 b 的单元格，如 C12 单元格，输入“=INDEX(LINEST(B4:L4,B3:L3),2)”。

第三步，单击显示 12 月份销售额预测值的单元格，如 D12 单元格，输入“=B12*12+C12”。得到的结果如图 6-27 所示。

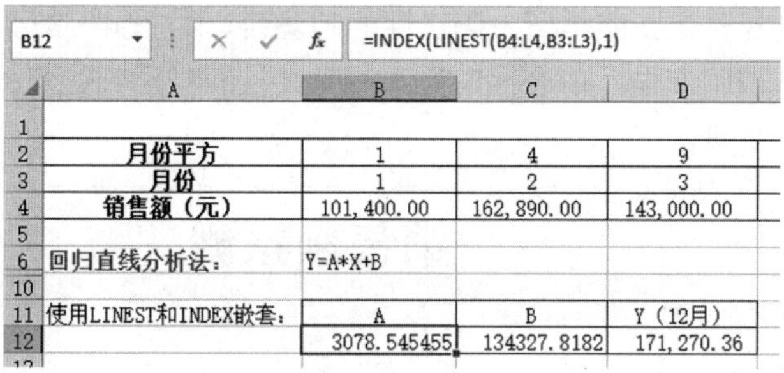

B12 =INDEX(LINEST(B4:L4,B3:L3),1)

	A	B	C	D
1				
2	月份平方	1	4	9
3	月份	1	2	3
4	销售额（元）	101,400.00	162,890.00	143,000.00
5				
6	回归直线分析法：	Y=A*X+B		
10				
11	使用LINEST和INDEX嵌套：	A	B	Y（12月）
12		3078.545455	134327.8182	171,270.36

图 6－27

本例的动图操作过程，请扫描二维码。

例6－8

动图演示

2. 应用趋势线和趋势线方程进行预测

为了更加直观地反映销售额变化情况，在上例的基础上可以做一个折线图进行预测。

【例 6－9】在上例的基础上，插入折线图并添加趋势线。

【操作方法】第一步，选中 A4 至 L4 单元格区域，单击“插入”选项卡，在“图表”组中选择“插入折线图或面积图”，选择“带数据标记的折线图”，即可生成一个销量图。

第二步，单击图表右上方的十字形符号，选择“图例”，设置为“底部”，勾选“趋势线”，更改标题，选中生成的趋势线，在“设置趋势线格式”窗口中选择“趋势线选项”为“线性”，并选中“显示公式”和“显示 R 平方值”，如图 6－28 所示。

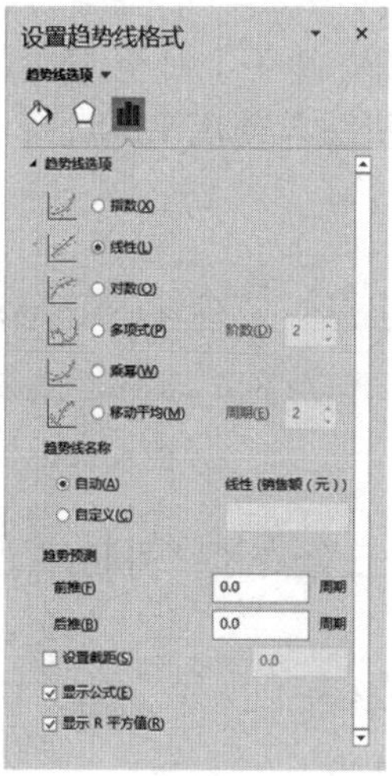

图 6－28

通过上述操作步骤能得到一条线性的趋势线，如图 6－29 所示，这条趋势线代表计算出的直线回归方程。在进行销售预测时，只需要延长趋势线，即可得到未来某一时期的预测销售量。

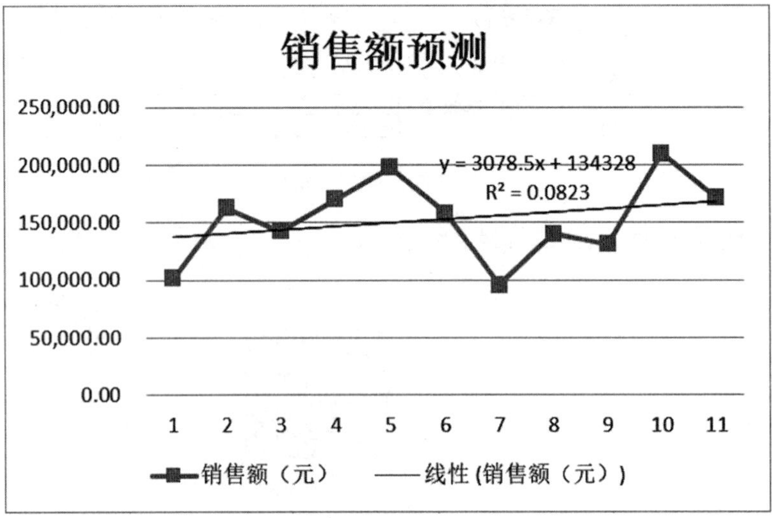

图 6－29

例 6－9
动图演示

本例的动图操作过程，请扫描二维码。

6.3.5 回归曲线分析法

回归曲线分析法与回归直线分析法的原理一致，只涉及一个自变量和一个因变量，但回归直线分析法是一元一次回归，而回归曲线分析法则是一元二次回归，回归曲线方程为 $Y=a_1X^2+a_2X+b$，在计算参数的过程中可将 X^2 设为 X_1，把 X 设为 X_2，则原方程可转化为 $Y=a_1X_1+a_2X_2+b$。

运用回归曲线分析法进行销售预测时，同样需要使用 LINEST 和 INDEX 嵌套函数。

【例 6－10】 现有某公司 2019 年 1 月至 11 月的上海网点销售数据，如图 6－30 所示。要求：应用回归曲线分析法，使用 LINEST 和 INDEX 嵌套函数预测 12 月的销售额，并绘制图表。

	A	B	C	D	E	F	G	H	I	J	K	L
1	2019年上海网点销售数据											
2	月份平方	1	4	9	16	25	36	49	64	81	100	121
3	月份	1	2	3	4	5	6	7	8	9	10	11
4	销售额（元）	101,400.00	162,890.00	143,000.00	170,200.00	197,500.00	158,000.00	95,800.00	139,900.00	131,000.00	210,000.00	171,100.00

图 6－30

【操作方法】 已知数据中已经有了“月份平方”项目，即 X^2 为已知数，基于此进行下面的操作。

第一步，计算参数 a_2。单击 B29 单元格，输入“＝INDEX(LINEST(B4:L4,B2:L3),1)”，得到参数 a_2 为 3 490.57。

第二步，计算参数 a_1。单击 C29 单元格，输入“=INDEX(LINEST(B4:L4,B2:L3),2)”，得到参数 a_1 为−34.34。

第三步，计算参数 b。单击 D29 单元格，输入“=INDEX(LINEST(B4:L4,B2:L3),3)”，得到参数 b 为 133 435.09。

因此，回归曲线方程为 $Y=-34.34X^2+3\ 490.57X+133\ 435.09$。

第四步，计算 12 月份的预测值。单击 E29 单元格，输入“=C29＊12＊12+B29＊12+D29”，得到 12 月份的预测值为 170 377.64，如图 6-31 所示。

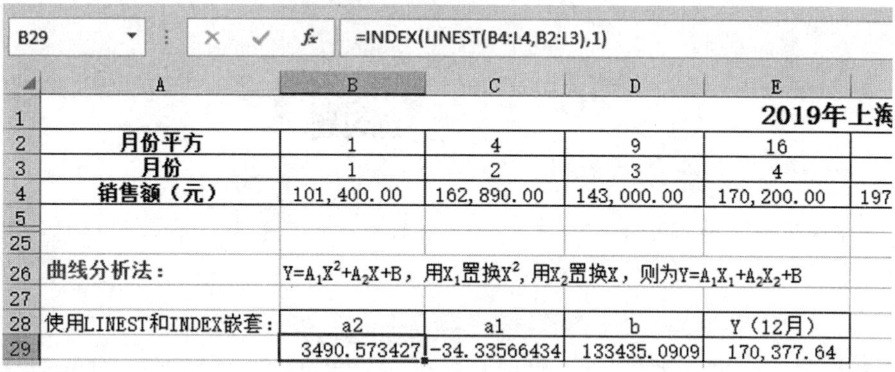

图 6-31

第五步，根据历史数据区域添加销售额折线图。即选中 B4 至 L4 单元格区域，单击“插入”选项卡下“图表”组，选择“XY 散点图”。

第六步，单击图表右上方的十字形符号，选择“图例”，设置为“底部”，勾选“趋势线”，更改标题，单击图表中的趋势线，在“设置趋势线格式”窗口中选择“趋势线选项”为“多项式”，此时默认阶数为 2，即为二次趋势线，选中“显示公式”和“显示 R 平方值”，最终得到含有趋势线的散点图，如图 6-32 所示。

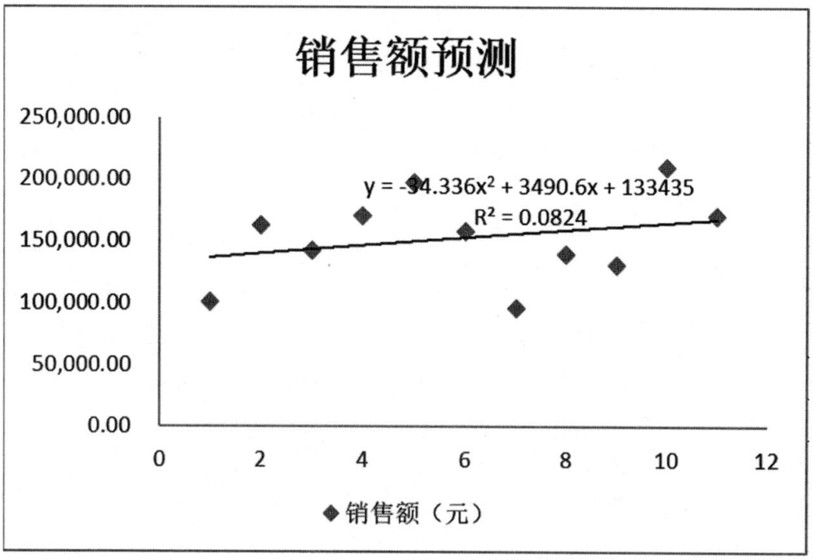

图 6-32

本例的动图操作过程，请扫描二维码。

例 6 - 10
动图演示

练习题

1. 基于图 6 - 33 所示的销售流向分析-分类汇总表中的数据信息，制作数据透视表。

	A	B	C	D	E	F	G	H	I	J	K	L	M	N	O
1	销售流向分析-分类汇总表														
2	销售日期	月份	网点	商品编码	商品名称	供应商简称	商品类别	型号	品牌	单位	销售员	客户简称	销售数量	价格	金额
3	2019-10-12	10	上海	CY03060301-B	雅梦石榴焕采修复霜	上海美姿	霜	YM98712	雅梦	瓶	夏雅辰	上海新世界	400	168	67200
4	2019-10-15	10	成都	CB01060301-A	珀芙樱花保湿水	北京悦梦	水	BF21201	珀芙	瓶	石怡	成都太平洋	300	188	56400
5	2019-12-21	12	乌鲁木齐	CB02060301-A	珀芙樱花滋润乳	北京悦梦	乳	BF21202	珀芙	瓶	唐冰冰	天山百货	400	238	95200
6	2019-10-19	10	北京	CT04060301-B	雅梦石榴焕采修复保湿套装	上海美姿	套装	YM98714	雅梦	套	王梦	北京大悦城	400	368	147200
7	2019-11-08	11	北京	CY02060301-B	雅梦石榴焕采滋润乳	上海美姿	乳	YM98711	雅梦	瓶	王梦	北京大悦城	200	128	25600
8	2019-12-16	12	乌鲁木齐	CT04060301-B	珀芙修复保湿套装	北京悦梦	套装	BF21204	珀芙	套	李思怡	天山百货	200	758	151600
9	2019-10-18	10	乌鲁木齐	CB01060301-A	珀芙樱花保湿水	北京悦梦	水	BF21201	珀芙	瓶	李思怡	天山百货	300	188	56400
10	2019-12-21	12	上海	CT04060301-B	珀芙修复保湿套装	北京悦梦	套装	BF21204	珀芙	套	夏雅辰	上海新世界	260	758	197080
11	2019-11-04	11	长春	CY01060301-B	雅梦石榴焕采保湿水	上海美姿	水	YM98713	雅梦	瓶	李雨潇	长春万达	200	98	19600
12	2019-11-08	11	长春	CT04060301-B	雅梦石榴焕采修复保湿套装	上海美姿	套装	YM98714	雅梦	套	李雨潇	长春万达	280	368	103040
13	合计														919320

图 6 - 33

第7章

成本费用与利润管理

成本费用是企业生产经营过程中的资金耗费，反映企业为取得预期收益而发生的各项支出，主要包括制造成本和期间费用等。成本费用是衡量企业内部运行效率的重要指标，在收入一定的情况下，直接决定了公司的盈利水平。

成本费用管理是企业对生产经营过程中发生的费用和形成的成本进行计划、控制、核算、分析和考核等科学管理工作的总称。加强成本费用管理具有重要意义，既可以提高企业经营管理水平，降低生产经营中的成本耗费，也可以为企业抵抗内外压力、求得生存发展提供可靠保障。

利润管理主要是指企业对目标利润的规划与控制，是企业目标管理的重要组成部分。在市场经济条件下，加强利润管理对顺利实现财务管理目标、不断提高利润水平具有重要的意义。

本章的重点包括：(1) 利用Excel对数据进行成本性态分析；(2) 利用Excel进行成本预测；(3) 了解期间费用实际数与计划数的差异分析方法；(4) 基于Excel在企业成本费用管理中的实际应用，运用本量利分析的基本原理，对盈亏平衡和目标利润进行分析。

7.1 成本性态分析

企业进行成本分析的常用方法之一是成本性态分析。成本性态，又称成本习性，是指成本总额与业务量（如产品产量、销量等）之间的内在关系。成本按其性态可分为固定成本、变动成本和混合成本三类。固定成本是指在特定的业务量范围内不受业务量变动影响，其总额保持相对稳定的成本。变动成本是指在特定的业务量范围内其总额随业务量变动而成正比例变动的成本。混合成本是成本性态介于固定成本和变动成本之间的成本，它随业务量变动而变动，但不成正比例关系。现实中，企业的多数成本包含固定成本与变动成本，即多数成本为混合成本。在进行成本性态分析时，只有将混合成本分解为固定成本和变动成本两部分，才能更清晰地了解企业成本总额与业务量之间的关系，以满足企业成本管理的各种需要。

任何一条曲线在一定区间内都可以近似地表现为一条直线。因此，在特定业务量范围内，企业的成本可以用一个直线方程 $y=ax+b$ 来模拟。其中，y 代表成本总额；a 代表单位变动成本；b 代表固定成本总额；x 代表业务量；ax 为变动成本总额。混合成本的分解就是计算混合成本中的固定成本和单位变动成本，以得到混合成本总额直线模型。实际上，成本性态分析就是企业在明确各项成本性态的基础上，将全部成本分解为固定成本和变动成本两部分，并构建相应的成本函数模型。成本性态分析也是后面章节所要介绍的企业盈亏平衡分析、目标利润分析等的基础。将企业的固定成本和变动成本看作特殊的混合成本，即固定成本为直线方程中斜率 $a=0$ 时的混合成本，变动成本为直线方程中截距 $b=0$ 时的混合成本。实际上成本性态分析的主要过程就是混合成本的分解。混合成本的分解方法有很多，最常用的有高低点法和回归直线法。

7.1.1 高低点法

高低点法是以过去某一期间的总成本和业务量资料为依据，从中选取业务量最高点和业务量最低点，将总成本进行分解，从而得出成本性态模型的方法。应用高低点法进行混合成本分解的计算方法如下：

$$\text{单位变动成本}=\frac{\text{最高点业务量成本}-\text{最低点业务量成本}}{\text{最高点业务量}-\text{最低点业务量}}$$

$$\text{固定成本总额}=\text{最高点业务量成本}-\text{单位变动成本}\times\text{最高点业务量}$$

或

$$\text{固定成本总额}=\text{最低点业务量成本}-\text{单位变动成本}\times\text{最低点业务量}$$

在 Excel 中应用高低点法时，首先需要利用 MAX 函数和 MIN 函数分别确定混合成本历史数据中的最高点业务量和最低点业务量。MAX 函数是统计函数，具体含义是返回一组数值中的最大值。该函数的语法为 MAX(number1,[number2],…)，参数 number1,number2,… 表示准备从中求取最大值的数值，允许设置 1～255 个。MIN 函数也是统计函数，具体含义是返回一组数值中的最小值。该函数的语法为 MIN(number1,[number2],…)，参数 number1,number2,… 表示准备从中求取最小值的数值，允许设置 1～255 个。

【例 7-1】某公司 2019 年 1 月至 9 月的产量及成本数据如图 7-1 所示。要求：根据高低点法求混合成本线性方程。

	A	B	C
1	混合成本历史数据		
2	期间	产量（件）	成本（元）
3	1月	8000	420,458.26
4	2月	7200	364,767.32
5	3月	6000	313,376.48
6	4月	6600	337,476.47
7	5月	7000	368,521.75
8	6月	5500	293,025.39
9	7月	5700	312,482.54
10	8月	6200	322,312.54
11	9月	7500	387,762.33

图 7-1

【操作方法】第一步，使用 MAX 函数和 MIN 函数计算最高产量和最低产量。单击 B15 单元格，输入“=MAX(B3：B11)”；单击 B16 单元格，输入“=MIN(B3：B11)”，分别得到 1—9 月的最高产量和最低产量，如图 7-2 所示。

B15　=MAX(B3:B11)

	A	B	C
1	混合成本历史数据		
2	期间	产量（件）	成本（元）
3	1月	8000	420,458.26
4	2月	7200	364,767.32
5	3月	6000	313,376.48
6	4月	6600	337,476.47
7	5月	7000	368,521.75
8	6月	5500	293,025.39
9	7月	5700	312,482.54
10	8月	6200	322,312.54
11	9月	7500	387,762.33
12			
13	高低点法：		
14			
15	最高产量：	8000	输入 MAX 函数
16	最低产量：	5500	输入 MIN 函数

图 7-2

第二步，使用 VLOOKUP 函数分别求最高产量和最低产量所对应的成本。单击 D15 单元格，输入“=VLOOKUP(B15，$B$3：$C$11，2，0)”，即使用 VLOOKUP 函数，在 B3 至 C11 单元格区域的第一列查找 B15 单元格中的内容，并返回相应的第二列内容。“0”代表精确查找，意味着如果在 B3 至 C11 单元格区域中的第一列找不到 B15 单元格中的内容，则返回错误值 #N/A。再将鼠标移至 D15 单元格右下角，待光标变为十字形时，使用填充柄功能向下填充至 D16 单元格，得到的结果如图 7-3 所示。

D15　=VLOOKUP(B15,$B$3:$C$11,2,0)

	A	B	C	D
1	混合成本历史数据			
2	期间	产量（件）	成本（元）	
3	1月	8000	420,458.26	
4	2月	7200	364,767.32	
5	3月	6000	313,376.48	
6	4月	6600	337,476.47	
7	5月	7000	368,521.75	
8	6月	5500	293,025.39	
9	7月	5700	312,482.54	
10	8月	6200	322,312.54	
11	9月	7500	387,762.33	
12				
13	高低点法：			
14				
15	最高产量：	8000	最高成本：	420,458.26
16	最低产量：	5500	最低成本：	293,025.39

图 7-3

第三步，根据高低点法计算单位变动成本的公式，在 B17 单元格中输入“=(D15－D16)/(B15－B16)”，得到单位变动成本，即线性方程中的斜率 a。

第四步，根据高低点法计算固定成本的公式，固定成本总额等于最高点业务量成本减去单位变动成本与最高点业务量的乘积（或者等于最低点业务量成本减去单位变动成本与最低点业务量的乘积）。因此，在单元格 B18 中输入“=D15－B17 * B15”，就可以根据最高产量及其成本计算固定成本总额，即线性方程中的截距 b，如图 7－4 所示。

B17　fx　=(D15-D16)/(B15-B16)

	A	B	C	D
1	混合成本历史数据			
2	期间	产量（件）	成本（元）	
3	1月	8000	420,458.26	
4	2月	7200	364,767.32	
5	3月	6000	313,376.48	
6	4月	6600	337,476.47	
7	5月	7000	368,521.75	
8	6月	5500	293,025.39	
9	7月	5700	312,482.54	
10	8月	6200	322,312.54	
11	9月	7500	387,762.33	
12				
13	高低点法：			
14				
15	最高产量：	8000	最高成本：	420,458.26
16	最低产量：	5500	最低成本：	293,025.39
17	单位变动成本：	50.97		
18	固定成本：	12,673.08		

第三步，输入=(D15-D16)/(B15-B16)

第四步，输入“=D15-B17*B15”

图 7－4

本例的动图操作过程，请扫描二维码。

通过上述操作步骤，根据高低点法计算出的混合成本线性方程为 $Y=50.97X+12\ 673.08$。

例 7－1
动图演示

7.1.2 回归直线法

在本书第 6 章销售管理中，详细讲解了应用 LINEST 和 INDEX 嵌套函数，求直线方程的截距和斜率，本章将介绍应用 SLOPE 和 INTERCEPT 函数求直线方程的截距和斜率。

SLOPE 函数，其功能为返回通过 known_y's 和 known_x's 中数据点的线性回归线的斜率。斜率为线上任意两个点之间的垂直距离除以水平距离，即回归线的变化率。SLOPE 函数的语法是 SLOPE(known_ y's，known_x's)，其中，known _ y's 代表数字型因变量数据点数组或单元格区域；known _ x's 代表自变量数据点集合。如果 known_ y's 和 known_x's 为空或其数据点个数不同，SLOPE 函数返回错误值 #N/A。

INTERCEPT 函数，其功能为返回通过 known _ y's 和 known _ x's 中数据点的线性回归线的截距。INTERCEPT 函数的语法是 INTERCEPT(known_y's，known_x's)，

参数含义与 SLOPE 函数中的参数相同。参数可以是数字，或者是包含数字的名称、数组或引用。如果数组或引用参数包含文本、逻辑值或空白单元格，这些值将被忽略，但包含零值的单元格将计算在内。

【例 7－2】沿用上例数据，某公司 2019 年 1 月至 9 月的产量及成本数据如图 7－1 所示。要求：使用 SLOPE 函数和 INTERCEPT 函数，求混合成本线性方程。

【操作方法】第一步，单击 C26 单元格，输入“＝SLOPE(C3:C11,B3:B11)”，即以 C3 至 C11 单元格区域内数据集为 Y，B3 至 B11 单元格区域内数据集为 X，求得线性方程的斜率。

第二步，单击 C27 单元格，输入“＝INTERCEPT(C3:C11,B3:B11)”，即求线性方程的截距。结果如图 7－5 所示。

	A	B	C
1	**混合成本历史数据**		
2	**期间**	**产量（件）**	**成本（元）**
3	1月	8000	420,458.26
4	2月	7200	364,767.32
5	3月	6000	313,376.48
6	4月	6600	337,476.47
7	5月	7000	368,521.75
8	6月	5500	293,025.39
9	7月	5700	312,482.54
10	8月	6200	322,312.54
11	9月	7500	387,762.33
12			
24	**回归直线法：**		第一步，求斜率 a
25			
26	使用SLOPE函数：	**a**	**48.00301226**
27	使用INTERCEPT函数：	**b**	**28267.02759**
			第二步，求截距 b

图 7－5

本例的动图操作过程，请扫描二维码。

例 7－2
动图演示

通过上述操作步骤，根据回归直线法计算出的混合成本线性方程为 $Y=48.00X+28\ 267.03$。

7.2　成本预测

成本预测是指运用一定的科学方法，对未来成本水平及其变化趋势做出科学的估计。通过成本预测，经营管理者可以掌握未来的成本水平及其变动趋势，减少决策的盲目性，选择最优方案，做出正确决策。

成本预测的方法包括：（1）历史成本预测法，即根据历史成本数据进行成本性态分析，进而计算预期产量所对应的成本；（2）目标成本预测法，即根据产品的价格构成（产品成本、应交税费和利润）来制定产品的目标成本；（3）因素分析预测法，即根据历史成本数据，考虑可能降低成本的各因素，从而提出降低成本的方案并预测未来生产成本。

历史成本预测法与第 6 章销售管理中的销售预测方法类似，本章主要针对目标成本预测法进行讲解。

预测目标成本，可以使用倒扣测算法，倒扣测算法是指在实现目标利润的基础上，首先预计产品的售价和销售收入，然后扣除价内税和目标利润，所得余额即为目标成本。

单一产品生产条件下产品目标成本＝预计销售收入－应缴税金－目标利润

【例 7－3】应用 Excel 编制目标成本预测表。

【操作方法】第一步，根据单一产品生产条件下产品目标成本公式，编制目标成本预测表，如图 7－6 所示。

	A	B
1	**目标成本预测**	
2	预计销量	
3	预计售价	
4	预计销售收入	
5	综合税率（%）	
6	目标毛利	
7	**目标成本**	
8	**目标单位成本**	

图 7－6

第二步，设置滚动条控件。单击“开发工具”选项卡下“控件”组中的“插入”选项，选择“滚动条（窗体控件）”，并在可变动数据如“预计销量”项目后，即 C2 单元格处放置控件。重复上述操作，分别在 C3、C5 和 C6 单元格处放置滚动条控件，如图 7－7 所示。

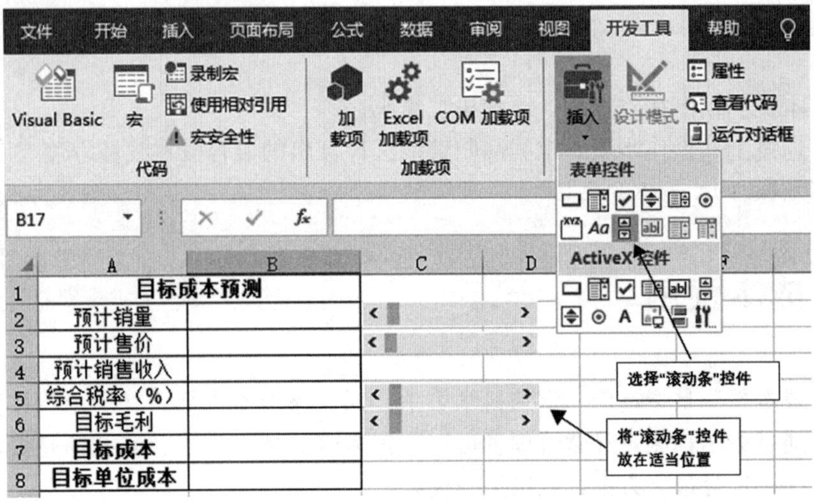

图 7－7

第三步，设置控件格式。选择 C2 单元格处的滚动条，单击鼠标右键，选择“设置控件格式”选项，在“设置控件格式”对话框中设置预计销量的最小值、最大值、步长，并选择“单元格链接”为 $B$2，如图 7－8 所示。重复上述操作，对 C3、C5 和 C6 单元格处的滚动条进行格式设置，使其分别与 B3、B5 和 B6 单元格链接。

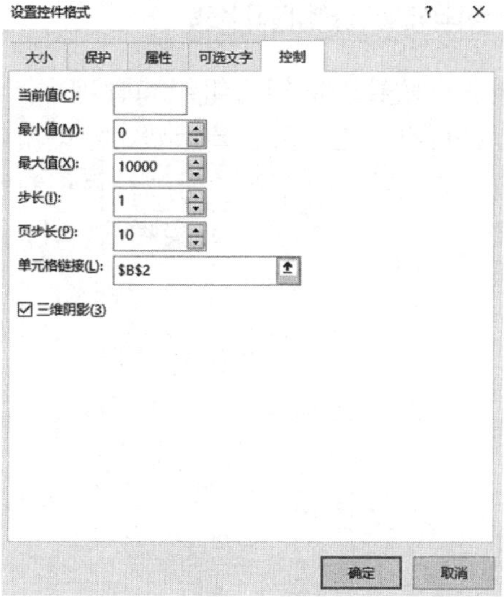

图 7－8

第四步，由于预计销售收入＝预计销量×预计售价，因此在 B4 单元格输入“＝B2 * B3”；目标成本＝预计销售收入－综合税率－目标毛利，在 B7 单元格输入“＝B4 *（1－B5）－B6”；目标单位成本＝目标成本÷预计销量，在 B8 单元格输入“＝B7/B2”。

通过上述操作，能够通过控制滚动条控件，控制预计销量、预计售价、综合税率和目标毛利的数值，根据 Excel 表格直接计算出预计销售收入、目标成本和目标单位成本，如图 7－9 所示。

	A	B	C	D
1	目标成本预测法			
2	预计销量	5,000.00		
3	预计售价	200.00		
4	预计销售收入	1,000,000.00		
5	综合税率（%）	25		
6	目标毛利	1,492.00		
7	**目标成本**	748,508.00		
8	**目标单位成本**	149.70		

图 7－9

本例的动图操作过程，请扫描二维码。

例 7－3
动图演示

7.3　成本费用管理

成本费用管理，是指通过比较企业某一时期实际成本与计划成本之间的差异，揭示成本定额和计划的完成情况，进行成本费用的分析和考核，掌握成本费用的变化特征和发展趋势，及时发现成本费用管理中存在的问题，以便有针对性地采取措施，降低成本，控制费用，提高企业的管理水平。下面我们就以管理费用为例，讲述 Excel 在成本费用管理中的具体应用。

7.3.1 编制管理费用实际计划对比表

管理费用是指企业行政管理部门为组织和管理生产经营活动而发生的各项费用。管理费用包括的明细科目有职工薪酬、差旅费、水电费、通讯费、业务招待费等。为了进行管理费用分析，首先需要根据费用明细科目编制管理费用实际计划对比表，通常包括不同分部每个管理费用明细科目的实际数、计划数、超支数及超支率等指标，如图 7－10 所示。

	A	B	C	D	E	F	G	H	I	J	K	L	M
1	管理费用实际计划对比表												
2	202×年×月												
3	项目	1分部				2分部				合计			
4		实际数	计划数	超支数	超支%	实际数	计划数	超支数	超支%	实际数	计划数	超支数	超支%
5	职工薪酬	562738	480000			678213	680000						
6	外用人工费	876509	800000			594209	680000						
7	办公用品费	89034	125000			223458	188000						
8	通讯费	7357.21	7250			8421.22	8350						
9	差旅费	21802.8	21750			25442.3	25050						
10	养车费	10120.8	10150			11676.8	11690						
11	业务招待费	3870.12	4350			5027.53	5010						
12	燃料动力费	14669.3	14500			16586.2	16700						
13	折旧费	11400.2	11600			13799.4	13360						
14	宣传费	9307.31	8700			9864.12	10020						
15	警卫消防费	7800.88	7250			8593.02	8350						
16	低值易耗品摊销	7343.83	7250			8772.51	8350						
17	物业费	4686.11	4350			5139	5010						
18	电费	3009.13	2900			4023.48	3340						
19	水费	3647.8	2900			3416.95	3340						
20	修理费	11980.1	11600			13534.3	13360						
21	会议费	10161.8	10150			11813.8	11690						
22	物料消耗	9493.82	9425			11428.5	10855						
23	运输费	7483.78	7250			8083.16	8350						
24	保险费	6988.42	6525			7691.59	7515						
25	租赁费	6482.87	6090			6823.15	7014						
26	协会会费	4084.27	3625			3922.94	4175						
27	绿化费	2103.45	1450			2141.47	1670						
28	咨询费	1678.95	1885			1899.32	2171						
29	审计费	1460.59	1740			1865.26	2004						

图 7－10

在 J5 单元格中输入“＝B5＋F5”，得到 1 分部和 2 分部职工薪酬的实际数合计；在 K5 单元格中输入“＝C5＋G5”，得到 1 分部和 2 分部职工薪酬的计划数合计；使用填充柄，对 J6 至 K29 单元格区域进行填充，自动计算出不同管理费用明细科目实际数和计划数的合计，如图 7－11 所示。

	A	B	C	D	E	F	G	H	I	J	K	L	M
1	管理费用实际计划对比表												
2	202×年×月												
3	项目	1分部				2分部				合计			
4		实际数	计划数	超支数	超支%	实际数	计划数	超支数	超支%	实际数	计划数	超支数	超支%
5	职工薪酬	562738	480000			678213	680000			1240951	1160000		
6	外用人工费	876509	800000			594209	680000			1470718	1480000		
7	办公用品费	89034	125000			223458	188000			312492	313000		
8	通讯费	7357.21	7250			8421.22	8350			15778.4	15600		
9	差旅费	21802.8	21750			25442.3	25050			47245.1	46800		
10	养车费	10120.8	10150			11676.8	11690			21797.6	21840		
11	业务招待费	3870.12	4350			5027.53	5010			8897.66	9360		
12	燃料动力费	14669.3	14500			16586.2	16700			31255.5	31200		
13	折旧费	11400.2	11600			13799.4	13360			25199.6	24960		
14	宣传费	9307.31	8700			9864.12	10020			19171.4	18720		
15	警卫消防费	7800.88	7250			8593.02	8350			16393.9	15600		
16	低值易耗品摊销	7343.83	7250			8772.51	8350			16116.3	15600		
17	物业费	4686.11	4350			5139	5010			9825.11	9360		
18	电费	3009.13	2900			4023.48	3340			7032.62	6240		
19	水费	3647.8	2900			3416.95	3340			7064.75	6240		
20	修理费	11980.1	11600			13534.3	13360			25514.4	24960		
21	会议费	10161.8	10150			11813.8	11690			21975.6	21840		
22	物料消耗	9493.82	9425			11428.5	10855			20922.3	20280		
23	运输费	7483.78	7250			8083.16	8350			15566.9	15600		
24	保险费	6988.42	6525			7691.59	7515			14680	14040		
25	租赁费	6482.87	6090			6823.15	7014			13306	13104		
26	协会会费	4084.27	3625			3922.94	4175			8007.21	7800		
27	绿化费	2103.45	1450			2141.47	1670			4244.92	3120		
28	咨询费	1678.95	1885			1899.32	2171			3578.27	4056		
29	审计费	1460.59	1740			1865.26	2004			3325.84	3744		

图 7－11

由实际数与计划数的差额计算超支数，由于超支数是绝对数指标，不便于进行不同明细科目和不同分部之间的比较，因此，还要建立超支率的相对数指标。

单击 D5 单元格，输入“＝B5－C5”，得到 1 分部职工薪酬的超支数；单击 E5 单元格，输入“＝(B5－C5)/C5”，得到 1 分部职工薪酬的超支率；使用填充柄功能填充数据，得到 1 分部的数据。重复上述操作能够得到 2 分部及合计的相关数据，结果如图 7－12 所示。

	B	C	D	E	F	G	H	I	J	K	L	M
1	管理费用实际计划对比表											
2	202×年×月											
3	1分部				2分部				合计			
4	实际数	计划数	超支数	超支%	实际数	计划数	超支数	超支%	实际数	计划数	超支数	超支%
5	562738	480000	82738	17.24%	678213	680000	-1787	-0.26%	1240951	1160000	80951	6.98%
6	876509	800000	76509	9.56%	594209	680000	-85791	-12.62%	1470718	1480000	-9282	-0.63%
7	89034	125000	-35966	-28.77%	223458	188000	35458	18.86%	312492	313000	-508	-0.16%
8	7357.2117	7250	107.21172	1.48%	8421.2249	8350	71.224873	0.85%	15778.437	15600	178.4366	1.14%
9	21802.778	21750	52.777605	0.24%	25442.345	25050	392.34508	1.57%	47245.123	46800	445.12269	0.95%
10	10120.785	10150	-29.21535	-0.29%	11676.815	11690	-13.1848	-0.11%	21797.6	21840	-42.40014	-0.19%
11	3870.1248	4350	-479.8752	-11.03%	5027.5304	5010	17.530442	0.35%	8897.6553	9360	-462.3447	-4.94%
12	14669.306	14500	169.30557	1.17%	16586.179	16700	-113.8215	-0.68%	31255.484	31200	55.484098	0.18%
13	11400.163	11600	-199.8366	-1.72%	13799.407	13360	439.40677	3.29%	25199.57	24960	239.57013	0.96%
14	9307.3064	8700	607.30642	6.98%	9864.1236	10020	-155.8764	-1.56%	19171.43	18720	451.43006	2.41%
15	7800.8837	7250	550.88369	7.60%	8593.016	8350	243.01596	2.91%	16393.9	15600	793.89965	5.09%
16	7343.8257	7250	93.825721	1.29%	8772.5143	8350	422.5143	5.06%	16116.34	15600	516.34003	3.31%
17	4686.1105	4350	336.11046	7.73%	5139.0041	5010	129.00412	2.57%	9825.1146	9360	465.11458	4.97%
18	3009.1342	2900	109.13416	3.76%	4023.4812	3340	683.48117	20.46%	7032.6153	6240	792.61532	12.70%
19	3647.7965	2900	747.7965	25.79%	3416.9527	3340	76.952692	2.30%	7064.7492	6240	824.74919	13.22%
20	11980.119	11600	380.11868	3.28%	13534.272	13360	174.2723	1.30%	25514.391	24960	554.39098	2.22%
21	10161.818	10150	11.818239	0.12%	11813.798	11690	123.79837	1.06%	21975.617	21840	135.61661	0.62%
22	9493.8155	9425	68.815471	0.73%	11428.474	10855	573.47448	5.28%	20922.29	20280	642.28995	3.17%
23	7483.7778	7250	233.77783	3.22%	8083.1559	8350	-266.8441	-3.20%	15566.934	15600	-33.06623	-0.21%
24	6988.4165	6525	463.41653	7.10%	7691.5867	7515	176.58673	2.35%	14680.003	14040	640.00326	4.56%
25	6482.8726	6090	392.87257	6.45%	6823.1491	7014	-190.8509	-2.72%	13306.022	13104	202.0217	1.54%
26	4084.2722	3625	459.27218	12.67%	3922.9427	4175	-252.0573	-6.04%	8007.2149	7800	207.21489	2.66%
27	2103.4498	1450	653.44982	45.07%	2141.4729	1670	471.47294	28.23%	4244.9228	3120	1124.9228	36.06%
28	1678.9471	1885	-206.0529	-10.93%	1899.3246	2171	-271.6754	-12.51%	3578.2717	4056	-477.7283	-11.78%
29	1460.5875	1740	-279.4125	-16.06%	1865.2553	2004	-138.7447	-6.92%	3325.8427	3744	-418.1573	-11.17%

图 7－12

7.3.2　成本费用数据智能展现

为了更直观地反映管理费用的实际发生情况，可以利用条件格式设置不同的规则，使超支费用或节约费用得到突出显示，以便管理者在众多数据中更快抓住重点项目。

【例 7－4】假设上述企业的成本费用管理根据超支率的大小分为三种类型：

(1) 超支率＜0，成本费用节约；

(2) 0≤超支率≤0.05，一般关注；

(3) 超支率＞0.05，重点关注。

要求：通过设置条件格式，在管理费用实际计划对比表中分别反映上述三种超支率。

【操作方法】第一步，单击“开始”选项卡下“样式”组中的“条件格式”下的“新建规则”，如图 7－13 所示。

第二步，打开“新建格式规则”对话框，在“格式样式”的下拉列表框中选择“图标集”，然后单击“反转图标次序”，使得图标的颜色顺序为红、橙、绿。然后根据费用管理的要求对图标代表的取值范围进行设置：当值大于 0.05 时图标为红色，当值小于等于 0.05 且大于等于 0 时图标为橙色，当值小于 0 时图标为绿色。其中 0 和 0.05 的“类型”选择下拉列表框中的“数字”，具体设置见图 7－14。

图 7 - 13

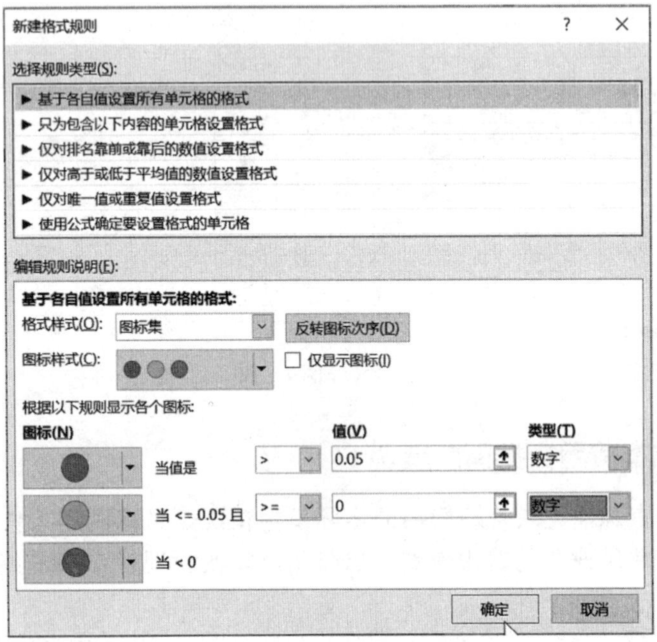

图 7 - 14

第三步，通过建立的条件格式规则对超支率进行判断。单击“开始”选项卡下“样式”组中的“条件格式”下的“管理规则”，如图 7 - 15 所示。

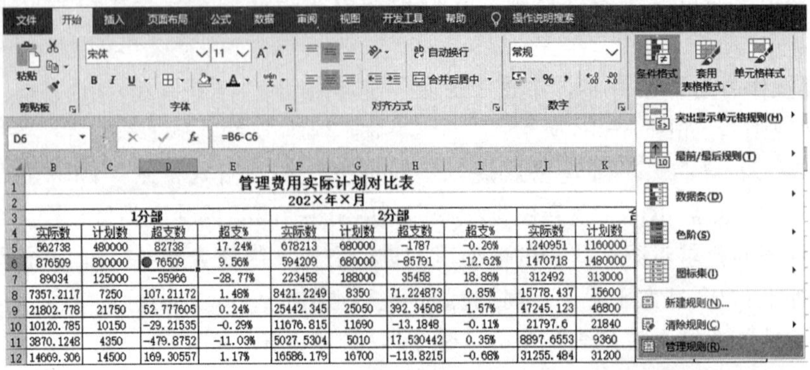

图 7 - 15

第四步，打开“条件格式规则管理器”对话框，在“显示其格式规则”下拉列表框中选择“当前工作表”，然后在“应用于”中选择区域“= $E$5: $E$29, $I$5: $I$29, $M$5: $M$29”，具体设置如图 7－16 所示。

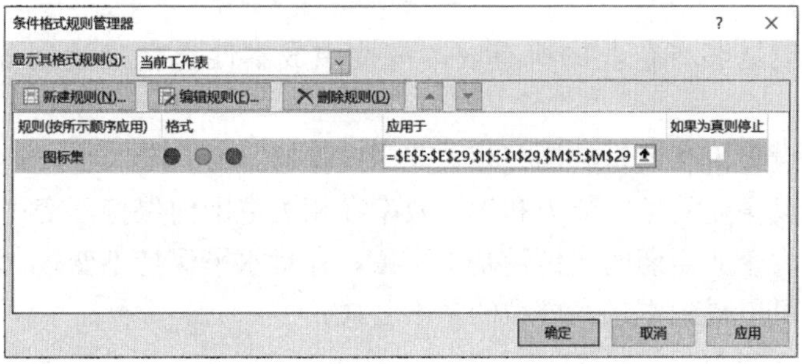

图 7－16

单击“确定”后将条件格式规则应用于 1 分部超支率、2 分部超支率和合计超支率，结果如图 7－17 所示。

	A	B	C	D	E	F	G	H	I	J	K	L	M
1	管理费用实际计划对比表												
2	202×年×月												
3	项目	1分部				2分部				合计			
4		实际数	计划数	超支数	超支%	实际数	计划数	超支数	超支%	实际数	计划数	超支数	超支%
5	职工薪酬	562738	480000	82738	17.24%	678213	680000	-1787	-0.26%	1240951	1160000	80951	6.98%
6	外用人工费	876509	800000	76509	9.56%	594209	680000	-85791	-12.62%	1470718	1480000	-9282	-0.63%
7	办公用品费	89034	125000	-35966	-28.77%	223458	188000	35458	18.86%	312492	313000	-508	-0.16%
8	通讯费	7357.212	7250	107.2117	1.48%	8421.225	8350	71.22487	0.85%	15778.44	15600	178.4366	1.14%
9	差旅费	21802.78	21750	52.77761	0.24%	25442.35	25050	392.3451	1.57%	47245.12	46800	445.1227	0.95%
10	养车费	10120.78	10150	-29.2153	-0.29%	11676.82	11690	-13.1848	-0.11%	21797.6	21840	-42.4001	-0.19%
11	业务招待费	3870.125	4350	-479.875	-11.03%	5027.53	5010	17.53044	0.35%	8897.655	9360	-462.345	-4.94%
12	燃料动力费	14669.31	14500	169.3056	1.17%	16586.18	16700	-113.821	-0.68%	31255.48	31200	55.4841	0.18%
13	折旧费	11400.16	11600	-199.837	-1.72%	13799.41	13360	439.4068	3.29%	25199.57	24960	239.5701	0.96%
14	宣传费	9307.306	8700	607.3064	6.98%	9864.124	10020	-155.876	-1.56%	19171.43	18720	451.4301	2.41%
15	警卫消防费	7800.884	7250	550.8837	7.60%	8593.016	8350	243.016	2.91%	16393.9	15600	793.8996	5.09%
16	低值易耗品摊销	7343.826	7250	93.82572	1.29%	8772.514	8350	422.5143	5.06%	16116.34	15600	516.34	3.31%
17	物业费	4686.11	4350	336.1105	7.73%	5139.004	5010	129.0041	2.57%	9825.115	9360	465.1146	4.97%
18	电费	3009.134	2900	109.1342	3.76%	4023.481	3340	683.4812	20.46%	7032.615	6240	792.6153	12.70%
19	水费	3647.796	2900	747.7965	25.79%	3416.953	3340	76.95269	2.30%	7064.749	6240	824.7492	13.22%
20	修理费	11980.12	11600	380.1187	3.28%	13534.27	13360	174.2723	1.30%	25514.39	24960	554.391	2.22%
21	会议费	10161.82	10150	11.81824	0.12%	11813.8	11690	123.7984	1.06%	21975.62	21840	135.6166	0.62%
22	物料消耗	9493.815	9425	68.81547	0.73%	11428.47	10855	573.4745	5.28%	20922.29	20280	642.29	3.17%
23	运输费	7483.778	7250	233.7778	3.22%	8083.156	8350	-266.844	-3.20%	15566.93	15600	-33.0662	-0.21%
24	保险费	6988.417	6525	463.4165	7.10%	7691.587	7515	176.5867	2.35%	14680	14040	640.0033	4.56%
25	租赁费	6482.873	6090	392.8726	6.45%	6823.149	7014	-190.851	-2.72%	13306.02	13104	202.0217	1.54%

图 7－17

本例的动图操作过程，请扫描二维码。

企业还可以根据管理的不同要求和管理者的习惯，设置不同的条件及显示样式，Excel 的条件格式功能可以方便管理者做出决策。

例 7－4
动图演示

7.4　盈亏平衡分析

7.4.1　本量利分析

本量利分析，即成本-业务量-利润分析，是通过研究一定期间的成本、业务量和利润之间的规律性联系来进行各项分析的一种方法，可以协助管理者进行利润规划和管理。

但必须注意的是，本量利分析的原理及其应用都是以一定的假设作为前提条件的，这些假设包括：

（1）假设能够将企业的所有成本都按照成本性态精确地划分为变动成本和固定成本；

（2）假设售价和销售结构在相关范围内保持不变；

（3）假设企业的生产能力和生产效率在相关范围内保持不变；

（4）假设企业当期的产销量基本平衡，存货水平保持不变。

因而，可以得到本量利模型的基本公式：

利润＝销售收入－总成本
＝销售收入－变动成本－固定成本
＝销售量×(单价－单位变动成本)－固定成本

7.4.2 构建盈亏平衡分析模型

保本分析是基于本量利基本原理进行的损益平衡分析或盈亏临界分析。保本点，即盈亏临界点，指企业收入和成本相等的经营状态，通常用一定的业务量（保本量或保本额）来表示。

如果企业盈亏平衡临界点比较高，意味着企业必须销售较多的产品才不至于亏损，在市场销售量一定的情况下，盈利的空间较小。可见，盈亏平衡临界点的高低反映了企业经营亏损风险的大小。

令本量利模型中的利润＝0，此时的销售量即为保本量：

0＝保本量×(单价－单位变动成本)－固定成本

$$保本量=\frac{固定成本}{单价-单位变动成本}$$

【例7-5】根据本量利模型的基本公式，构建盈亏平衡分析表。

【操作方法】要进行盈亏平衡分析，必须给出一些基本的财务数据，如售价、综合税率、单位变动成本、固定成本。因此，第一步，设置基本数据区，并输入基础数据，如图7-18所示。

	A	B
1	盈亏平衡分析基本模型	
2	项　目	数　据
3	售价（元）	80
4	单位变动成本（元）	48
5	综合税率（%）	8
6	固定成本（元）	28267
7	盈亏平衡点（保本点）销售量	
8		

图7-18

由本量利模型的基本公式可以得出利润为零时的销售量，即盈亏平衡（保本）时的销售量，于是有以下公式：盈亏平衡点（保本点）销售量＝固定成本/[售价×(1－综合税率)－单位变动成本]。

第二步，单击 B7 单元格，输入“＝B6/(B3＊(1－B5/100)－B4)”，计算出盈亏平衡点的销售量，如图 7－19 所示。

注意，B7 单元格的数值需要设置为整数，即小数位为 0。

B7　=B6/(B3*(1-B5/100)-B4)　← 输入公式

	A	B	C	D	E
1	盈亏平衡分析基本模型				
2	项　目	数　据			
3	售价（元）	80			
4	单位变动成本（元）	48			
5	综合税率（%）	8			
6	固定成本（元）	28267			
7	盈亏平衡点（保本点）销售量	1104 ← 计算出盈亏平衡点销售量			
8					

图 7－19

本例的动图操作过程，请扫描二维码。

例 7－5
动图演示

从结果可以看出，在现有市价与成本水平下，销售量至少为 1 104 件企业才能达到盈亏平衡，即可以保本。

7.4.3　多因素盈亏平衡动态敏感性分析

在上述保本分析中隐含一个假定，即除了待求变量外的其他参数都是确定不变的。但实际上，市场的变化和企业生产技术条件的变化会引起模型中的参数变化，从而影响盈亏临界点。管理者希望事先预知、掌握有关参数可能变化的程度，以便在发生变化时及时采取对策，调整企业计划，使生产经营活动始终保持在最有利的状态。敏感性分析是解决类似问题的方法之一。

各参数变化都会引起利润的变化，但其影响程度各不相同。若利润对参数的敏感系数绝对值大于 1，我们称这类参数为敏感因素；若利润对参数的敏感系数绝对值小于 1，我们称这类参数为不敏感因素。

$$\text{敏感系数}=\frac{\text{目标值变动百分比}}{\text{参数值变动百分比}}$$

【例 7－6】构建多因素盈亏平衡动态敏感性分析表。

【操作方法】第一步，根据本量利基本公式，将影响利润的相关因素录入多因素盈亏平衡动态敏感性分析表，如图 7－20 所示。

	A	B	C	D	E
1	多因素盈亏平衡动态敏感性分析				
2	项　目	原　值	变动后数值	变动百分比（%）	
3	售价（元）				
4	单位变动成本（元）				
5	综合税率（%）				
6	固定成本（元）				
7	盈亏平衡点（保本点）销售量				

图 7－20

第二步，根据企业的相关数据，输入“原值”，本例数据以图 7-19 为例。

第三步，插入滚动条控件，以实现表格的动态操作。单击“开发工具”选项卡下“控件”组中的“插入”选项，选择“表单控件”中的“滚动条（窗体控件)”，插入 E3 单元格，如图 7-21 所示。

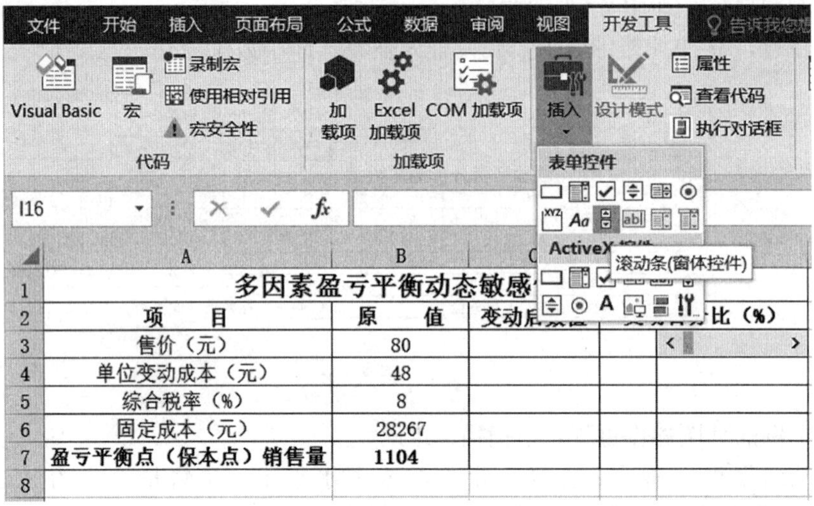

图 7-21

第四步，在滚动条处单击鼠标右键，在弹出的菜单中选择“设置控件格式”选项，在弹出的对话框中选择“控制”选项卡，设置最小值为 0，最大值为 200，步长为 1，单元格链接为＄F＄3，点击“确定”按钮，如图 7-22 所示。

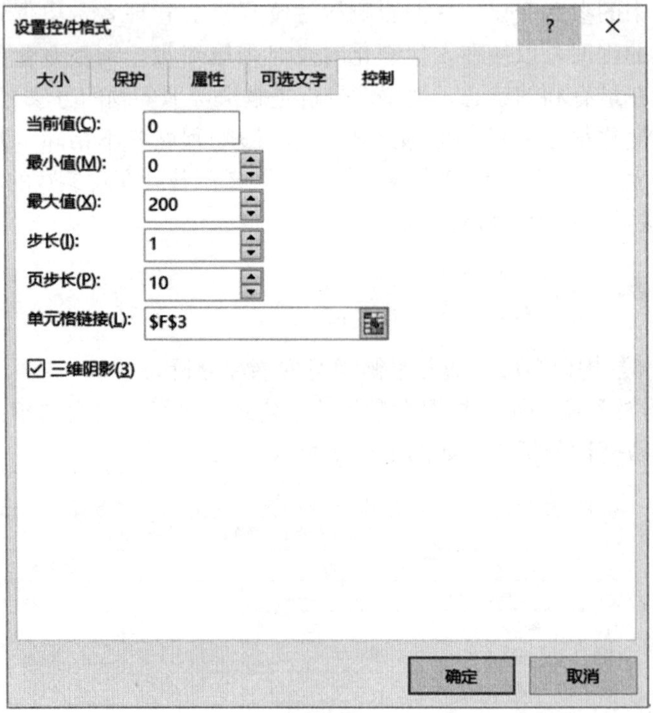

图 7-22

第五步，计算变动百分比和变动后数值。在 D3 单元格中输入 “=F3−100”，得到售价的变动百分比，在 C3 单元格中输入 “=B3 * (1+D3/100)”，得到变动后的售价。此时点击滚动条，则 C3、D3 单元格的值随之变化，如图 7-23 所示。

	A	B	C	D	E
1	多因素盈亏平衡动态敏感性分析				
2	项　目	原　值	变动后数值	变动百分比（%）	
3	售价（元）	80	88	10	
4	单位变动成本（元）	48			
5	综合税率（%）	8			
6	固定成本（元）	28267			
7	盈亏平衡点（保本点）销售量	1104			
8					

图 7-23

第六步，重复第三步至第五步，在 E4 至 E6 单元格区域为其他因素添加滚动条，使用填充柄将 C3、D3 单元格中的公式填充至 C4 至 D6 单元格，并将 B7 单元格中的公式向右填充至 C7 单元格，结果如图 7-24 所示。

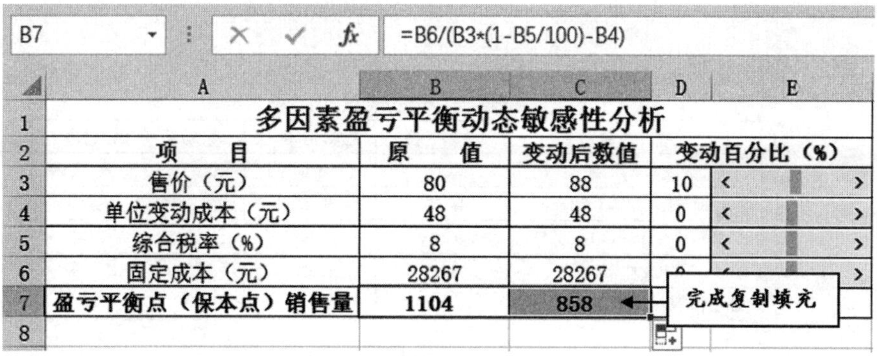

	A	B	C	D	E
1	多因素盈亏平衡动态敏感性分析				
2	项　目	原　值	变动后数值	变动百分比（%）	
3	售价（元）	80	88	10	
4	单位变动成本（元）	48	48	0	
5	综合税率（%）	8	8	0	
6	固定成本（元）	28267	28267	0	
7	盈亏平衡点（保本点）销售量	1104	858		
8					

图 7-24

第七步，在 D7 单元格中输入 “=(C7−B7)/B7 * 100”，以计算盈亏平衡点销售量的变动百分比，如图 7-25 所示。

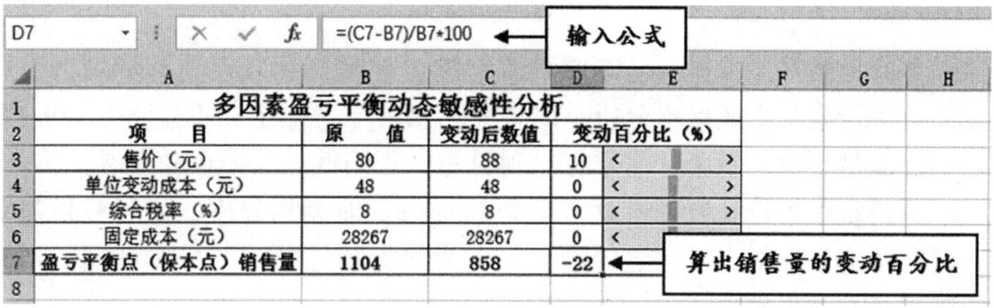

	A	B	C	D	E
1	多因素盈亏平衡动态敏感性分析				
2	项　目	原　值	变动后数值	变动百分比（%）	
3	售价（元）	80	88	10	
4	单位变动成本（元）	48	48	0	
5	综合税率（%）	8	8	0	
6	固定成本（元）	28267	28267	0	
7	盈亏平衡点（保本点）销售量	1104	858	-22	
8					

图 7-25

点击滚动条，各因素的数值随之变动，可以直观看到盈亏平衡点销售量随各因素的增减而变动的情况，如图 7-26 所示。

多因素盈亏平衡动态敏感性分析				
项　　目	原　　值	变动后数值	变动百分比（%）	
售价（元）	80	88	10	< >
单位变动成本（元）	48	57.6	20	< >
综合税率（%）	8	8.8	10	< >
固定成本（元）	28267	33920.4	20	< >
盈亏平衡点（保本点）销售量	**1104**	**1497**	**35.6**	

图 7-26

例 7-6
动图演示

本例的动图操作过程，请扫描二维码。

为了表格的客观性，可以将 F3 至 F6 单元格内容隐藏，即选中 F3 至 F6 单元格区域，单击鼠标右键，选择“设置单元格格式”。在“设置单元格格式”对话框中的“数字”项目下选择“自定义”分类，并在“类型”框中输入“;;;”，单击“确定”选项。此时，可以看到 F3 至 F6 单元格内容被隐藏，但单击单元格时，编辑栏内能够显示该单元格的内容，如图 7-27 所示。

F3　fx　110

多因素盈亏平衡动态敏感性分析					
项　　目	原　　值	变动后数值	变动百分比（%）		
售价（元）	80.00	88.00	10	< >	
单位变动成本（元）	48.00	57.60	20	< >	
综合税率（%）	8.00	8.80	10	< >	
固定成本（元）	28267	33920	20	< >	
盈亏平衡点（保本点）销售量	1104	1497	35.59		

图 7-27

7.5 目标利润分析

保本分析是基于本量利基本原理进行的，确保达到既定目标利润的分析。上一节讲解的盈亏平衡分析或保本分析是以企业利润为零，即企业不盈不亏为前提的，然而，企业不能满足于盈亏平衡，需要有盈利目标，否则就无法生存和发展。

本节将基于本量利模型讲解目标利润分析，即保利分析。保利分析需要确定保利点，即在单价和成本水平一定的情况下，为确保预先制定的目标利润可以实现必须达到的销售量或销售额。

7.5.1 构建目标利润分析模型

当存在企业所得税时，目标利润分析模型如下：

$$\text{税后目标利润}=[\text{单价}\times(1-\text{所得税税率})-\text{单位变动成本}]\times\text{销量}-\text{固定成本}$$

则

$$\text{保利量}=\frac{\text{固定成本}+\text{税后目标利润}}{\text{单价}\times(1-\text{所得税税率})-\text{单位变动成本}}$$

【例7-7】基于本利量模型的基本公式，构建目标利润分析模型。

【操作方法】第一步，同盈亏平衡分析一样，要进行目标利润分析，必须给出一些基本的财务数据。因此，首先在Excel中设置目标利润分析基本模型的数据区域，如图7-28所示。

	A	B
1	**目标利润分析基本模型**	
2	**项　目**	**数　据**
3	售价（元）	80
4	单位变动成本（元）	48
5	综合税率（%）	8
6	固定成本（元）	28267
7	目标利润（元）	2600000
8	**盈亏平衡点（保本点）销售量**	**1104**
9	**保利点销售量**	
10		

图7-28

第二步，在B9单元格中输入“=(B6+B7)/(B3*(1-B5/100)-B4)”，计算出保利点的销售量，如图7-29所示，并设置B9单元格的数字格式为整数。

B9　=(B6+B7)/(B3*(1-B5/100)-B4) ← 输入公式

	A	B	C	D	E
1	**目标利润分析基本模型**				
2	**项　目**	**数　据**			
3	售价（元）	80			
4	单位变动成本（元）	48			
5	综合税率（%）	8			
6	固定成本（元）	28267			
7	目标利润（元）	2600000			
8	**盈亏平衡点（保本点）销售量**	**1104**			
9	**保利点销售量**	**102667** ← 计算出保利点销售量			
10					

图7-29

本例的动图操作过程，请扫描二维码。

由结果可以看出，在现有市价及成本水平下，销售量至少为102 667件企业才能达到预定的目标利润，即可以保利。

例7-7
动图演示

7.5.2　单因素目标利润分析

在实际情况中，目标利润管理与规划不仅仅是销售量的预测与计算，产品市价波动、成本管控的变化均会影响目标利润的实现。本部分将继续介绍在其他因素不变的情况下，某一因素如何变动才能实现目标利润。同前文介绍的方法不同，无须为不同因素各自建立模型，可以在同一模型下通过 Excel 的单变量求解工具解决。

【例 7－8】 利用单变量求解工具，构建单因素目标利润分析模型。

【操作方法】 第一步，在 Excel 中设置单因素目标利润分析基本模型的数据区域，如图 7－30 所示。

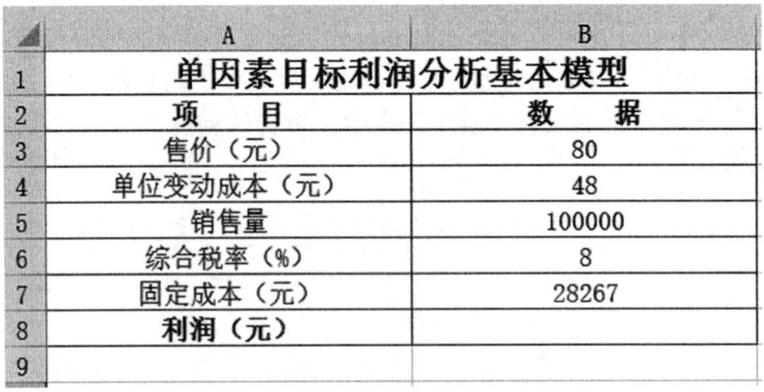

	A	B
1	单因素目标利润分析基本模型	
2	项　目	数　据
3	售价（元）	80
4	单位变动成本（元）	48
5	销售量	100000
6	综合税率（%）	8
7	固定成本（元）	28267
8	利润（元）	
9		

图 7－30

第二步，在 B8 单元格中输入利润计算公式“＝B3 ∗ B5 ∗ (1－B6/100)－B4 ∗ B5－B7”，如图 7－31 所示。

	A	B	C	D	E
1	单因素目标利润分析基本模型				
2	项　目	数　据			
3	售价（元）	80			
4	单位变动成本（元）	48			
5	销售量	100000			
6	综合税率（%）	8			
7	固定成本（元）	28267			
8	利润（元）	2531733			
9					

图 7－31

第三步，单击“数据”选项卡下“预测”组中的“模拟分析”选项，在列表里选择“单变量求解”工具，如图 7－32 所示。

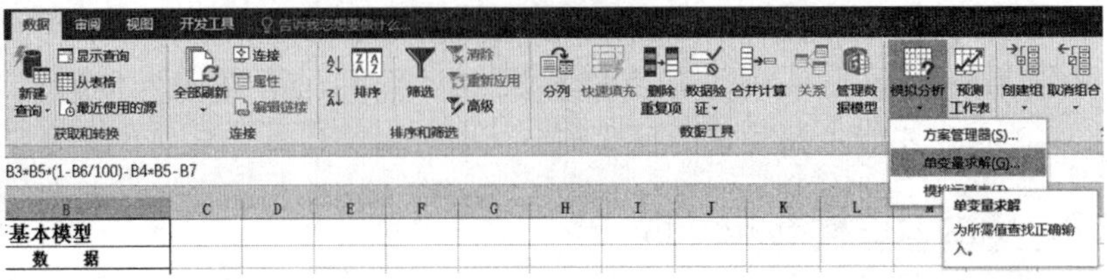

图 7－32

第四步，在弹出的“单变量求解”窗口中，设置目标单元格为 B8 单元格，目标值为 3 000 000，可变单元格为 B3 单元格，如图 7－33 所示。

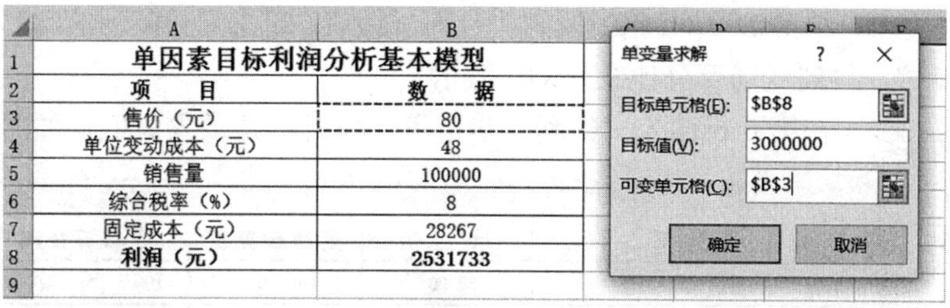

图 7 - 33

单击“确定”选项，Excel 会自动计算出一个解，即售价因素在保利点的计算结果，如图 7 - 34 所示。由此可知，在其他因素保持不变的情况下，要实现 3 000 000 元的目标利润，售价需达到 85 元以上。

图 7 - 34

本例的动图操作过程，请扫描二维码。

同样，通过 Excel 的单变量求解工具，也可以计算其他因素在实现目标利润情况下所需达到的数值。

例 7 - 8
动图演示

7.5.3　多因素目标利润动态敏感性分析

同盈亏平衡分析类似，可以通过多因素目标利润动态敏感性分析，来研究售价、单位变动成本等因素同时变化对模型计算结果的影响。

【例 7 - 9】构建多因素目标利润动态敏感性分析表。

【操作方法】第一步，在多因素盈亏平衡动态敏感性分析表（见图 7 - 26）的基础上输入影响因素“目标毛利”，并录入其原值；在 E6 单元格插入“滚动条（窗体控件）”，使其与 F6 单元格链接，如图 7 - 35 所示。

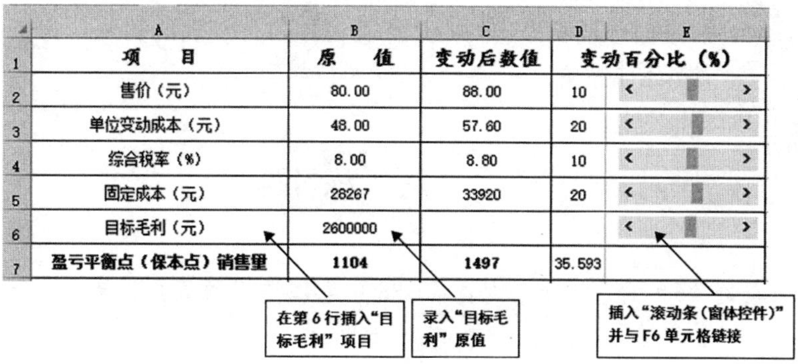

图 7 - 35

第二步，单击 D6 单元格，输入“＝F6－100”；单击 C6 单元格，输入“＝B6＊(1＋D6/100)”，得到变动百分比及变动后数值。

第三步，在第 8 行输入“保利点销售量”项目，并录入原值，如图 7－36 所示。

	A	B	C	D	E
1	项　目	原　值	变动后数值	变动百分比（%）	
2	售价（元）	80.00	88.00	10	
3	单位变动成本（元）	48.00	57.60	20	
4	综合税率（%）	8.00	8.80	10	
5	固定成本（元）	28267	33920	20	
6	目标毛利（元）	2600000	2600000	0	
7	盈亏平衡点（保本点）销售量	1104	1497	35.593	
8	保利点销售量	102667			

图 7－36

第四步，单击 D8 单元格，输入“＝(C8－B8)/B8＊100”；单击 C8 单元格，输入“＝(C5＋C6)/(C2＊(1－C4/100)－C3)”，得到保利点销售量的变动百分比及变动后数值。

点击滚动条，各因素的数值随之变动，可以直观看到盈亏平衡点销售量和保利点销售量随各因素的增减而变动的情况，如图 7－37 所示。

	A	B	C	D	E
1	项　目	原　值	变动后数值	变动百分比（%）	
2	售价（元）	80.00	88.00	10	
3	单位变动成本（元）	48.00	57.60	20	
4	综合税率（%）	8.00	8.80	10	
5	固定成本（元）	28267	33920	20	
6	目标毛利（元）	2600000	2730000	5	
7	盈亏平衡点（保本点）销售量	1104	1497	35.593	
8	保利点销售量	102667	121995	18.826	

图 7－37

例 7－9
动图演示

本例的动图操作过程，请扫描二维码。

通过基于本量利关系的利润敏感性分析，能够确定有关参数发生多大变化会使盈利转为亏损，各参数变化对利润变化的影响程度，以及各因素变动时如何调整应对，从而保证原目标利润的实现，为企业经营管理提供决策依据。

练习题

1. 在例 7－4 的基础上，对图 7－38 中管理费用预算执行情况分析表进行数据智能展现。

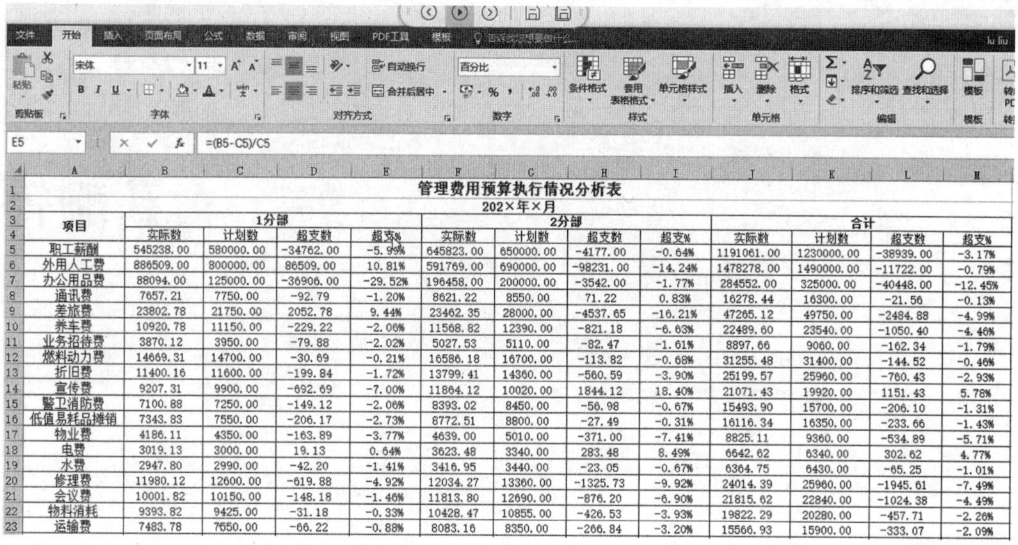

管理费用预算执行情况分析表												
202×年×月												
项目	1分部				2分部				合计			
	实际数	计划数	超支数	超支%	实际数	计划数	超支数	超支%	实际数	计划数	超支数	超支%
职工薪酬	545238.00	580000.00	-34762.00	-5.99%	645823.00	650000.00	-4177.00	-0.64%	1191061.00	1230000.00	-38939.00	-3.17%
外用人工费	886509.00	800000.00	86509.00	10.81%	591769.00	690000.00	-98231.00	-14.24%	1478278.00	1490000.00	-11722.00	-0.79%
办公用品费	88094.00	125000.00	-36906.00	-29.52%	196458.00	200000.00	-3542.00	-1.77%	284552.00	325000.00	-40448.00	-12.45%
通讯费	7657.21	7750.00	-92.79	-1.20%	8621.22	8550.00	71.22	0.83%	16278.44	16300.00	-21.56	-0.13%
差旅费	23802.78	21750.00	2052.78	9.44%	23462.35	28000.00	-4537.65	-16.21%	47265.12	49750.00	-2484.88	-4.99%
养车费	10920.78	11150.00	-229.22	-2.06%	11568.82	12390.00	-821.18	-6.63%	22489.60	23540.00	-1050.40	-4.46%
业务招待费	3870.12	3950.00	-79.88	-2.02%	5027.53	5110.00	-82.47	-1.61%	8897.66	9060.00	-162.34	-1.79%
燃料动力费	14669.31	14700.00	-30.69	-0.21%	16586.18	16700.00	-113.82	-0.68%	31255.48	31400.00	-144.52	-0.46%
折旧费	11400.16	11600.00	-199.84	-1.72%	13799.41	14360.00	-560.59	-3.90%	25199.57	25960.00	-760.43	-2.93%
宣传费	9207.31	9900.00	-692.69	-7.00%	11864.12	10020.00	1844.12	18.40%	21071.43	19920.00	1151.43	5.78%
警卫消防费	7100.88	7250.00	-149.12	-2.06%	8393.02	8450.00	-56.98	-0.67%	15493.90	15700.00	-206.10	-1.31%
低值易耗品摊销	7343.83	7550.00	-206.17	-2.73%	8772.51	8800.00	-27.49	-0.31%	16116.34	16350.00	-233.66	-1.43%
物业费	4186.11	4350.00	-163.89	-3.77%	4639.00	5010.00	-371.00	-7.41%	8825.11	9360.00	-534.89	-5.71%
电费	3019.13	3000.00	19.13	0.64%	3623.48	3340.00	283.48	8.49%	6642.62	6340.00	302.62	4.77%
水费	2947.80	2990.00	-42.20	-1.41%	3416.95	3440.00	-23.05	-0.67%	6364.75	6430.00	-65.25	-1.01%
修理费	11980.12	12600.00	-619.88	-4.92%	12034.27	13360.00	-1325.73	-9.92%	24014.39	25960.00	-1945.61	-7.49%
会议费	10001.82	10150.00	-148.18	-1.46%	11813.80	12690.00	-876.20	-6.90%	21815.62	22840.00	-1024.38	-4.49%
物料消耗	9393.82	9425.00	-31.18	-0.33%	10428.47	10855.00	-426.53	-3.93%	19822.29	20280.00	-457.71	-2.26%
运输费	7483.78	7650.00	-66.22	-0.88%	8083.16	8350.00	-266.84	-3.20%	15566.93	15900.00	-333.07	-2.09%

图 7-38

2. 在例 7-9 的基础上，对图 7-39 中的数据进行多因素目标利润动态敏感性分析。

项 目	原 值	变动后数值	变动百分比（%）	
售价（元）	80	88	10	
单位变动成本（元）	48	57.6	20	
综合税率（%）	8	8.8	10	
固定成本（元）	28267	31093.7	10	
盈亏平衡点（保本点）销售量	1104	1372	24.2938	

图 7-39

第 8 章

薪酬管理

薪酬管理，即企业管理者对员工报酬的支付标准、发放水平、要素结构进行确定、分配和调整的过程。不仅影响劳动者的生活保障、工作状态，而且影响企业组织战略的实现和盈利能力的提升。因此，建立科学的薪酬管理体系对企业十分重要。

本章的重点包括：(1) 构建员工基础信息表；(2) 创建工资计算表与考勤统计表；(3) 制作薪酬信息查询框；(4) 利用 Excel 从薪酬相关数据的不同角度进行分析。通过学习本章，读者能够了解便捷的薪酬管理方法。

8.1 构建员工基础信息表

进行薪酬管理，首先需要获取基础数据。基础数据主要包括当前日期、员工代码、姓名、身份证号、部门、职务、性别、年龄、入职时间、工龄、宿舍等级等。

打开 Excel 2019，新建工作表并命名为“员工基础信息表”。

1. 利用日期函数确定当前日期

首先，单击 A1 单元格，并输入“当前日期:”。然后在 B1 单元格内利用 TODAY 函数返回系统当前日期，即输入“=TODAY()”，此时，B1 单元格将自动更新日期，如图 8-1 所示。

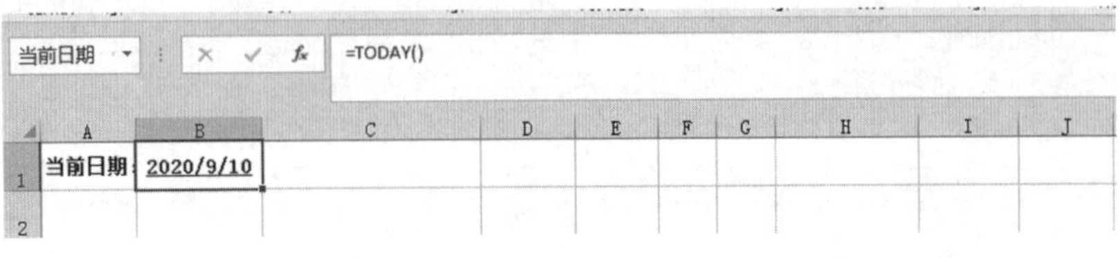

图 8-1

2. 利用数据验证规范基础信息

第一步，在 A2 至 E2 单元格内分别输入：员工代码、姓名、身份证号、部门、职务、性别、年龄、入职时间、工龄、宿舍等级等，如图 8－2 所示。

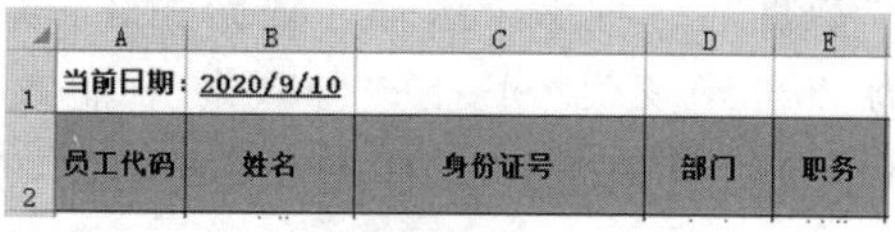

图 8－2

第二步，录入员工代码。①在 A3 单元格中输入“1”；②利用填充柄向下填充单元格；③选择“填充序列”，如图 8－3 所示；④根据企业要求，利用“单元格格式”设置员工代码格式，这里假设员工代码为三位数，例如 1 号员工的代码应为“001”，则自定义单元格格式为“00＃”，如图 8－4 所示。然后录入员工姓名。

图 8－3

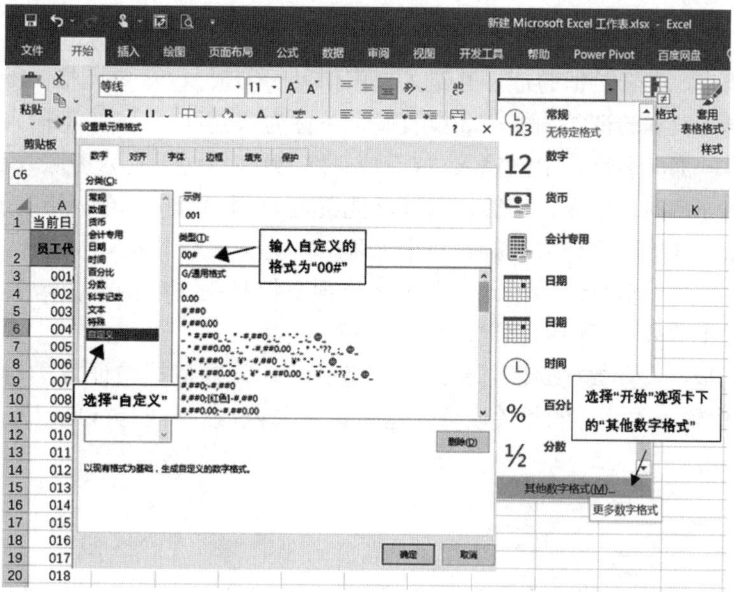

图 8－4

第三步，设置数据验证，保证录入的身份证号为 18 位，并录入身份证信息。①选中 C3 单元格。②在“数据”选项卡下选择“数据验证”功能。③在“数据验证”对话框中选择验证条件为“自定义”。④在“公式”中输入“=AND(LEN(C3)=18, COUNTIF(C:C,C3)<=1)=TRUE”，代表 C3 单元格中字符长度为 18，且 C 列中 C3 单元格的内容只出现一次。如图 8－5 所示。⑤使用填充柄向下填充，使数据验证功能覆盖 C 列的每一个单元格。⑥录入员工身份证信息①。

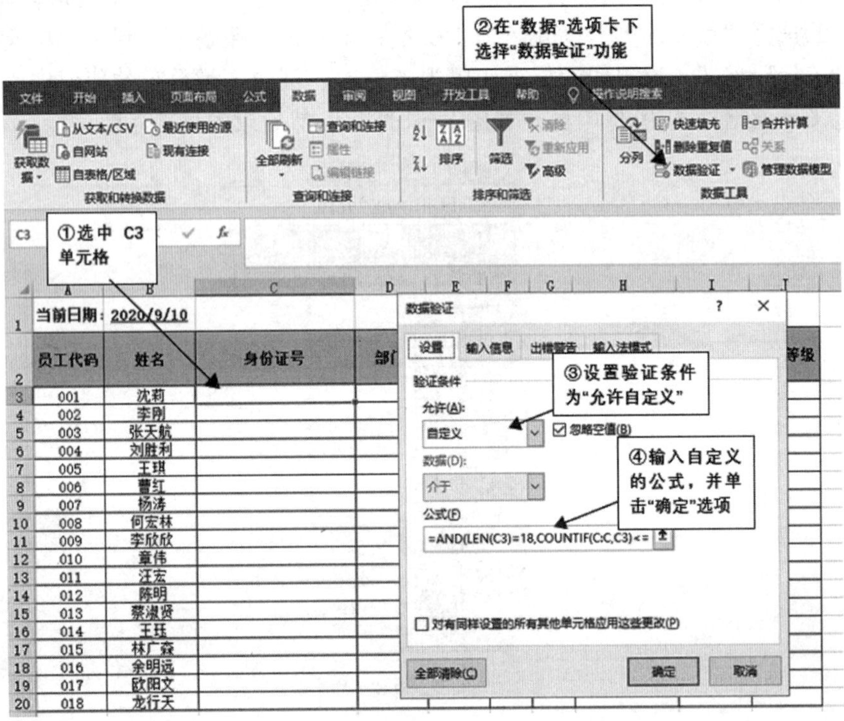

图 8－5

第四步，设置数据验证，并录入部门信息。①选择 D3 单元格。②在“数据”选项卡下选择“数据验证”功能。③设置验证条件为“允许序列”。④输入序列来源，即输入公司内的部门名称，本例输入“行政,研发,销售,财务,人力资源”，如图 8－6 所示。⑤利用填充柄向下填充，使数据验证功能覆盖 D 列的每一个单元格。⑥录入部门信息。

注意：在输入序列来源时，每个名称应以英文状态下的逗号隔开。

在输入部门信息时，单元格右侧将出现下拉箭头，单击下拉箭头可以看到输入的内容仅限于“来源”中的设定，如图 8－7 所示。

第五步，设置数据验证，并录入职务信息。设置数据验证方法与第四步相同，在“来源”中输入本公司的相关职务，这里以“总监,经理,职员,见习”为例，如图 8－8 所示。

① 为避免与真实身份证信息重合，本例中的身份证信息最后一位以“*”代替，在工作中使用者应录入真实身份证信息。

②在"数据"选项卡下选择"数据验证"功能
①选中 D3 单元格
③设置验证条件为"允许序列"
④输入本公司的部门，以英文状态下的逗号隔开，并单击"确定"选项
数据验证
允许(A):
序列
来源(S):
行政,研发,销售,财务,人力资源
确定
取消

图 8-6

当前日期：2020/9/10
员工代码
姓名
身份证号
部门
职务
001 沈莉 11010119730103000* 行政
002 李刚 11010519811022000*
003 张天航 12010319850709005*
004 刘胜利 13010019680520001*
005 王琪 11010819780306004*
006 曹红 11010219810818002*
007 杨涛 11010419761120001* 人力资源
008 何宏林 23080219820624001* 人力资源
009 李欣欣 12010119850130000* 人力资源
010 章伟 11010119740321003* 研发
011 汪宏 22038219790217001* 研发
012 陈明 51010719831225005* 研发
013 蔡淑贤 11010319720116008* 销售
014 王珏 61030019780805006* 销售
015 林广森 34010119870907000* 销售
016 余明远 11010619880513007* 行政
017 欧阳文 11010319891019008* 财务
018 龙行天 11010919890128009* 销售
行政
研发
销售
财务
人力资源

图 8-7

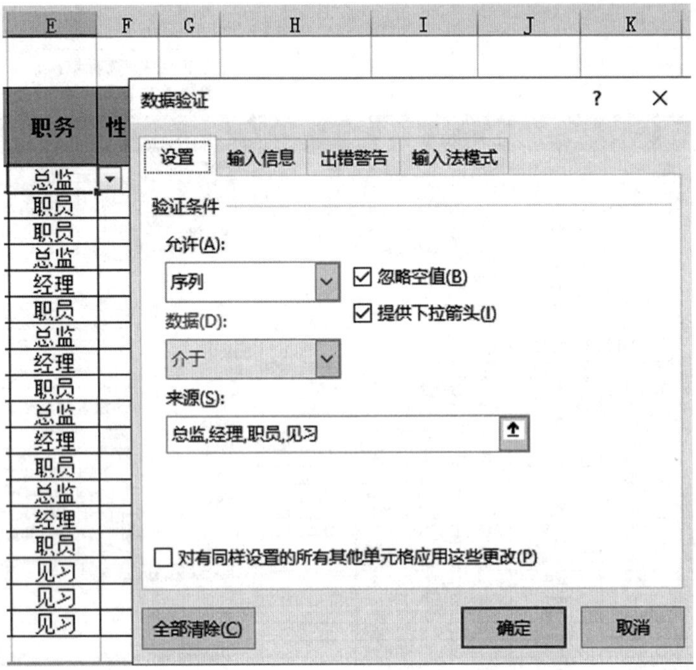

图 8-8

此时，选中 E3 单元格，单元格右侧出现下拉箭头，单击下拉箭头可以看到，录入数据仅限于总监、经理、职员、见习这四个职务。这样可以保证数据的有效性和规范性。

第六步，设置数据验证，并录入宿舍等级。设置数据验证方法与第四步相同，在"来源"中输入本公司提供的宿舍等级。这里设置的宿舍等级包括无宿舍、1级和2级，因此，在"来源"中输入"无,1,2"。利用填充柄向下填充J列，结果如图 8-9 所示。

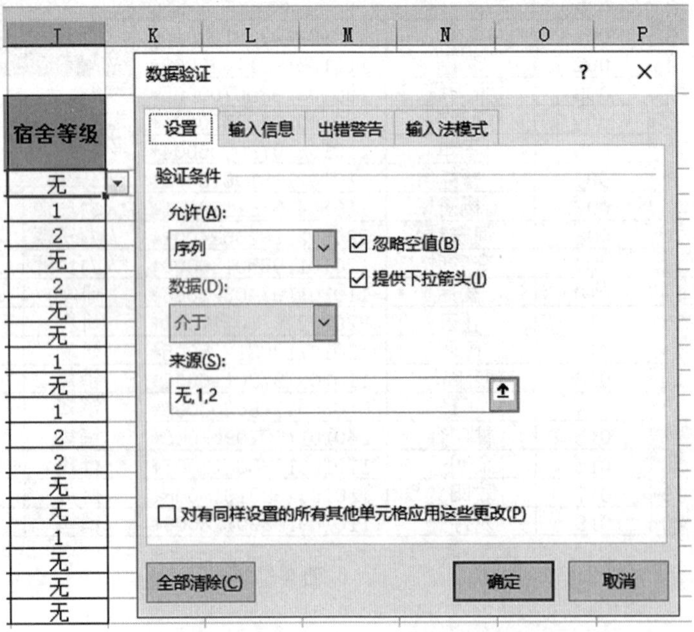

图 8-9

本部分的动图操作过程，请扫描二维码。

利用数据验证规范基础信息动图演示

3. 利用函数完善基础信息表

第一步，利用 IF、MOD 和 MID 嵌套函数根据身份证号自动生成性别[①]。①选中 F3 单元格。②输入“=IF(MOD(MID(C3,17,1),2)=1,"男","女")”。③利用填充柄向下填充 F 列。

MID 函数，代表返回文本字符串中从指定位置开始的特定数目的字符，该数目由用户指定。其语法为：MID(text，start_num，num_chars)，其中，text 代表要提取字符的文本字符串；start _ num 代表文本中要提取的第一个字符的位置；num _ chars 代表希望 MID 从文本中返回字符的个数。本例中，“MID(C3,17,1)”代表从第 17 个字符开始提取 C3 单元格中的 1 位字符，此时，MID 的返回结果为 0。

MOD 函数，代表返回两数相除的余数，结果的符号与除数相同。其语法为：MOD(number，divisor)，其中，number 代表要计算余数的被除数；divisor 代表除数。本例中，“MOD(MID(C3,17,1),2)”代表返回“MID(C3,17,1)”除以 2 的余数，此时，MOD 返回的结果为 0.

身份证号第 17 位为奇数代表性别为男，偶数代表性别为女，因此，如果身份证号的第 17 位除以 2 的余数为 1，则代表该员工为男，否则为女。利用 IF 函数可以实现：输入“=IF(MOD(MID(C3,17,1),2)=1,"男","女")”，即如果 C3 单元格中从第 17 个字符开始数的第一个字符除以 2 的余数为 1，则返回“男”，否则返回“女”。结果如图 8-10 所示。

F3　=IF(MOD(MID(C3,17,1),2)=1,"男","女")

	A	B	C	D	E	F	G
1	当前日期：	2020/9/10					
2	员工代码	姓名	身份证号	部门	职务	性别	年龄
3	001	沈莉	11010119730103000*	行政	总监	女	
4	002	李刚	11010519811022000*	行政	职员	女	
5	003	张天航	12010319850709005*	行政	职员	男	
6	004	刘胜利	13010019680520001*	财务	总监	男	
7	005	王琪	11010819780306004*	财务	经理	女	
8	006	曹红	11010219810818002*	财务	职员	女	
9	007	杨涛	11010419761120001*	人力资源	总监	男	
10	008	何宏林	23080219820624001*	人力资源	经理	男	
11	009	李欣欣	12010119850130000*	人力资源	职员	女	
12	010	章伟	11010119740321003*	研发	总监	男	
13	011	汪宏	22038219790217001*	研发	经理	男	
14	012	陈明	51010719831225005*	研发	职员	男	
15	013	蔡淑贤	11010319720116008*	销售	总监	女	
16	014	王珏	61030019780805006*	销售	经理	女	
17	015	林广森	34010119870907000*	销售	职员	女	
18	016	余明远	11010619880513007*	行政	见习	男	
19	017	欧阳文	11010319891019008*	财务	见习	女	
20	018	龙行天	11010919890128009*	销售	见习	男	

图 8-10

① 身份证号第 17 位代表性别，其中，奇数为男，偶数为女。

第二步，利用 YEAR 和 MID 函数计算员工年龄。①选中 G3 单元格。②输入“=YEAR(B1)－MID(C3,7,4)”。③利用填充柄进行填充时，B1 单元格不应随单元格的移动而变化，因此，将光标放在“B1”后并按“F4”键，将 B1 单元格设置为绝对引用，此时，编辑栏中的公式应为“=YEAR($B$1)－MID(C3,7,4)”。④利用填充柄向下填充 G 列。结果如图 8－11 所示。

函数中，“YEAR($B$1)”代表返回 B1 单元格中的年份，即返回系统日期的年份；“MID(C3,7,4)”代表返回 C3 单元格中从第 7 个字符开始的 4 位数，本例中返回的是“1973”四个代表员工出生年份的数字；“=YEAR($B$1)－MID(C3,7,4)”代表返回当前系统日期与员工出生年份的差，即年龄。

G3 =YEAR($B$1)-MID(C3,7,4)

	A	B	C	D	E	F	G
1	当前日期：	2020/9/10					
2	员工代码	姓名	身份证号	部门	职务	性别	年龄
3	001	沈莉	11010119730103000*	行政	总监	女	47
4	002	李刚	11010519811022000*	行政	职员	女	39
5	003	张天航	12010319850709005*	行政	职员	男	35
6	004	刘胜利	13010019680520001*	财务	总监	男	52
7	005	王琪	11010819780306004*	财务	经理	女	42
8	006	曹红	11010219810818002*	财务	职员	女	39
9	007	杨涛	11010419761120001*	人力资源	总监	男	44
10	008	何宏林	23080219820624001*	人力资源	经理	男	38
11	009	李欣欣	12010119850130000*	人力资源	职员	女	35
12	010	章伟	11010119740321003*	研发	总监	男	46
13	011	汪宏	22038219790217001*	研发	经理	男	41
14	012	陈明	51010719831225005*	研发	职员	男	37
15	013	蔡淑贤	11010319720116008*	销售	总监	女	48
16	014	王珏	61030019780805006*	销售	经理	女	42
17	015	林广森	34010119870907000*	销售	职员	女	33
18	016	余明远	11010619880513007*	行政	见习	男	32
19	017	欧阳文	11010319891019008*	财务	见习	女	31
20	018	龙行天	11010919890128009*	销售	见习	男	31

图 8－11

第三步，手动录入员工入职时间。

第四步，利用 ROUND 函数计算员工工龄。①选中 I3 单元格。②输入“=ROUND(($B$1－H3)/365,0)”。③利用填充柄向下填充 I 列。结果如图 8－12 所示。

通过“($B$1－H3)/365”计算得出当前日期与入职时间相差的年份，“=ROUND(($B$1－H3)/365,0)”代表对上式计算得出的年份四舍五入至整数位。

注意：本例中，员工工龄为入职时间与当前日期的时间间隔，工作满半年的按一年计算。在计算员工工龄时可参考企业要求。

I3　=ROUND(($B$1-H3)/365,0)

	A	B	C	D	E	F	G	H	I	J
1	当前日期：	2020/9/10								
2	员工代码	姓名	身份证号	部门	职务	性别	年龄	入职时间	工龄	宿舍等级
3	001	沈莉	11010119730103000*	行政	总监	女	47	1995/9/1	25	无
4	002	李刚	11010519811022000*	行政	职员	女	39	2006/1/1	15	1
5	003	张天航	12010319850709005*	行政	职员	男	35	2009/7/15	11	2
6	004	刘胜利	13010019680520001*	财务	总监	男	52	1993/7/1	27	无
7	005	王琪	11010819780306004*	财务	经理	女	42	2003/7/1	17	2
8	006	曹红	11010219810818002*	财务	职员	女	39	2003/7/1	17	无
9	007	杨涛	11010419761120001*	人力资源	总监	男	44	1999/9/1	21	无
10	008	何宏林	23080219820624001*	人力资源	经理	男	38	2010/11/1	10	1
11	009	李欣欣	12010119850130000*	人力资源	职员	女	35	2009/9/1	11	无
12	010	章伟	11010119740321003*	研发	总监	男	46	2007/5/1	13	1
13	011	汪宏	22038219790217001*	研发	经理	男	41	2008/10/15	12	2
14	012	陈明	51010719831225005*	研发	职员	男	37	2005/10/1	15	2
15	013	蔡淑贤	11010319720116008*	销售	总监	女	48	1995/9/1	25	无
16	014	王珏	61030019780805006*	销售	经理	女	42	2004/9/1	16	无
17	015	林广森	34010119870907000*	销售	职员	女	33	2011/9/1	9	1
18	016	余明远	11010619880513007*	行政	见习	男	32	2012/7/1	8	无
19	017	欧阳文	11010319891019008*	财务	见习	女	31	2012/7/1	8	无
20	018	龙行天	11010919890128009*	销售	见习	男	31	2012/7/1	8	无

图 8 - 12

8.2　工资计算表与考勤统计表

基于基础信息表，结合企业薪酬管理制度的要求，构建工资计算表与考勤统计表，可以使工资计算过程自动化，一方面提高工作效率，另一方面提高计算准确率。

8.2.1　建立薪酬管理规则

薪酬管理规则由公司章程制定，财务人员按照公司制定的薪酬管理规则进行薪酬核算。为方便财务人员查阅相关规则，可以将规则的重点内容录入 Excel 当中。

下面以某公司薪酬管理制度为例进行讲解，使用者可根据实际工作要求自行制定薪酬管理规则。在 Excel 2019 中，新建工作表并命名为“规则”。基于公司规定重点记录薪酬管理制度的要求。假定规则如下：

公司规定员工可选择住宿或不住宿，住宿分为 1、2 个等级，其中，等级 1 的住宿费为 400 元/月；等级 2 的住宿费为 800 元/月。信息录入在规则工作表中 A3 至 B6 单元格区域内。

公司给予员工工龄工资，其中，工龄小于 1 年的，工龄工资为 0；工龄为 1～2 年的，工龄工资为 100 元/月；工龄为 3～6 年的，工龄工资为 200 元/月；工龄为 7～10 年的，工龄工资为 300 元/月；工龄大于 10 年的，工龄工资为 500 元/月。信息录入在规则工作表中 A10 至 D15 单元格区域内。

公司各部门工作人员按工作岗位划分工资水平，如图 8 - 13 所示，信息录入在规则工作表中 A18 至 E23 单元格区域内。

出勤的考核奖惩办法如下：病假扣除日工资的 1/2，事假扣除日工资，迟到早退，第一次扣 20 元，超过一次，每次扣 100 元，整月全勤奖励 200 元。

三险一金及个人所得税计算方法如图 8－13 所示。

2018 年《中华人民共和国个人所得税法》(第七次修正）第十一条规定：“居民个人取得综合所得，按年计算个人所得税；有扣缴义务人的，由扣缴义务人按月或者按次预扣预缴税款；需要办理汇算清缴的，应当在取得所得的次年三月一日至六月三十日内办理汇算清缴。”因此，企业作为扣减义务人应按月或按次预扣预缴税款，月度个人所得税税率表（综合所得适用）如图 8－13 所示。

住宿费：

宿舍等级	住宿费
无	0
1	400
2	800

工龄工资：

工龄条件	起点	终点	工龄工资
<1	0	0	0
1-2	1	2	100
3-6	3	6	200
7-10	7	10	300
>10	11	∞	500

岗位工资：

	总监	经理	职员	见习
行政	8,000.00	4,000.00	2,500.00	1,800.00
研发	6,000.00	5,000.00	3,000.00	1,800.00
销售	5,000.00	3,000.00	1,500.00	1,000.00
财务	8,000.00	4,000.00	2,500.00	1,800.00
人力资源	8,000.00	4,000.00	2,500.00	1,800.00

关于出勤：
病假按照日工资一半扣，事假扣日工资，迟到早退，一次扣20，超过一次，每次扣100，整月全勤奖励200。

关于保险和公积金：
用工资总额计算8%的养老保险费、2%的医疗保险费、1%的失业保险费、8%住房公积金。

关于所得税：
个人所得税=应纳税所得额*适用税率-速算扣除数
应纳税所得额=月度收入-5000元(免征额)-专项扣除(三险一金等)-专项附加扣除-依法确定的其他扣除

级数	月度应纳税所得额	税率（%）	速算扣除数（元）
1	不超过3000元的	3	0
2	超过3000元至12000元的部分	10	210
3	超过12000元至25000元的部分	20	1410
4	超过25000元至35000元的部分	25	2660
5	超过35000元至55000元的部分	30	4410
6	超过55000元至80000元的部分	35	7160
7	超过80000元的部分	45	15160

图 8－13

完成薪酬管理工作簿的制作后，若不需要显示规则工作表，可以将其隐藏。操作方法是：选中规则工作表，单击鼠标右键，选择“隐藏”功能，如图 8－14 所示。

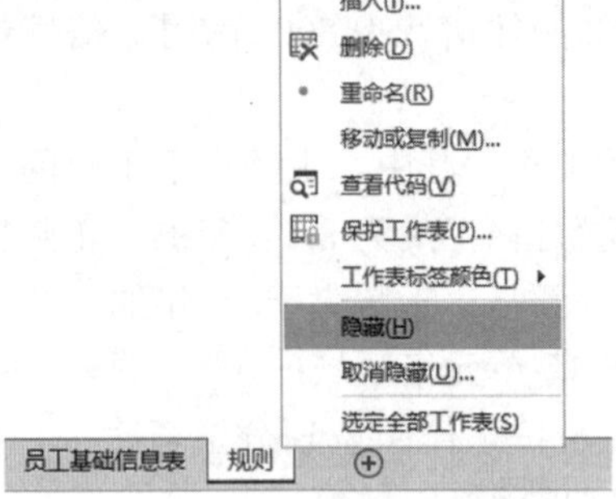

图 8－14

8.2.2 构建工资计算表和考勤统计表

工资计算表中的内容主要包括员工基础信息、岗位工资、工龄工资、绩效工资、全勤奖、工资总额、住宿费、缺勤扣款、养老保险、医疗保险、失业保险、住房公积金、应发工资、个人所得税、实发合计。

为了使制作的表格简洁明了，下面单独制作考勤统计表，再将其与工资计算表结合使用。考勤统计表中的内容主要包括员工基础信息、事假、病假、迟到早退、全勤奖、工资总额和缺勤扣款。

新建两个工作表，分别命名为“工资计算表”和“考勤统计表”。然后分别在工资计算表和考勤统计表中录入各项标题，如图 8-15 和图 8-16 所示。

A	B	C	D	E	F	G	H	I	J	K	L	M	N	O	P	Q	R	S	T
员工代码	姓名	身份证号	部门	职务	工龄	岗位工资	工龄工资	绩效工资	全勤奖	工资总额	住宿费	缺勤扣款	养老保险	医疗保险	失业保险	住房公积金	应发工资	个人所得税	实发合计

图 8-15

	A	B	C	D	E	F	G	H	I	J	K
1	员工代码	姓名	身份证号	部门	职务	事假	病假	迟到早退	全勤奖	工资总额	缺勤扣款

图 8-16

1. 制作考勤统计表——导入员工基础信息

第一步，选择 A2 单元格，并输入“=员工基础信息表!A3”。

第二步，使用填充柄功能向下填充 A 列。此时，可以将员工基础信息表中的员工代码信息导入考勤统计表，如图 8-17 所示。

图 8-17

第三步，利用 VLOOKUP 和 MATCH 嵌套函数查找员工基础信息表汇总的员工基础信息并返回至考勤统计表。

①选择 B2 单元格，并输入“＝VLOOKUP(＄A2,员工基础信息表!＄1:＄1048576,MATCH(B＄1,员工基础信息表!＄2:＄2,0),FALSE)”。

②将鼠标放至 B2 单元格右下角，当光标变为十字形时，利用填充柄功能向下填充 B 列，得到员工姓名。

③选中 B2 至 B19 单元格，即全部员工姓名单元格；将鼠标放至 B19 单元格右下角，当光标变为十字形时，利用填充柄功能向右填充至 E19 单元格，得到员工身份证号、所在部门和职务。如图 8－18 所示。

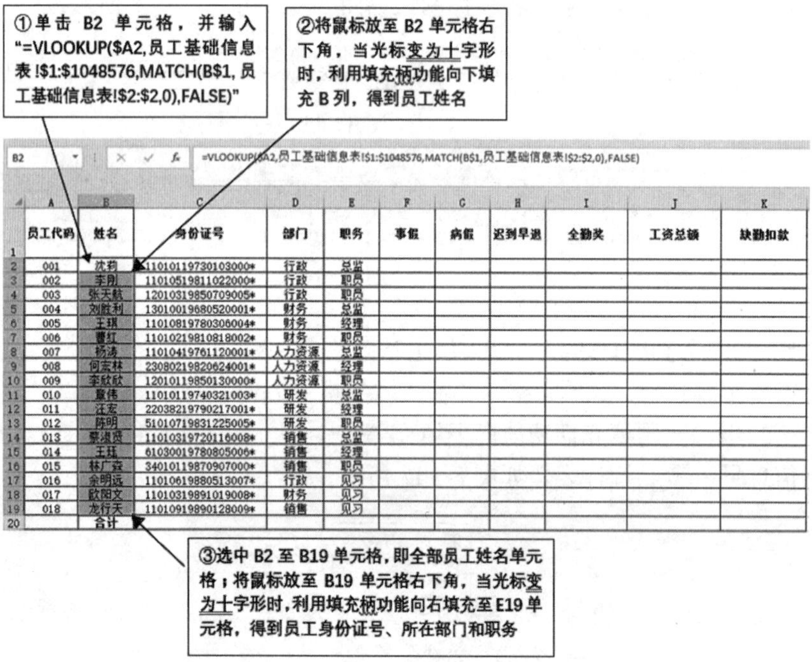

图 8－18

【函数讲解】MATCH 函数的功能是，在范围单元格中搜索特定的项，然后返回该项在此区域中的相对位置。其语法是：MATCH(lookup_value，lookup_array,[match_type])。参数 lookup _ value 代表要在 lookup _ array 中匹配的值；lookup _ array 代表要搜索的单元格区域；match _ type 用来指定 Excel 如何将 lookup _ value 与 lookup _ array 中的值匹配。该参数可选填，默认值为 1，此时 lookup _ array 参数中的值必须以升序排列；该值为 0 时，lookup _ array 参数中的值可按任何顺序排列；该值为－1 时，lookup _ array 参数中的值必须按降序排列。

MATCH 函数可以为 VLOOKUP 函数提供 col _ index _ num 参数，即匹配值的列序号。在本例中，MATCH(B＄1,员工基础信息表!＄2:＄2,0)，代表在员工基础信息表中的第二行查找 B1 单元格（即查找“姓名”），并返回“姓名”在员工基础信息表第二行的位置，也就是“2”，这也代表了“姓名”在员工基础信息表中的列序号——第二列。将 MATCH 函数与 VLOOKUP 函数嵌套，“＝VLOOKUP(＄A2,员工基础信息表!$1:$1048576,MATCH(B$1,员工基础信息表!$2:$2,0),FALSE)”代表在员工基础信息表中精确查找 A2 单元格，并返回员工基础信息表的第二列。

注意：为了保证向下和向右填充公式时的准确性，应将相关单元格的行或列锁定。

2. 制作考勤统计表——补充考勤信息

第一步，将每一位员工请事假、病假及迟到早退的次数录入考勤统计表，并利用 SUM 函数计算天数合计，如图 8－19 所示。

	A	B	C	D	E	F	G	H	I	J	K
1	员工代码	姓名	身份证号	部门	职务	事假	病假	迟到早退	全勤奖	工资总额	缺勤扣款
2	001	沈莉	11010119730103000*	行政	总监	0	0	1			
3	002	李刚	11010519811022000*	行政	职员	1	0	2			
4	003	张天航	12010319850709005*	行政	职员	0	0	0			
5	004	刘胜利	13010019680520001*	财务	总监	0	0	0			
6	005	王琪	11010819780306004*	财务	经理	0	1	0			
7	006	曹红	11010219810818002*	财务	职员	0	0	0			
8	007	杨涛	11010419761120001*	人力资源	总监	0	0	0			
9	008	何宏林	23080219820624001*	人力资源	经理	0	0	0			
10	009	李欣欣	12010119850130000*	人力资源	职员	1	0	1			
11	010	章伟	11010119740321003*	研发	总监	0	0	0			
12	011	汪宏	22038219790217001*	研发	经理	2	0	0			
13	012	陈明	51010719831225005*	研发	职员	0	1	0			
14	013	蔡淑贤	11010319720116008*	销售	总监	0	1	0			
15	014	王珏	61030019780805006*	销售	经理	0	0	0			
16	015	林广森	34010119870907000*	销售	职员	0	1	0			
17	016	余明远	11010619880513007*	行政	见习	2	0	0			
18	017	欧阳文	11010319891019008*	财务	见习	1	0	3			
19	018	龙行天	11010919890128009*	销售	见习	0	0	0			
20		合计				7	4	7	-	-	-

图 8－19

第二步，自动确认获得全勤奖的员工。①在 I2 单元格中输入“＝IF(SUM(F2:H2)＝0,200,0)”。②将鼠标放在 I2 单元格右下角，当光标变为十字形后，利用填充柄功能向下填充 I 列。③利用 SUM 函数计算合计数，如图 8－20 所示。

【函数讲解】“SUM(F2:H2)”代表将 F2 至 H2 单元格区域内数字相加求和；“＝IF(SUM(F2:H2)＝0,200,0)”代表如果 F2 至 H2 单元格区域内数字相加为 0，即该员工没有请事假、病假或迟到早退的情况，则返回“200”，也就是得到全勤奖 200 元，否则就是没有得到全勤奖。

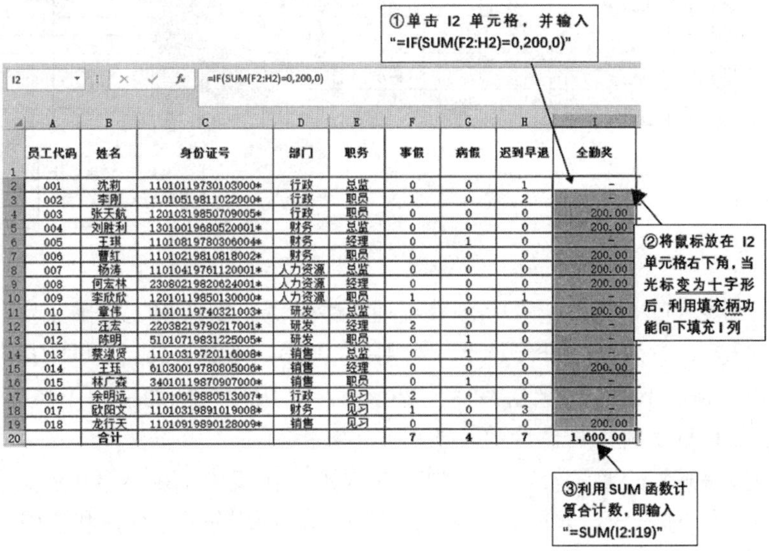

	A	B	C	D	E	F	G	H	I
1	员工代码	姓名	身份证号	部门	职务	事假	病假	迟到早退	全勤奖
2	001	沈莉	11010119730103000*	行政	总监	0	0	1	-
3	002	李刚	11010519811022000*	行政	职员	1	0	2	-
4	003	张天航	12010319850709005*	行政	职员	0	0	0	200.00
5	004	刘胜利	13010019680520001*	财务	总监	0	0	0	200.00
6	005	王琪	11010819780306004*	财务	经理	0	1	0	-
7	006	曹红	11010219810818002*	财务	职员	0	0	0	200.00
8	007	杨涛	11010419761120001*	人力资源	总监	0	0	0	200.00
9	008	何宏林	23080219820624001*	人力资源	经理	0	0	0	200.00
10	009	李欣欣	12010119850130000*	人力资源	职员	1	0	1	-
11	010	章伟	11010119740321003*	研发	总监	0	0	0	200.00
12	011	汪宏	22038219790217001*	研发	经理	2	0	0	-
13	012	陈明	51010719831225005*	研发	职员	0	1	0	-
14	013	蔡淑贤	11010319720116008*	销售	总监	0	1	0	-
15	014	王珏	61030019780805006*	销售	经理	0	0	0	200.00
16	015	林广森	34010119870907000*	销售	职员	0	1	0	-
17	016	余明远	11010619880513007*	行政	见习	2	0	0	-
18	017	欧阳文	11010319891019008*	财务	见习	1	0	3	-
19	018	龙行天	11010919890128009*	销售	见习	0	0	0	200.00
20		合计				7	4	7	1,600.00

图 8－20

根据薪酬管理规则，“缺勤扣款”应基于单日工资计算，因此，需要先计算工资总额，再计算缺勤扣款。

3. 制作工资计算表——计算工资总额

第一步，导入员工基础信息，包括员工代码、姓名、身份证号、部门、职务和工龄，同上述考勤统计表的操作方式。

第二步，计算岗位工资。①利用 VLOOKUP 和 MATCH 嵌套函数自动填列岗位工资：选中“岗位工资”标题下 G2 单元格，并输入“=VLOOKUP(D2,规则!$A$18:$E$23,MATCH(E2,规则!$A$18:$E$18,0),FALSE)”。②将鼠标放在 G2 单元格右下角，当光标变为十字形后，利用填充柄功能向下填充 G 列。③利用 SUM 函数计算岗位工资合计数，如图 8－21 所示。

【函数讲解】岗位工资的相关规定在规则工作表中 A18 至 E23 单元格区域当中列明。本例中，通过 VLOOKUP 函数和 MATCH 函数相结合，完成对岗位工资的匹配查找和返回。

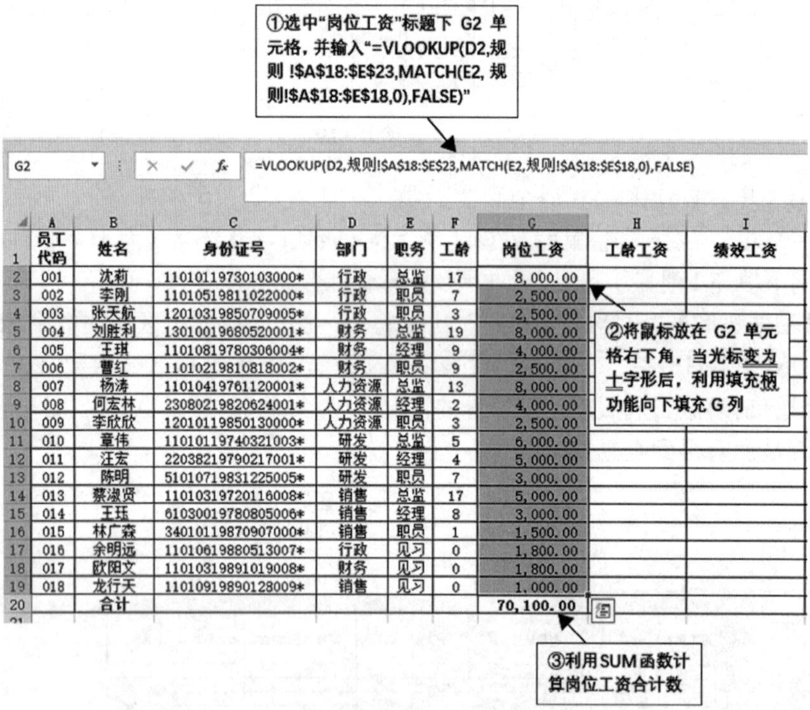

	A	B	C	D	E	F	G	H	I
1	员工代码	姓名	身份证号	部门	职务	工龄	岗位工资	工龄工资	绩效工资
2	001	沈莉	11010119730103000*	行政	总监	17	8,000.00		
3	002	李刚	11010519811022000*	行政	职员	7	2,500.00		
4	003	张天航	12010319850709005*	行政	职员	3	2,500.00		
5	004	刘胜利	13010019680520001*	财务	总监	19	8,000.00		
6	005	王琪	11010819780306004*	财务	经理	9	4,000.00		
7	006	曹红	11010219810818002*	财务	职员	9	2,500.00		
8	007	杨涛	11010419761120001*	人力资源	总监	13	8,000.00		
9	008	何宏林	23080219820624001*	人力资源	经理	2	4,000.00		
10	009	李欣欣	12010119850130000*	人力资源	职员	3	2,500.00		
11	010	章伟	11010119740321003*	研发	总监	5	6,000.00		
12	011	汪宏	22038219790217001*	研发	经理	4	5,000.00		
13	012	陈明	51010719831225005*	研发	职员	7	3,000.00		
14	013	蔡淑贤	11010319720116008*	销售	总监	17	5,000.00		
15	014	王珏	61030019780805006*	销售	经理	8	3,000.00		
16	015	林广森	34010119870907000*	销售	职员	1	1,500.00		
17	016	余明远	11010619880513007*	行政	见习	0	1,800.00		
18	017	欧阳文	11010319891019008*	财务	见习	0	1,800.00		
19	018	龙行天	11010919890128009*	销售	见习	0	1,000.00		
20		合计					70,100.00		

图 8－21

第三步，利用 VLOOKUP 函数填列工龄工资。①选中“工龄工资”标题下 H2 单元格，并输入“=VLOOKUP(F2,规则!$B$10:$D$15,3,TRUE)”。②将鼠标放在 H2 单元格右下角，当光标变为十字形后，利用填充柄功能向下填充 H 列。③利用 SUM 函数计算工龄工资合计数，如图 8－22 所示。

【函数讲解】工龄工资的相关规定在规则工作表中 B10 至 D15 单元格区域当中列明。本例中，通过 VLOOKUP 函数完成对工龄工资的匹配查找和返回。

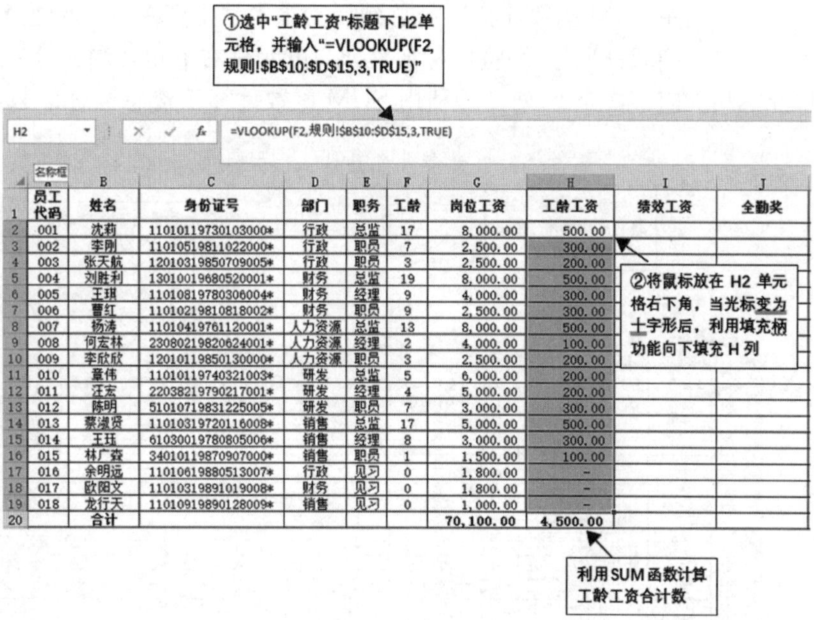

	A	B	C	D	E	F	G	H	I	J
1	员工代码	姓名	身份证号	部门	职务	工龄	岗位工资	工龄工资	绩效工资	全勤奖
2	001	沈莉	11010119730103000*	行政	总监	17	8,000.00	500.00		
3	002	李刚	11010519811022000*	行政	职员	7	2,500.00	300.00		
4	003	张天航	12010319850709005*	行政	职员	3	2,500.00	200.00		
5	004	刘胜利	13010019680520001*	财务	总监	19	8,000.00	500.00		
6	005	王琪	11010819780306004*	财务	经理	9	4,000.00	300.00		
7	006	曹红	11010219810818002*	财务	职员	9	2,500.00	300.00		
8	007	杨涛	11010419761120001*	人力资源	总监	13	8,000.00	500.00		
9	008	何宏林	23080219820624001*	人力资源	经理	2	4,000.00	100.00		
10	009	李欣欣	12010119850130000*	人力资源	职员	3	2,500.00	200.00		
11	010	章伟	11010119740321003*	研发	总监	5	6,000.00	200.00		
12	011	汪宏	22038219790217001*	研发	经理	4	5,000.00	200.00		
13	012	陈明	51010719831225005*	研发	职员	7	3,000.00	300.00		
14	013	蔡淑贤	11010319720116008*	销售	总监	17	5,000.00	500.00		
15	014	王珏	61030019780805006*	销售	经理	8	3,000.00	300.00		
16	015	林广森	34010119870907000*	销售	职员	1	1,500.00	100.00		
17	016	余明远	11010619880513007*	行政	见习	0	1,800.00	-		
18	017	欧阳文	11010319891019008*	财务	见习	0	1,800.00	-		
19	018	龙行天	11010919890128009*	销售	见习	0	1,000.00	-		
20		合计					70,100.00	4,500.00		

图 8-22

第四步，录入每个员工的绩效工资，并利用 SUM 函数计算绩效工资合计数。

第五步，利用 VLOOKUP 和 MATCH 嵌套函数填列全勤奖金额。①选中"全勤奖"标题下 J2 单元格，并输入"＝VLOOKUP(＄A2,考勤统计表!＄A:＄K,MATCH(J＄1,考勤统计表!＄1:＄1,0),FALSE)"。②将鼠标放在 J2 单元格右下角，当光标变为十字形后，利用填充柄功能向下填充 J 列。③利用 SUM 函数计算全勤奖合计数，如图 8-23 所示。

【函数讲解】全勤奖的金额已在考勤统计表中计算过。本例中，通过 VLOOKUP 函数和 MATCH 函数相结合，完成对全勤奖的匹配查找和返回。

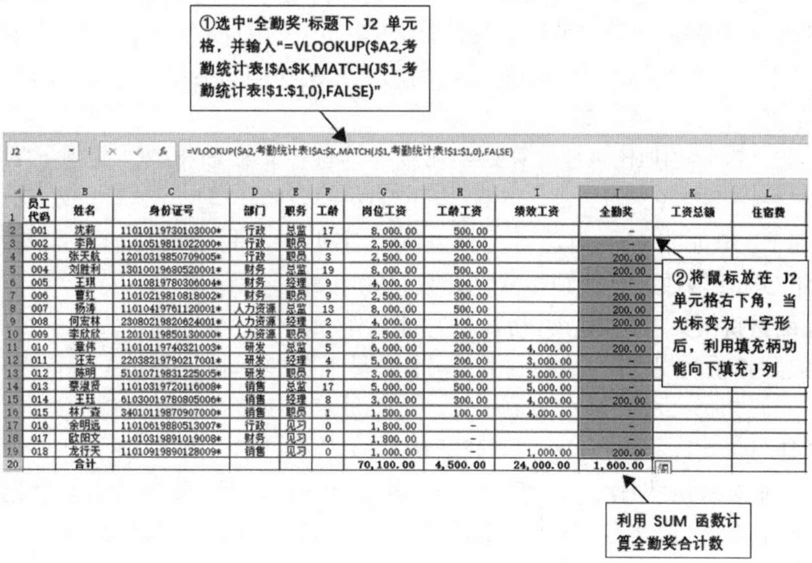

	A	B	C	D	E	F	G	H	I	J	K	L
1	员工代码	姓名	身份证号	部门	职务	工龄	岗位工资	工龄工资	绩效工资	全勤奖	工资总额	住宿费
2	001	沈莉	11010119730103000*	行政	总监	17	8,000.00	500.00		-		
3	002	李刚	11010519811022000*	行政	职员	7	2,500.00	300.00		-		
4	003	张天航	12010319850709005*	行政	职员	3	2,500.00	200.00		200.00		
5	004	刘胜利	13010019680520001*	财务	总监	19	8,000.00	500.00		200.00		
6	005	王琪	11010819780306004*	财务	经理	9	4,000.00	300.00		-		
7	006	曹红	11010219810818002*	财务	职员	9	2,500.00	300.00		200.00		
8	007	杨涛	11010419761120001*	人力资源	总监	13	8,000.00	500.00		200.00		
9	008	何宏林	23080219820624001*	人力资源	经理	2	4,000.00	100.00		200.00		
10	009	李欣欣	12010119850130000*	人力资源	职员	3	2,500.00	200.00		-		
11	010	章伟	11010119740321003*	研发	总监	5	6,000.00	200.00	4,000.00	200.00		
12	011	汪宏	22038219790217001*	研发	经理	4	5,000.00	200.00	3,000.00	-		
13	012	陈明	51010719831225005*	研发	职员	7	3,000.00	300.00	3,000.00	-		
14	013	蔡淑贤	11010319720116008*	销售	总监	17	5,000.00	500.00	5,000.00	-		
15	014	王珏	61030019780805006*	销售	经理	8	3,000.00	300.00	4,000.00	200.00		
16	015	林广森	34010119870907000*	销售	职员	1	1,500.00	100.00	4,000.00	-		
17	016	余明远	11010619880513007*	行政	见习	0	1,800.00	-		-		
18	017	欧阳文	11010319891019008*	财务	见习	0	1,800.00	-		-		
19	018	龙行天	11010919890128009*	销售	见习	0	1,000.00	-	1,000.00	200.00		
20		合计					70,100.00	4,500.00	24,000.00	1,600.00		

图 8-23

第六步，利用 SUM 函数计算工资总额。①单击“工资总额”标题下 K2 单元格，并输入“=SUM(G2:J2)”。②将鼠标放在 K2 单元格右下角，当光标变为十字形后，利用填充柄功能向下填充 K 列。③利用 SUM 函数计算工资总额合计数，如图 8-24 所示。

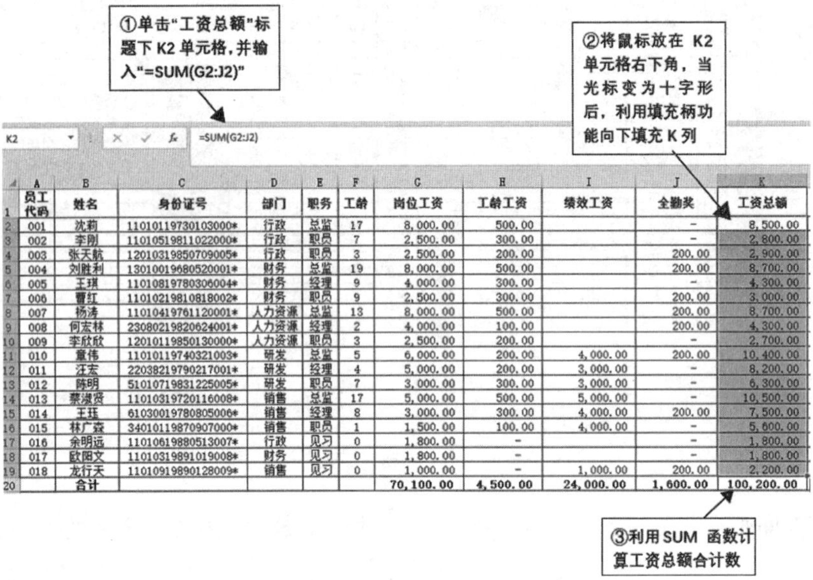

	A	B	C	D	E	F	G	H	I	J	K
1	员工代码	姓名	身份证号	部门	职务	工龄	岗位工资	工龄工资	绩效工资	全勤奖	工资总额
2	001	沈莉	11010119730103000*	行政	总监	17	8,000.00	500.00		-	8,500.00
3	002	李刚	11010519811022000*	行政	职员	7	2,500.00	300.00		-	2,800.00
4	003	张天航	12010319850709005*	行政	职员	3	2,500.00	200.00		200.00	2,900.00
5	004	刘胜利	13010019680520001*	财务	总监	19	8,000.00	500.00		200.00	8,700.00
6	005	王琪	11010819780306004*	财务	经理	9	4,000.00	300.00		-	4,300.00
7	006	曹红	11010219810818002*	财务	职员	9	2,500.00	300.00		200.00	3,000.00
8	007	杨涛	11010419761120001*	人力资源	总监	13	8,000.00	500.00		200.00	8,700.00
9	008	何宏林	23080219820624001*	人力资源	经理	2	4,000.00	100.00		200.00	4,300.00
10	009	李欣欣	12010119850130000*	人力资源	职员	3	2,500.00	200.00		-	2,700.00
11	010	章伟	11010119740321003*	研发	总监	5	6,000.00	200.00	4,000.00	200.00	10,400.00
12	011	汪宏	22038219790217001*	研发	经理	4	5,000.00	200.00	3,000.00	-	8,200.00
13	012	陈明	51010719831225005*	研发	职员	7	3,000.00	300.00	3,000.00	-	6,300.00
14	013	蔡淑贤	11010319720116008*	销售	总监	17	5,000.00	500.00	5,000.00	-	10,500.00
15	014	王珏	61030019780805006*	销售	经理	8	3,000.00	300.00	4,000.00	200.00	7,500.00
16	015	林广森	34010119870907000*	销售	职员	1	1,500.00	100.00	4,000.00	-	5,600.00
17	016	余明远	11010619880513007*	行政	见习	0	1,800.00	-		-	1,800.00
18	017	欧阳文	11010319891019008*	财务	见习	0	1,800.00	-		-	1,800.00
19	018	龙行天	11010919890128009*	销售	见习	0	1,000.00	-	1,000.00	200.00	2,200.00
20		合计					70,100.00	4,500.00	24,000.00	1,600.00	100,200.00

图 8-24

4. 制作考勤统计表——计算缺勤扣款

在工资计算表中已计算出工资总额，在工资总额的基础上可以在考勤统计表中计算缺勤扣款。

第一步，利用 VLOOKUP 和 MATCH 函数填列工资总额。①选择考勤统计表工作表，单击“工资总额”标题下 J2 单元格，并输入“=VLOOKUP($A2,工资计算表!$A:$T,MATCH(J$1,工资计算表!$1:$1,0),FALSE)”。②将鼠标放在 J2 单元格右下角，当光标变为十字形后，利用填充柄功能向下填充 J 列。③利用 SUM 函数计算工资总额合计数，如图 8-25 所示。

第二步，利用 IF 函数计算缺勤扣款。①选择“缺勤扣款”标题下 K2 单元格，并输入“=J2/22*F2+J2/22/2*G2+IF(H2=1,20,IF(H2>1,H2*100,0))”。②将鼠标放在 K2 单元格右下角，当光标变为十字形后，利用填充柄功能向下填充 K 列。③利用 SUM 函数计算缺勤扣款合计数，如图 8-26 所示。

【**函数讲解**】本例以一月份薪酬管理工作表为例进行讲解，假设一月份工作日为 22 天。缺勤扣款的规则是：病假扣除一半的日工资；事假扣除日工资；迟到早退，一次扣 20 元，超过一次，每次扣 100 元。每个员工日工资=工资总额÷22。

“IF(H2=1,20,IF(H2>1,H2*100,0))”代表：如果迟到早退次数等于 1，则返回 20，如果迟到早退次数大于 1，则返回 100 乘以迟到早退次数，否则返回 0。

“=J2/22*F2+J2/22/2*G2+IF(H2=1,20,IF(H2>1,H2*100,0))”代表：请事假次数×日工资+请病假次数×一半日工资+迟到早退扣款。

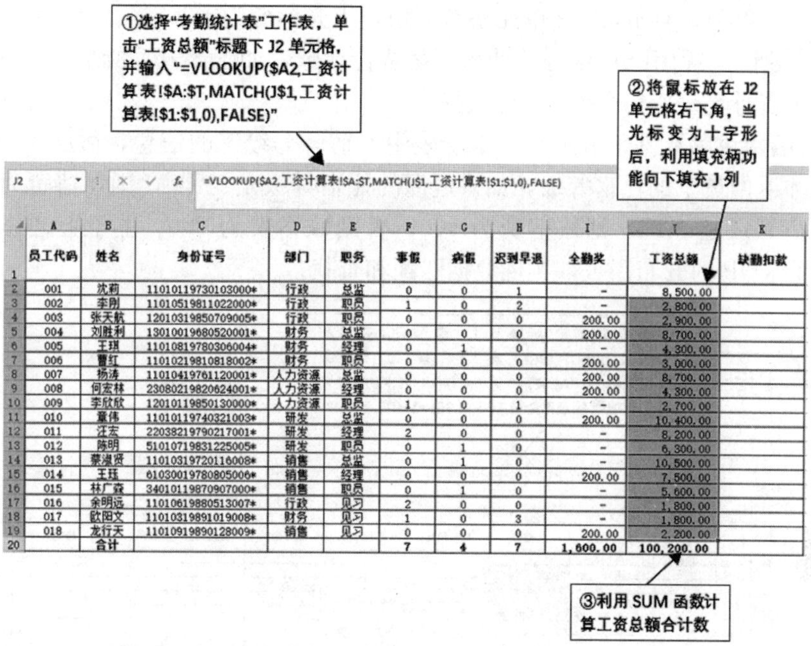

	A	B	C	D	E	F	G	H	I	J	K
1	员工代码	姓名	身份证号	部门	职务	事假	病假	迟到早退	全勤奖	工资总额	缺勤扣款
2	001	沈莉	11010119730103000*	行政	总监	0	0	1	-	8, 500. 00	
3	002	李刚	11010519811022000*	行政	职员	1	0	2	-	2, 800. 00	
4	003	张天航	12010319850709005*	行政	职员	0	0	0	200. 00	2, 900. 00	
5	004	刘胜利	13010019680520001*	财务	总监	0	0	0	200. 00	8, 700. 00	
6	005	王琪	11010819780306004*	财务	经理	0	1	0	-	4, 300. 00	
7	006	曹红	11010219810818002*	财务	职员	0	0	0	200. 00	3, 000. 00	
8	007	杨涛	11010419761120001*	人力资源	总监	0	0	0	200. 00	8, 700. 00	
9	008	何宏林	23080219820624001*	人力资源	经理	0	0	0	200. 00	4, 300. 00	
10	009	李欣欣	12010119850130000*	人力资源	职员	1	0	1	-	2, 700. 00	
11	010	童伟	11010119740321003*	研发	总监	0	0	0	200. 00	10, 400. 00	
12	011	汪宏	22038219790217001*	研发	经理	2	0	0	-	8, 200. 00	
13	012	陈明	51010719831225005*	研发	职员	0	1	0	-	6, 300. 00	
14	013	蔡淑贤	11010319720116008*	销售	总监	0	1	0	-	10, 500. 00	
15	014	王珏	61030019780805006*	销售	经理	0	0	0	200. 00	7, 500. 00	
16	015	林广森	34010119870907000*	销售	职员	0	1	0	-	5, 600. 00	
17	016	余明远	11010619880513007*	行政	见习	2	0	0	-	1, 800. 00	
18	017	欧阳文	11010319891019008*	财务	见习	1	0	3	-	1, 800. 00	
19	018	龙行天	11010919890128009*	销售	见习	0	0	0	200. 00	2, 200. 00	
20		合计				7	4	7	1, 600. 00	100, 200. 00	

图 8－25

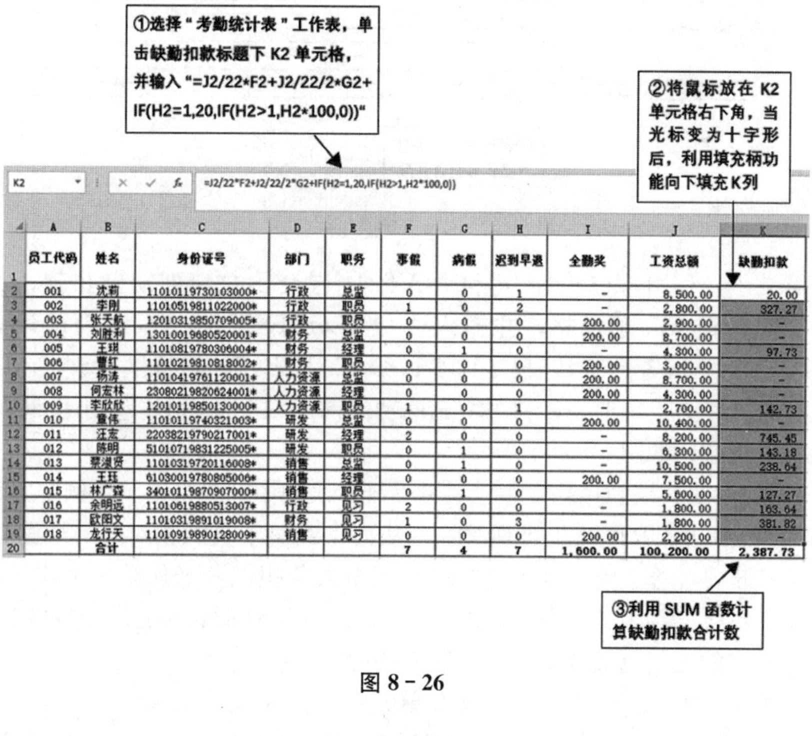

	A	B	C	D	E	F	G	H	I	J	K
1	员工代码	姓名	身份证号	部门	职务	事假	病假	迟到早退	全勤奖	工资总额	缺勤扣款
2	001	沈莉	11010119730103000*	行政	总监	0	0	1	-	8, 500. 00	20. 00
3	002	李刚	11010519811022000*	行政	职员	1	0	2	-	2, 800. 00	327. 27
4	003	张天航	12010319850709005*	行政	职员	0	0	0	200. 00	2, 900. 00	-
5	004	刘胜利	13010019680520001*	财务	总监	0	0	0	200. 00	8, 700. 00	-
6	005	王琪	11010819780306004*	财务	经理	0	1	0	-	4, 300. 00	97. 73
7	006	曹红	11010219810818002*	财务	职员	0	0	0	200. 00	3, 000. 00	-
8	007	杨涛	11010419761120001*	人力资源	总监	0	0	0	200. 00	8, 700. 00	-
9	008	何宏林	23080219820624001*	人力资源	经理	0	0	0	200. 00	4, 300. 00	-
10	009	李欣欣	12010119850130000*	人力资源	职员	1	0	1	-	2, 700. 00	142. 73
11	010	童伟	11010119740321003*	研发	总监	0	0	0	200. 00	10, 400. 00	-
12	011	汪宏	22038219790217001*	研发	经理	2	0	0	-	8, 200. 00	745. 45
13	012	陈明	51010719831225005*	研发	职员	0	1	0	-	6, 300. 00	143. 18
14	013	蔡淑贤	11010319720116008*	销售	总监	0	1	0	-	10, 500. 00	238. 64
15	014	王珏	61030019780805006*	销售	经理	0	0	0	200. 00	7, 500. 00	-
16	015	林广森	34010119870907000*	销售	职员	0	1	0	-	5, 600. 00	127. 27
17	016	余明远	11010619880513007*	行政	见习	2	0	0	-	1, 800. 00	163. 64
18	017	欧阳文	11010319891019008*	财务	见习	1	0	3	-	1, 800. 00	381. 82
19	018	龙行天	11010919890128009*	销售	见习	0	0	0	200. 00	2, 200. 00	-
20		合计				7	4	7	1, 600. 00	100, 200. 00	2, 387. 73

图 8－26

5. 制作工资计算表——计算应发工资和实发合计

第一步，利用 IF 与 VLOOKUP 嵌套函数填列住宿费。①单击“住宿费”标题下 L2 单元格，并输入“＝IF(VLOOKUP($A2,员工基础信息表!$A:$J,10,FALSE)＝"无",0,IF(VLOOKUP($A2,员工基础信息表!$A:$J,10,FALSE)＝1,400,

800))"。②将鼠标放在L2单元格右下角，当光标变为十字形后，利用填充柄功能向下填充L列。③利用SUM函数计算住宿费合计数，如图8－27所示。为便于数据展示，先将工资计算表中第C至J列隐藏。

【函数讲解】 基于员工基础信息表中"宿舍等级"的信息，通过VLOOKUP函数查找并返回员工的住宿等级，如果返回的住宿等级是"无"，则住宿费为0；如果返回的住宿等级是"1"，则住宿费为400；否则住宿费为800。基于上述思路构建IF与VLOOKUP的嵌套函数，实现数据匹配和查找。

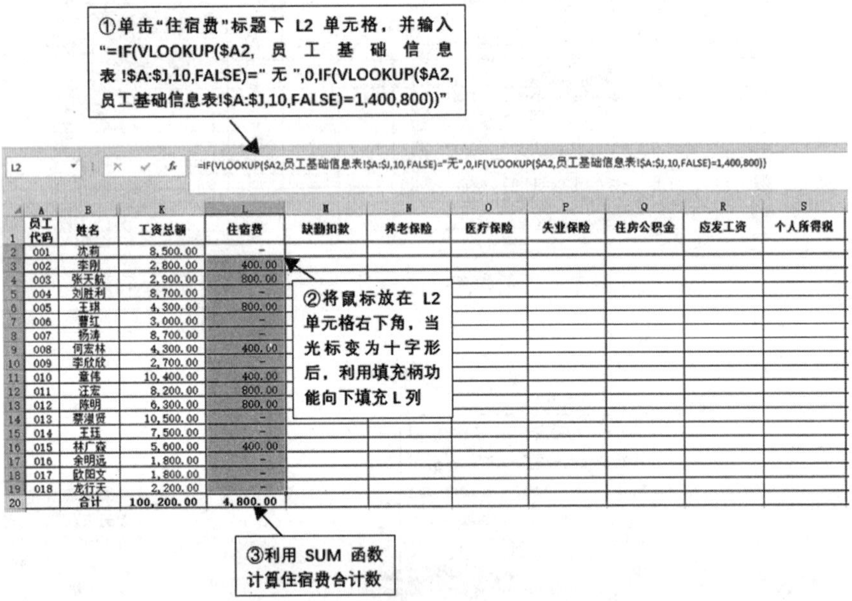

	A	B	K	L	M	N	O	P	Q	R	S
1	员工代码	姓名	工资总额	住宿费	缺勤扣款	养老保险	医疗保险	失业保险	住房公积金	应发工资	个人所得税
2	001	沈莉	8,500.00	-							
3	002	李刚	2,800.00	400.00							
4	003	张天航	2,900.00	800.00							
5	004	刘胜利	8,700.00	-							
6	005	王琪	4,300.00	800.00							
7	006	曹红	3,000.00	-							
8	007	杨涛	8,700.00	-							
9	008	何宏林	4,300.00	400.00							
10	009	李欣欣	2,700.00	-							
11	010	童伟	10,400.00	400.00							
12	011	汪宏	8,200.00	800.00							
13	012	陈明	6,300.00	800.00							
14	013	蔡湖贤	10,500.00	-							
15	014	王珏	7,500.00	-							
16	015	林广森	5,600.00	400.00							
17	016	余明远	1,800.00	-							
18	017	欧阳文	1,800.00	-							
19	018	龙行天	2,200.00	-							
20		合计	100,200.00	4,800.00							

图8－27

第二步，利用VLOOKUP和MATCH嵌套函数填列缺勤扣款。①单击"缺勤扣款"标题下M2单元格，并输入"＝VLOOKUP($A2,考勤统计表!$A:$K,MATCH(M$1,考勤统计表!$1:$1,0),FALSE)"。②将鼠标放在M2单元格右下角，当光标变为十字形后，利用填充柄功能向下填充M列。③利用SUM函数计算缺勤扣款合计数，如图8－28所示。

【函数讲解】 缺勤扣款金额已在考勤统计表当中计算得出，本例中，利用MATCH函数为VLOOKUP函数提供列序号，从而得到每个员工相对应的缺勤扣款金额。

第三步，计算三险一金。已知由员工个人负担的养老保险、医疗保险、失业保险和住房公积金分别占其工资总额的8%、2%、1%和8%。因此，在利用Excel计算时，直接用对应的工资总额数乘以给定比例即可。

①单击"养老保险"标题下N2单元格，并输入"＝K2＊0.08"。②将鼠标放在N2单元格右下角，当光标变为十字形后，利用填充柄功能向下填充N列。③利用SUM函数计算养老保险合计数。④更改占比数，重复第①至③步，完成医疗保险、失业保险和住房公积金的计算，如图8－29所示。

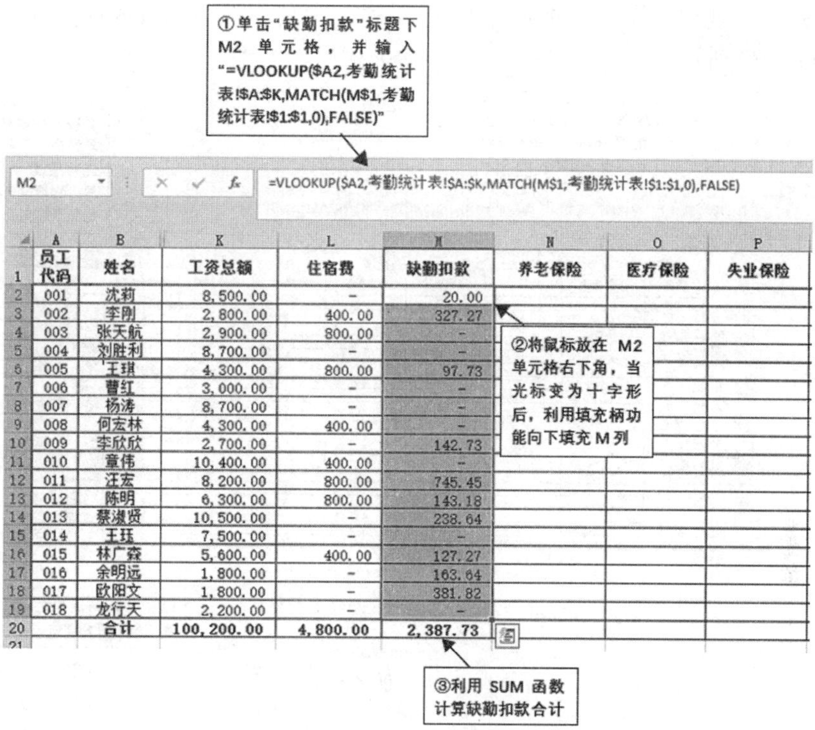

	A	B	K	L	M	N	O	P
1	员工代码	姓名	工资总额	住宿费	缺勤扣款	养老保险	医疗保险	失业保险
2	001	沈莉	8,500.00	-	20.00			
3	002	李刚	2,800.00	400.00	327.27			
4	003	张天航	2,900.00	800.00	-			
5	004	刘胜利	8,700.00	-	-			
6	005	王琪	4,300.00	800.00	97.73			
7	006	曹红	3,000.00	-	-			
8	007	杨涛	8,700.00	-	-			
9	008	何宏林	4,300.00	400.00	-			
10	009	李欣欣	2,700.00	-	142.73			
11	010	童伟	10,400.00	400.00	-			
12	011	汪宏	8,200.00	800.00	745.45			
13	012	陈明	6,300.00	800.00	143.18			
14	013	蔡淑贤	10,500.00	-	238.64			
15	014	王珏	7,500.00	-	-			
16	015	林广森	5,600.00	400.00	127.27			
17	016	余明远	1,800.00	-	163.64			
18	017	欧阳文	1,800.00	-	381.82			
19	018	龙行天	2,200.00	-	-			
20		合计	100,200.00	4,800.00	2,387.73			

图 8－28

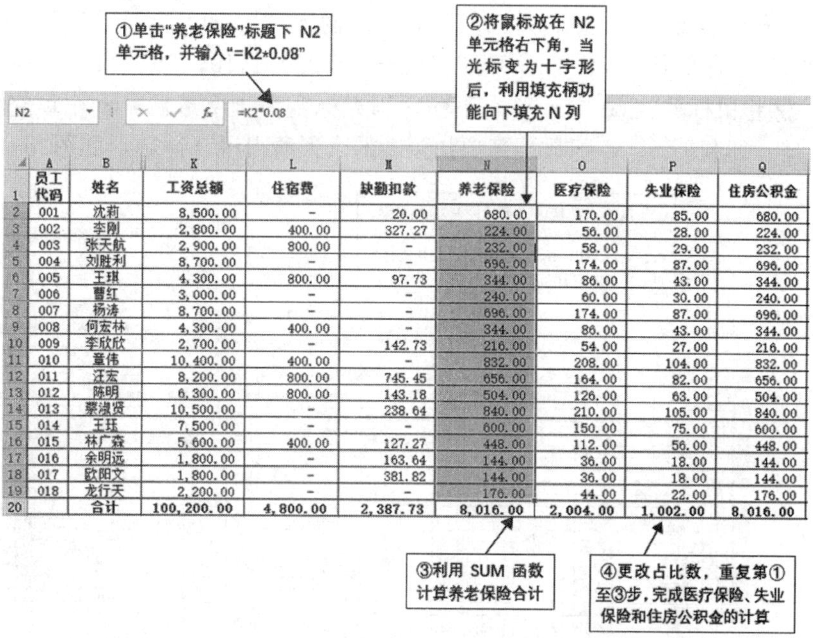

	A	B	K	L	M	N	O	P	Q
1	员工代码	姓名	工资总额	住宿费	缺勤扣款	养老保险	医疗保险	失业保险	住房公积金
2	001	沈莉	8,500.00	-	20.00	680.00	170.00	85.00	680.00
3	002	李刚	2,800.00	400.00	327.27	224.00	56.00	28.00	224.00
4	003	张天航	2,900.00	800.00	-	232.00	58.00	29.00	232.00
5	004	刘胜利	8,700.00	-	-	696.00	174.00	87.00	696.00
6	005	王琪	4,300.00	800.00	97.73	344.00	86.00	43.00	344.00
7	006	曹红	3,000.00	-	-	240.00	60.00	30.00	240.00
8	007	杨涛	8,700.00	-	-	696.00	174.00	87.00	696.00
9	008	何宏林	4,300.00	400.00	-	344.00	86.00	43.00	344.00
10	009	李欣欣	2,700.00	-	142.73	216.00	54.00	27.00	216.00
11	010	童伟	10,400.00	400.00	-	832.00	208.00	104.00	832.00
12	011	汪宏	8,200.00	800.00	745.45	656.00	164.00	82.00	656.00
13	012	陈明	6,300.00	800.00	143.18	504.00	126.00	63.00	504.00
14	013	蔡淑贤	10,500.00	-	238.64	840.00	210.00	105.00	840.00
15	014	王珏	7,500.00	-	-	600.00	150.00	75.00	600.00
16	015	林广森	5,600.00	400.00	127.27	448.00	112.00	56.00	448.00
17	016	余明远	1,800.00	-	163.64	144.00	36.00	18.00	144.00
18	017	欧阳文	1,800.00	-	381.82	144.00	36.00	18.00	144.00
19	018	龙行天	2,200.00	-	-	176.00	44.00	22.00	176.00
20		合计	100,200.00	4,800.00	2,387.73	8,016.00	2,004.00	1,002.00	8,016.00

图 8－29

第四步，计算应发工资。应发工资＝工资总额－住宿费－缺勤扣款－养老保险－医疗保险－失业保险－住房公积金。①单击"应发工资"标题下 R2 单元格，并输入"＝K2－L2－M2－N2－O2－P2－Q2"。②将鼠标放在 R2 单元格右下角，当光标变为十字形后，利用填充柄功能向下填充 R 列。③利用 SUM 函数计算应发工资合计数，如图 8－30 所示。

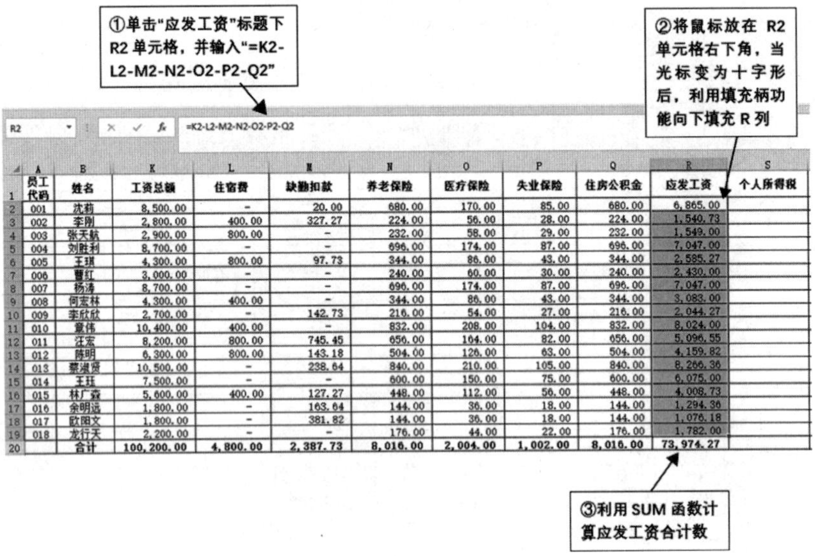

员工代码	姓名	工资总额	住宿费	缺勤扣款	养老保险	医疗保险	失业保险	住房公积金	应发工资	个人所得税
001	沈莉	8,500.00	-	20.00	680.00	170.00	85.00	680.00	6,865.00	
002	李刚	2,800.00	400.00	327.27	224.00	56.00	28.00	224.00	1,540.73	
003	张天航	2,900.00	800.00	-	232.00	58.00	29.00	232.00	1,549.00	
004	刘胜利	8,700.00	-	-	696.00	174.00	87.00	696.00	7,047.00	
005	王琪	4,300.00	800.00	97.73	344.00	86.00	43.00	344.00	2,585.27	
006	曹红	3,000.00	-	-	240.00	60.00	30.00	240.00	2,430.00	
007	杨涛	8,700.00	-	-	696.00	174.00	87.00	696.00	7,047.00	
008	何宏林	4,300.00	400.00	-	344.00	86.00	43.00	344.00	3,083.00	
009	李欣欣	2,700.00	-	142.73	216.00	54.00	27.00	216.00	2,044.27	
010	章伟	10,400.00	400.00	-	832.00	208.00	104.00	832.00	8,024.00	
011	汪宏	8,200.00	800.00	745.45	656.00	164.00	82.00	656.00	5,096.55	
012	陈明	6,300.00	800.00	143.18	504.00	126.00	63.00	504.00	4,159.82	
013	蔡湛贤	10,500.00	-	238.64	840.00	210.00	105.00	840.00	8,266.36	
014	王珏	7,500.00	-	-	600.00	150.00	75.00	600.00	6,075.00	
015	林广森	5,600.00	400.00	127.27	448.00	112.00	56.00	448.00	4,008.73	
016	余明远	1,800.00	-	163.64	144.00	36.00	18.00	144.00	1,294.36	
017	欧阳文	1,800.00	-	381.82	144.00	36.00	18.00	144.00	1,076.18	
018	龙行天	2,200.00	-	-	176.00	44.00	22.00	176.00	1,782.00	
	合计	100,200.00	4,800.00	2,387.73	8,016.00	2,004.00	1,002.00	8,016.00	73,974.27	

图 8－30

第五步，利用 ROUND 和 MAX 嵌套函数计算个人所得税。根据个人所得税税率表（综合所得适用）的税率及速算扣除数（如图 8－13 所示）计算个人所得税。①单击“个人所得税”标题下 S2 单元格，并输入“＝ROUND(MAX((R2－5000)＊{0.03,0.1,0.2,0.25,0.3,0.35,0.45}－{0,210,1410,2660,4410,7160,15160},0),2)”。②将鼠标放在 S2 单元格右下角，当光标变为十字形后，利用填充柄功能向下填充 S 列。③利用 SUM 函数计算预扣预缴的个人所得税合计数，如图 8－31 所示。

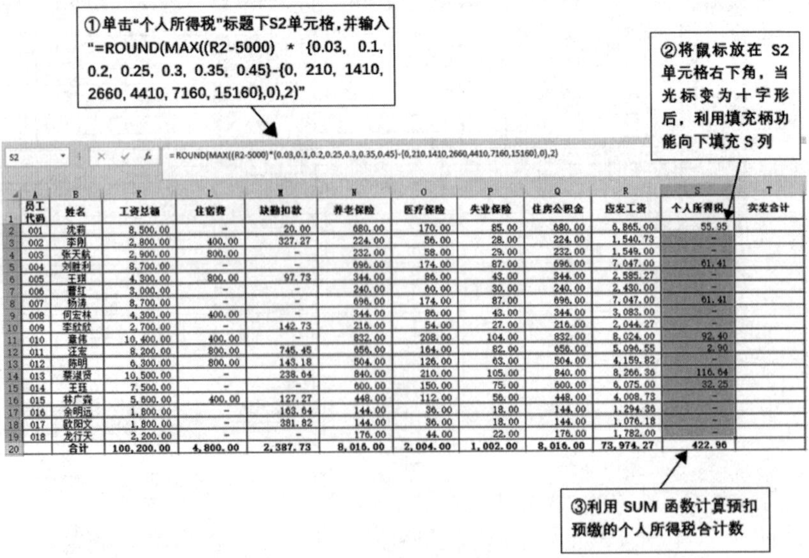

员工代码	姓名	工资总额	住宿费	缺勤扣款	养老保险	医疗保险	失业保险	住房公积金	应发工资	个人所得税	实发合计
001	沈莉	8,500.00	-	20.00	680.00	170.00	85.00	680.00	6,865.00	55.95	
002	李刚	2,800.00	400.00	327.27	224.00	56.00	28.00	224.00	1,540.73	-	
003	张天航	2,900.00	800.00	-	232.00	58.00	29.00	232.00	1,549.00	-	
004	刘胜利	8,700.00	-	-	696.00	174.00	87.00	696.00	7,047.00	61.41	
005	王琪	4,300.00	800.00	97.73	344.00	86.00	43.00	344.00	2,585.27	-	
006	曹红	3,000.00	-	-	240.00	60.00	30.00	240.00	2,430.00	-	
007	杨涛	8,700.00	-	-	696.00	174.00	87.00	696.00	7,047.00	61.41	
008	何宏林	4,300.00	400.00	-	344.00	86.00	43.00	344.00	3,083.00	-	
009	李欣欣	2,700.00	-	142.73	216.00	54.00	27.00	216.00	2,044.27	-	
010	章伟	10,400.00	400.00	-	832.00	208.00	104.00	832.00	8,024.00	92.40	
011	汪宏	8,200.00	800.00	745.45	656.00	164.00	82.00	656.00	5,096.55	2.90	
012	陈明	6,300.00	800.00	143.18	504.00	126.00	63.00	504.00	4,159.82	-	
013	蔡湛贤	10,500.00	-	238.64	840.00	210.00	105.00	840.00	8,266.36	116.64	
014	王珏	7,500.00	-	-	600.00	150.00	75.00	600.00	6,075.00	32.25	
015	林广森	5,600.00	400.00	127.27	448.00	112.00	56.00	448.00	4,008.73	-	
016	余明远	1,800.00	-	163.64	144.00	36.00	18.00	144.00	1,294.36	-	
017	欧阳文	1,800.00	-	381.82	144.00	36.00	18.00	144.00	1,076.18	-	
018	龙行天	2,200.00	-	-	176.00	44.00	22.00	176.00	1,782.00	-	
	合计	100,200.00	4,800.00	2,387.73	8,016.00	2,004.00	1,002.00	8,016.00	73,974.27	422.96	

图 8－31

【函数讲解】"＝ROUND(MAX((R2－5000)＊{0.03,0.1,0.2,0.25,0.3,0.35,0.45}－{0,210,1410,2660,4410,7160,15160},0),2)"代表：根据速算扣除方法计算个人所得税，在以下几组数当中取最大数，保留两位小数：

0；

(R2－5 000)×0.03－0；

(R2－5 000)×0.1－210；

(R2－5 000)×0.2－1 410；

(R2－5 000)×0.25－2 660；

(R2－5 000)×0.3－4 410；

(R2－5 000)×0.35－7 160；

(R2－5 000)×0.45－15 160。

第六步，计算实发合计数。①单击"实发合计"标题下 T2 单元格，并输入"＝R2－S2"。②将鼠标放在 T2 单元格右下角，当光标变为十字形后，利用填充柄功能向下填充 T 列。③利用 SUM 函数计算实发工资的合计数，如图 8－32 所示。

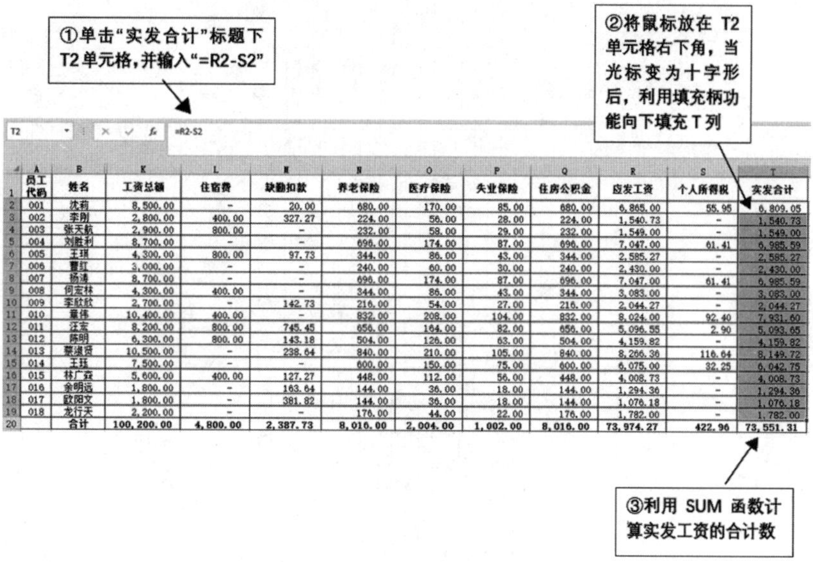

员工代码	姓名	工资总额	住宿费	缺勤扣款	养老保险	医疗保险	失业保险	住房公积金	应发工资	个人所得税	实发合计
001	沈莉	8,500.00	-	20.00	680.00	170.00	85.00	680.00	6,865.00	55.95	6,809.05
002	李刚	2,800.00	400.00	327.27	224.00	56.00	28.00	224.00	1,540.73	-	1,540.73
003	张天航	2,900.00	800.00	-	232.00	58.00	29.00	232.00	1,549.00	-	1,549.00
004	刘胜利	8,700.00	-	-	696.00	174.00	87.00	696.00	7,047.00	61.41	6,985.59
005	王琪	4,300.00	800.00	97.73	344.00	86.00	43.00	344.00	2,585.27	-	2,585.27
006	曹红	3,000.00	-	-	240.00	60.00	30.00	240.00	2,430.00	-	2,430.00
007	杨涛	8,700.00	-	-	696.00	174.00	87.00	696.00	7,047.00	61.41	6,985.59
008	何宏林	4,300.00	400.00	-	344.00	86.00	43.00	344.00	3,083.00	-	3,083.00
009	李欣欣	2,700.00	-	142.73	216.00	54.00	27.00	216.00	2,044.27	-	2,044.27
010	章伟	10,400.00	400.00	-	832.00	208.00	104.00	832.00	8,024.00	92.40	7,931.60
011	汪宏	8,200.00	800.00	745.45	656.00	164.00	82.00	656.00	5,096.55	2.90	5,093.65
012	陈明	6,300.00	800.00	143.18	504.00	126.00	63.00	504.00	4,159.82	-	4,159.82
013	蔡淑贤	10,500.00	-	238.64	840.00	210.00	105.00	840.00	8,266.36	116.64	8,149.72
014	王珏	7,500.00	-	-	600.00	150.00	75.00	600.00	6,075.00	32.25	6,042.75
015	林广森	5,600.00	400.00	127.27	448.00	112.00	56.00	448.00	4,008.73	-	4,008.73
016	余明远	1,800.00	-	163.64	144.00	36.00	18.00	144.00	1,294.36	-	1,294.36
017	欧阳文	1,800.00	-	381.82	144.00	36.00	18.00	144.00	1,076.18	-	1,076.18
018	龙行天	2,200.00	-	-	176.00	44.00	22.00	176.00	1,782.00	-	1,782.00
	合计	100,200.00	4,800.00	2,387.73	8,016.00	2,004.00	1,002.00	8,016.00	73,974.27	422.96	73,551.31

图 8－32

8.3　制作信息查询框

企业员工人数一般较多，为了更快捷地查询某个员工的薪酬情况，可以制作信息查询框。信息查询框可以通过查询员工代码获得员工薪酬信息，也可以通过查询员工姓名获得员工薪酬信息。若无法准确查询员工姓名，可以通过模糊查找的方式查找员工薪酬信息。

首先，新建工作表并命名为"查询框"。然后，将工资计算表中的内容复制到查询框工作表当中，如图 8－33 所示。在查询框工作表中制作信息查询框。

	A	B	C	D	E	F	G	H	I	J	K	L	M	N	O	P	Q	R	S	T
1	员工代码	姓名	身份证号	部门	职务	工龄	岗位工资	工龄工资	绩效工资	全勤奖	工资总额	住宿费	缺勤扣款	养老保险	医疗保险	失业保险	住房公积金	应发工资	个人所得税	实发合计
2	001	沈莉	11010119730103000*	行政	总监	17	8,000.00	500.00		-	8,500.00	-	20.00	680.00	170.00	85.00	680.00	6,865.00	55.95	6,809.05
3	002	李刚	11010519811022000*	行政	职员	7	2,500.00	300.00		-	2,800.00	400.00	327.27	224.00	56.00	28.00	224.00	1,540.73	-	1,540.73
4	003	张天航	12010319850709005*	行政	职员	3	2,500.00	200.00		200.00	2,900.00	800.00	-	232.00	58.00	29.00	232.00	1,549.00	-	1,549.00
5	004	刘胜利	13010019680520001*	财务	总监	19	8,000.00	500.00		200.00	8,700.00	-	-	696.00	174.00	87.00	696.00	7,047.00	61.41	6,985.59
6	005	王琪	11010819780306004*	财务	经理	9	4,000.00	300.00		-	4,300.00	800.00	97.73	344.00	86.00	43.00	344.00	2,585.27	-	2,585.27
7	006	曹红	11010219810818002*	财务	职员	9	2,500.00	300.00		200.00	3,000.00	-	-	240.00	60.00	30.00	240.00	2,430.00	-	2,430.00
8	007	杨涛	11010419761120001*	人力资源	总监	13	8,000.00	500.00		200.00	8,700.00	-	-	696.00	174.00	87.00	696.00	7,047.00	61.41	6,985.59
9	008	何宏林	23080219820624001*	人力资源	经理	2	4,000.00	100.00		200.00	4,300.00	400.00	-	344.00	86.00	43.00	344.00	3,083.00	-	3,083.00
10	009	李欣欣	12010119850130000*	人力资源	职员	3	2,500.00	200.00		-	2,700.00	-	142.73	216.00	54.00	27.00	216.00	2,044.27	-	2,044.27
11	010	童伟	11010119740321003*	研发	总监	5	6,000.00	200.00	4,000.00	200.00	10,400.00	400.00	-	832.00	208.00	104.00	832.00	8,024.00	92.40	7,931.60
12	011	汪宏	22038219790217001*	研发	经理	4	5,000.00	200.00	3,000.00	-	8,200.00	800.00	745.45	656.00	164.00	82.00	656.00	5,096.55	2.90	5,093.65
13	012	陈明	51010719831225005*	研发	职员	7	3,000.00	300.00	3,000.00	-	6,300.00	800.00	143.18	504.00	126.00	63.00	504.00	4,159.82	-	4,159.82
14	013	蔡淑贤	11010319720116008*	销售	总监	17	5,000.00	500.00	5,000.00	-	10,500.00	-	238.64	840.00	210.00	105.00	840.00	8,266.36	116.64	8,149.72
15	014	王珏	61030019780805006*	销售	经理	8	3,000.00	300.00	4,000.00	200.00	7,500.00	-	-	600.00	150.00	75.00	600.00	6,075.00	32.25	6,042.75
16	015	林广森	34010119870907000*	销售	职员	1	1,500.00	100.00	4,000.00	-	5,600.00	400.00	127.27	448.00	112.00	56.00	448.00	4,008.73	-	4,008.73
17	016	余明远	11010619880513007*	行政	见习	0	1,800.00	-		-	1,800.00	-	163.64	144.00	36.00	18.00	144.00	1,294.36	-	1,294.36
18	017	欧阳文	11010319891019008*	财务	见习	0	1,800.00	-		-	1,800.00	-	381.82	144.00	36.00	18.00	144.00	1,076.18	-	1,076.18
19	018	龙行天	11010919890128009*	销售	见习	0	1,000.00	-	1,000.00	200.00	2,200.00	-	-	176.00	44.00	22.00	176.00	1,782.00	-	1,782.00
20		合计					70,100.00	4,500.00	24,000.00	1,600.00	100,200.00	4,800.00	2,387.73	8,016.00	2,004.00	1,002.00	8,016.00	73,974.27	422.96	73,551.31

图 8-33

8.3.1　通过员工代码查找薪酬信息

第一步，在适当单元格位置构建信息查询框，如图 8－34 所示。通过后续操作，应实现使用者在 B22 单元格输入员工代码，则显示框中自动显示员工代码、姓名、身份证号、部门、工资总额、应发工资、个人所得税和实发合计。

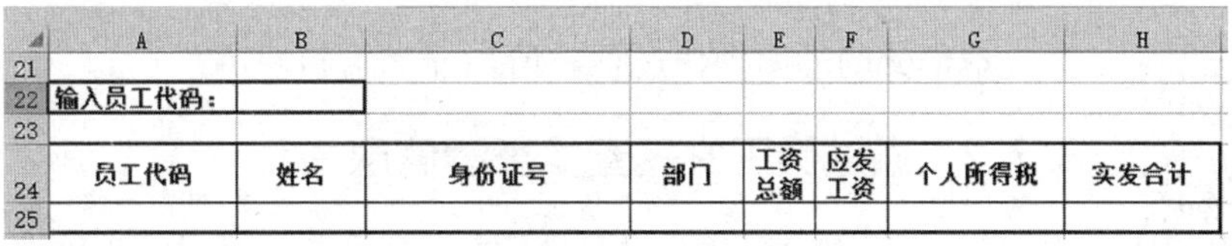

图 8－34

第二步，将 B22 单元格格式设置为自定义下的“00＃”；将 E25 至 H25 单元格格式设置为“会计专用”。

第三步，填列员工代码。选中“员工代码”标题下 A25 单元格，并输入“＝B22”。

第四步，利用 VLOOKUP 和 MATCH 嵌套函数填列“姓名”“身份证号”“部门”“工资总额”“应发工资”“个人所得税”“实发合计”。①单击“姓名”标题下 B25 单元格，并输入“＝VLOOKUP(＄B＄22,＄A＄1:＄T＄20,MATCH(B24,＄A＄1:＄T＄1,0),FALSE)”。②将鼠标放在 B25 单元格右下角，当光标变为十字形后，利用填充柄功能向右填充至 H25 单元格，如图 8－35 所示。由于尚未输入员工代码，因此系统自动提示错误“＃N/A”，但不影响后续使用。

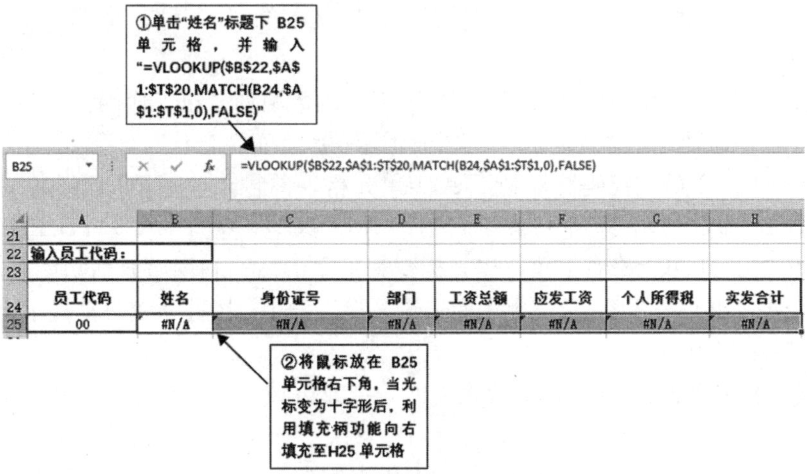

图 8－35

【函数讲解】查找对象是 B22 单元格中输入的员工代码；查找范围是 A1 至 T20 单元格区域；利用 MATCH 函数为 VLOOKUP 函数提供“姓名”的列序号；查找方式为精确查找。为了公式填充后可自动更改返回的序列号，但不改变查找对象、查找范围和查找方式，本例中单击 F4 键，将查找对象和查找范围单元格锁定。

完成表格制作后，在 B22 单元格输入员工代码，例如“2”，查询框中将自动生成 002 号员工的员工代码、姓名、身份证号、部门、工资总额、应发工资、个人所得税和实发合计，如图 8-36 所示。

22	输入员工代码：	002						
23								
24	员工代码	姓名	身份证号	部门	工资总额	应发工资	个人所得税	实发合计
25	002	李刚	11010519811022000*	行政	2800	1541	0	1540.727273

图 8-36

通过员工代码查找薪酬信息动图演示

本部分的动图操作过程，请扫描二维码。

8.3.2 通过员工姓名查找薪酬信息

利用 VLOOKUP 和 MATCH 嵌套函数，通过员工姓名查找薪酬信息的方法与上例类似。本例介绍利用 INDEX 函数，通过员工姓名查找薪酬信息。

第一步，在适当单元格位置构建信息查询框，如图 8-37 所示。通过后续操作，应实现使用者在 B28 单元格输入员工姓名，则显示框中自动显示员工代码、姓名、身份证号、部门、工资总额、应发工资、个人所得税和实发合计。

	A	B	C	D	E	F	G	H
27								
28	输入员工姓名：							
29								
30	员工代码	姓名	身份证号	部门	工资总额	应发工资	个人所得税	实发合计
31								

图 8-37

第二步，将 A31 单元格格式设置为自定义下的“00＃”；将 E31 至 H31 单元格格式设置为“会计专用”。

第三步，利用 INDEX 和 MATCH 嵌套函数填列“员工代码”“姓名”“身份证号”“部门”“工资总额”“应发工资”“个人所得税”“实发合计”。

①单击“员工代码”标题下 A31 单元格，并输入“＝INDEX($A$1:$T$20,MATCH($B$28,$B$1:$B$20,0),MATCH(A30,$A$1:$T$1,0))”。②将鼠标放在 A31 单元格右下角，当光标变为十字形后，利用填充柄功能向右填充至 H31 单元格，如图 8-38 所示。由于尚未输入员工姓名，因此系统自动提示错误“＃N/A”，但不影响后续使用。

【函数讲解】 INDEX 函数代表返回表格或区域中的值或值的引用。其语法是：INDEX(array，row_num,[column_num])。参数 array 代表查找区域；row _ num 代表引用行的行数；[column _ num] 代表引用列的列号。通过行、列的定位查找返回某一值或值的引用。

在本例中，利用 MATCH 函数返回“姓名”所在行的行数和“员工代码”所在列的列号，通过行列的定位可以准确返回 B28 单元格中输入的姓名所对应的员工代码。为了公式填充后可自动更改查找范围等，通过 F4 键对相关单元格进行锁定。

完成表格制作后，在 B28 单元格输入员工姓名，例如“蔡淑贤”，查询框中将自动生成蔡淑贤的员工代码、姓名、身份证号、部门、工资总额、应发工资、个人所得税和实发合计，如图 8-39 所示。

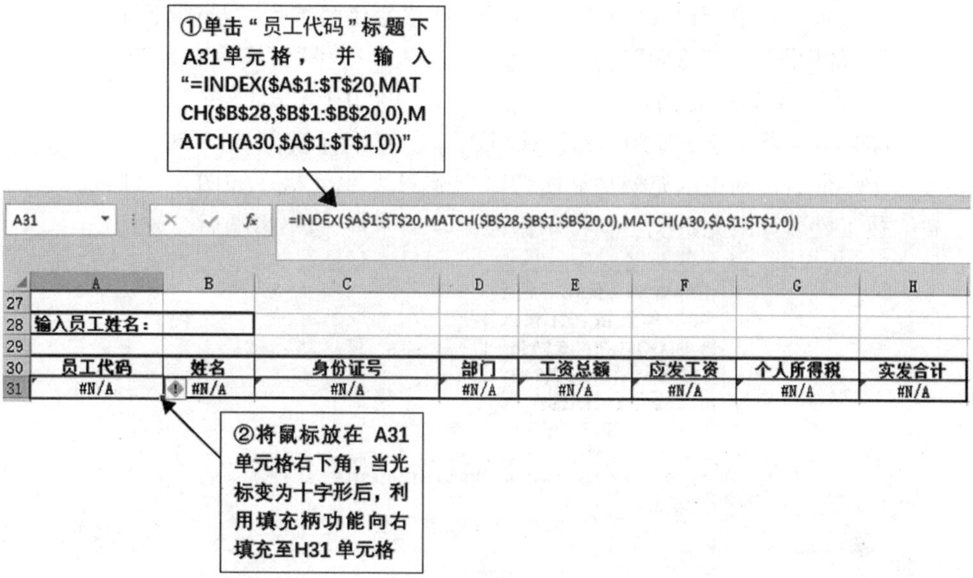

图 8－38

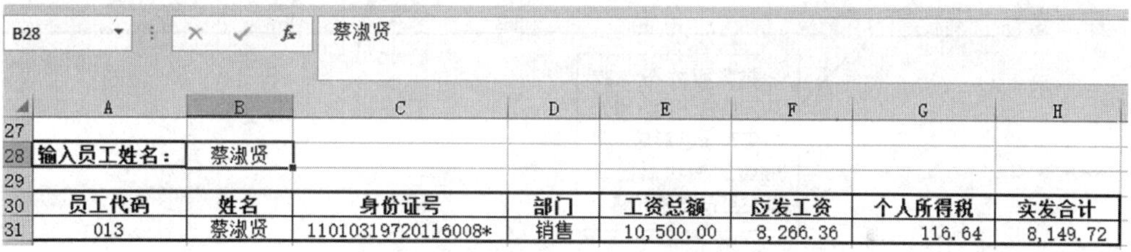

图 8－39

8.3.3 通过不确定的员工姓名查找薪酬信息

如果不清楚某位员工的全部姓名，但已知其姓名中不与他人姓名重复的部分名字，可利用 HLOOKUP 函数进行查找。

第一步，在适当单元格位置构建信息查询框，如图 8－40 所示。通过后续操作，应实现使用者在 B34 单元格输入员工部分名字，则显示框中自动显示员工代码、姓名、身份证号、部门、工资总额、应发工资、个人所得税和实发合计。

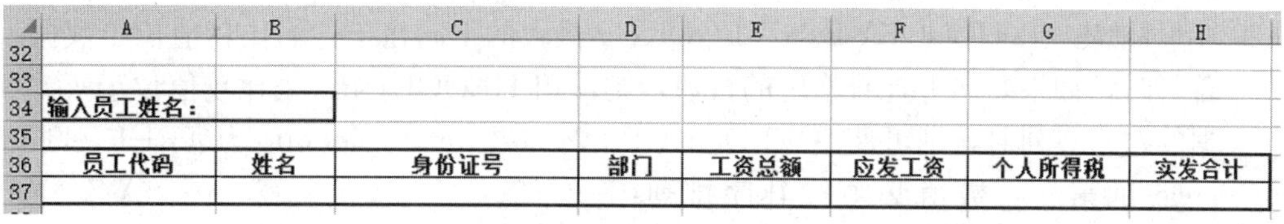

图 8－40

第二步，将 A37 单元格格式设置为自定义下的“00＃”；将 E37 至 H37 单元格格式设置为“会计专用”。

第三步，利用HLOOKUP和MATCH嵌套函数填列“员工代码”“姓名”“身份证号”“部门”“工资总额”“应发工资”“个人所得税”“实发合计”。①单击“员工代码”标题下A37单元格，并输入“＝HLOOKUP(A36，$A$1：$T$20，MATCH($B$34，$B$1：$B$20，0)，FALSE)”。②将鼠标放在A37单元格右下角，当光标变为十字形后，利用填充柄功能向右填充至H37单元格，如图8－41所示。由于尚未输入员工姓名，因此系统自动提示错误“＃N/A”，但不影响后续使用。

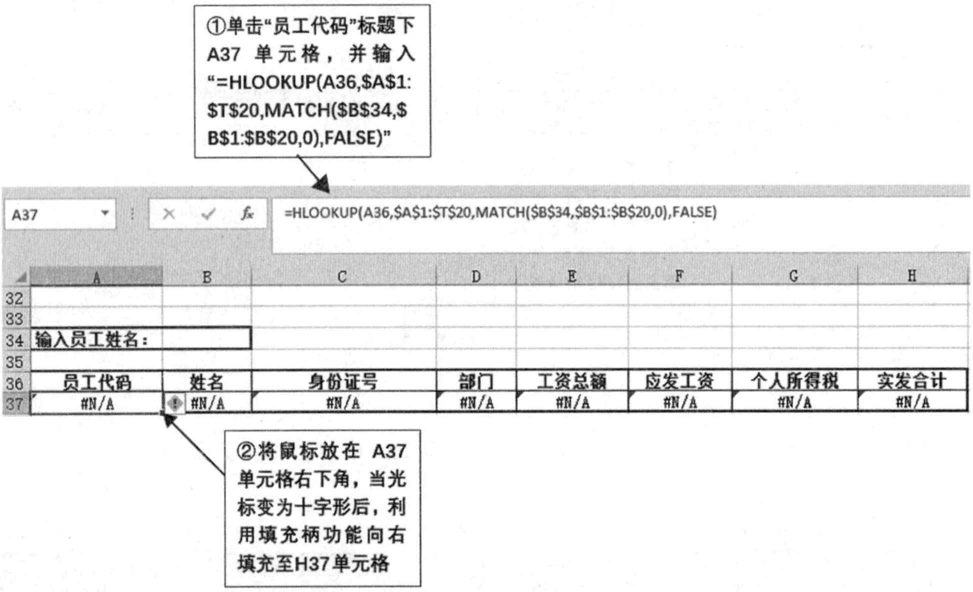

图8－41

【函数讲解】HLOOKUP函数的功能是在表格的首行或数值数组中搜索值，然后返回表格或数组中指定行的所在列中的值。其语法是：HLOOKUP(lookup_value，table_array，row_index_num，[range_lookup])，参数lookup_value代表要在表格的第一行中查找的值，可以是数值、引用或文本字符串；参数table_array代表要在其中查找数据的信息表；参数row_index_num代表将返回匹配值的行号；参数range_lookup代表一个逻辑值，指定希望HLOOKUP查找精确匹配值还是近似匹配值。如果为TRUE或省略，则返回近似匹配值。换言之，如果找不到精确匹配值，则返回小于lookup_value的最大值。如果为FALSE，则HLOOKUP将查找精确匹配值。如果找不到精确匹配值，则返回错误值“＃N/A”。

注意：①HLOOKUP与VLOOKUP最大的不同在于：当比较值位于数据表格的首行时，如果要向下查看指定的行数，则使用HLOOKUP；当比较值位于所需查找数据的左边一列时，则可使用VLOOKUP。②如果range_lookup为TRUE，则table_array的第一行数值必须按升序排列：…－2、－1、0、1、2、…、A-Z、FALSE、TRUE，否则，HLOOKUP不能给出正确的数值。如果range_lookup为FALSE，则table_array不必进行排序。③如果range_lookup为FALSE且lookup_value为文本，则可以在lookup_value中使用通配符（问号“?”和星号“*”)。问号匹配任意单个字符；星号匹配任意一串字符。如果要查找实际的问号或星号，请在字符前键入波形符“～”。

基于③中所述，可以利用 HLOOKUP 与 MATCH 嵌套函数模糊查找员工薪酬信息。在输入员工姓名时，可以用“?”或“*”代表不确定字符。由于 HLOOKUP 用于查找的对象应位于首行，因此本例使用 HLOOKUP 时，查找对象不是 B34 单元格中输入的姓名，而是 A36 单元格中的“员工代码”；再利用 MATCH 函数返回 B34 单元格中姓名所在行数，来返回员工的薪酬信息。

为了公式填充后可自动更改返回的序列号，但不改变查找对象、查找范围和查找方式，本例中单击 F4 键，将查找对象和查找范围单元格锁定。

完成表格制作后，在 B34 单元格输入员工姓名，例如“?欣欣”，查询框中将自动生成名为“欣欣”的员工代码、姓名、身份证号、部门、工资总额、应发工资、个人所得税和实发合计，如图 8-42 所示。

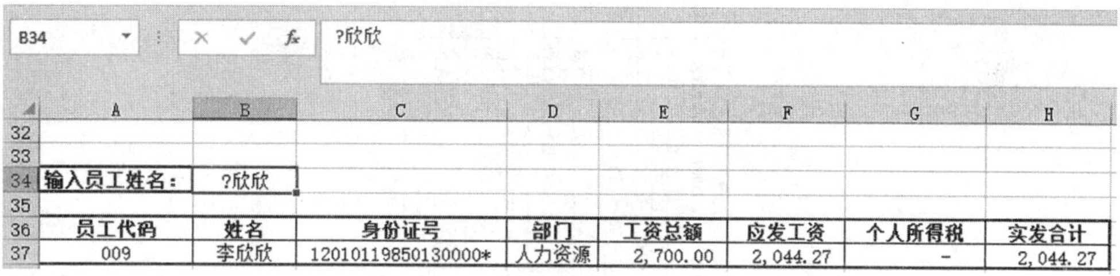

B34　?欣欣

	A	B	C	D	E	F	G	H
32								
33								
34	输入员工姓名：	?欣欣						
35								
36	员工代码	姓名	身份证号	部门	工资总额	应发工资	个人所得税	实发合计
37	009	李欣欣	12010119850130000*	人力资源	2,700.00	2,044.27	-	2,044.27

图 8-42

本部分的动图操作过程，请扫描二维码。

通过不确定的员工姓名查找薪酬信息动图演示

8.4　薪酬相关数据分析

8.4.1　分段统计薪酬情况

分段统计薪酬情况可以快速统计某个工资范围出现的频率，即人数。为实现这一功能，要使用频率函数——FREQUENCY 函数。

FREQUENCY 函数的功能是，计算值在某个范围内出现的频率，然后返回一个垂直的数字数组。例如，使用 FREQUENCY 函数可以在分数区域内计算测验分数的个数。由于 FREQUENCY 返回一个数组，所以它必须以数组公式的形式输入。其语法是：FREQUENCY(data_array,bins_array)。参数 data _ array 代表要对其频率进行计数的一组数值或对这组数值的引用。如果 data _ array 中不包含任何数值，则 FREQUENCY 返回一个零数组。参数 bins _ array 代表要插入 data _ array 中数值的间隔数组或对间隔数组的引用。如果 bins _ array 中不包含任何数值，则 FREQUENCY 返回 data _ array 中的元素个数。

利用 FREQUENCY 函数统计薪酬情况，首先，新建工作表并命名为“频率分析”；然后将工资计算表中的内容复制到频率分析工作表当中，如图 8-43 所示。

在频率分析工作表中进行频率分析，主要方法如下：

	A	B	C	D	E	F	G	H	I	J	K	L	M	N	O	P	Q	R	S	T
1	员工代码	姓名	身份证号	部门	职务	工龄	岗位工资	工龄工资	绩效工资	全勤奖	工资总额	住宿费	缺勤扣款	养老保险	医疗保险	失业保险	住房公积金	应发工资	个人所得税	实发合计
2	001	沈莉	11010119730103000*	行政	总监	17	8,000.00	500.00		-	8,500.00	-	20.00	680.00	170.00	85.00	680.00	6,865.00	55.95	6,809.05
3	002	李刚	11010519811022000*	行政	职员	7	2,500.00	300.00		-	2,800.00	400.00	327.27	224.00	56.00	28.00	224.00	1,540.73	-	1,540.73
4	003	张天航	12010319850709005*	行政	职员	3	2,500.00	200.00		200.00	2,900.00	800.00	-	232.00	58.00	29.00	232.00	1,549.00	-	1,549.00
5	004	刘胜利	13010019680520001*	财务	总监	19	8,000.00	500.00		200.00	8,700.00	-	-	696.00	174.00	87.00	696.00	7,047.00	61.41	6,985.59
6	005	王琪	11010819780306004*	财务	经理	9	4,000.00	300.00		-	4,300.00	800.00	97.73	344.00	86.00	43.00	344.00	2,585.27	-	2,585.27
7	006	曹红	11010219810818002*	财务	职员	9	2,500.00	300.00		200.00	3,000.00	-	-	240.00	60.00	30.00	240.00	2,430.00	-	2,430.00
8	007	杨涛	11010419761120001*	人力资源	总监	13	8,000.00	500.00		200.00	8,700.00	-	-	696.00	174.00	87.00	696.00	7,047.00	61.41	6,985.59
9	008	何宏林	23080219820624001*	人力资源	经理	2	4,000.00	100.00		200.00	4,300.00	400.00	-	344.00	86.00	43.00	344.00	3,083.00	-	3,083.00
10	009	李欣欣	12010119850130000*	人力资源	职员	3	2,500.00	200.00		-	2,700.00	-	142.73	216.00	54.00	27.00	216.00	2,044.27	-	2,044.27
11	010	章伟	11010119740321003*	研发	总监	5	6,000.00	200.00	4,000.00	200.00	10,400.00	400.00	-	832.00	208.00	104.00	832.00	8,024.00	92.40	7,931.60
12	011	汪宏	22038219790217001*	研发	经理	4	5,000.00	200.00	3,000.00	-	8,200.00	800.00	745.45	656.00	164.00	82.00	656.00	5,096.55	2.90	5,093.65
13	012	陈明	51010719831225005*	研发	职员	7	3,000.00	300.00	3,000.00	-	6,300.00	800.00	143.18	504.00	126.00	63.00	504.00	4,159.82	-	4,159.82
14	013	蔡淑贤	11010319720116008*	销售	总监	17	5,000.00	500.00	5,000.00	-	10,500.00	-	238.64	840.00	210.00	105.00	840.00	8,266.36	116.64	8,149.72
15	014	王珏	61030019780805006*	销售	经理	8	3,000.00	300.00	4,000.00	200.00	7,500.00	-	-	600.00	150.00	75.00	600.00	6,075.00	32.25	6,042.75
16	015	林广森	34010119870907000*	销售	职员	1	1,500.00	100.00	4,000.00	-	5,600.00	400.00	127.27	448.00	112.00	56.00	448.00	4,008.73	-	4,008.73
17	016	余明远	11010619880513007*	行政	见习	0	1,800.00	-		-	1,800.00	-	163.64	144.00	36.00	18.00	144.00	1,294.36	-	1,294.36
18	017	欧阳文	11010319891019008*	财务	见习	0	1,800.00	-		-	1,800.00	-	381.82	144.00	36.00	18.00	144.00	1,076.18	-	1,076.18
19	018	龙行天	11010919890128009*	销售	见习	0	1,000.00	-	1,000.00	200.00	2,200.00	-	-	176.00	44.00	22.00	176.00	1,782.00	-	1,782.00
20		合计					70,100.00	4,500.00	24,000.00	1,600.00	100,200.00	4,800.00	2,387.73	8,016.00	2,004.00	1,002.00	8,016.00	73,974.27	422.96	73,551.31

图 8-43

第一步，确定需要分段查找的范围，并在 Excel 中写明。例如，分别确认实发工资在 2 000 元以下、2 000～5 000 元及 5 000 元以上的人数，将三个条件分别输入在 A22、A23、A24 单元格当中，如图 8－44 所示。

第二步，添加“条件”列，用来存放区分的区段。如图 8－45 所示，分成 3 个区段，包括 2 000 元以下、2 000～5 000 元以及 5 000 元以上。

第三步，选择 E22 单元格，输入“＝FREQUENCY（T2：T19，D22：D23）”，单击“Enter”键，此时可以得到工资在 2 000 元以下的人数为 5，如图 8－46 所示。

第四步，生成数组公式并自动显示频率。①选中要得到结果的数据区域，即 E22 至 E24 单元格。②单击编辑栏，在编辑栏中同时按 Ctrl＋Shift＋Enter，表示要生成数组信息，如图 8－47 所示。

此时，Excel 将自动填充结果，如图 8－48 所示。

注意：不能手动录入“{}”，也不能手动复制公式，否则 Excel 无法自动生成数组结果。

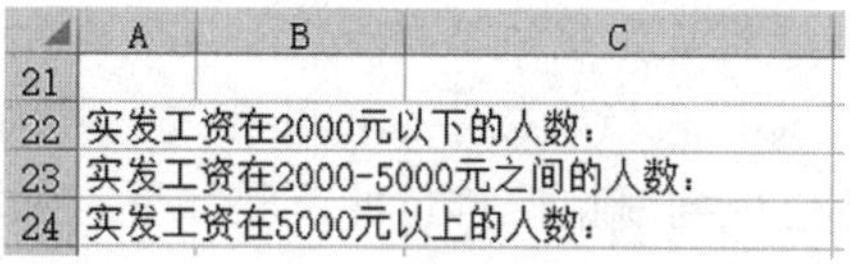

图 8－44

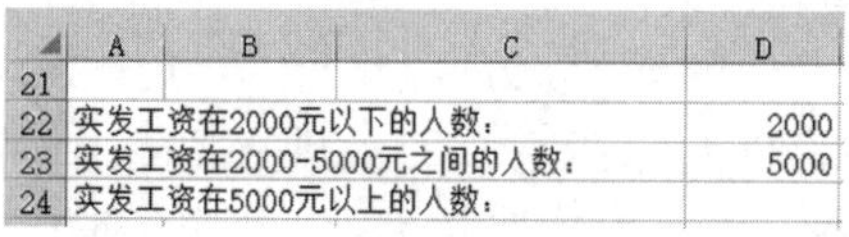

图 8－45

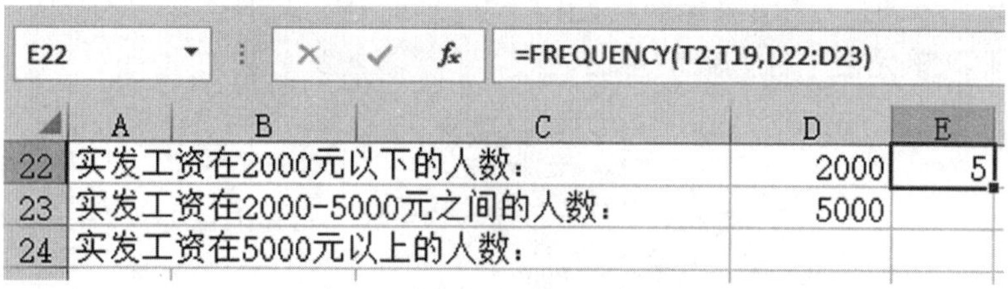

图 8－46

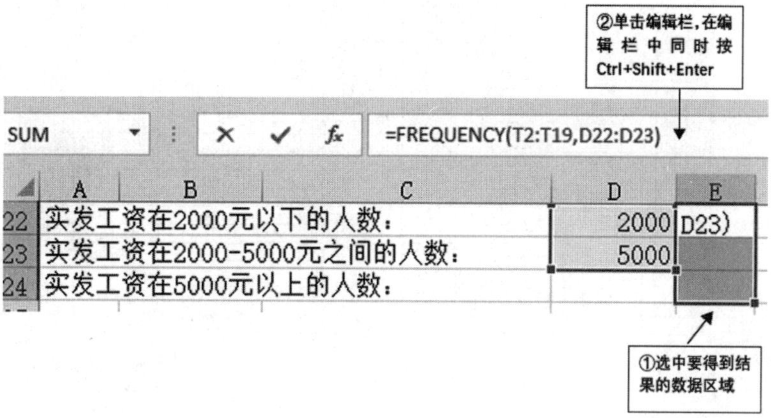

图 8－47

E22 {=FREQUENCY(T2:T19,D22:D23)}

	A–C	D	E
22	实发工资在2000元以下的人数：	2000	5
23	实发工资在2000-5000元之间的人数：	5000	6
24	实发工资在5000元以上的人数：		7

图 8-48

8.4.2 薪酬情况排位分析

薪酬情况排位分析，是在不改变现有顺序的情况下，自动生成工资高低排序序号。为实现这一功能，要使用排位函数——RANK 函数。

RANK 函数的功能是返回一列数字的数字排位。数字排位是其相对于列表中的其他值的大小排名。其语法是：RANK(number,ref,[order])。参数 number 代表要找到其排位的数字；参数 ref 代表数字列表的数组，或对数字列表的引用，ref 中的非数字值会被忽略；参数 order 代表指定数字排位的方式，可选填。

利用 RANK 函数生成薪酬情况排位的步骤如下（如图 8-49 所示）：

第一步，在“实发合计”栏（T 列）右侧的 U1 单元格输入“实发排位”，作为标题。

第二步，利用 RANK 函数生成 001 号员工的实发工资在所有员工实发工资中的排名。选中 U2 单元格，并输入“=RANK(T2,T2:T19)”。

第三步，为了保证向下填充公式时，排位的数据范围不变，利用 F4 键将 T2 至 T19 单元格锁定，使 U2 单元格的内容变为“=RANK(T2,$T$2:$T$19)”。

第四步，利用填充柄功能向下填充函数公式。将鼠标放在 U2 单元格右下角，当光标变为十字形时，利用填充柄功能向下填充 U 列。此时，U2 至 U19 单元格分别显示 T2 至 T19 单元格中各数据的排位。

第三步，利用 F4 键将 T2 至 T19 单元格锁定

第二步，选中 U2 单元格，并输入“=RANK(T2,T2:T19)”

第一步，在 U1 单元格输入“实发排位”，作为标题

U2 =RANK(T2,$T$2:$T$19)

	A	B	C	R	S	T	U
1	员工代码	姓名	身份证号	应发工资	个人所得税	实发合计	实发排位
2	001	沈莉	11010119730103000*	6,865.00	55.95	6,809.05	5
3	002	李刚	11010519811022000*	1,540.73	-	1,540.73	16
4	003	张天航	12010319850709005*	1,549.00	-	1,549.00	15
5	004	刘胜利	13010019680520001*	7,047.00	61.41	6,985.59	3
6	005	王琪	11010819780306004*	2,585.27	-	2,585.27	11
7	006	曹红	11010219810818002*	2,430.00	-	2,430.00	12
8	007	杨涛	11010419761120001*	7,047.00	61.41	6,985.59	3
9	008	何宏林	23080219820624001*	3,083.00	-	3,083.00	10
10	009	李欣欣	12010119850130000*	2,044.27	-	2,044.27	13
11	010	章伟	11010119740321003*	8,024.00	92.40	7,931.60	2
12	011	汪宏	22038219790217001*	5,096.55	2.90	5,093.65	7
13	012	陈明	51010719831225005*	4,159.82	-	4,159.82	8
14	013	蔡淑贤	11010319720116008*	8,266.36	116.64	8,149.72	1
15	014	王珏	61030019780805006*	6,075.00	32.25	6,042.75	6
16	015	林广森	34010119870907000*	4,008.73	-	4,008.73	9
17	016	余明远	11010619880513007*	1,294.36	-	1,294.36	17
18	017	欧阳文	11010319891019008*	1,076.18	-	1,076.18	18
19	018	龙行天	11010919890128009*	1,782.00	-	1,782.00	14
20		合计		73,974.27	422.96	73,551.31	

第四步，利用填充柄功能向下填充函数公式

图 8-49

练习题

1. 根据图 8－50 中的员工薪酬信息制作通过员工姓名查找薪酬信息的查询框。

	A	B	C	D	E	F	G	H	I	J	K	L	M	N
1	姓名	员工代码	身份证号	岗位工资	绩效工资	工资总额	缺勤扣款	养老保险	医疗保险	失业保险	住房公积	应发工资	个人所得税	实发合计
2	白博瀚	012	110200199601083284	1075.00	5114.83	6189.83	0.00	495.19	123.80	12.38	742.78	4815.69	0.00	4815.69
3	白高超	013	110200196409210419	1934.00	5245.62	7179.62	0.00	574.37	143.59	14.36	861.55	5585.74	17.57	5568.17
4	蔡和硕	014	210401195303278884	1016.00	3147.02	4163.02	0.00	333.04	83.26	8.33	499.56	3238.83	0.00	3238.83
5	蔡宏大	015	131022197207030864	1980.00	4046.32	6026.32	0.00	482.11	120.53	12.05	723.16	4688.48	0.00	4688.48
6	蔡伟彦	016	131022198705221713	1311.00	4119.79	5430.79	100.00	434.46	108.62	10.86	651.70	4125.16	0.00	4125.16
7	曹才艺	017	210401195204199423	1079.00	5663.17	6742.17	0.00	539.37	134.84	13.48	809.06	5245.41	7.36	5238.05
8	曹雨伯	018	140829199710036120	1604.00	5812.99	7416.99	0.00	593.36	148.34	14.83	890.04	5770.42	23.11	5747.31
9	漕凌	019	140602198907117514	1719.00	4633.96	6352.96	0.00	508.24	127.06	12.71	762.35	4942.60	0.00	4942.60
10	常玮	020	110200199309074160	1550.00	3285.73	4835.73	0.00	386.86	96.71	9.67	580.29	3762.20	0.00	3762.20
11	常明	021	110200198509114680	1284.00	244.01	3728.01	0.00	298.24	74.56	7.46	447.36	2900.39	0.00	2900.39
12	邓德元	022	230224198012168239	1183.00	3016.50	4199.50	0.00	335.96	83.99	8.40	503.94	3267.21	0.00	3267.21
13	邓建	023	110200199210147278	1808.00	3440.22	5248.22	0.00	419.86	104.96	10.50	629.79	4083.11	0.00	4083.11
14	丁峈	024	140602199705011054	1585.00	4109.38	5694.38	0.00	455.55	113.89	11.39	683.33	4430.23	0.00	4430.23
15	丁永年	025	110200199710270707	1773.00	5879.20	7652.20	0.00	612.18	153.04	15.30	918.26	5953.41	28.60	5924.81
16	董新	026	110200199502120404	1439.00	4567.46	6006.46	0.00	480.52	120.13	12.01	720.78	4673.03	0.00	4673.03
17	杜灏	027	110200199405143256	1182.00	2005.83	3187.83	0.00	255.03	63.76	6.38	382.54	2480.13	0.00	2480.13
18	范泰	028	140602199110300904	1392.00	4676.30	6068.30	0.00	485.46	121.37	12.14	728.20	4721.14	0.00	4721.14
19	范星洲	029	131022199105170603	1524.00	2187.94	3711.94	300.00	296.95	74.24	7.42	445.43	2587.89	0.00	2587.89
20	范宗	030	140602199201285888	1690.00	2369.77	4059.77	0.00	324.78	81.20	8.12	487.17	3158.50	0.00	3158.50
21	方俊力	031	131022199611080575	1430.00	5448.66	6878.66	0.00	550.29	137.57	13.76	825.44	5351.60	10.55	5341.05

图 8－50

2. 根据图 8－50 中的员工薪酬信息制作通过不确定的员工姓名查找薪酬信息的查询框。

第9章

财务报表分析

本章重点讲解财务人员如何应用 Excel 软件辅助财务报表分析工作，同时通过示例让财务人员掌握相关的 Excel 操作。本章以财务报表分析的几种常见方法，即结构分析法、趋势分析法和比率分析法为切入点，详细讲解如何应用 Excel 辅助财务报表分析。

本章的重点包括：（1）掌握财务报表分析的相关基础知识；（2）掌握财务报表的结构分析法；（3）掌握财务报表趋势分析法；（4）掌握财务报表比率分析法。本章介绍的内容有助于简化财务人员日常工作中的重复性操作，提高财务人员的报表分析能力，为财务人员参与企业财务决策提供支持。

9.1 财务报表分析概述

企业财务报表反映了企业某一特定日期的财务状况以及一定时期内的经营成果和现金流量，揭示了企业生产经营活动产生的经济后果。

企业财务报表分析是对财务报表（财务报告）数据做进一步的整理、加工和凝练，能够更加清晰、完整地展示企业总体财务状况，从而为使用者做出决策提供依据。

财务报表分析的范围包括企业财务报表以及企业财务报告中的其他内容。财务报表的主要分析方法包括：结构分析法、趋势分析法和比率分析法。本章以此为框架，通过原理讲解和示例展示，对应用 Excel 辅助财务报表分析进行详细讲解。

应用 Excel 辅助财务报表分析能够将财务报表分析的理念和方法落到实处：一方面，利用信息化和自动化的操作，避免重复性工作，大大降低工作量，进而提高工作效率；另一方面，将财务报表中的大量数据化抽象为具体，使财务报表分析的内容和结论通俗易懂，有助于决策者理解和分析。

Excel 的应用可以为掌握财务分析理论和方法的财务人员提供技术支持，因此在使用 Excel 辅助财务报表分析的过程中要有关联性思维，将 Excel 的应用技巧和财务报表分析的方法融会贯通，在工作中灵活使用。

9.2　财务报表结构分析法

财务报表结构分析法，又称为纵向分析法或者垂直分析法。这种报表分析方法以财务报表的某一总体指标作为基数，计算报表其他项目与该指标的百分比，来揭示报表各项目的相对地位和总体结构关系，判断报表各项目的相对地位和总体结构关系的变化趋势。

财务报表结构分析包括资产负债表结构分析、利润表结构分析和现金流量表结构分析，下面以资产负债表结构分析为例，讲解应用 Excel 辅助财务报表结构分析的方法。

9.2.1　计算结构比率

以资产负债表的数据为例，资产负债表各项目的结构比率等于资产负债表各项目金额除以同期总资产的金额。

【例 9－1】 表 9－1 为某企业 2017—2019 年资产负债表中流动资产部分内容。计算资产负债表中流动资产部分内容的结构比率，并填制资产负债表结构比率分析表（流动资产）。

表 9－1　某企业 2017—2019 年资产负债表中流动资产部分内容

资产负债表（流动资产）			
			单位：万元
	2017.12.31	2018.12.31	2019.12.31
流动资产：			
货币资金	734 710 000.00	1 277 690 000.00	2 415 610 000.00
结算备付金			
拆出资金			
交易性金融资产		2 170 450.00	84 349 900.00
衍生金融资产			
应收票据	700 809 000.00	1 134 240 000.00	2 099 740 000.00
应收账款	373 786 000.00	399 730 000.00	421 065 000.00
预付款项	252 402 000.00	291 487 000.00	429 722 000.00
应收保费			
应收分保账款			
应收分保合同准备金			
应收利息			3 637 500.00

续表

资产负债表（流动资产） 单位：万元			
	2017. 12. 31	2018. 12. 31	2019. 12. 31
应收股利			
其他应收款	40 194 600. 00	300 139 000. 00	276 917 000. 00
应收出口退税			
应收补贴款			
应收保证金			
内部应收款			
买入返售金融资产			24 000 000. 00
存货	1 774 350 000. 00	1 336 310 000. 00	1 161 960 000. 00
待摊费用			
待处理流动资产损溢			
一年内到期的非流动资产		25 293 600. 00	63 810 000. 00
其他流动资产		16 502 300. 00	19 070 000. 00
流动资产合计	3 876 251 600. 00	4 783 562 350. 00	6 999 881 400. 00
资产总计	6 010 580 000. 00	6 817 100 000. 00	11 340 500 000. 00

【操作方法】第一步，将原始资产负债表数据录入 Excel 工作表，如图 9－1 所示。

	A	B	C	D
1	**资产负债表（流动资产）**			
2				**单位：万元**
3		**2017.12.31**	**2018.12.31**	**2019.12.31**
4	流动资产：			
5	货币资金	734,710,000.00	1,277,690,000.00	2,415,610,000.00
6	结算备付金			
7	拆出资金			
8	交易性金融资产		2,170,450.00	84,349,900.00
9	衍生金融资产			
10	应收票据	700,809,000.00	1,134,240,000.00	2,099,740,000.00
11	应收账款	373,786,000.00	399,730,000.00	421,065,000.00
12	预付款项	252,402,000.00	291,487,000.00	429,722,000.00
13	应收保费			
14	应收分保账款			
15	应收分保合同准备金			
16	应收利息			3,637,500.00
17	应收股利			
18	其他应收款	40,194,600.00	300,139,000.00	276,917,000.00
19	应收出口退税			
20	应收补贴款			
21	应收保证金			
22	内部应收款			
23	买入返售金融资产			24,000,000.00
24	存货	1,774,350,000.00	1,336,310,000.00	1,161,960,000.00
25	待摊费用			
26	待处理流动资产损溢			
27	一年内到期的非流动资产		25,293,600.00	63,810,000.00
28	其他流动资产		16,502,300.00	19,070,000.00
29	**流动资产合计**	3,876,251,600.00	4,783,562,350.00	6,999,881,400.00
30	**资产总计**	6,010,580,000.00	6,817,100,000.00	11,340,500,000.00

图 9－1

第二步，录入资产负债表结构比率分析表表头。选中 F1 至 I2 单元格区域，单击“开始”选项卡下“对齐方式”组中的“合并后居中”选项，并在合并单元格中输入“资产负债表结构比率分析表（流动资产）”；单击 G3 单元格，输入“2017 年结构比率”，并将光标移至 G3 单元格右下角，当光标变为十字形时，单击鼠标左键向右拉至 I3 单元格；单击 F4 单元格，输入“＝A4”，并将光标移至 F4 单元格右下角，当光标变为十字形时，单击鼠标左键向下拉至 F29 单元格。

第三步，输入结构比率公式，并填充至结构比率分析表中。单击 G5 单元格，计算货币资金的结构比率，即输入结构比率公式“＝B5/B＄30”；将光标移至 G5 单元格右下角，当光标变为十字形时，单击鼠标左键，使用填充柄功能向下拉至 G29 单元格，再将光标移至 G29 单元格右下角，当光标变为十字形时，单击鼠标左键向右拉至 I29 单元格，则 2017—2019 年资产负债表结构比率计算完成，结果如图 9－2 所示。

注意，通过填充柄进行数据填充时，单元格引用会自动改变，但在进行结构比率计算时，分母“资产合计”是不变的。因此，在输入第一个结构比率公式时，分母的单元格的行号 30 要使用绝对引用，而分子的单元格要使用相对引用。

F	G	H	I
资产负债表结构比率分析表（流动资产）			
	2017年结构比率	2018年结构比率	2019年结构比率
流动资产:			
货币资金	0.12	0.19	0.21
结算备付金	-	-	-
拆出资金	-	-	-
交易性金融资产	-	0.00	0.01
衍生金融资产	-	-	-
应收票据	0.12	0.17	0.19
应收账款	0.06	0.06	0.04
预付款项	0.04	0.04	0.04
应收保费	-	-	-
应收分保账款	-	-	-
应收分保合同准备金	-	-	-
应收利息	-	-	0.00
应收股利	-	-	-
其他应收款	0.01	0.04	0.02
应收出口退税	-	-	-
应收补贴款	-	-	-
应收保证金	-	-	-
内部应收款	-	-	-
买入返售金融资产	-	-	0.00
存货	0.30	0.20	0.10
待摊费用	-	-	-
待处理流动资产损溢	-	-	-
一年内到期的非流动资产	-	0.00	0.01
其他流动资产	-	0.00	0.00
流动资产合计	0.64	0.70	0.62
资产总计			

图 9－2

由操作可以看出，当分子为空或零时，结构比率的结果显示为“—”。为了使表格更具客观性，应使结构比率为空或零时，相应单元格自动显示内容为空。操作方法为使用 IF 函数与 CELL 函数的嵌套函数。

CELL 函数的功能是返回有关单元格的格式、位置或内容的信息，其表达式为CELL(inof_type,reference)。将其与 IF 函数嵌套使用，例如，输入“=IF(CELL("type",A1)="v",A1*2,0)”，表示：仅当单元格 A1 包含数值时，返回 A1*2；如果 A1 包含文本或为空，则公式返回 0。

利用 IF 与 CELL 嵌套函数完成结构比率分析表的操作步骤，即将上述第三步“输入结构比率公式，并填充至结构比率分析表中”改为：单击 G5 单元格，计算货币资金的结构比率，即输入结构比率公式“=IF(CELL("type",B5)="v",B5/B$30,"")”；将光标移至 G5 单元格右下角，当光标变为十字形时，单击鼠标左键，使用填充柄功能向下拉至 G29 单元格，再将光标移至 G29 单元格右下角，当光标变为十字形时，单击鼠标左键向右拉至 I29 单元格，则 2017—2019 年资产负债表结构比率计算完成，结果如图 9-3 所示。

F	G	H	I
资产负债表结构比率分析表（流动资产）			
	2017年结构比率	**2018年结构比率**	**2019年结构比率**
流动资产:			
货币资金	0.12	0.19	0.21
结算备付金			
拆出资金			
交易性金融资产		0.00	0.01
衍生金融资产			
应收票据	0.12	0.17	0.19
应收账款	0.06	0.06	0.04
预付款项	0.04	0.04	0.04
应收保费			
应收分保账款			
应收分保合同准备金			
应收利息			0.00
应收股利			
其他应收款	0.01	0.04	0.02
应收出口退税			
应收补贴款			
应收保证金			
内部应收款			
买入返售金融资产			0.00
存货	0.30	0.20	0.10
待摊费用			
待处理流动资产损溢			
一年内到期的非流动资产		0.00	0.01
其他流动资产		0.00	0.00
流动资产合计	0.64	0.70	0.62
资产总计			

图 9-3

第四步，调整数字格式，由于计算出的结构比率单位一般为“%”，因此，可以通过设置数字格式改变表中数字的表达方式。选中 G5 至 I29 单元格区域，单击“开始”选项卡下“数字”组内的下拉菜单，单击“百分比”，即可调整数字格式。资产负债表结构比率分析表（流动资产）就制作完成了，结果如图 9-4 所示。

F	G	H	I
资产负债表结构比率分析表（流动资产）			
	2017年结构比率	**2018年结构比率**	**2019年结构比率**
流动资产:			
货币资金	12.22%	18.74%	21.30%
结算备付金			
拆出资金			
交易性金融资产		0.03%	0.74%
衍生金融资产			
应收票据	11.66%	16.64%	18.52%
应收账款	6.22%	5.86%	3.71%
预付款项	4.20%	4.28%	3.79%
应收保费			
应收分保账款			
应收分保合同准备金			
应收利息			0.03%
应收股利			
其他应收款	0.67%	4.40%	2.44%
应收出口退税			
应收补贴款			
应收保证金			
内部应收款			
买入返售金融资产			0.21%
存货	29.52%	19.60%	10.25%
待摊费用			
待处理流动资产损溢			
一年内到期的非流动资产		0.37%	0.56%
其他流动资产		0.24%	0.17%
流动资产合计	64.49%	70.17%	61.72%
资产总计			

图 9-4

本例的动图操作过程，请扫描二维码。

例 9-1
动图演示

9.2.2 应用 Excel 条件格式辅助分析

应用 Excel 条件格式主要是为了在繁杂的数据中，突出显示某一类重要数据。

【例 9－2】 图 9－5 所示数据为某企业 2017—2019 年资产负债表流动资产部分及资产负债表结构比率分析表（流动资产）。要求：(1) 在资产负债表结构比率分析表（流动资产）的 2017 年数据中加入渐变填充的蓝色数据条；(2) 将资产负债表结构比率分析表（流动资产）中 2018 年数据中前 20%的单元格填充为红色。

	A	B	C	D	E	F	G	H	I
1	资产负债表（流动资产）					资产负债表结构比率分析表（流动资产）			
2				单位：万元					
3		2017.12.31	2018.12.31	2019.12.31			2017年结构比率	2018年结构比率	2019年结构比率
4	流动资产：					流动资产：			
5	货币资金	734,710,000.00	1,277,690,000.00	2,415,610,000.00		货币资金	12.22%	18.74%	21.30%
6	结算备付金					结算备付金			
7	拆出资金					拆出资金			
8	交易性金融资产		2,170,450.00	84,349,900.00		交易性金融资产		0.03%	0.74%
9	衍生金融资产					衍生金融资产			
10	应收票据	700,809,000.00	1,134,240,000.00	2,099,740,000.00		应收票据	11.66%	16.64%	18.52%
11	应收账款	373,786,000.00	399,730,000.00	421,065,000.00		应收账款	6.22%	5.86%	3.71%
12	预付款项	252,402,000.00	291,487,000.00	429,722,000.00		预付款项	4.20%	4.28%	3.79%
13	应收保费					应收保费			
14	应收分保账款					应收分保账款			
15	应收分保合同准备金					应收分保合同准备金			
16	应收利息			3,637,500.00		应收利息			0.03%
17	应收股利					应收股利			
18	其他应收款	40,194,600.00	300,139,000.00	276,917,000.00		其他应收款	0.67%	4.40%	2.44%
19	应收出口退税					应收出口退税			
20	应收补贴款					应收补贴款			
21	应收保证金					应收保证金			
22	内部应收款					内部应收款			
23	买入返售金融资产			24,000,000.00		买入返售金融资产			0.21%
24	存货	1,774,350,000.00	1,336,310,000.00	1,161,960,000.00		存货	29.52%	19.60%	10.25%
25	待摊费用					待摊费用			
26	待处理流动资产损溢					待处理流动资产损溢			
27	一年内到期的非流动资产		25,293,600.00	63,810,000.00		一年内到期的非流动资产		0.37%	0.56%
28	其他流动资产		16,502,300.00	19,070,000.00		其他流动资产		0.24%	0.17%
29	流动资产合计	3,876,251,600.00	4,783,562,350.00	6,999,881,400.00		流动资产合计	64.49%	70.17%	61.72%
30	资产总计	6,010,580,000.00	6,817,100,000.00	11,340,500,000.00		资产总计			

图 9－5

【操作方法】 示例中的要求均可通过设置条件格式来完成。

要求 (1)：第一步，选中 2017 年结构比率数据区域，即 G5 至 G29 单元格区域；第二步，单击"开始"选项卡下"样式"组中的"条件格式"选项；第三步，单击"数据条"，选择需要的数据条样式，即渐变填充的蓝色数据条，如图 9－6 所示。

由操作结果可以看到，2017 年结构比率下的数据单元格中出现渐变填充蓝色数据条，根据数值的大小，数据条会自动显示不同的长度。使用者可根据具体需求，选择其他数据条样式。

要求 (2)：第一步，选中 2018 年结构比率数据区域，即 H5 至 H29 单元格区域；第二步，单击"开始"选项卡下"样式"组中的"条件格式"选项，单击"最前/最后规则"；由于系统中没有"前 20%"选项，因此，第三步，单击"其他规则"；第四步，在"新建格式规则"对话框中"选择规则类型"下选择"仅对排名靠前或靠后的数值设置格式"，在"编辑规则说明"下写入"最高 20"并勾选"所选范围的百分比"；第五步，选择"格式"对话框中的"填充"，选择填充颜色并确定，如图 9－7 所示。

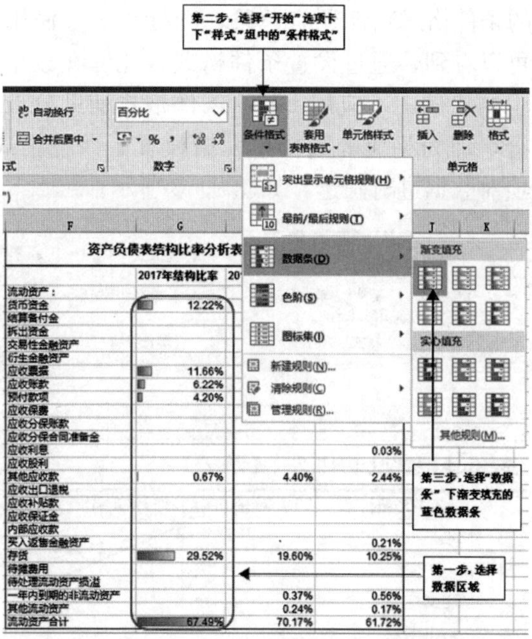
第二步，选择“开始”选项卡下“样式”组中的“条件格式”
条件格式
突出显示单元格规则(H)
最前/最后规则(T)
数据条(D)
色阶(S)
图标集(I)
新建规则(N)...
清除规则(C)
管理规则(R)...
渐变填充
实心填充
其他规则(M)...
资产负债表结构比率分析表
第三步，选择“数据条”下渐变填充的蓝色数据条
第一步，选择数据区域

图 9－6

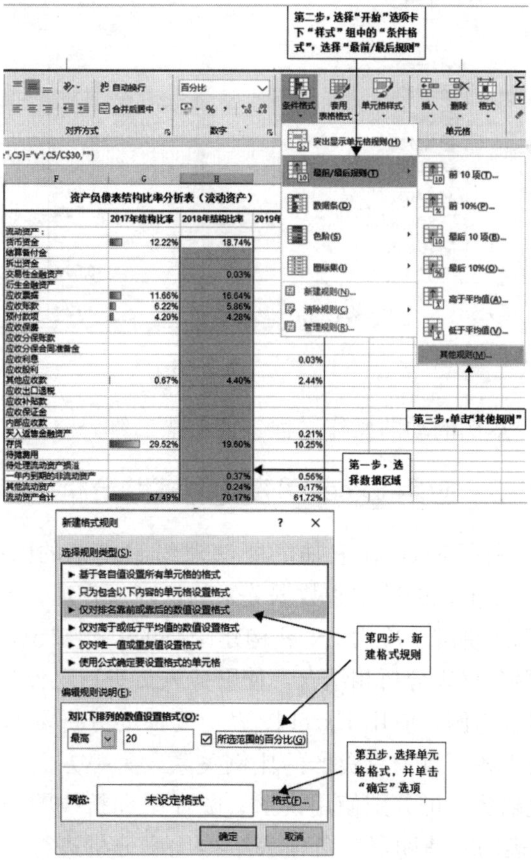
第二步，选择“开始”选项卡下“样式”组中的“条件格式”，选择“最前/最后规则”
前 10 项(T)...
前 10%(P)...
最后 10 项(B)...
最后 10%(O)...
高于平均值(A)...
低于平均值(V)...
其他规则(M)...
第三步，单击“其他规则”
资产负债表结构比率分析表（流动资产）
第一步，选择数据区域
新建格式规则
选择规则类型(S):
基于各自值设置所有单元格的格式
只为包含以下内容的单元格设置格式
仅对排名靠前或靠后的数值设置格式
仅对高于或低于平均值的数值设置格式
仅对唯一值或重复值设置格式
使用公式确定要设置格式的单元格
编辑规则说明(E):
对以下排列的数值设置格式(O):
最高
20
所选范围的百分比(G)
预览:
未设定格式
格式(F)...
确定
取消
第四步，新建格式规则
第五步，选择单元格格式，并单击“确定”选项

图 9－7

Excel 2019 的条件格式功能还有色阶、图标集等，使用者可以根据需求设置相应的格式。由示例可以看到，通过设置条件格式，能够在数据中突出某一类数据，或为数据提供较为直观的比例图。应用 Excel 条件格式辅助分析数据时，常常将条件格式与数据筛选相结合，即为相应的数据单元格设置了条件格式后，可以通过颜色筛选、图标集筛选等选项对数据进行筛选，如图 9－8 所示。

图 9－8

本例的动图操作过程，请扫描二维码。

例 9－2
动图演示

9.2.3 应用 Excel 图表功能辅助分析

利用 Excel 图表功能能够对纷繁复杂的财务报表数据进行整理、精炼，变抽象的数据和数据关系为清晰、直观、形象的图形。在本书第 2 章中已经讲解了应用 Excel 构建图表的基础知识，本节将 Excel 的图表功能与财务报表分析相结合，使财务人员进行财务分析更为便捷。

以资产负债表为例，应用 Excel 图表功能辅助分析资产负债表结构时，一方面需要关注资产负债表各项目占总资产的比例关系，另一方面需要关注资产负债表各项目结构比率的变化趋势，可分别使用饼图、圆环图和折线图来实现。本节基于上述两点对应用 Excel 图表功能辅助资产负债表结构比率分析进行讲解，重点对使用复选框控件控制图表内容进行说明。

1. 资产负债表各项目占比关系图

在 Excel 内置的 17 种图表中，能够较好地反映资产负债表各项目占总资产的比例关系的是饼图和圆环图，其中，在饼图的基础上，圆环图能够包含多个系列。

【例 9 - 3】 图 9 - 9 为某公司 2017—2019 年资产负债表（流动资产）及资产负债表结构比率分析表（流动资产）。要求：（1）根据 2019 年资产负债表（流动资产）制作饼图；（2）根据 2017 年—2019 年资产负债表结构比率分析表（流动资产）制作圆环图。

	A	B	C	D	E	F	G
1	资产负债表（流动资产）				资产负债表结构比率分析表（流动资产）		
2				单位：万元			
3		2017.12.31	2018.12.31	2019.12.31	2017年结构比率	2018年结构比率	2019年结构比率
4	流动资产：						
5	货币资金	734,710,000.00	1,277,690,000.00	2,415,610,000.00	12.22%	18.74%	21.30%
6	结算备付金						
7	拆出资金						
8	交易性金融资产		2,170,450.00	84,349,900.00		0.03%	0.74%
9	衍生金融资产						
10	应收票据	700,809,000.00	1,134,240,000.00	2,099,740,000.00	11.66%	16.64%	18.52%
11	应收账款	373,786,000.00	399,730,000.00	421,065,000.00	6.22%	5.86%	3.71%
12	预付款项	252,402,000.00	291,487,000.00	429,722,000.00	4.20%	4.28%	3.79%
13	应收保费						
14	应收分保账款						
15	应收分保合同准备金						
16	应收利息			3,637,500.00			0.03%
17	应收股利						
18	其他应收款	40,194,600.00	300,139,000.00	276,917,000.00	0.67%	4.40%	2.44%
19	应收出口退税						
20	应收补贴款						
21	应收保证金						
22	内部应收款						
23	买入返售金融资产			24,000,000.00			0.21%
24	存货	1,774,350,000.00	1,336,310,000.00	1,161,960,000.00	29.52%	19.60%	10.25%
25	待摊费用						
26	待处理流动资产损溢						
27	一年内到期的非流动资产		25,293,600.00	63,810,000.00		0.37%	0.56%
28	其他流动资产		16,502,300.00	19,070,000.00		0.24%	0.17%
29	流动资产合计	3,876,251,600.00	4,783,562,350.00	6,999,881,400.00	64.49%	70.17%	61.72%
30	资产总计	6,010,580,000.00	6,817,100,000.00	11,340,500,000.00			

图 9 - 9

【操作方法】 在制作图表的过程中，数据源应满足以下条件：所有的合计、总计数不能包含在饼图或者圆环图内；所有的减项不能包含在饼图或者圆环图内；观察期间内没有数据的项目不能包含在饼图或圆环图内，否则将包含很多无用的图例和 0 数据。

第一步，使用按单元格颜色排序或筛选的功能来处理数据源。首先按住 Ctrl 键，单击所有的合计、总计所在行的行号，在“开始”选项卡下“字体”组中单击“填充颜色”选项并选择浅红色；然后按住 Ctrl 键，单击观察期内没有数据的项目所在行的行号，在“开始”选项卡下“字体”组中单击“填充颜色”选项并选择浅蓝色；同时，选中 A4 至 G30 单元格区域，单击“开始”选项卡下“编辑”组中“排序和筛选”选项，单击“自定义排序”，并选择“扩展选定区域”选项；最后在“排序”对话框中设置排序关键字，注意，由于结构比率分母为“资产总计”，在进行函数计算时资产总计的单元格引用为绝对引用，因此排序要保证“资产总计”项目位置不变，即依然在最底部，如图 9 - 10 所示。

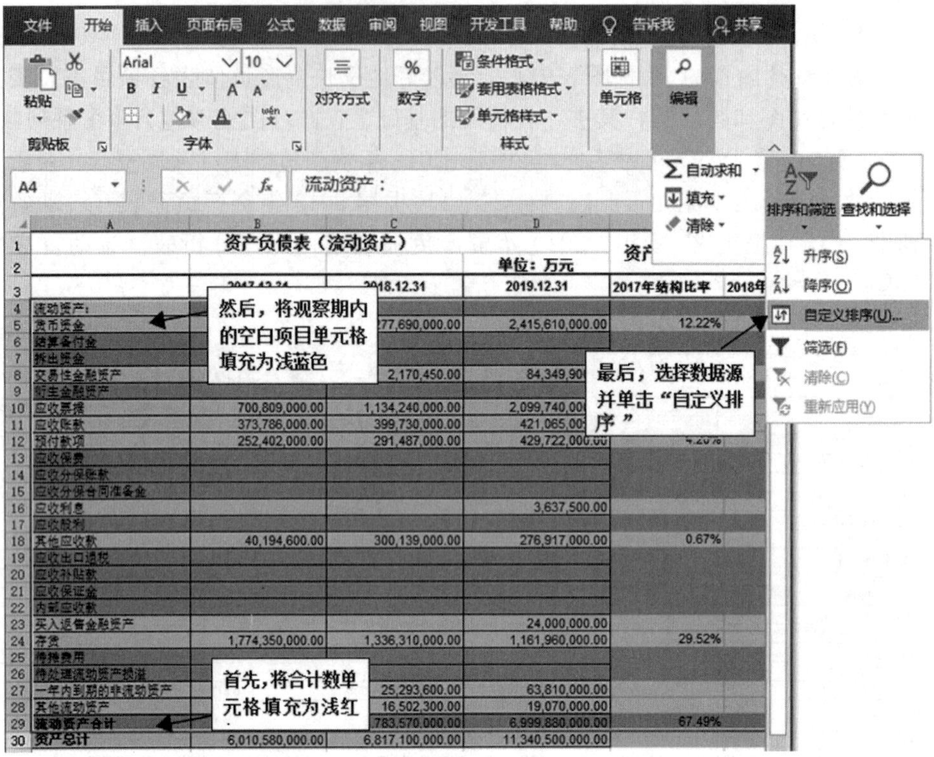

图 9-10

排序后的结果如图 9-11 所示。

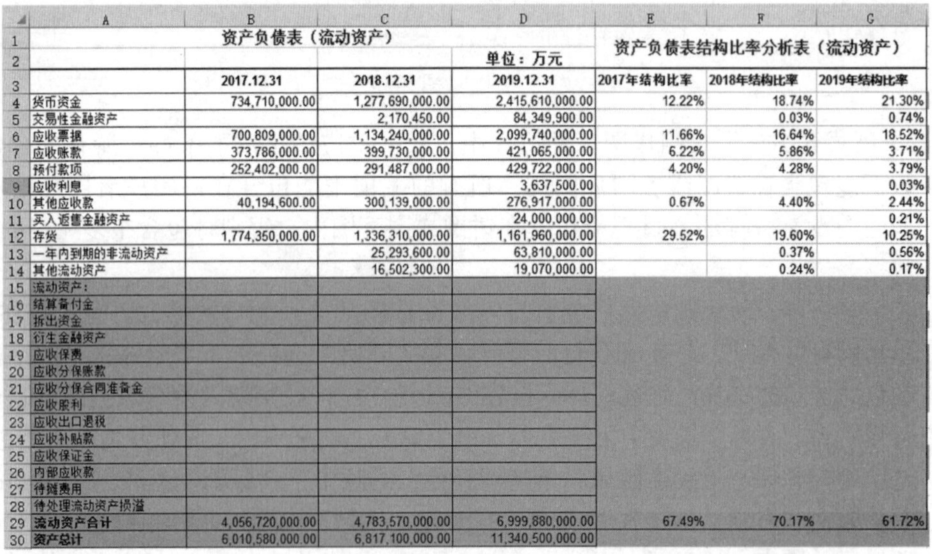

	A	B	C	D	E	F	G
1	资产负债表（流动资产）				资产负债表结构比率分析表（流动资产）		
2				单位：万元			
3		2017.12.31	2018.12.31	2019.12.31	2017年结构比率	2018年结构比率	2019年结构比率
4	货币资金	734,710,000.00	1,277,690,000.00	2,415,610,000.00	12.22%	18.74%	21.30%
5	交易性金融资产		2,170,450.00	84,349,900.00		0.03%	0.74%
6	应收票据	700,809,000.00	1,134,240,000.00	2,099,740,000.00	11.66%	16.64%	18.52%
7	应收账款	373,786,000.00	399,730,000.00	421,065,000.00	6.22%	5.86%	3.71%
8	预付款项	252,402,000.00	291,487,000.00	429,722,000.00	4.20%	4.28%	3.79%
9	应收利息			3,637,500.00			0.03%
10	其他应收款	40,194,600.00	300,139,000.00	276,917,000.00	0.67%	4.40%	2.44%
11	买入返售金融资产			24,000,000.00			0.21%
12	存货	1,774,350,000.00	1,336,310,000.00	1,161,960,000.00	29.52%	19.60%	10.25%
13	一年内到期的非流动资产		25,293,600.00	63,810,000.00		0.37%	0.56%
14	其他流动资产		16,502,300.00	19,070,000.00		0.24%	0.17%
15	流动资产：						
16	结算备付金						
17	拆出资金						
18	衍生金融资产						
19	应收保费						
20	应收分保账款						
21	应收分保合同准备金						
22	应收股利						
23	应收出口退税						
24	应收补贴款						
25	应收保证金						
26	内部应收款						
27	待摊费用						
28	待处理流动资产损溢						
29	流动资产合计	4,056,720,000.00	4,783,570,000.00	6,999,880,000.00	67.49%	70.17%	61.72%
30	资产总计	6,010,580,000.00	6,817,100,000.00	11,340,500,000.00			

图 9-11

第二步，插入饼图。首先，选择 2019 年资产负债表（流动资产）数据所在单元格区域，即 D3 至 D14 单元格区域；然后，单击“插入”选项卡下“图表”组中的“插入饼图或圆环图”选项；最后，选择“二维饼图”，如图 9-12 所示。

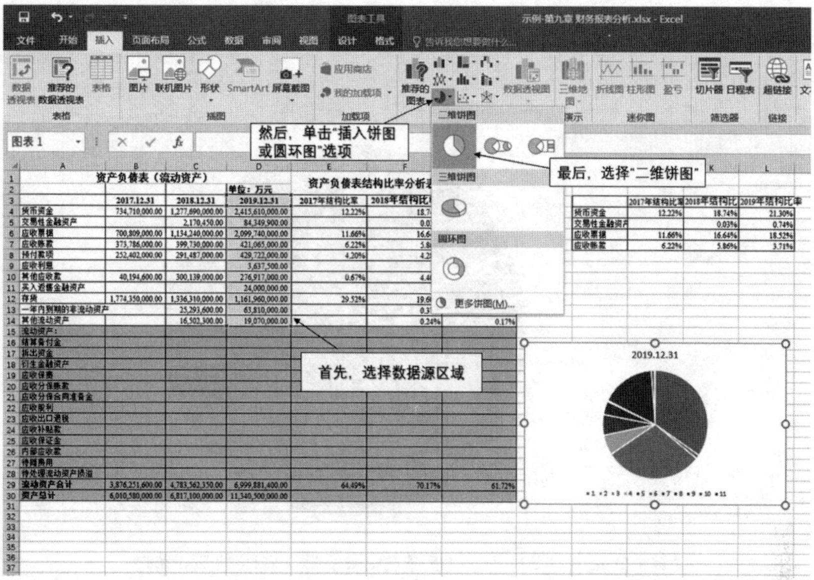

图 9－12

第三步，更改图例。由于在第二步选择数据源时，仅选择了数据而没有选择项目名称，因此，生成的饼图以阿拉伯数字命名。首先，将光标移至图例所在位置，单击鼠标右键，单击“选择数据源”选项；然后，在“选择数据源”对话框中单击“水平（分类）轴标签”下的“编辑”选项，以编辑轴标签区域；最后，在“轴标签”对话框中，选择 A4 至 A14 单元格区域，并单击“确定”选项，如图 9－13 所示。

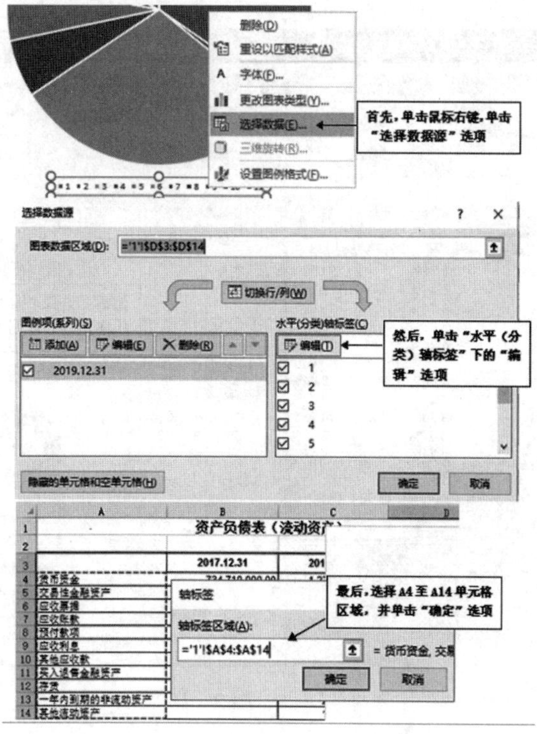

图 9－13

通过上述操作，得到2019年资产负债表中流动资产的饼图，如图9-14所示。

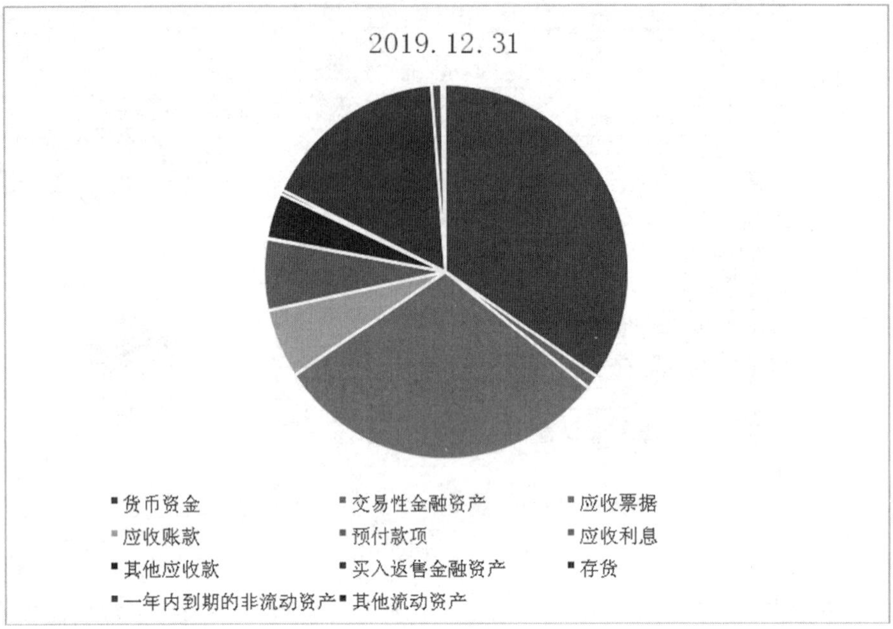

图9-14

第四步，插入圆环图。首先，按住Ctrl键，选中A3至A14单元格区域和E3至G14单元格区域作为数据源；然后，单击“插入”选项卡下“图表”组中的“插入饼图或圆环图”，选择“圆环图”，如图9-15所示。

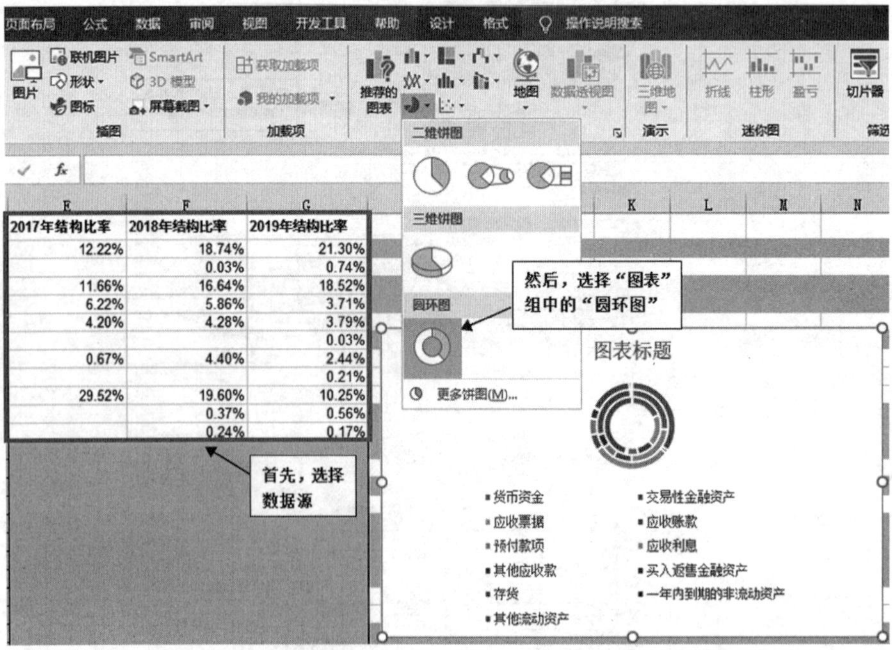

图9-15

本例的动图操作过程，请扫描二维码。

图表的布局、样式及其他内容可根据实际情况和具体需求在“设计”和“格式”选项卡下修改。

例 9-3
动图演示

2. 资产负债表结构比率变化趋势图

折线图的趋势线能够反映资产负债表各项目结构比率的变化趋势。

【例 9-4】以上例数据为数据源，构建 2017—2019 年货币资金项目、交易性金融资产项目、应收票据项目和应收账款项目的结构比率折线图。要求：通过复选框控制折线图中显示的项目。

【操作方法】第一步，添加并编辑复选框控件。①新建工作表，将其命名为“折线图”。②单击“开发工具”选项卡下“控件”组中的“插入”选项。③选择“表单控件”下的“复选框（窗体控件）”，并插到表格中的适当位置，命名为“货币资金”。④选中复选框，单击鼠标右键，选择“设置控件格式”选项。⑤在“设置控件格式”对话框中，单击“单元格链接”后的输入框，选择原始数据工作表，并单击 H4 单元格，如图 9-16 所示。⑥重复上述操作三次，将另外三个复选框重命名为交易性金融资产、应收票据和应收账款，设置控件格式时，单元格链接分别为 H5、H6、H7 单元格。

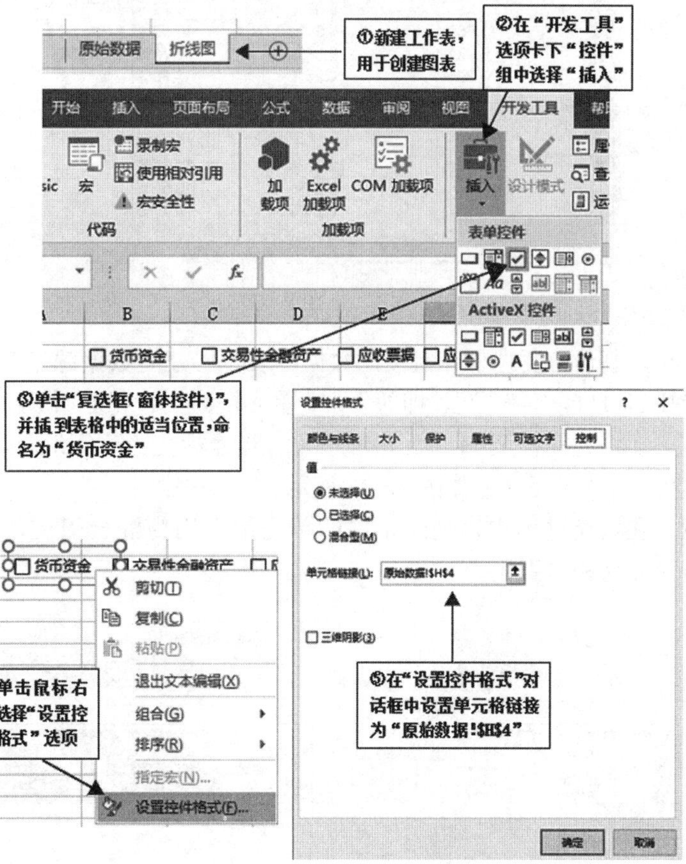

图 9-16

通过上述操作步骤可以在“折线图”工作表内得到四个复选框控件，分别命名为货币资金、交易性金融资产、应收票据和应收账款，四个复选框分别控制原始数据工作表内 H4、H5、H6、H7 单元格。

假设此时勾选“货币资金”和“交易性金融资产”复选框，而不勾选“应收票据”和“应收账款”复选框，可以看到在原始数据工作表内，H4、H5 单元格显示“TRUE”，H6、H7 单元格显示“FALSE”，如图 9-17 所示。

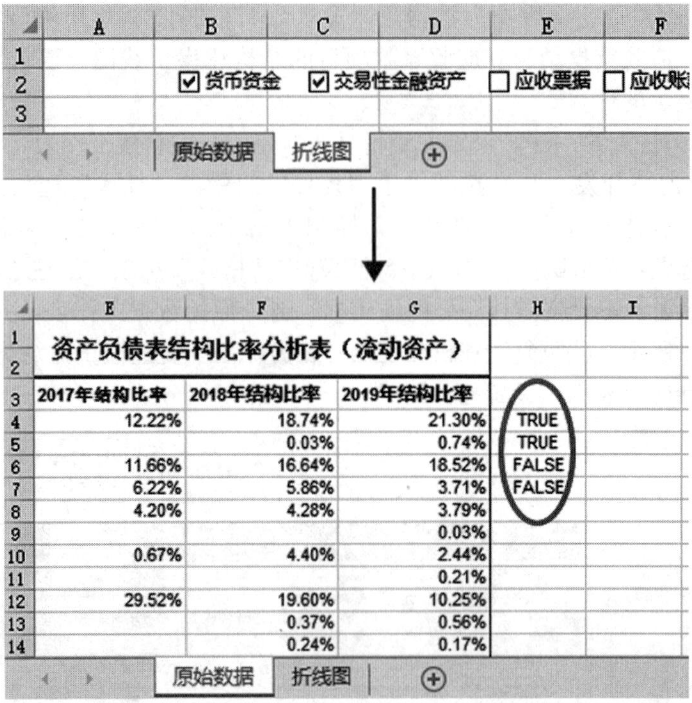

图 9-17

第二步，制作与复选框相链接的数据源表。①建立数据源表头；②在 J4 单元格中输入“=IF($ H4,E4," ")”，即如果 H4 单元格为真，则返回 E4 单元格中的数据，否则返回空；③将光标移至 J4 单元格右下角，当光标变为十字形时，按住鼠标左键利用填充柄填充至 L7 单元格，如图 9-18 所示。

注意，在填充过程中，判断条件的单元格引用为混合引用，即列标 H 为绝对引用，而行号 4 为相对引用。

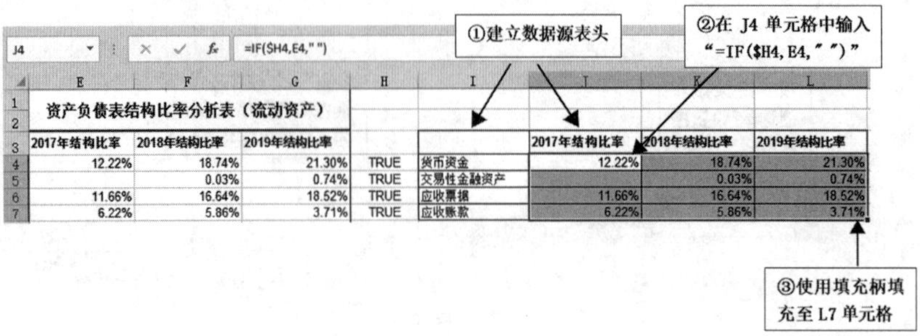

图 9-18

通过上述操作，可以实现折线图工作表中的复选框能够控制原始数据工作表中的 H4 至 H7 单元格，而 H4 至 H7 单元格是数据源表格的判断条件，当复选框被勾选时，数据源表中显示数据，当复选框不被勾选时，数据源表中相应位置显示为空。

第三步，创建折线图。①选择 I3 至 L7 单元格区域为数据源区域；②单击“插入”选项卡下“图表”组中的“插入折线图或面积图”中的“折线图”；③选中生成的折线图图表；④单击“设计”选项卡下“位置”组中的“移动图表”选项；⑤在“移动图表”对话框中选择“对象位于”中的“折线图”，并单击“确定”选项，如图 9－19 所示。可以根据实际需求对图表的名称、样式、布局进行更改。

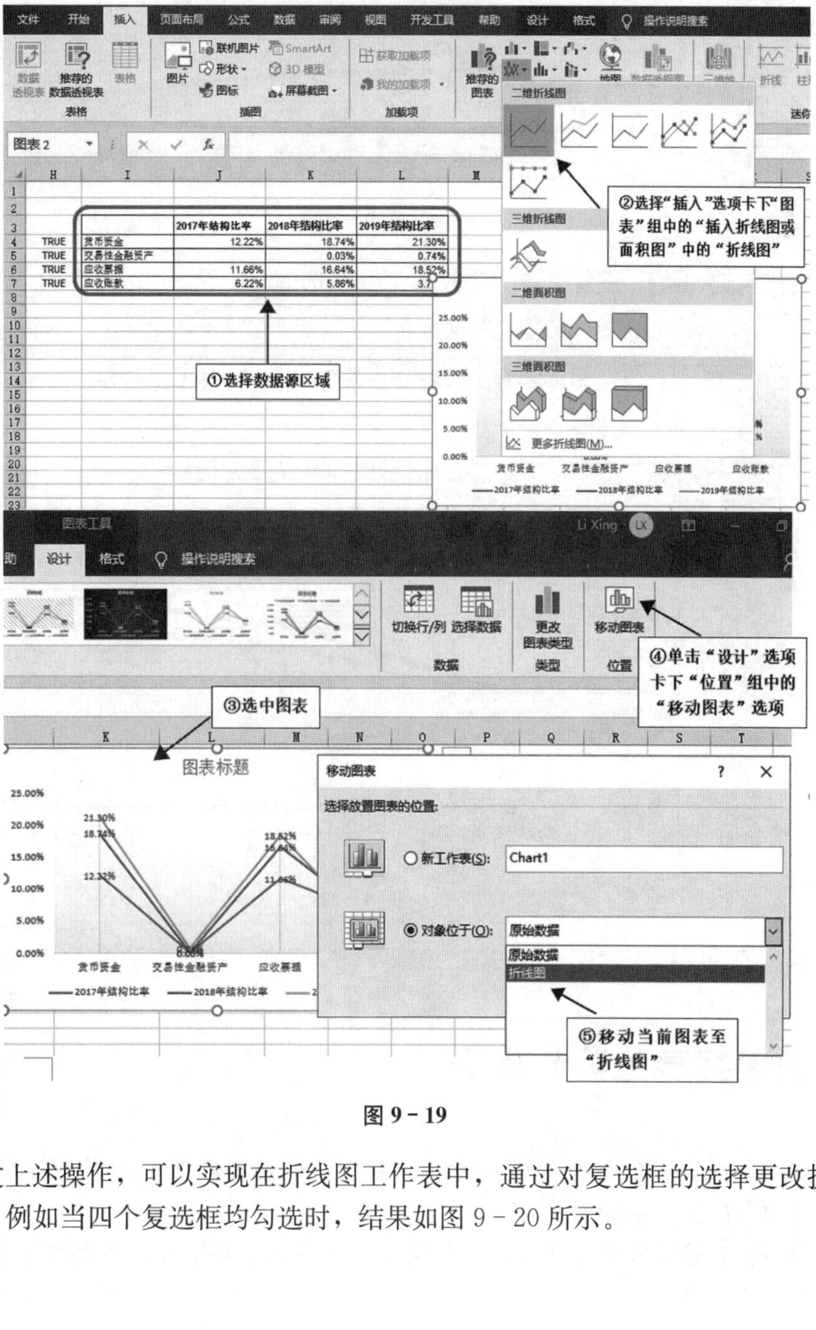

图 9－19

经过上述操作，可以实现在折线图工作表中，通过对复选框的选择更改折线图中的项目。例如当四个复选框均勾选时，结果如图 9－20 所示。

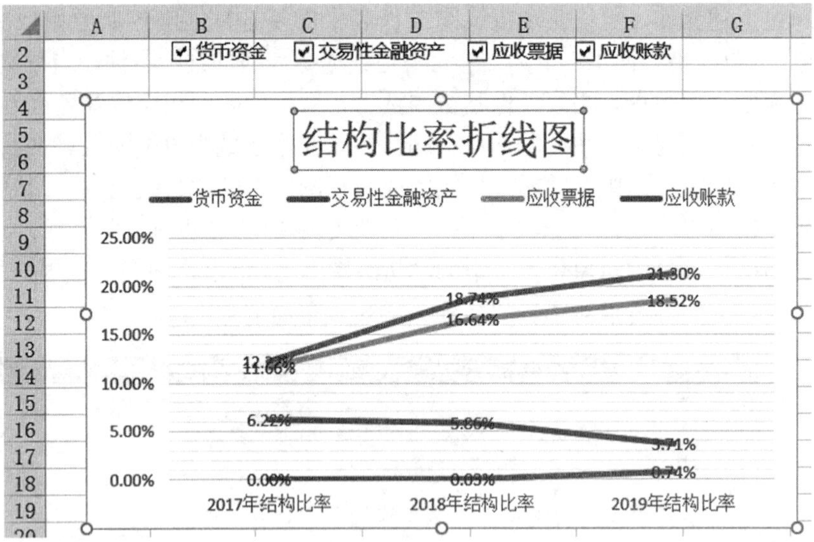

图 9-20

当仅勾选“货币资金”和“应收票据”复选框时，结果如图 9-21 所示。

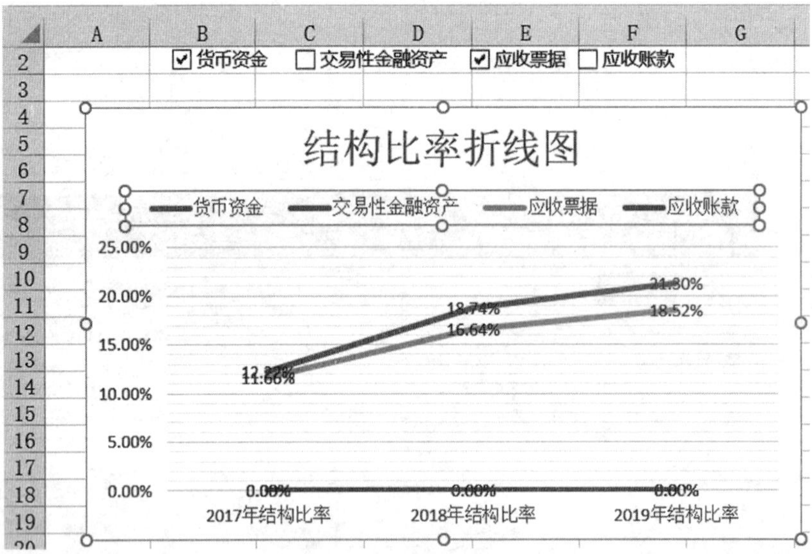

图 9-21

本例的动图操作过程，请扫描二维码。

例 9-4
动图演示

9.3 财务报表趋势分析法

对财务报表进行趋势分析，能够判断企业的财务状况与经营成果，为财务决策提供依据。

财务报表趋势分析包括计算财务报表各项目的定基增长比率和环比增长比率。其中，定基增长比率，即观察若干时期的数据，每个时期的数据均与同一个基期数据进行对比；环比增长比率，即观察若干时期的数据，每个时期的数据均与前一期数据进行对比。

9.3.1　计算趋势比率

【例 9-5】 资产负债表（流动资产）如图 9-22 所示，要求：创建资产负债表的趋势分析表（流动资产），并计算趋势比率。

	A	B	C	D
1	**资产负债表（流动资产）**			
2				**单位：万元**
3		**2017.12.31**	**2018.12.31**	**2019.12.31**
4	流动资产：			
5	货币资金	734,710,000.00	1,277,690,000.00	2,415,610,000.00
6	结算备付金			
7	拆出资金			
8	交易性金融资产		2,170,450.00	84,349,900.00
9	衍生金融资产			
10	应收票据	700,809,000.00	1,134,240,000.00	2,099,740,000.00
11	应收账款	373,786,000.00	399,730,000.00	421,065,000.00
12	预付款项	252,402,000.00	291,487,000.00	429,722,000.00
13	应收保费			
14	应收分保账款			
15	应收分保合同准备金			
16	应收利息			3,637,500.00
17	应收股利			
18	其他应收款	40,194,600.00	300,139,000.00	276,917,000.00
19	应收出口退税			
20	应收补贴款			
21	应收保证金			
22	内部应收款			
23	买入返售金融资产			24,000,000.00
24	存货	1,774,350,000.00	1,336,310,000.00	1,161,960,000.00
25	待摊费用			
26	待处理流动资产损溢			
27	一年内到期的非流动资产		25,293,600.00	63,810,000.00
28	其他流动资产		16,502,300.00	19,070,000.00
29	**流动资产合计**	3,876,251,600.00	4,783,562,350.00	6,999,881,400.00
30	**资产总计**	6,010,580,000.00	6,817,100,000.00	11,340,500,000.00

图 9-22

【操作方法】 第一步，录入资产负债表趋势分析表（流动资产）表头，分别是 18/17 定基增长率、19/17 定基增长率、18/17 环比增长率和 19/18 环比增长率；第二步，在 18/17 定基增长率下第一项输入“=IF(B5<>0,(C5-B5)/B5," ")”；第三步，在 19/17 定基增长率下第一项输入“=IF(B5<>0,(D5-B5)/B5," ")”；第四步，在 18/17 环比增长率下第一项输入“=IF(B5<>0,(C5-B5)/B5," ")”；第五步，在 19/18 环比增长率下第一项输入“=IF(C5<>0,(D5-C5)/C5," ")”；第六步，选中 E5 至 H5 四个单元格，将光标移至右下角，待光标变为十字形后，使用填充柄向下填充至“资产总计”项，如图 9-23 所示。

第一步，录入表头

	A	B	C	D	E	F	G	H
1	资产负债表（流动资产）				资产负债表趋势分析表（流动资产）			
2				单位：万元				
3		2017.12.31	2018.12.31	2019.12.31	18/17定基增长率	19/17定基增长率	18/17环比增长率	19/18环比增长率
4	流动资产：							
5	货币资金	734,710,000.00	1,277,690,000.00	2,415,610,000.00	73.90%	228.78%	73.90%	89.06%
6	结算备付金							
7	拆出资金							
8	交易性金融资产		2,170,450.00	84,349,900.00				3786.29%
9	衍生金融资产							
10	应收票据	700,809,000.00	1,134,240,000.00	2,099,740,000.00	61.85%	199.62%	61.85%	85.12%
11	应收账款	373,786,000.00	399,730,000.00	421,065,000.00	6.94%	12.65%	6.94%	5.34%
12	预付款项	252,402,000.00	291,487,000.00	429,722,000.00	15.49%	70.25%	15.49%	47.42%
13	应收保费							
14	应收分保账款							
15	应收分保合同准备金							
16	应收利息			3,637,500.00				
17	应收股利							
18	其他应收款	40,194,600.00	300,139,000.00	276,917,000.00	646.71%	588.94%	646.71%	-7.74%
19	应收出口退税							
20	应收补贴款							
21	应收保证金							
22	内部应收款							
23	买入返售金融资产			24,000,000.00				
24	存货	1,774,350,000.00	1,336,310,000.00	1,161,960,000.00	-24.69%	-34.51%	-24.69%	-13.05%
25	待摊费用							
26	待处理流动资产损溢							
27	一年内到期的非流动资产		25,293,600.00	63,810,000.00				152.28%
28	其他流动资产		16,502,300.00	19,070,000.00				15.56%
29	流动资产合计	3,876,251,600.00	4,783,562,350.00	6,999,881,400.00	23.41%	80.58%	23.41%	46.33%
30	资产总计	6,010,580,000.00	6,817,100,000.00	11,340,500,000.00	13.42%	88.68%	13.42%	66.35%

第二至第五步，输入第一项的计算公式

第六步，使用填充柄填充表格

图 9-23

例 9-5 动图演示

本例的动图操作过程，请扫描二维码。

9.3.2 应用 Excel 图表功能辅助分析

应用 Excel 图表功能辅助资产负债表趋势分析可以分为以下几种情况：

（1）直接用报表项目各期金额的对比表现趋势：柱形图或折线图。

（2）用增长率表现趋势：折线图。

（3）将金额和增长率结合表现趋势：柱形图和折线图。

（4）趋势分析和结构分析相结合：柱形图和折线图；堆积柱形图/堆积条形图；堆积折线图/堆积面积图。

下面以将金额和增长率结合表现趋势为例，针对图形组合的操作方法进行讲解。

【例 9-6】 以图 9-24 中的数据为数据源，要求：(1) 绘制以 2017—2019 年资产负债表货币资金项目为数据源的柱形图和折线图，并使二者在同一个图表中显示；(2) 绘制以 2017—2019 年资产负债表货币资金项目为数据源的柱形图，以及以 18/17 定基增长率、19/17 定基增长率为数据源的折线图，并使二者在同一个图表中显示。

【操作方法】 要求 (1)：第一步，新建工作表并命名为"趋势分析图"。第二步，选中数据源，即 A3 至 D3 单元格区域以及 A5 至 D5 单元格区域，将其复制并粘贴到趋势分析图工作表的 A1 至 D2 单元格区域中。第三步，复制数据源 A5 至 D5 单元格区域并粘贴到趋势分析图工作表的 A3 至 D3 单元格区域中。第四步，选中数据区域，单击"插入"选项卡下"图表"组中"插入柱形图或条形图"选项。如图 9-25 所示。第五步，选择图表中的一个图例，单击鼠标右键，选择"更改系列图表类型"。第六步，在对话框"为您的数据系列选择图表类型和轴"中修改图表类型，如图 9-26 所示。

	A	B	C	D	E	F	G	H
1		资产负债表（流动资产）			资产负债表趋势分析表（流动资产）			
2				单位：万元				
3		2017.12.31	2018.12.31	2019.12.31	18/17定基增长率	19/17定基增长率	18/17环比增长率	19/18环比增长率
4	流动资产:							
5	货币资金	734,710,000.00	1,277,690,000.00	2,415,610,000.00	73.90%	228.78%	73.90%	89.06%
6	结算备付金							
7	拆出资金							
8	交易性金融资产		2,170,450.00	84,349,900.00				3786.29%
9	衍生金融资产							
10	应收票据	700,809,000.00	1,134,240,000.00	2,099,740,000.00	61.85%	199.62%	61.85%	85.12%
11	应收账款	373,786,000.00	399,730,000.00	421,065,000.00	6.94%	12.65%	6.94%	5.34%
12	预付款项	252,402,000.00	291,487,000.00	429,722,000.00	15.49%	70.25%	15.49%	47.42%
13	应收保费							
14	应收分保账款							
15	应收分保合同准备金							
16	应收利息			3,637,500.00				
17	应收股利							
18	其他应收款	40,194,600.00	300,139,000.00	276,917,000.00	646.71%	588.94%	646.71%	-7.74%
19	应收出口退税							
20	应收补贴款							
21	应收保证金							
22	内部应收款							
23	买入返售金融资产			24,000,000.00				
24	存货	1,774,350,000.00	1,336,310,000.00	1,161,960,000.00	-24.69%	-34.51%	-24.69%	-13.05%
25	待摊费用							
26	待处理流动资产损溢							
27	一年内到期的非流动资产		25,293,600.00	63,810,000.00				152.28%
28	其他流动资产		16,502,300.00	19,070,000.00				15.56%
29	流动资产合计	3,876,251,600.00	4,783,562,350.00	6,999,881,400.00	23.41%	80.58%	23.41%	46.33%
30	资产总计	6,010,580,000.00	6,817,100,000.00	11,340,500,000.00	13.42%	88.68%	13.42%	66.35%

图 9－24

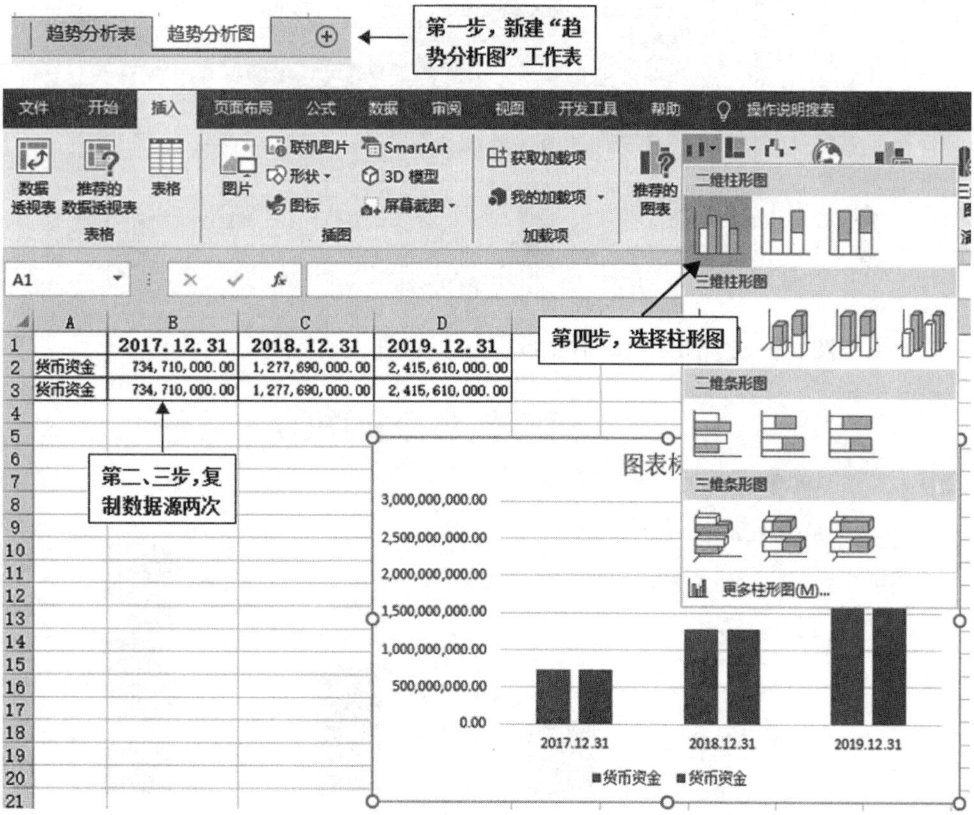

图 9－25

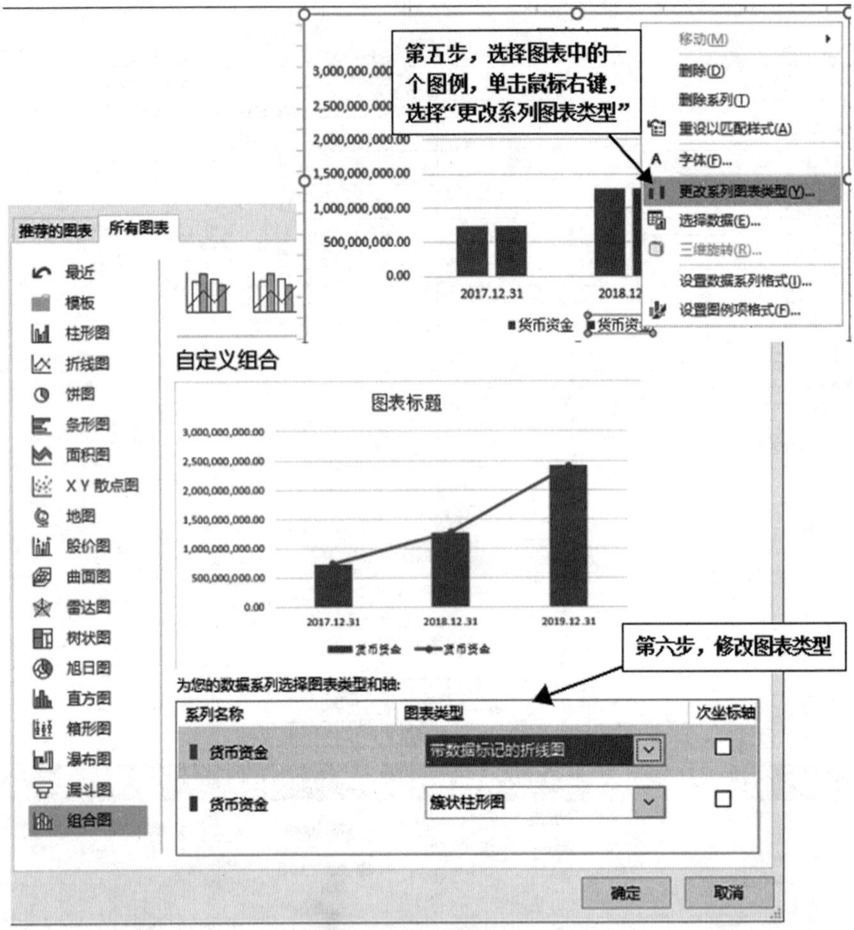

图 9-26

更改图表标题和图表样式后生成图表，如图 9-27 所示。

图 9-27

要求（2）：第一步，选中数据源，即 A3 至 D3 单元格区域、A5 至 D5 单元格区域，将其复制并粘贴到趋势分析图工作表的 A1 至 D2 单元格区域中；再选中数据源，即 E5 至 F5 单元格区域，将其复制并粘贴到趋势分析图工作表的 C3、D3 单元格区域，从而得到新图表的数据源。第二步，选择生成图表的数据，单击“插入”选项卡下“图表”组中的“插入柱形图或条形图”，选择“二维柱形图”。第三步，选中“定基增长率”的图例，单击鼠标右键，选择“更改系列图表类型”，如图 9－28 所示。

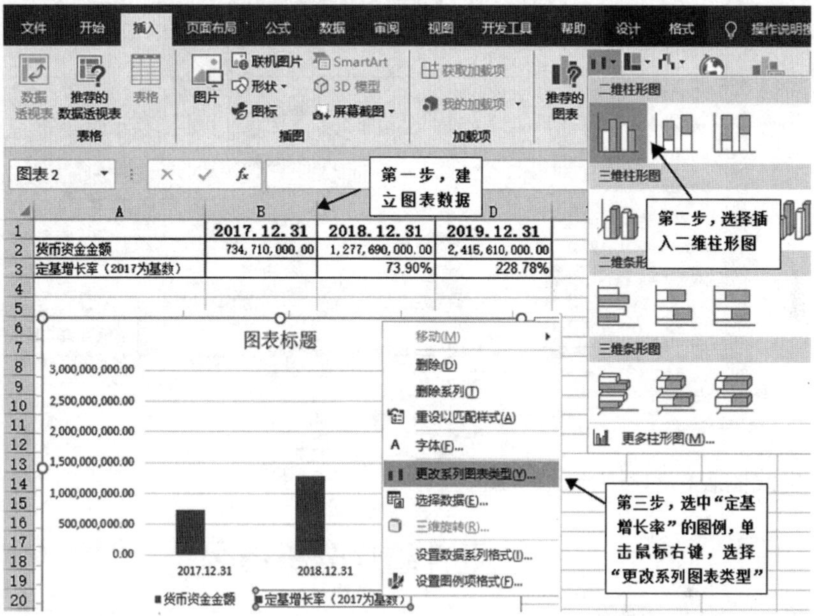

图 9－28

第四步，在“更改图表类型”对话框中更改“定基增长率”的图表类型为“带数据标记的图表类型”，如图 9－29 所示。

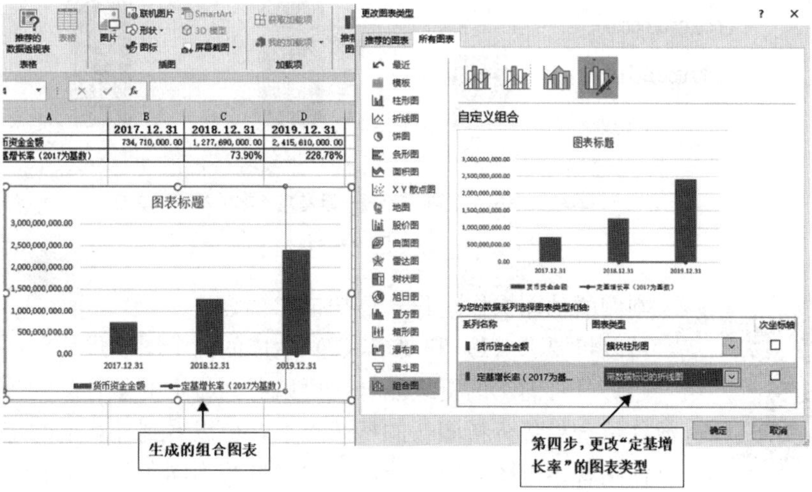

图 9－29

由上述操作生成的图表可以看到，定基增长率的折线图几乎看不到，原因是图中左侧纵坐标的值过大，导致定基增长率的值几乎无法显示。因此，需要进行第五步操作，选中定基增长率折线图或定基增长率图例，单击鼠标右键，选择“设置数据系列格式”。第六步，在“设置数据系列格式”对话框中选择系列绘制在“次坐标轴”，如图 9－30 所示。

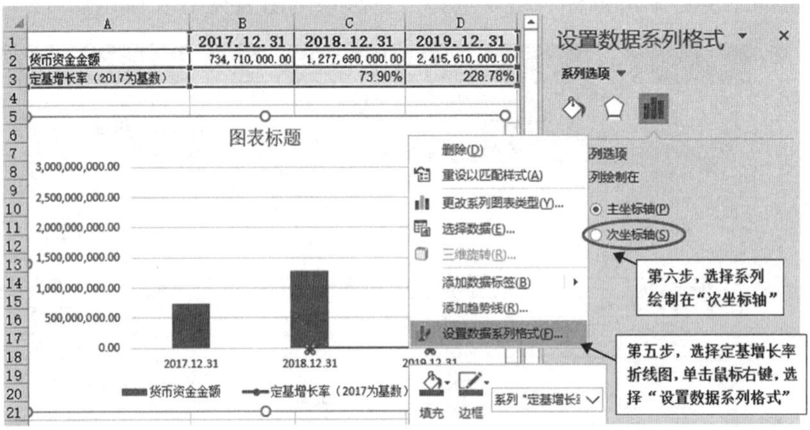

图 9－30

更改图表标题后生成组合图表，如图 9－31 所示。

图 9－31

例 9－6
动图演示

本例的动图操作过程，请扫描二维码。

可以将要求（1）和要求（2）生成的两个图表进行对比。将光标放在组合趋势分析图①的折线点上，可以看到显示的是各年的项目金额，将光标放在组合趋势分析图②的折线点上，可以看到计算出的定基增长率。

使用者通过图表组合能够对数据进行不同角度的分析，因此，可以尝试将环比增长率数据添加到图表当中，也可以将结构分析与趋势分析的图表相结合，从多角度对财务数据进行分析。

9.4 财务报表比率分析法

财务报表比率分析法是一种通过计算财务报表项目（有时候还包括某些表外项目）之间的比率关系，利用相对数将不可比的绝对指标转化为可比信息，对复杂的企业财务报告信息进行汇总、整理、凝练，揭示各财务报表项目之间的相关关系，并提供更多财务分析信息的专业财务报表分析方法。

财务报表比率分析法虽然具有将绝对数转化为相对数的优势，但是如果只根据比率数据进行判断，容易流于主观，得出的结论较为片面，因此，要注意结合财务报表相关项目分析来判断。同时，单个财务比率往往只是针对企业财务的某一方面，想要判断企业的整体财务状况，要把各个财务比率，特别是各类比率结合起来进行分析。

通过财务报表比率分析，可以对企业的短期偿债能力、长期偿债能力、营运能力、盈利能力等做出评价，进而对企业的总体财务状况和发展趋势做出判断和预测。本节基于此，从四个角度对应用 Excel 进行财务报表比率分析进行讲解。

9.4.1 短期偿债能力分析

短期偿债能力反映企业在不用变现长期资产的情况下对短期负债的偿还能力。企业的短期偿债能力直接影响自身的流动性风险，也是企业债权人最关心的问题。短期偿债能力不足，不仅会影响企业的信用评级，增大未来筹资的成本与难度，还可能使企业陷入财务危机，甚至破产。

短期偿债能力比率又称为流动性比率，通过计算可用于偿还流动负债的流动资产或者流动资产中的一部分与企业的流动负债的比例关系，来反映企业的短期偿债能力。一般来说，企业应该以流动资产偿还流动负债，而不应靠变卖长期资产来偿还，因此，一般使用流动资产与流动负债的数量关系来衡量短期偿债能力。短期偿债能力比率主要包括流动比率、速动比率和现金比率。

1. 流动比率

流动比率反映在一年或者一个营业周期内，企业有多少流动资产能用来偿还一年或一个营业周期内到期的短期负债，其计算公式为：

$$流动比率=\frac{流动资产}{流动负债}$$

根据经验数据，一般制造业的流动比率为 2 左右比较合适，也就是说，流动资产为流动负债的 2 倍。一方面，企业应该保持一定的营运资本（流动资产减去流动负债的差额），以备流动负债到期后不能得到展期或者短期内无法借到新债时，企业仍能保有一定周转资金支持生产经营；另一方面，企业的流动资产中有一定比例的非现金资产（如应收账款、存货），虽然在一年或者一个营业周期内不断周转，但这些项目长期占用资金。一旦企业无法维持原有短期借贷，其正常生产经营将会受到影响。

如上文所述，流动比率为 2 左右是制造企业的经验值。对于不同行业的企业或者处在不同生命周期的企业，流动比率会有很大差别。同时，宏观环境因素、季节性因素等也会造成流动比率的极大差异。因此，对企业流动比率的对比分析要谨慎，通常可将这个数据与企业往年同期数据、同行业（如行业平均、行业标杆、竞争对手）数据相比较，尽量排除其他因素的干扰。

流动比率越大，表明企业的短期偿债能力越强，流动负债的安全性越高，或者说，企业的财务风险越小。流动比率的下限一般为1，当流动比率低于1，则企业的流动资产即使完全变现也不能偿还全部流动负债，还需要变现部分长期资产，这意味着企业的短期偿债能力不够。

但是流动比率过高，不一定说明公司的总体状况良好。可能造成企业流动比率过高的原因包括（可以从偿债能力比率公式的角度来思考）：

（1）企业多采用长期融资方式（分母小），导致融资成本高；

（2）企业借贷非常少（分母小），导致没有利用财务杠杆，不能获得财务杠杆收益；

（3）企业现金资产过多（分子大），导致资金运用效率低；

（4）企业存在大量应收账款（分子大），导致赊销过多，甚至大量应收账款难以回收；

（5）企业积压大量存货（分子大），导致销售不畅。

流动比率是分析企业短期偿债能力最主要、最常用的指标。但是流动比率具有明显的缺陷，如上文所述，企业存货积压、应收账款难以收回等都会导致流动比率较高。为了更真实地反映企业的短期偿债能力，还可以使用速动比率、现金比率等指标。

2. 速动比率

速动比率，又称酸性测试比率，是对流动比率的修正，进一步考察企业的短期偿债能力，其计算公式为：

$$\text{速动比率}=\frac{\text{速动资产}}{\text{流动负债}}$$

速动资产通常是将存货从流动资产中剔除的结果。同时，速动比率还会受到应收账款变现能力的影响。计算速动比率的时候，应收账款要取扣除坏账准备之后的净值。

速动比率的经验值在1左右比较合适，但是分析的时候要结合具体情况。例如，有的企业几乎没有赊销，那么即使速动比率低于经验值，只要流动比率正常，就不存在问题。此外还可以考虑扣除预付账款等项目，计算更为保守的速动比率，例如：

$$\text{速动比率}=\frac{\text{货币资金}+\text{交易性金融资产}+\text{应收款项}}{\text{流动负债}}$$

3. 现金比率

现金比率是对流动比率和速动比率的修正，是最苛刻、最稳健的短期偿债能力比率，其计算公式为：

$$现金比率=\frac{货币资金+交易性金融资产}{流动负债}$$

现金比率通常用于衡量处于财务困境的企业的短期偿债能力，即当企业无法依赖应收款项和存货变现来偿还短期债务时的偿债能力。如果企业将应收账款和存货抵押，或者应收款项和存货流动性很差又没有提足减值准备，也可以通过现金比率来评价短期偿债能力。

现金比率过高，通常意味着企业的资金运用效率差。另一方面，若企业正处于大型投资项目的准备阶段，现金比率也会偏高。因此，在具体分析时要注意分析时点前后企业的重大融资和投资计划。

4. 经营现金流量与流动负债之比

经营现金流量与流动负债之比计算的是本期经营活动产生的现金流量净额与未来需偿还债务的金额之比，主要目的是预测企业未来的偿债能力。注意，不使用筹资活动和投资活动产生的现金流量净额，并不是因为其不能用来偿债，而是因为它们没有经营活动产生的现金流量净额持续性强，不宜用来预测。经营现金流量与流动负债之比的公式如下：

$$经营现金流量与流动负债之比=\frac{经营活动产生的现金流量净额}{流动负债}$$

5. 其他影响企业短期偿债能力的因素

除了上述4个衡量企业短期偿债能力的指标，其他影响企业短期偿债能力的因素还包括：

（1）尚未动用的金融机构信贷额度；

（2）申请延长支付、贷款展期或者借新还旧；

（3）拥有可迅速变现的长期资产，或者计划在短期内变现的长期资产；

（4）发行债券或股票的能力；

（5）或有负债；

（6）担保责任。

【例9-7】表9-2为某企业2017—2019年资产负债表及现金流量表的部分内容。要求：以表中数据为数据源，编制短期偿债能力分析表，并通过绘制图表进行数据分析。

表9-2　某企业2017—2019年资产负债表及现金流量表部分内容

	2017.12.31	2018.12.31	2019.12.31
货币资金	734 710 000.00	1 277 690 000.00	2 415 610 000.00
交易性金融资产		2 170 450.00	84 349 900.00
应收票据	700 809 000.00	1 134 240 000.00	2 099 740 000.00
应收账款	373 786 000.00	399 730 000.00	421 065 000.00
预付款项	252 402 000.00	291 487 000.00	429 722 000.00
应收利息			3 637 500.00

续表

	2017.12.31	2018.12.31	2019.12.31
其他应收款	40 194 600.00	300 139 000.00	276 917 000.00
买入返售金融资产			24 000 000.00
存货	1 774 350 000.00	1 336 310 000.00	1 161 960 000.00
一年内到期的非流动资产		25 293 600.00	63 810 000.00
其他流动资产		16 502 300.00	19 070 000.00
流动资产合计	2 285 200 000.00	3 037 460 000.00	6 308 100 000.00
流动负债合计	2 285 200 000.00	3 037 460 000.00	6 308 100 000.00
经营活动产生的现金流量净额	40 518 800.00	321 786 000.00	1 046 760 000.00

【操作方法】 第一步，编制短期偿债能力分析表。根据表 9－2 中的数据，编制 2017—2019 年短期偿债能力分析表，利用公式和单元格引用填制的表格，如图 9－32 所示。由图可以看到，在短期偿债能力分析表中，除了本企业的相关能力指标外，还有行业平均、行业标杆和竞争对手的财务比率数据，以方便使用者将本企业数据与其他相关数据进行对比。此外，图中还有公式栏和说明栏，在说明栏中可以输入相关财务比率的经验数据，方便使用者对表内信息做进一步分析。

	A	B	C	D	E	F	G
1	短期偿债能力分析表						
2	短期偿债能力比率		2017年	2018年	2019年	公式	说明
3	流动比率	本企业	1.70	1.57	1.11	=流动资产/流动负债	
4		行业平均					
5		行业标杆					
6		竞争对手					
7	速动比率	本企业	0.92	1.13	0.93	=速动资产/流动负债	
8		行业平均					
9		行业标杆					
10		竞争对手					
11	现金比率	本企业	0.32	0.42	0.40	=(货币资金+交易性金融资产)/流动负债	
12		行业平均					
13		行业标杆					
14		竞争对手					
15	经营现金流量与流动负债之比	本企业	0.02	0.11	0.17	=经营活动产生的现金流量净额/流动负债	
16		行业平均					
17		行业标杆					
18		竞争对手					

图 9－32

在实际工作中可根据表格用途及实际需求自主设计短期偿债能力分析表，也可以使用 Excel 条件格式功能，为表格中的重要部分添加条件格式。还可以通过作图来表现企业的短期偿债能力。

第二步，以图 9－32 中的本企业短期偿债能力比率数据为数据源，插入“带数据标记的折线图”，得到图 9－33。

第三步，根据图表内容，对企业 2017—2019 年短期偿债能力进行分析。

从图 9－33 中可以看到，扣除存货之后，速动比率经验值在 1 左右，2018 年高于 1。现金比率在 0.4 左右。2017—2018 年现金比率增幅较大。经营现金流量与流动负债之比三年来大幅攀升，尤其是 2018 年比 2017 年增加了近 5 倍。

2019 年除了经营现金流量与流动负债之比呈上升趋势外，其他三个用资产负债表数据计算出来的指标均为下降趋势。

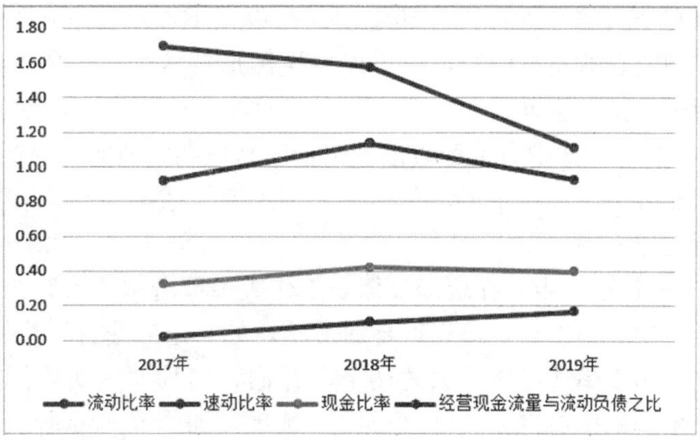

图 9-33

在财务报表比率分析的基础上，结合相关项目分析能够揭示这些比率背后的原因。财务比率均为分子与分母的比，因此在探究比率的形成原因时，可以分别探究分子和分母对应的报表项目以及各项目之间的关系。

第四步，以资产负债表中流动资产数据为数据源，插入“簇状柱形图”，如图 9-34 所示。

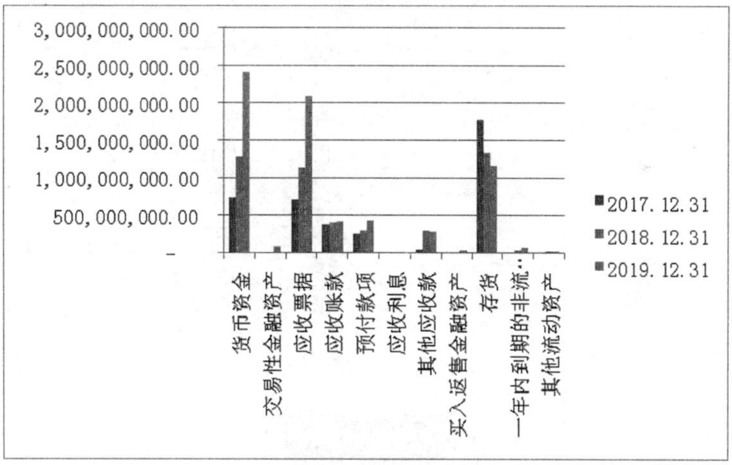

图 9-34

将图 9-33 与图 9-34 相结合，对构成流动比率分子的各项目进行分析。例如，货币资金数额逐年增加，其中 2019 年增幅最大，此时就要结合企业的具体情况，思考为什么会有这样的数据，是否资金运用效率偏低？再例如，存货数额逐年下降，此时就要考虑产生这一现象的原因是企业销路更加畅通了，还是生产萎缩了。诸如这些重要项目，都可以结合具体项目来分析。

本例的动图操作过程，请扫描二维码。

例 9-7
动图演示

同样，在分析比率时，还可以结合分母的数据。如果能够得到行业的数据以及竞争对手的数据，也可以加到图表中作对比。此外，控件也可以与图表结合。这些技巧在前文中有相关介绍，使用者可以根据具体需求和个人偏好进行设计和应用。在设计 Excel 工作表时，除了将控件与图表相结合来控制图表的显示内容，还可以设置图形链接，实现单击某一图形能够直接跳转至工作簿中的指定位置。

【例 9-8】工作簿中有资产负债表工作表和短期偿债能力分析工作表。要求：在资产负债表工作表中，添加图形，重命名为“短期偿债能力分析”并将其链接到短期偿债能力分析工作表中。

【操作方法】第一步，在资产负债表工作表中单击“插入”选项卡下“插图”组中的“形状”选项。第二步，选择需要的形状，如“矩形棱台”按钮，如图 9-35 所示。第三步，在工作表中适当位置放置图形，并输入名称“短期偿债能力分析”。第四步，选中图形并单击鼠标右键，选择“链接”选项，如图 9-36 所示。第五步，在“插入超链接”对话框中，选择“本文档中的位置”并单击“短期偿债能力分析”工作表。第六步，单击“确定”选项，如图 9-37 所示。

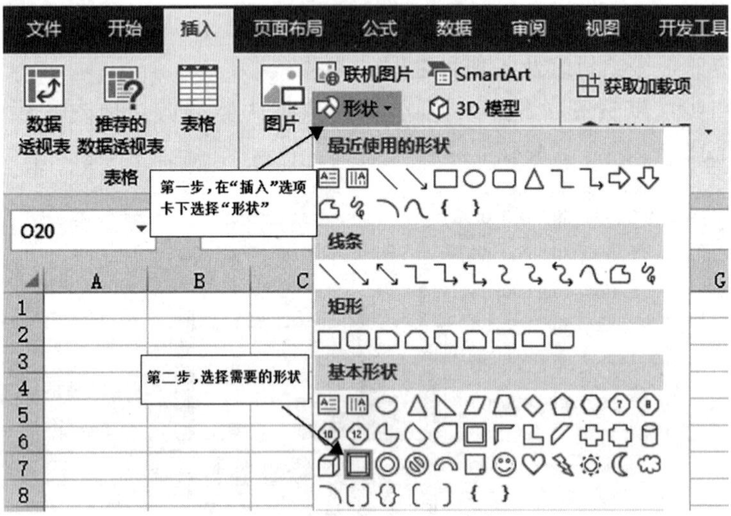

图 9-35

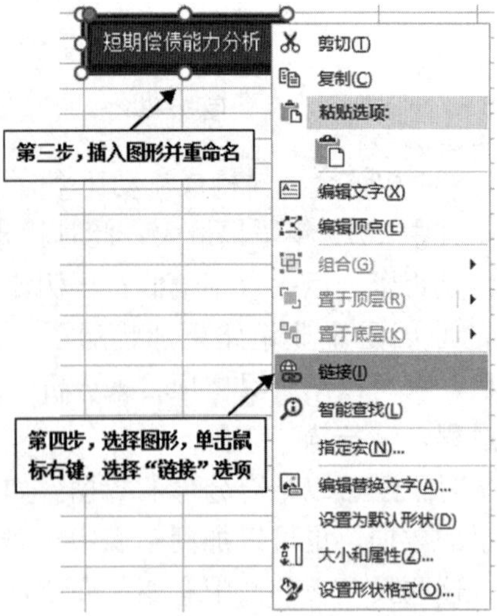

图 9-36

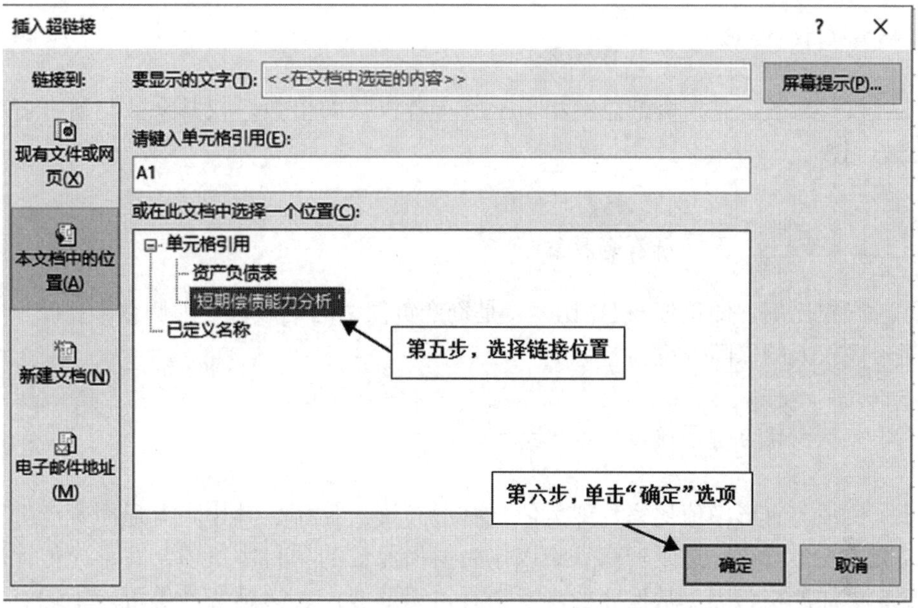

图 9－37

通过上述操作，把光标移至资产负债表工作表的图形上，当光标变为“ ”时，单击鼠标左键，界面自动跳转至短期偿债能力分析工作表。设置图形链接能够方便使用者快速找到数据对应的位置，提高数据分析和数据对比的效率。

本例的动图操作过程，请扫描二维码。

例 9－8
动图演示

9.4.2　长期偿债能力分析

长期偿债能力的衡量方法有以下几种。

1. 通过资产负债表数据计算

$$资产负债率=\frac{负债}{资产}\times 100\%$$

资产负债率，即负债比率，反映企业的全部资产来源中，通过举债获得的比重。经验数据表明，资产负债率介于 30%～70%是合理范围，但也要根据实际情况进行判断。资产负债率高，财务风险大，但是能够运用财务杠杆，有可能获得财务杠杆收益；资产负债率低，财务风险小，但是对财务杠杆的运用不足。

$$所有者权益比率=\frac{所有者权益}{资产}$$

所有者权益比率，即股东权益比率，反映企业的全部资产来源中，通过所有者投入获得的比重。资产负债率加股东权益比率的和为 1。

$$权益乘数=\frac{资产}{所有者权益}$$

权益乘数，是指资产总额相当于所有者权益的倍数。权益乘数与所有者权益比率互为倒数。

$$产权比率=\frac{负债}{所有者权益}$$

产权比率，即负债-权益比率，是资产负债率的变形，更加侧重于反映所有者权益对于债权人的保障程度。

$$负债与有形净值比率=\frac{负债}{有形净资产}$$

负债与有形净值比率，即负债与有形净资产比率。其中，有形净资产等于股东权益减去无形资产、递延资产等难以作为偿债保证的项目。负债与有形净值比率比产权比率更加严格，因为从保守的观点来看，无形资产、递延资产等可能不像有形资产那样能够为债权人提供偿债保证。

2. 通过利润表数据计算

$$利息保障倍数=\frac{息税前利润}{利息费用}$$

利息保障倍数，反映企业盈利能够在多大程度上保障利息的支付。其中，息税前利润，即 EBIT＝税前利润＋利息费用。利息保障倍数最低为 1，比率越大，说明企业对利息的保障程度越高。

$$固定支出保障倍数=\frac{息税前利润+其他固定支出费用}{利息费用+其他固定支出费用}$$

固定支出保障倍数是比利息保障倍数更保守的财务比率，是对利息保障倍数的修正。其他固定支出费用可根据企业实际情况进行调整。

3. 通过现金流量表、资产负债表和利润表数据计算

$$现金债务总额比=\frac{经营活动产生的现金流量净额}{负债总额}$$

$$现金利息保障倍数=\frac{经营活动产生的现金流量净额}{利息费用}$$

以上公式能够对企业长期偿债能力进行计算，可以应用 Excel 制作长期偿债能力分析表。图 9－38 为企业长期偿债能力分析表模板，由于每个企业的具体情况不同，每个财务人员的工作需求和个人偏好不同，因此表格可以进行灵活调整。长期偿债能力的分析方法与短期偿债能力类似。可以通过设置条件格式突出显示重点数据，也可以以表中数据为数据源插入图表，方便使用者分析财务数据。

	A	B	C	D	E	F	G	H
1	长期偿债能力分析表							
2	长期偿债能力比率			2017年	2018年	2019年	公式	说明
3	通过资产负债表数据计算	资产负债率	本企业	48.89%	57.12%	61.92%	=(负债/资产)*100%	
4			行业平均					
5			行业标杆					
6			竞争对手	30%	40%	50%		
7		所有者权益比率	本企业				=所有者权益/资产	
8			行业平均					
9			行业标杆					
10			竞争对手					
11		权益乘数	本企业				=资产/所有者权益	
12			行业平均					
13			行业标杆					
14			竞争对手					
15		产权比率	本企业				=负债/所有者权益	
16			行业平均					
17			行业标杆					
18			竞争对手					
19		负债与有形净值比率	本企业				=负债/有形净资产	
20			行业平均					
21			行业标杆					
22			竞争对手					
23	通过利润表数据计算	利息保障倍数	本企业				=息税前利润/利息费用	
24			行业平均					
25			行业标杆					
26			竞争对手					
27		固定支出保障倍数	本企业				=(息税前利润+其他固定支出费用)/(利息费用+其他固定支出费用)	
28			行业平均					
29			行业标杆					
30			竞争对手					
31	通过资产负债表、利润表、现金流量表数据计算	现金债务总额比	本企业				=经营活动产生的现金流量净额/负债总额	
32			行业平均					
33			行业标杆					
34			竞争对手					
35		现金利息保障倍数	本企业				=经营活动产生的现金流量净额/利息费用	
36			行业平均					
37			行业标杆					
38			竞争对手					

图 9－38

9.4.3　营运能力分析

企业的营运能力是指企业对其资产的运用效率，反映企业营运能力的指标包括以下几种：

$$应收账款周转率(次数)=\frac{赊销收入}{应收账款平均余额}$$

$$应收账款周转天数=\frac{365}{应收账款周转率}$$

$$存货周转率(次数)=\frac{营业成本}{存货平均余额}$$

$$存货周转天数=\frac{365}{存货周转率}$$

$$流动资产周转率(次数)=\frac{营业收入}{平均流动资产合计}$$

$$流动资产周转天数=\frac{365}{流动资产周转率}$$

$$固定资产周转率(次数)=\frac{营业收入}{固定资产平均净值}$$

$$固定资产周转天数=\frac{365}{固定资产周转率}$$

$$总资产周转率(次数)=\frac{营业收入}{平均资产总额}$$

$$\text{总资产周转天数}=\frac{365}{\text{总资产周转率}}$$

【例 9-9】图 9-39 为某企业 2019 年资产负债表和利润表的部分内容，假设营业收入均为赊销收入，以表中数据为数据源编制营运能力分析表。

	A	B	C
1	资产负债表部分内容		
2	项目	年初余额	期末余额
3	应收账款	145,490,000.00	350,870,000.00
4	存货	23,280,000.00	11,640,000.00
5	流动资产合计	174,870,000.00	373,330,000.00
6	固定资产	2,030,000.00	2,210,000.00
7	资产总计	279,720,000.00	421,350,000.00
8	利润表部分内容		
9	项　　目	本年累计数	
10	一、营业收入	235,000,000.00	
11	减:营业成本	199,110,000.00	
12	主营业务税金及附加	22,280,000.00	
13	二、主营业务利润（亏损以"-"填列）	13,690,000.00	

图 9-39

【操作方法】第一步，构建营运能力分析表，如图 9-40 所示。

	A	B	C
1	资产负债表部分内容		
2	项目	年初余额	期末余额
3	应收账款	145,490,000.00	350,870,000.00
4	存货	23,280,000.00	11,640,000.00
5	流动资产合计	174,870,000.00	373,330,000.00
6	固定资产	2,030,000.00	2,210,000.00
7	资产总计	279,720,000.00	421,350,000.00
8	利润表部分内容		
9	项　　目	本年累计数	
10	一、营业收入	275,000,000.00	
11	减:营业成本	199,110,000.00	
12	主营业务税金及附加	22,280,000.00	
13	二、主营业务利润（亏损以"-"填列）	13,690,000.00	

E	F	G	H	I	J	K
营运能力分析表						
营运能力比例		2017年	2018年	2019年	公式	说明
应收账款周转率(次数)	本企业				赊销收入/应收账款平均余额	
	行业平均					
	行业标杆					
	竞争对手					
应收账款周转天数	本企业				365/应收账款周转率	
	行业平均					
	行业标杆					
	竞争对手					
存货周转率(次数)	本企业				营业成本/存货平均余额	
	行业平均					
	行业标杆					
	竞争对手					
存货周转天数	本企业				365/存货周转率	
	行业平均					
	行业标杆					
	竞争对手					
流动资产周转率(次数)	本企业				营业收入/平均流动资产合计	
	行业平均					
	行业标杆					
	竞争对手					
流动资产周转天数	本企业				365/流动资产周转率	
	行业平均					
	行业标杆					
	竞争对手					
固定资产周转率(次数)	本企业				营业收入/固定资产平均净值	
	行业平均					
	行业标杆					
	竞争对手					
固定资产周转天数	本企业				365/固定资产周转率	
	行业平均					
	行业标杆					
	竞争对手					
总资产周转率(次数)	本企业				营业收入/平均资产总额	
	行业平均					
	行业标杆					
	竞争对手					
总资产周转天数	本企业				365/总资产周转率	
	行业平均					
	行业标杆					
	竞争对手					

图 9-40

第二步，根据公式及本公司财务报表数据，计算企业 2019 年营运能力指标。①在 I3 单元格内根据应收账款周转率的公式，输入"=ROUNDDOWN(B10/((B3+C3)/2),0)"，表示计算赊销收入÷应收账款平均余额，并向下舍入至整数位，得到 2019 年的应收账款周转率（次数）；②在 I7 单元格内根据应收账款周转天数的公式，输入"=ROUND(365/I3,2)"，表示计算一年内多少天周转一次，并四舍五入至小数点后两位；③基于上述方法计算其他营运能力指标，如图 9-41 所示。

在数据可获得的情况下，填列其他年度指标及行业平均、行业标杆、竞争对手的营运能力指标，结合图表，可以对企业营运能力进行纵向和横向分析。

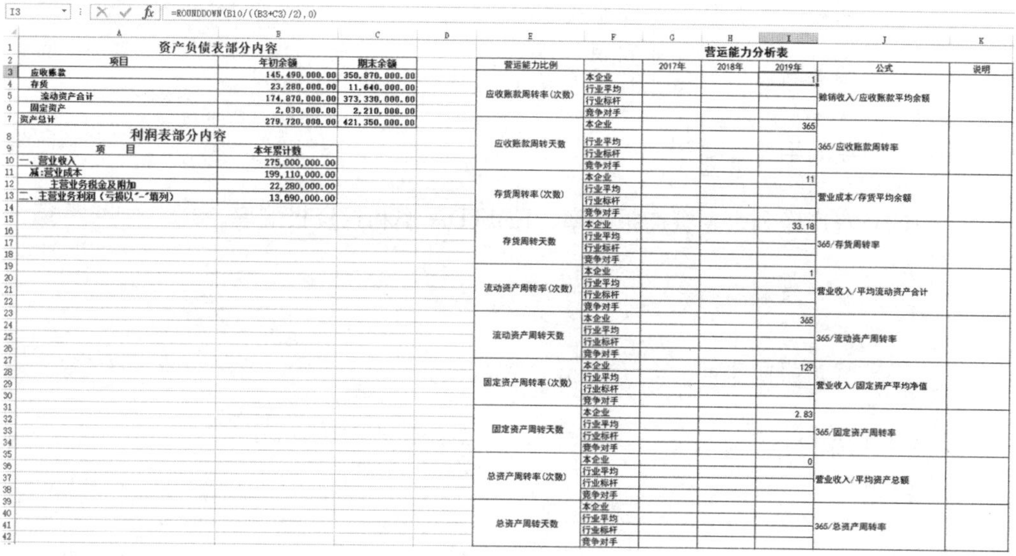

I3　=ROUNDDOWN(B10/((B3+C3)/2),0)

资产负债表部分内容

项目	年初余额	期末余额
应收账款	145,490,000.00	350,870,000.00
存货	23,280,000.00	11,640,000.00
流动资产合计	174,870,000.00	373,330,000.00
固定资产	2,030,000.00	2,210,000.00
资产总计	279,720,000.00	421,350,000.00

利润表部分内容

项　　目	本年累计数
一、营业收入	275,000,000.00
减:营业成本	199,110,000.00
主营业务税金及附加	22,280,000.00
二、主营业务利润（亏损以"-"填列）	13,690,000.00

营运能力分析表

营运能力比例		2017年	2018年	2019年	公式	说明
应收账款周转率(次数)	本企业			1	赊销收入/应收账款平均余额	
	行业平均					
	行业标杆					
	竞争对手					
应收账款周转天数	本企业			365	365/应收账款周转率	
	行业平均					
	行业标杆					
	竞争对手					
存货周转率(次数)	本企业			11	营业成本/存货平均余额	
	行业平均					
	行业标杆					
	竞争对手					
存货周转天数	本企业			33.18	365/存货周转率	
	行业平均					
	行业标杆					
	竞争对手					
流动资产周转率(次数)	本企业			1	营业收入/平均流动资产合计	
	行业平均					
	行业标杆					
	竞争对手					
流动资产周转天数	本企业			365	365/流动资产周转率	
	行业平均					
	行业标杆					
	竞争对手					
固定资产周转率(次数)	本企业			129	营业收入/固定资产平均净值	
	行业平均					
	行业标杆					
	竞争对手					
固定资产周转天数	本企业			2.83	365/固定资产周转率	
	行业平均					
	行业标杆					
	竞争对手					
总资产周转率(次数)	本企业			0	营业收入/平均资产总额	
	行业平均					
	行业标杆					
	竞争对手					
总资产周转天数	本企业				365/总资产周转率	
	行业平均					
	行业标杆					
	竞争对手					

图 9 - 41

本例的动图操作过程，请扫描二维码。

例 9-9
动图演示

下面以应收账款周转率（次数）和应收账款周转天数为例进行详细讲解。

应收账款周转率（次数）表示企业一年中应收账款能周转多少次，越大则应收账款周转速度越快，应收账款的管理效率越高。在计算时，应使用应收账款总额，而不是报表中披露的扣除坏账准备的应收账款净额，还应加上应收票据等其他企业赊销业务产生的债权金额。分母尽量做季度或者月度平均，注意可比性。分子尽量使用赊销净额而不是销售净额。

应收账款周转天数，表示企业应收账款周转一次，也就是从应收账款形成到款项收回所经历的天数。应收账款周转天数越小，企业应收账款周转速度越快，应收账款的管理效率越高。需要注意的问题与应收账款周转率（次数）一样。

通过使用上文所述计算方式并应用 Excel，能够对企业营运能力指标进行计算、制作营运能力分析表。除了表中计算出的各个指标外，还应考虑报表项目以外的其他影响企业营运能力的因素，如宏观经济情况、行业发展情况等。

9.4.4　盈利能力分析

盈利能力分析是对企业正常的经营状况进行分析，通过指标计算衡量企业盈利能力的方法，主要指标包括：

（1）毛利率、营业利润率和净利率。

$$毛利率=\frac{毛利}{营业收入}$$

式中，

$$毛利=营业收入-营业成本$$

$$营业利润率=\frac{营业利润}{营业收入}$$

$$净利率=\frac{净利润}{营业收入}$$

（2）资产净利率、资产报酬率、EBITDA率和投资报酬率。

$$资产净利率=\frac{净利润}{平均资产总额}$$

$$资产报酬率=\frac{息税前利润}{平均资产总额}$$

$$\text{EBITDA}率=\frac{息税前利润+固定资产折旧和无形资产摊销}{平均资产总额}$$

$$投资报酬率=\frac{息税前利润}{平均投资总额}$$

式中，投资为股东权益与计息负债之和，即总资产减去不计息负债。

（3）净资产收益率和资本金收益率。

$$净资产收益率=\frac{净利润}{平均所有者权益}$$

$$资本金收益率=\frac{净利润}{平均实收资本}$$

（4）现金流量表相关指标。

$$销售现金比率=\frac{经营活动产生的现金流量净额}{营业收入}$$

$$总资产净现率=\frac{经营活动产生的现金流量净额}{平均资产总额}$$

$$盈利现金比率=\frac{经营活动产生的现金流量净额}{净利润}$$

$$现金获利指数=\frac{净利润}{经营活动产生的现金流量净额}$$

除了上述各个指标，还应考虑报表项目以外影响企业盈利能力的因素。

在应用Excel进行企业盈利能力分析时，首先要构建企业盈利能力分析表，并不是每一个指标都需要进行分析，可以根据企业的盈利模式，选取适合本企业的盈利能力指标进行分析，如图9-42所示。根据企业资产负债表、利润表和现金流量表中的数据，对企业盈利能力进行横向及纵向分析，分析方法与短期偿债能力分析、长期偿债能力分析和营运能力分析类似，这里不再赘述。读者可以参考模板，尝试基于已有数据进行分析。

财务报表分析，尤其是应用Excel的财务报表分析是一门艺术，从表格的设计、内容的输入，到利用条件格式突出显示数据、利用图表功能辅助数据分析、利用控件功能使表格清晰明了，每一步都是灵活的、可自主选择的。因此，本书所讲解的Excel

	A	B	C	D	E	F	G
1	盈利能力分析表						
2	盈利能力比例		2017年	2018年	2019年	公式	说明
3	营业利润率	本企业				营业利润/营业收入	
4		行业平均					
5		行业标杆					
6		竞争对手					
7	净利率	本企业				净利润/营业收入	
8		行业平均					
9		行业标杆					
10		竞争对手					
11	资产净利率	本企业				净利润/平均资产总额	
12		行业平均					
13		行业标杆					
14		竞争对手					
15	资产报酬率	本企业				息税前利润/平均资产总额	
16		行业平均					
17		行业标杆					
18		竞争对手					
19	投资报酬率	本企业				息税前利润/平均投资总额	
20		行业平均					
21		行业标杆					
22		竞争对手					
23	净资产收益率	本企业				净利润/平均所有者权益	
24		行业平均					
25		行业标杆					
26		竞争对手					
27	资本金收益率	本企业				净利润/平均实收资本	
28		行业平均					
29		行业标杆					
30		竞争对手					
31	盈利现金比率	本企业				经营活动产生的现金流量净额/净利润	
32		行业平均					
33		行业标杆					
34		竞争对手					
35	现金获利指数	本企业				净利润/经营活动产生的现金流量净额	
36		行业平均					
37		行业标杆					
38		竞争对手					

图 9-42

操作方法不是唯一的，在今后使用 Excel 软件进行财务数据分析时，要活学活用。在应用 Excel 软件的过程中，常常有操作技巧或快捷操作方式，可以在熟练掌握基本操作的基础上进一步发掘。

练习题

1. 图 9-43 为某公司 2017—2019 年资产负债表（流动资产）及资产负债表结构比率分析表（流动资产）。要求：绘制 2017—2019 年货币资金、交易性金融资产、应收票据和应收账款的结构比率折线图，并通过复选框控制折线图中显示的项目。

	A	B	C	D	E	F	G
1	资产负债表（流动资产）				资产负债表结构比率分析表（流动资产）		
2				单位：万元			
3		2017.12.31	2018.12.31	2019.12.31	2017年结构比率	2018年结构比率	2019年结构比率
4	货币资金	734,710,000.00	1,277,690,000.00	2,415,610,000.00	12.22%	18.74%	21.30%
5	交易性金融资产		2,170,450.00	84,349,900.00		0.03%	0.74%
6	应收票据	700,809,000.00	1,134,240,000.00	2,099,740,000.00	11.66%	16.64%	18.52%
7	应收账款	373,786,000.00	399,730,000.00	421,065,000.00	6.22%	5.86%	3.71%
8	预付款项	252,402,000.00	291,487,000.00	429,722,000.00	4.20%	4.28%	3.79%
9	应收利息			3,637,500.00			0.03%
10	其他应收款	40,194,600.00	300,139,000.00	276,917,000.00	0.67%	4.40%	2.44%
11	买入返售金融资产			24,000,000.00			0.21%
12	存货	1,774,350,000.00	1,336,310,000.00	1,161,960,000.00	29.52%	19.60%	10.25%
13	一年内到期的非流动资产		25,293,600.00	63,810,000.00		0.37%	0.56%
14	其他流动资产		16,502,300.00	19,070,000.00		0.24%	0.17%
15	流动资产：						
16	结算备付金						
17	拆出资金						
18	衍生金融资产						
19	应收保费						
20	应收分保账款						
21	应收分保合同准备金						
22	应收股利						
23	应收出口退税						
24	应收补贴款						
25	应收保证金						
26	内部应收款						
27	待摊费用						
28	待处理流动资产损溢						
29	流动资产合计	3,876,251,600.00	4,783,562,350.00	6,999,881,400.00	64.49%	70.17%	61.72%
30	资产总计	6,010,580,000.00	6,817,100,000.00	11,340,500,000.00			

	H	I	J	K	L
3			2017年结构比率	2018年结构比率	2019年结构比率
4	TRUE	货币资金	12.22%	18.74%	21.30%
5	TRUE	交易性金融资产		0.03%	0.74%
6	TRUE	应收票据	11.66%	16.64%	18.52%
7	TRUE	应收账款	6.22%	5.86%	3.71%

图 9-43

2. 绘制图 9-44 中以 2017—2019 年资产负债表货币资金为数据源的柱形图，以及以 18/17 定基增长率、19/17 定基增长率为数据源的折线图，并使二者在同一个图中显示。

	A	B	C	D	E	F	G	H
1	资产负债表（流动资产）				资产负债表趋势分析表（流动资产）			
2				单位：万元				
3		2017.12.31	2018.12.31	2019.12.31	18/17定基增长率	19/17定基增长率	18/17环比增长率	19/18环比增长率
4	流动资产:							
5	货币资金	734,710,000.00	1,277,690,000.00	2,415,610,000.00	73.90%	228.78%	73.90%	89.06%
6	结算备付金							
7	拆出资金							
8	交易性金融资产		2,170,450.00	84,349,900.00				3786.29%
9	衍生金融资产							
10	应收票据	700,809,000.00	1,134,240,000.00	2,099,740,000.00	61.85%	199.62%	61.85%	85.12%
11	应收账款	373,786,000.00	399,730,000.00	421,065,000.00	6.94%	12.65%	6.94%	5.34%
12	预付款项	252,402,000.00	291,487,000.00	429,722,000.00	15.49%	70.25%	15.49%	47.42%
13	应收保费							
14	应收分保账款							
15	应收分保合同准备金							
16	应收利息			3,637,500.00				
17	应收股利							
18	其他应收款	40,194,600.00	300,139,000.00	276,917,000.00	646.71%	588.94%	646.71%	-7.74%
19	应收出口退税							
20	应收补贴款							
21	应收保证金							
22	内部应收款							
23	买入返售金融资产			24,000,000.00				
24	存货	1,774,350,000.00	1,336,310,000.00	1,161,960,000.00	-24.69%	-34.51%	-24.69%	-13.05%
25	待摊费用							
26	待处理流动资产损溢							
27	一年内到期的非流动资产		25,293,600.00	63,810,000.00				152.28%
28	其他流动资产		16,502,300.00	19,070,000.00				15.56%
29	流动资产合计	3,876,251,600.00	4,783,562,350.00	6,999,881,400.00	23.41%	80.58%	23.41%	46.33%
30	资产总计	6,010,580,000.00	6,817,100,000.00	11,340,500,000.00	13.42%	88.68%	13.42%	66.35%

图 9-44

第10章

投资决策分析

本章重点讲解财务人员如何应用Excel软件进行投资决策分析，同时通过示例让财务人员掌握相关的Excel操作。本章以投资决策分析最常见的方法，即净现值法为切入点，详细讲解如何应用Excel进行投资决策分析。

本章的重点包括：(1) 投资决策分析的相关基础知识；(2) 应用净现值法进行投资决策分析；(3) 应用基于蒙特卡罗模拟的净现值法进行投资决策分析。本章的内容有助于财务人员提高投资决策分析能力，为财务人员参与企业财务决策提供支持。

10.1 投资决策分析概述

投资活动作为企业具体财务活动之一，在实现企业既定目标、提升企业价值等方面发挥着重要作用。企业投资决策将资本要素限定在非资本市场中，由相关投资决策主体采用科学的理论方法，对项目的可行性进行比较分析，从而确定最优投资方案，对选定项目投入经济资源，最终获取经济利益。

长期投资活动属于资本支出的范畴，与企业短期经营行为相比，具有投入资金多、涉及时间长、投资风险大等特点，会对企业的盈利能力和营运能力产生较大影响。常用的投资决策方法包括：(1) 非贴现的评价方法，即不考虑货币时间价值的决策方法；(2) 贴现的评价方法，即考虑货币时间价值的决策方法。其中，非贴现的评价方法有回收期法，贴现的评价方法有净现值法、现值指数法和内含报酬率法。

10.2 投资决策分析指标的计算

10.2.1 回收期法

回收期法是根据项目投资回收期的长短来判断项目可行与否的决策分析方法。投资回收期是指收回初始投资所需要的时间，是项目预期现金流入量总额等于项目初始现金流出量所需要的时间，通常以年为单位。

一般来说，项目投资回收期越短越好。当项目预计投资回收期大于所要求的投资回收期时，该项目不可行；当项目预计投资回收期小于所要求的投资回收期时，该项目可行。

项目投资回收期的计算有两种情况：

第一种情况，当原始投资一次支出，每年营业现金净流入量相等时，其计算公式为：

$$回收期=\frac{原始投资额}{每年营业现金净流入量}$$

第二种情况，当营业现金净流入量每年不等，或原始投资分几年支出的时，其计算公式为：

$$\sum_{k=o}^{n} I_k = \sum_{k=o}^{n} O_k$$

式中，n 为回收期；I_k 为第 k 年的营业现金净流入量；O_k 为第 k 年的投资额。

【例 10－1】现有 A，B 两个投资方案，相关数据如图 10－1 所示。要求：计算 A，B 两个投资方案的回收期。

	A	B	C
1	时间（年）	A方案	B方案
2		净现金流量（元）	净现金流量（元）
3	0	200000	120000
4	1	118000	46000
5	2	132400	46000
6	3	0	46000

图 10－1

【操作方法】第一步，编制回收期计算表。根据图 10－1 中的数据，编制回收期计算表，如图 10－2 所示。

	A	B	C
1	时间（年）	A方案	B方案
2		净现金流量（元）	净现金流量（元）
3	0	200000	120000
4	1	118000	46000
5	2	132400	46000
6	3	0	46000
7	回收期（年）		

图 10－2

第二步，计算回收期。根据表中的数据，利用公式分别计算 A，B 两个投资方案的回收期。在 B7 单元格中输入 A 方案的回收期计算公式“＝1＋(B3－B4)/B5”，在

C7 单元格中输入 B 方案的回收期计算公式“＝C3/C4”，输入的公式及结果如图 10－3 和图 10－4 所示。

B7　=1+(B3-B4)/B5

	A	B	C
1	时间（年）	A方案	B方案
2		净现金流量（元）	净现金流量（元）
3	0	200000	120000
4	1	118000	46000
5	2	132400	46000
6	3	0	46000
7	回收期（年）	1.62	2.61

图 10－3

C7　=C3/C4

	A	B	C
1	时间（年）	A方案	B方案
2		净现金流量（元）	净现金流量（元）
3	0	200000	120000
4	1	118000	46000
5	2	132400	46000
6	3	0	46000
7	回收期（年）	1.62	2.61

图 10－4

本例的动图操作过程，请扫描二维码。

例 10－1
动图演示

回收期法的优点表现在：(1) 计算简便，容易理解；(2) 可以衡量投资方案的相对风险。一般来说，投资回收期越短，该项投资未来的风险越小，从而可避免未来经营环境变化的不利影响；反之则风险越大。

但是回收期法又有天然的缺陷，主要有：(1) 不考虑回收期内现金流量的时间序列，忽略了回收期后的项目现金流量；(2) 没有考虑货币的时间价值。

10.2.2　净现值法

净现值是指特定方案未来现金流入的现值与未来现金流出的现值之间的差额。所有未来现金流入和流出都要按照预定贴现率折算为现值，然后再计算它们的差额。

当企业采用净现值法进行长期投资决策时，需要根据拟投资项目的未来净现金流量做出判断。在手工环境下，往往是先预测拟投资项目在未来投资周期内的各年净现金流量，然后再代入净现值公式计算投资项目的净现值。净现值的具体计算公式如下所示：

$$NPV=\sum_{t=1}^{n}\frac{C_t}{(1+i)^t}-C_0$$

式中，C_t 为第 t 年的净现金流量（第 t 年的现金流入量与现金流出量之差）；C_0 为原始投资额；i 为折现率；n 为项目投资周期。

【例 10－2】现有 A，B 两个投资方案，设折现率为 10%，相关数据如图 10－5 所示。计算 A，B 两个投资方案的净现值。

	A	B	C
1	时间（年）	A方案	B方案
2		净现金流量（元）	净现金流量（元）
3	0	200000	120000
4	1	118000	46000
5	2	132400	46000
6	3	0	46000

图 10－5

【操作方法】第一步，编制净现值计算表。根据图 10－5 中的数据，编制净现值计算表，需要注意的是，这里需要把初始投资额变成负数，这样使用 NPV（净现值）函数计算净现值时，Excel 才能将负数识别成初始投资额，如图 10－6 所示。

	A	B	C
1	时间（年）	A方案	B方案
2		净现金流量（元）	净现金流量（元）
3	0	-200000	-120000
4	1	118000	46000
5	2	132400	46000
6	3	0	46000
7	净现值		

图 10－6

第二步，计算净现值。根据表中的数据，利用 Excel 内置的 NPV 函数分别计算 A 方案和 B 方案的净现值。NPV 函数的语法为“NPV(rate,value1,[value2],…)”，参数 rate 为贴现率；参数 value 为各时间段的现金流即净现金流量。在 B7 单元格中输入 A 方案的净现值计算公式“＝NPV(10%,B4:B6)＋B3”，在 C7 单元格中输入 B 方案的净现值计算公式“＝NPV(10%,C4:C6)＋C3”，输入的公式及结果如图 10－7 和图 10－8 所示。

B7 =NPV(10%,B4:B6)+B3

	A	B	C
1	时间（年）	A方案	B方案
2		净现金流量（元）	净现金流量（元）
3	0	-200000	-120000
4	1	118000	46000
5	2	132400	46000
6	3	0	46000
7	净现值	16694.21	(5604.81)

图 10－7

C7　=NPV(10%,C4:C6)+C3

	A	B	C
1	时间（年）	A方案	B方案
2		净现金流量（元）	净现金流量（元）
3	0	-200000	-120000
4	1	118000	46000
5	2	132400	46000
6	3	0	46000
7	净现值	16694.21	(5604.81)

图 10 - 8

本例的动图操作过程，请扫描二维码。

例 10 - 2
动图演示

A 方案的净现值大于零且大于 B 方案，说明其收益超过成本，即投资收益率超过预定的贴现率。

净现值法的优点主要表现在：(1) 考虑了货币的时间价值；(2) 考虑了投资风险的影响，风险较大的投资项目选用的折现率较高；(3) 反映了财富绝对值的增加。

净现值法的缺点主要表现在：(1) 不能直接显示各投资项目预期达到的收益率；(2) 在互斥项目决策中，没有考虑互斥项目的投资规模；(3) 折现率的确定比较困难。

10.2.3　现值指数法

现值指数是指投资项目未来现金流入现值与现金流出现值的比率，亦称现值比率、获利指数、贴现后收益-成本比率等。

现值指数的计算公式：

$$现值指数=\frac{未来现金流入总现值}{原始投资额现值}$$

现值指数法的决策规则是：(1) 对于独立项目，现值指数大于或等于 1，表明未来现金流入总现值超过或等于初始投资额现值，项目可行；反之则项目不可行。(2) 对于互斥项目，在同等投资规模下，现值指数越大，项目对公司越有利。

【例 10 - 3】现有 A，B 两个投资方案，设贴现率为 10%，相关数据如图 10 - 9 所示。计算 A，B 两个投资方案的现值指数。

	A	B	C	D	E
1	时间（年）	A方案		B方案	
2		净现金流量（元）	现金流量贴现值（元）	净现金流量（元）	现金流量贴现值（元）
3	0	200000	200000	120000	120000
4	1	118000	107270	46000	41820
5	2	132400	109420	46000	38020
6	3	0	0	46000	34560

图 10 - 9

【操作方法】第一步，编制现值指数计算表。根据图 10 - 9 中的数据，编制现值指数计算表，如图 10 - 10 所示。

	A	B	C	D	E
1	时间（年）	A方案		B方案	
2		净现金流量（元）	现金流量贴现值（元）	净现金流量（元）	现金流量贴现值（元）
3	0	200000	200000	120000	120000
4	1	118000	107270	46000	41820
5	2	132400	109420	46000	38020
6	3	0	0	46000	34560
7	现值指数				

图 10-10

第二步，计算现值指数。根据表中的数据，利用公式分别计算 A，B 两个投资方案的现值指数。在 B7 单元格中输入 A 方案的现值指数计算公式“=(C4+C5)/C3”，在 D7 单元格中输入 B 方案的现值指数计算公式“=(E4+E5+E6)/E3”，输入的公式及结果如图 10-11 和图 10-12 所示。

B7　　fx　=(C4+C5)/C3

	A	B	C	D	E
1	时间（年）	A方案		B方案	
2		净现金流量（元）	现金流量贴现值（元）	净现金流量（元）	现金流量贴现值（元）
3	0	200000	200000	120000	120000
4	1	118000	107270	46000	41820
5	2	132400	109420	46000	38020
6	3	0	0	46000	34560
7	现值指数	1.08		0.95	

图 10-11

D7　　fx　=(E4+E5+E6)/E3

	A	B	C	D	E
1	时间（年）	A方案		B方案	
2		净现金流量（元）	现金流量贴现值（元）	净现金流量（元）	现金流量贴现值（元）
3	0	200000	200000	120000	120000
4	1	118000	107270	46000	41820
5	2	132400	109420	46000	38020
6	3	0	0	46000	34560
7	现值指数	1.08		0.95	

图 10-12

例 10-3
动图演示

本例的动图操作过程，请扫描二维码。

A 方案的现值指数大于 1，说明其收益超过成本，即投资收益率超过预定的贴现率；B 方案的现值指数小于 1，说明其收益率没有达到预定的贴现率。如果现值指数为 1，说明贴现后现金流入等于现金流出，投资的收益率与预定的贴现率相同。

现值指数法的优点是：(1) 考虑了货币的时间价值，能够真实地反映投资项目的盈亏程度；(2) 现值指数用相对数来表示，可以反映项目的投资效率。现值指数法的缺点是无法反映投资项目本身的收益率水平，在不同规模互斥项目的选择方面有时会产生误导性结果。

10.2.4 内含报酬率法

内含报酬率法是根据方案内部收益率来评价方案优劣的一种方法。内含报酬率指使未来现金流入现值等于未来现金流出现值的贴现率。内含报酬率是根据方案的现金流量计算的，是方案本身的投资收益率。在投资项目的选择中，如果内含报酬率超过该项目的资本成本，该项目可行；如果内含报酬率低于该项目的资本成本，则该项目不可行。

内含报酬率的计算公式：

$$\sum_{t=m+1}^{n} \frac{NCF_t}{(1+IRR)^t} - \sum_{t=0}^{m} \frac{I_t}{(1+IRR)^t} = 0$$

其中，IRR 为内含报酬率，NCF_t 为第 t 年税后现金净流量；I_t 为第 t 期现金投资额；n 为项目生命周期（包括建设期和经营期）；m 为项目的建设期。

【例 10－4】现有 A，B 两个投资方案，相关数据如图 10－13 所示。计算 A，B 两个投资方案的内含报酬率。

	A	B	C
1	时间（年）	A方案	B方案
2		净现金流量（元）	净现金流量（元）
3	0	200000	120000
4	1	118000	46000
5	2	132400	46000
6	3	0	46000

图 10－13

【操作方法】第一步，编制内含报酬率计算表。根据图 10－13 中的数据，编制内含报酬率计算表，需要注意的是，这里需要把初始投资额变成负数，这样使用 IRR（内含报酬率）函数计算内含报酬率时，Excel 才能将负数识别成初始投资额，如图 10－14 所示。

	A	B	C
1	时间（年）	A方案	B方案
2		净现金流量（元）	净现金流量（元）
3	0	-200000	-120000
4	1	118000	46000
5	2	132400	46000
6	3	0	46000
7	内含报酬率		

图 10－14

第二步，计算内含报酬率。根据表中的数据，利用 IRR 函数分别计算 A，B 两个投资方案的内含报酬率。IRR 函数返回由数值代表的一组现金流的内含报酬率。IRR 函数的语法为“IRR(values，guess)”，参数 values 为数组或单元格的引用，包含用来计算返回的内含报酬率的数字，即净现金流量。参数 values 必须包含至少一个正值和一个负值，以计算返回的内部收益率；参数 guess 为 IRR 函数计算结果的估计值。在大多数情况下，不需要为 IRR 函数的计算提供 guess 值。如果省略 guess，假设它为 0.1（10%）。如果 IRR 函数返回错误值“#NUM!”，或结果没有接近期望值，可用另一个 guess 值再试一次。在 B7 单元格中输入 A 方案的内含报酬率计算公式“＝IRR(B3:B6)”，在 C7 单元格中输入 B 方案的内含报酬率计算公式“＝IRR(C3:C6)”，输入的公式及结果如图 10－15 和图 10－16 所示。

B7 =IRR(B3:B6)

	A	B	C
1	时间（年）	A方案	B方案
2		净现金流量（元）	净现金流量（元）
3	0	-200000	-120000
4	1	118000	46000
5	2	132400	46000
6	3	0	46000
7	内含报酬率	16%	7%

图 10－15

C7 =IRR(C3:C6)

	A	B	C
1	时间（年）	A方案	B方案
2		净现金流量（元）	净现金流量（元）
3	0	-200000	-120000
4	1	118000	46000
5	2	132400	46000
6	3	0	46000
7	内含报酬率	16%	7%

图 10－16

例 10－4
动图演示

本例的动图操作过程，请扫描二维码。

内含报酬率法是一种常用且重要的资本预算决策标准，它考虑了货币的时间价值，能正确反映投资项目本身能达到的真实报酬率。但应用这一方法得出的决策有时有歧义或错误。

10.3 基于蒙特卡罗模拟的净现值法分析

10.3.1 传统投资决策方法的缺陷

无论应用上述何种方法，都需要预测拟投资项目的未来净现金流量。然而，如果预测不准确，得到的结果可能谬之千里。

【例 10－5】 A 公司是大型商业零售企业，总部设在北京市，在全国范围内设立多家连锁超市。近日，A 公司拟在某二线城市开办一家新连锁超市。根据以往经验，在这样的二线城市开新店的初始投资额约为 70 万元。针对此项投资，A 公司财务部王经理和刘经理以超市 10 年经营期为前提分别进行了预测，如表 10－1 和表 10－2 所示。

表 10-1　拟投资项目预测表

项目	单位	王经理	刘经理
第一年顾客数	人	5 000	5 000
每年顾客数增长率	—	5%	10%
每千名顾客每年带来的毛利	万元	5	10
每年非存货成本	万元	65	50

表 10-2　拟投资项目净现值测算表

王经理	年份	1	2	3	4	5	6	7	8	9	10
	净现金流量（万元）	−30.00	−29.06	−28.08	−27.04	−25.96	−24.82	−23.62	−22.37	−21.05	−19.66
刘经理	年份	1	2	3	4	5	6	7	8	9	10
	净现金流量（万元）	0.00	3.75	7.88	12.41	17.40	22.89	28.93	33.58	42.88	50.92

注：企业所得税税率为 25%，折现率为 8%，其他相关税费忽略不计。

【操作方法】第一步，编制净现值计算表。根据表 10-2 中的数据，编制净现值计算表，如图 10-17 所示。

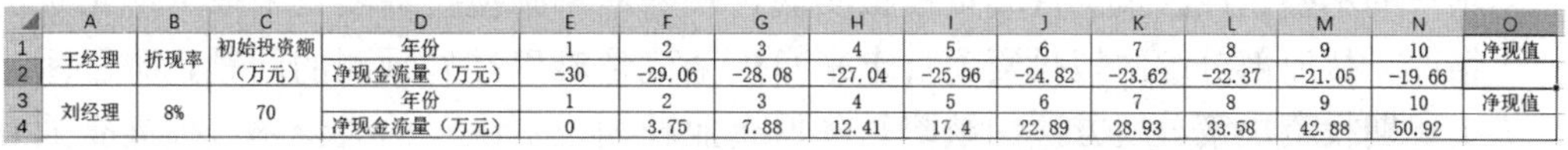

	A	B	C	D	E	F	G	H	I	J	K	L	M	N	O
1	王经理	折现率	初始投资额（万元）	年份	1	2	3	4	5	6	7	8	9	10	净现值
2				净现金流量（万元）	-30	-29.06	-28.08	-27.04	-25.96	-24.82	-23.62	-22.37	-21.05	-19.66	
3	刘经理	8%	70	年份	1	2	3	4	5	6	7	8	9	10	净现值
4				净现金流量（万元）	0	3.75	7.88	12.41	17.4	22.89	28.93	33.58	42.88	50.92	

图 10-17

第二步，计算净现值。根据表中的数据，利用 Excel 内置的 NPV 函数分别计算王经理和刘经理预测的净现金流量的净现值。在 O2 单元格中输入王经理的净现值计算公式“=NPV(B3,E2:N2)−C3”，在 O4 单元格中输入刘经理的净现值计算公式“=NPV(B3,E4:N4)−C3”，输入的公式及结果如图 10-18 和图 10-19 所示。

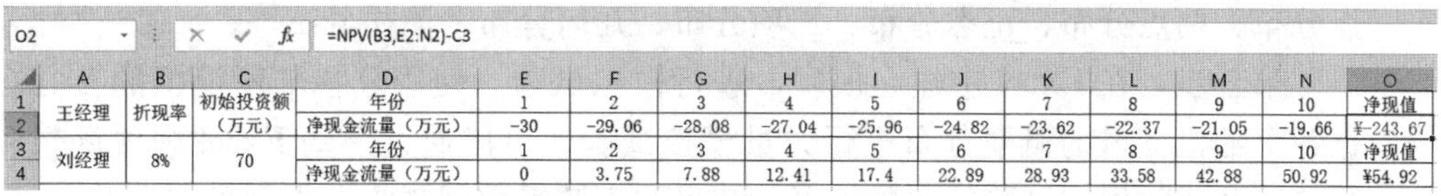

O2　=NPV(B3,E2:N2)-C3

	A	B	C	D	E	F	G	H	I	J	K	L	M	N	O
1	王经理	折现率	初始投资额（万元）	年份	1	2	3	4	5	6	7	8	9	10	净现值
2				净现金流量（万元）	-30	-29.06	-28.08	-27.04	-25.96	-24.82	-23.62	-22.37	-21.05	-19.66	¥-243.67
3	刘经理	8%	70	年份	1	2	3	4	5	6	7	8	9	10	净现值
4				净现金流量（万元）	0	3.75	7.88	12.41	17.4	22.89	28.93	33.58	42.88	50.92	¥54.92

图 10-18

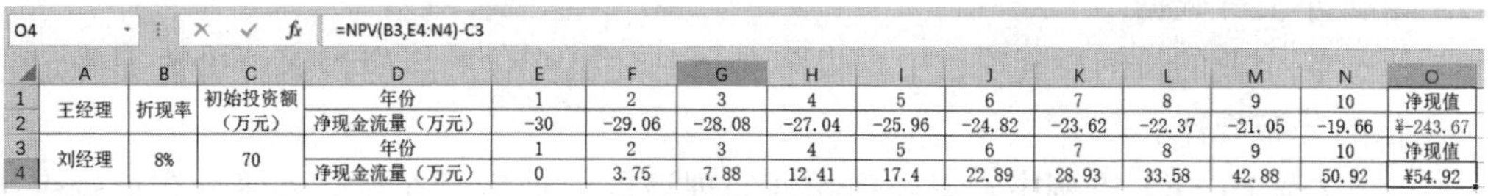

O4　=NPV(B3,E4:N4)-C3

	A	B	C	D	E	F	G	H	I	J	K	L	M	N	O
1	王经理	折现率	初始投资额（万元）	年份	1	2	3	4	5	6	7	8	9	10	净现值
2				净现金流量（万元）	-30	-29.06	-28.08	-27.04	-25.96	-24.82	-23.62	-22.37	-21.05	-19.66	¥-243.67
3	刘经理	8%	70	年份	1	2	3	4	5	6	7	8	9	10	净现值
4				净现金流量（万元）	0	3.75	7.88	12.41	17.4	22.89	28.93	33.58	42.88	50.92	¥54.92

图 10-19

例 10-5
动图演示

本例的动图操作过程，请扫描二维码。

从表中可以看到，王经理和刘经理都预测新超市的第一年顾客数为 5 000 人，但他们对之后每年顾客数增长率、每千名顾客每年带来的毛利和超市每年非存货成本的预测是不同的，从而对每年净现金流量的预测也是不同的，最终分别得到正的净现值和负的净现值，产生了相悖的结论。

实际上，我们无法知道王经理和刘经理谁的预测是正确的，也许两个人的预测都存在很大问题。虽然本例中采用的是净现值法，但其他各种长期投资决策方法基本上都需要对未来进行预测，存在的问题本质是一样的。

更为科学的方法是企业在充分调研、获得较多历史数据的基础上，尽量考虑拟投资项目未来的各种不确定性，对其未来各年净现金流量进行估计，计算出多种情况下的多个净现值，再综合进行判断。为减少传统投资决策分析方法的局限性，增加实际应用的可操作性，可采用蒙特卡罗模拟（monte carlo simulation），也称随机模拟。

蒙特卡罗模拟是 20 世纪 40 年代由美国科学家提出的，当问题或对象本身具有概率特征时，可以用计算机模拟的方法产生抽样结果，再据以计算问题或对象的统计数据特征值，随着模拟次数的增加，预测的精度也会提高。以净现值法为例，引入蒙特卡罗模拟进行长期投资决策，可以对存在的大量不确定性进行分析，针对影响拟投资项目的不确定性因素进行大量模拟实验，较好地刻画拟投资项目未来可能出现的各种情况，从而部分解决拟投资项目未来净现金流量难以准确预测的问题，弥补手工环境下长期投资决策分析方法的缺陷，降低企业长期投资决策的失误率，提高企业在不确定环境下决策的科学性和准确性。

10.3.2 应用蒙特卡罗模拟进行投资决策分析

第一步，确定随机变量。在投资项目实际运行中很多变量是随机变化的，例如销售量、价格、成本等。

第二步，确定各随机变量的概率分布。在确定了影响拟投资项目净现值的随机变量之后，要确定这些随机变量取值的分布规律。常见的离散型随机变量的分布包括单点分布、两点分布、正态分布、二项分布、几何分布、泊松分布等。

第三步，在 Excel 中建立模型，进行模拟试验。使用蒙特卡罗模拟的核心在于根据各个随机变量的概率分布进行大量模拟试验，可以通过一些 Excel 内置函数和命令简便地完成。模拟试验的次数越多，结果的离散系数就越小。得到模拟试验的结果后，可以对其进行统计分析，通常至少要计算这组模拟试验结果的均值、标准差、最大值和最小值等数据。

在企业的长期投资项目中，很多变量是随机变化的，应根据历史数据确定它们取值的分布规律。

【例 10-6】上例中，王经理和刘经理汲取教训后，在充分调研、获得较多历史数据的基础上，给出了对第一年顾客数、每年顾客数增长率、每千名顾客每年带来的毛利和超市每年非存货成本的预测：

第一，新超市的第一年顾客数服从均值为 5 000 人、标准差为 600 人的正态分布；

第二，每年顾客数增长率通常在－5%～10%之间；

第三，每千名顾客每年为超市带来 6 万元、8 万元、10 万元、12 万元或 14 万元毛利的概率分别为 15%、20%、30%、20%和 15%；

第四，每年非存货成本的合计数服从均值为 50 万元、标准差为 15 万元的正态分布。

在上述预测基础上，使用 Excel 应用蒙特卡罗模拟进行企业长期投资决策。

【操作方法】第一步，构建各数据区域。本例中，可设为数据区（如图 10－20 所示）、净现值测算区（如图 10－21 所示）、模拟实验区（如图 10－22 所示）和数据特征统计区（如图 10－25 所示）。

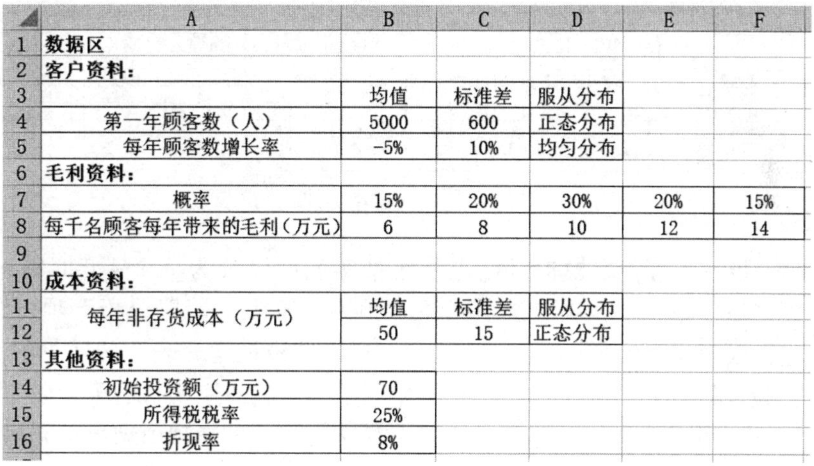

	A	B	C	D	E	F
1	数据区					
2	客户资料：					
3		均值	标准差	服从分布		
4	第一年顾客数（人）	5000	600	正态分布		
5	每年顾客数增长率	-5%	10%	均匀分布		
6	毛利资料：					
7	概率	15%	20%	30%	20%	15%
8	每千名顾客每年带来的毛利（万元）	6	8	10	12	14
9						
10	成本资料：					
11	每年非存货成本（万元）	均值	标准差	服从分布		
12		50	15	正态分布		
13	其他资料：					
14	初始投资额（万元）	70				
15	所得税税率	25%				
16	折现率	8%				

图 10－20

第二步，计算净现值。利用 Excel 内置函数生成本例中的各随机变量（第一年顾客数、每年顾客数增长率、每千名顾客每年带来的毛利、毛利和每年非存货成本）并计算各年净现金流量。需要用到的函数包括取整函数 INT、条件函数 IF、正态分布函数 NORMINV 和随机函数 RAND。

其中，取整函数 INT 在第 3 章已做介绍，在此不再赘述。随机函数 RAND() 可以产生一个大于等于 0 而小于 1 的均匀分布的随机数，其语法为 RAND()，RAND 函数的语法没有参数。正态分布函数 NORMINV 是统计函数，可以返回指定平均值和标准偏差的正态累积分布函数的反函数值，表达式为：NORMINV(probability，mean，standard_dev)，参数 probability 代表正态分布的概率值，0＜probability＜1；参数 mean 代表分布的算术平均值；参数 standard _ dev 代表分布的标准偏差，standard _ dev＞0；如果 mean＝0 且 standard _ dev ＝ 1，函数 NORMINV 使用标准正态分布。

表 10－3 给出了计算第 1 年净现金流量使用的嵌套函数和公式。之后各年净现金流量的计算中只有顾客数的计算方法不同，其余均相同，在此不再一一展示。第 2 年顾客数（C3 单元格）的计算使用的嵌套函数公式为“＝INT(B21 * (1＋(RAND() * (0.1＋0.05)－0.05)))”，之后第 3～10 年顾客数的计算依此类推。计算完各年净现金流量后，可以直接使用 Excel 内置的 NPV 函数来计算净现值，本例中净现值的计算公式为“＝NPV($B$16，B26：K26)－$B$14”，结果如图 10－21 所示。

表 10-3　计算第 1 年净现金流量使用的嵌套函数和公式

项目	嵌套函数和公式
第一年顾客数	=INT(NORMINV(RANDO, \$B\$4, \$C\$4))
每千名顾客带来的毛利	=IF(B22<=0.15, \$B\$8, IF(B22<=0.35, \$C\$8, IF(B22<=0.65, \$D\$8, IF(B22<=0.85, \$E\$8, \$F\$8)))) 说明：B22 单元格为随机函数 RANDO
毛利	=B21 * B23/1000
每年非存货成本	=NORMINV(RANDO, \$B\$12, \$C\$12)
净现金流量	=(B24－B25) * (1－\$B\$15)

	A	B	C	D	E	F	G	H	I	J	K
19	净现值测算区：										
20		第1年	第2年	第3年	第4年	第5年	第6年	第7年	第8年	第9年	第10年
21	顾客数（人）	4812	4873	4994	5066	5122	5592	5612	5603	5747	5854
22	随机数	0.645878116	0.004721827	0.439217476	0.072710812	0.08711378	0.834731045	0.304696128	0.3660384	0.580451433	0.50569897
23	每千名顾客带来的毛利（万元）	10	6	10	6	6	12	8	10	10	10
24	毛利（万元）	48	29	50	30	31	67	45	56	57	59
25	每年非存货成本（万元）	14.36	61.69	26.42	41.53	48.93	25.00	54.39	30.92	86.21	23.45
26	净现金流量（万元）	25.32	-24.34	17.64	-8.35	-13.65	31.58	-7.12	18.83	-21.55	26.31
27	净现值（万元）	-41.52									

图 10-21

第三步，进行多次模拟。首先将模拟实验区设置为一个 1 000 行×2 列的区域，选中该区域，单击“数据”选项卡下“预测”组中“模拟分析”项下的“模拟运算表”进行模拟运算，如图 10-22 所示。进入“模拟运算表”的数据输入界面，由于模拟实验区只有一列需要模拟运算数据，因此，“输入引用行的单元格”处不需要填写数据。“输入引用列的单元格”处选择 B27 单元格，即净现值结果单元格。需要注意的是，在净现值列的第一行需要填写本例中净现值的计算公式，这样 Excel 才能按照该计算公式进行模拟运算，如图 10-23 所示。随后，在选定模拟实验区中生成 1 000 次随机模拟的净现值，如图 10-24 所示（应为 1 000 行，为节省篇幅，仅给出 10 行模拟结果）。

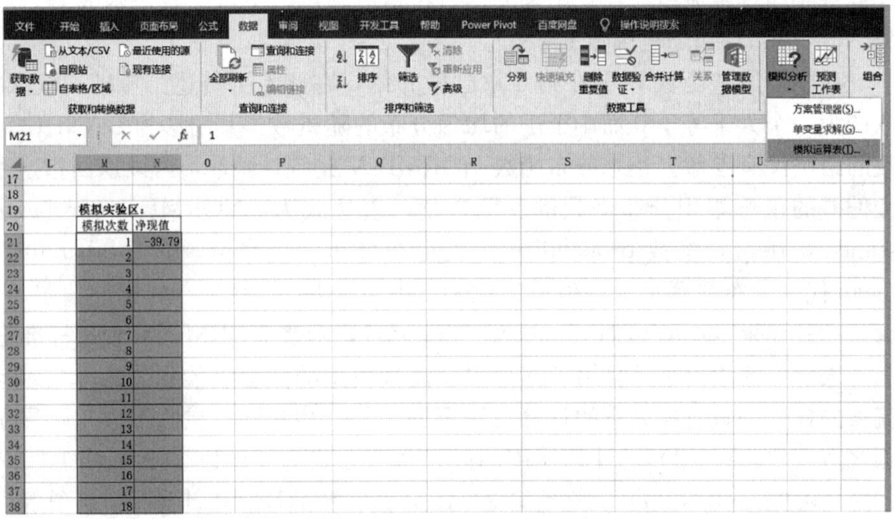

图 10-22

图 10-23

	H	I
18	模拟实验区：	
19	模拟次数	净现值（万元）
20	1	-48.01
21	2	-95.94
22	3	-98.99
23	4	-30.84
24	5	-23.40
25	996	-49.97
1016	997	366.49
1017	998	312.91
1018	999	298.76
1019	1000	67.64

图 10-24

第四步，进行数据特征统计并做出投资决策。使用均值函数 AVERAGE、标准差函数 STDEV、最大值函数 MAX、最小值函数 MIN 和条件计数函数 COUNTIF 计算 1 000 次模拟净现值的均值、标准差、最大值、最小值和净现值为负数的概率。从图 10-25 中可以看到，模拟 1 000 次净现值为负数的概率为 80%，也就是说，投资 1 000 次会有 800 次净现值小于 0，投资风险较大，不建议投资。

	M	N	O	P	Q
11	数据特征统计区：				
12	均值（万元）	标准差（万元）	最大值（万元）	最小值（万元）	净现值为负数的概率
13	-43.94	51.77	134.91	-207.12	0.80

图 10－25

本例的动图操作过程，请扫描二维码。

例 10－6
动图演示

从这个案例可以看出，在企业的长期投资决策分析中，运用蒙特卡罗模拟能够处理拟投资项目未来净现金流量难以准确预测的问题，使企业的相关决策更加科学、准确。

练习题

1. 在例 10－6 的基础上，如果新超市的第一年顾客数服从均值为 6 000 人、标准差为 500 人的正态分布；每年顾客数增长率通常在－5%～15%之间；每千名顾客每年为超市带来 8 万元、10 万元、12 万元、14 万元或 16 万元毛利的概率分别为 10%、20%、35%、25%和 10%；每年非存货成本的合计数服从均值为 50 万元、标准差为 15 万元的正态分布，使用 Excel 应用蒙特卡罗模拟进行企业长期投资决策。

图书在版编目（CIP）数据

Excel 在财务管理中的应用/孙玥璠，张真昊编著. --北京：中国人民大学出版社，2021. 8
普通高等学校应用型教材. 会计与财务
ISBN 978-7-300-29701-9

Ⅰ. ①E… Ⅱ. ①孙… ②张… Ⅲ. ①表处理软件-应用-财务管理-高等学校-教材 Ⅳ. ①F275-39

中国版本图书馆 CIP 数据核字（2021）第 153017 号

普通高等学校应用型教材·会计与财务
Excel 在财务管理中的应用
孙玥璠　张真昊　编著
Excel zai Caiwu Guanli zhong de Yingyong

出版发行	中国人民大学出版社		
社　　址	北京中关村大街 31 号	**邮政编码**	100080
电　　话	010－62511242（总编室）		010－62511770（质管部）
	010－82501766（邮购部）		010－62514148（门市部）
	010－62515195（发行公司）		010－62515275（盗版举报）
网　　址	http://www.crup.com.cn		
经　　销	新华书店		
印　　刷	北京溢漾印刷有限公司		
规　　格	185 mm×260 mm　16 开本	**版　　次**	2021 年 8 月第 1 版
印　　张	15.25 插页 1	**印　　次**	2025 年 1 月第 5 次印刷
字　　数	345 000	**定　　价**	36.00 元

中国人民大学出版社　管理分社

教师教学服务说明

中国人民大学出版社管理分社以出版工商管理和公共管理类精品图书为宗旨。为更好地服务一线教师，我们着力建设了一批数字化、立体化的网络教学资源。教师可以通过以下方式获得免费下载教学资源的权限：

★ 在中国人民大学出版社网站 www.crup.com.cn 进行注册，注册后进入“会员中心”，在左侧点击“我的教师认证”，填写相关信息，提交后等待审核。我们将在一个工作日内为您开通相关资源的下载权限。

★ 如您急需教学资源或需要其他帮助，请加入教师 QQ 群或在工作时间与我们联络。

中国人民大学出版社　管理分社

教师 QQ 群： 648333426(工商管理)　114970332(财会)　648117133(公共管理)
教师群仅限教师加入，入群请备注（学校+姓名）

联系电话： 010-62515735，62515987，62515782，82501048，62514760

电子邮箱： glcbfs@crup.com.cn

通讯地址： 北京市海淀区中关村大街甲 59 号文化大厦 1501 室（100872）

管理书社　　人大社财会　　公共管理与政治学悦读坊